高等职业学校餐饮管理与服务专业教材

餐饮管理实务

Practices of Food and Beverage Management

张丽萍　主　编
段喜莲　鄢志芳　副主编

中国轻工业出版社

图书在版编目（CIP）数据

餐饮管理实务 / 张丽萍主编. —北京：中国轻工业出版社，2024.11

高等职业学校餐饮管理与服务专业教材

ISBN 978-7-5184-0928-0

Ⅰ. ① 餐… Ⅱ. ① 张… Ⅲ. ① 饮食业—经济管理—高等职业教育—教材 Ⅳ. ① F719.3

中国版本图书馆CIP数据核字（2016）第119876号

责任编辑：史祖福　　责任终审：劳国强　　整体设计：锋尚设计

策划编辑：史祖福　　责任校对：吴大朋　　责任监印：张　可

出版发行：中国轻工业出版社（北京鲁谷东街5号，邮编：100040）

印　　刷：三河市国英印务有限公司

经　　销：各地新华书店

版　　次：2024年11月第1版第5次印刷

开　　本：787×1092　1/16　印张：20.5

字　　数：462千字

书　　号：ISBN 978-7-5184-0928-0　定价：45.00元

邮购电话：010-85119873

发行电话：010-85119832　　010-85119912

网　　址：http：//www.chlip.com.cn

Email：club@chlip.com.cn

242189J2C105ZBQ

PREFACE　前言

随着餐饮行业的蓬勃发展，行业对专业餐饮从业人员的需求日益迫切，高职餐饮管理专业担负着培养高素质餐饮专业人才的神圣使命。近年来，高职院校积极推进项目化课程教学改革，本书蕴含了大量的“餐饮服务与管理”精品课程建设与项目化课程改革的成果。

本教材采用项目化的编写思路，以餐饮职业岗位群的工作任务和能力需求为依据，结合我国餐饮业发展的实际情况，以“工作任务项目化”为途径，对餐饮企业在生产、经营、管理和销售过程中应用的理论与实务进行阐述。

在编写中，本教材突出职业教育以能力为本位的理念，进一步加强实践性教学，以满足餐饮行业从业人员和毕业生所从事职业的实际需要。与同类教材相比，本教材具有以下特点。

1. 体例新颖，编排美观

本教材符合高职教育的培养目标，侧重技能传授，弱化理论，强化实践内容。在编写上打破传统教材的编写框架，设计了引导案例、任务情境、任务工单、知识准备、案例阅读、知识链接、任务实施、任务评价相关栏目，知识与能力培养体系完善，体现了行动导向、学生主体、教学一体化的项目教学理念和实施能力培养的体验式学习模式。同时，教材中配有多种形式的增强学生学习兴趣的内容和图片，这种编排更符合老师的教学要求，也方便学生透彻地理解理论知识在实践中的运用。

2. 任务引领，项目教学

本教材结合我国餐饮业发展的实际，以职业领域工作任务为参照，以“工作任务项目化”为途径来编排，通过引导学生完成一个个项目任务，使学生掌握现代餐饮服务与经营管理的基本理论，熟悉餐饮运行与管理的基本程序和方法，掌握熟练的餐饮服务技能，胜任餐饮服务与基层管理工作。同时本教材注重培养学生的综合职业能力，为学生的可持续发展奠定基础。

3. 内容丰富，逻辑缜密

本教材以餐饮岗位群的工作任务和能力需求为依据来选取教学内容，并将职业技能考试标准、企业先进的工作流程和标准、职业技能竞赛规程等融入教学内容。本教材共分基础篇、技能篇、服务篇、经营篇和管理篇五个部分，共十一个项目，分别是：认识餐饮业、餐饮服务基本技能、餐饮对客服务、餐厅设计、主题宴会设计、菜单设计与制作、厨房设计与管理、餐饮原材料采购与贮存、餐饮服务质量管理、餐厅人力资源管理、餐饮销售管理。在每个项目的编写中引入国内外典型案例进行分析，教材内容丰富，逻辑缜密，遵循学生的学习规律，具有很强的科学性和创新性。

本教材由长沙环境保护职业技术学院张丽萍担任主编，长沙环境保护职业技术学院段喜莲、长沙商贸旅游职业技术学院鄢志芳担任副主编，湖南女子学院李先跃担任主审。具体编写分工如下：项目一、项目二、项目九由长沙环境保护职业技术学院段喜莲编写；项目三由湖南工业职业技术学院刘昕渝编写；项目四、项目六、项目七、项目八由长沙环境保护职业技术学院张丽萍编写；项目五由湖南省岳阳民族职业学院常新利编写；项目十由四川文化产业职业学院侯冠华编写；项目十一由重庆工程职业技术学院罗达丽编写；附录 1、附录 2 由湖南省邵阳职业技术学院陈佳佳编写。全书由张丽萍、段喜莲进行审阅、修改和定稿。

本教材既是高等职业院校酒店管理、旅游管理、餐饮管理专业的专业教材用书，也可作为酒店从业人员、餐饮从业人员的自学用书。本教材的编写参考和借鉴了国内外一些论著和教材及网络资源等，作者在此表示诚挚的谢意。由于时间仓促，加之编者水平有限，难免有疏漏之处，希望读者在使用过程中提出宝贵的意见和建议，以便日后修订。

编者
2016 年 1 月

CONTENTS 目录

01

基础篇

项目一 | 认识餐饮业

知识目标

· 了解国内外餐饮业的发展历史及餐饮业的发展趋势
· 明确餐饮部在旅游饭店中的地位和作用
· 掌握餐饮产品的特点
· 熟悉餐饮部的组织机构、岗位职责及任职要求

能力目标

· 能够针对餐厅实际选择正确的组织结构类型并画出组织机构图
· 能够制定餐饮部主要岗位的岗位职责

引导案例

中国国际食品和饮料展览会展现新热点

2014年5月13-15日在上海浦东新国际博览中心隆重举行了第十五届中国国际食品和饮料展览会（SIAL CHINA 2014）。此次展览共有海内外2400家企业参展，展厅面积达到10万平方米。土耳其、意大利、瑞士、美国、葡萄牙、加拿大、法国等二十多个国家派团参展。此次中食展展出了食品和饮料行业的所有相关产品与服务，无论从展品的数量、质量、品种还是创新上都令观者耳目一新。在专业发展方向上，中食展和国内外业界合作，在食品安全、饮食健康等方面引入了丰富多彩的海外食文化，并弘扬了博大精深的中国食文化，推动了中国饮食现代化，满足大众对食品消费越来越高的需求。

（资料来源：中食展十五周年，2014-05-12，中国供应商：http://cn.china.cn/）

评析：食品安全、饮食健康、丰富多彩的饮食文化是未来餐饮发展的新热点，也是消费大众对食品消费的新需求。

任务 1　认识餐饮业发展概况

任务情境

小吴毕业后到一家餐饮企业上班，上班第一天，老板要求小吴去其他餐饮企业调研，了解其他餐饮企业的发展现状，并判断餐饮业的发展趋势，撰写一份完整的调研报告。

任务工单

<table>
<tr><td>任务名称</td><td colspan="5">餐饮企业调研</td></tr>
<tr><td>班级</td><td></td><td>小组</td><td></td><td>小组成员</td><td></td></tr>
<tr><td>工作任务</td><td colspan="5">以组为单位，深入餐饮企业进行调研，了解餐饮企业的发展情况与发展趋势，将调研了解到的情况撰写成一份完整的调研报告</td></tr>
<tr><td>任务目的</td><td colspan="5">了解餐饮企业的发展情况与发展趋势，学会分析餐饮企业的经营状况</td></tr>
<tr><td>任务实施要求</td><td colspan="5">（1）调研对象为酒店餐饮部和知名社会餐饮企业
（2）小组成员全体参与，共同完成任务
（3）调研过程要有记录（文字、图片或视频）
（4）调研时要注意职业形象，维护学校形象
（5）调研报告内容包含调研时间、调研对象、调研方法、餐饮企业的发展情况、调研总结（即餐饮企业发展趋势）等</td></tr>
<tr><td>任务实施步骤</td><td colspan="5">（1）小组成员分工
（2）上网浏览餐饮企业网站，确定要调研的餐饮企业
（3）深入餐饮企业现场调研
（4）汇总现场调研情况
（5）小组共同决策，形成餐饮企业调研报告
（6）课堂汇报、小组互评
（7）教师点评、总结</td></tr>
<tr><td>任务成果形式</td><td colspan="5">调研报告</td></tr>
<tr><td>实施过程记录</td><td colspan="5">从以下 3 个方面记录：搜集的资料、过程记录、实施中遇到的问题及解决办法</td></tr>
</table>

知识准备

民以食为天，饮食是人类赖以生存的最重要的物质条件之一。随着经济的发展，人们收入水平提高，生活节奏加快，社会交往日益频繁，餐饮业的发展也日新月异。人们对餐饮的需求也从最初的吃饱，转向现代的吃好、吃得有营养、吃得有文化、吃得有情趣，现代餐饮业应以产品为载体、以体验为核心、以情感为诉求，在创造美味的基础上，丰富不同的文化、情感价值，为消费者塑造胃、眼、心的满足。

知识链接

主题餐厅

主题餐厅往往围绕一个特定的主题对餐厅进行装饰，食品也与主题相配合，为顾客营造出一种或温馨或神秘、或怀旧、或热烈的气氛。它的最大特点是赋予一般餐厅某种主题，围绕既定的主题来营造餐厅的经营气氛，餐厅内所有的产品、服务、色彩、造型以及活动都为主题服务，使主题成为顾客容易识别餐厅的特征和产生消费行为的刺激物。

在中国，主题餐厅是一种新兴的餐厅经营形式。例如“知青餐厅”，突出餐厅的乡村装饰，餐厅内悬挂着当年“老三届”上山下乡的物品，绿黄草帽、军用水壶、毛主席纪念章、旧照片等，服务员均衣着知青服饰，包间也以村名来命名，时代特色鲜明，仿佛回到了上山下乡的知青时代。它能够令食客重温往日的岁月，这一类主题餐厅尤其受“50后”“60后”的青睐。

主题餐厅的优势在于它有一个主题环境，可以在比较短的时间内打响知名度。随着人们生活水准和文化水平的进一步提高，今后主题餐厅无疑也是餐饮业发展的一个方向。

（资料来源：好搜百科，http://baike.haosou.com/doc/）

一、中国餐饮业发展概况

（一）考古发现

考古工作者经过考古发掘，大约在170万年前，生活在中国这块土地上的人类祖先已经开始有意识地利用火来加工、烧烤食物。长江中下游地区的考古发现进一步显示，大约在六七千年之前，生活在今日浙江省余姚市河姆渡地区的先人已经大面积地种植水稻并饲养牲畜，食物的生产改善了人们的物质生活，并为饮食业的形成奠定了物质基础。

（二）最早的聚餐形式——筵席

唐朝以前的古人席地而坐，“筵”和“席”都是铺在地上的坐具。《周礼·春官宗伯第三》的注疏说：“铺陈曰筵，藉之曰席。”其意为铺在地上的叫做“筵”，铺在“筵”上供人坐的叫“席”。所以“筵席”两字是坐具的总称，酒食菜肴置于筵席之前。《礼记》记载：“铺筵席，陈樽俎，列笾豆”，其中的“樽”“俎”“笾”“豆”都是古代用于祭祀和宴会的礼器，分别用来盛放酒、牛羊肉或果脯、腌菜、酱菜的。因此，筵席又含有进行隆重、正规的宴饮的意思。“筵席”正是在这个意义上沿用下来的，后来专指酒席。

（三）夏、商、周三代——餐饮业已发展成为一个独立的行业

夏、商、周三代之后，餐饮业逐渐成为一个独立的行业。菜肴的丰盛与精致程度足以使现代人叹服。从周代起，中国出现了烹调食谱，《周礼·天官冢宰第一》记载了我国最早的名菜——

八珍。从《楚辞》中，我们可以看到所列举的食品已经相当丰富，如《招魂》篇中所列的一份菜单，记有：红烧甲鱼、挂炉羊羔、炸烹天鹅、红焖野鸭、铁扒肥雁、卤汁油鸡、清炖大鱼等。

周代的用餐礼仪与程式是极其讲究的，从就餐垫坐的筵席数量和动用的鼎数多少可以反映出来。就垫坐的筵席而言，规定天子之席五重、诸侯之席三重、大夫之席二重；就盛装菜肴的鼎而言，天子九鼎、诸侯七鼎、大夫五鼎、士三鼎。后来，鼎不仅是盛装食物的用具，也成了王权的象征，故有“问鼎”之说。

商周时期，音乐助餐已经出现。《周礼·天官冢宰第一》云：“以乐侑食。膳夫受祭，品尝食，王乃食，卒食，以乐彻于造。”连最后将剩余的食品撤入厨房这一过程，也是在音乐伴奏下完成的。夏朝宫廷里已设有“庖正”职位；周朝宫廷中已出现专职服务人员和服务机构，“膳夫”专门负责制作菜肴，“酒人”专门负责酒水饮料服务，“浆人”负责提供调味品，“幂人”专管餐具卫生。

知识链接

最早宫廷宴——周代八珍

《周礼·天官冢宰第一》列出的八珍如下。

淳熬：肉酱油浇旱稻米饭。淳母：肉酱油浇黄米饭。炮豚：煨、烤、炸、炖乳猪。炮牂：煨、烤、炸、炖羔羊。捣珍：烧牛、羊、鹿里脊。熬珍：烘制的肉脯，类似今天的五香牛肉干。渍：酒糟牛羊肉。肝膋：网油烤狗肝。

（资料来源：最早宫廷宴——周代八珍，中华美食网 http://www.ccnt.com.cn/）

（四）汉代与西域的交往促进了餐饮业发展

自汉代以来，饮食业有了很大发展。汉朝与西域的通商贸易使西部少数民族的饮食习俗传入中原，又将中原的饮食文化带至西部。长安城内为少数民族客商所建的高档客栈附近出现了大批的饮食店。

（五）唐宋时期餐饮业已具相当规模

唐代，由于社会稳定、经济繁荣，饮食店铺遍布全国各地。李白在《金陵酒肆留别》诗中写道“吴姬压酒劝客尝”，“吴姬”就是当时江浙一带在酒店内做服务工作的女子。宋代著名画家张择端的《清明上河图》，以不朽的画卷向后人展示当时汴梁人的市井生活，酒楼、茶馆成为画面的重要组成部分。据《东京梦华录》记载，当时酒楼、饭店的服务人员具有相当高的服务技艺，行菜者左手杈三碗、右臂自手至肩驮叠约二十碗，散下尽合各人呼索，不容差错。

（六）晚清以后的五口通商使沿海城市出现西菜馆

西方列强用坚船利炮冲开了中国的国门后，西方的经济、文化、生活习惯也逐渐“入侵”中国，西菜馆在中国的沿海城市如广州、福建、厦门、宁波、上海等地以及大都市天津、北京等城市纷纷登场。

知识链接

分食制——中国人的就餐革命

中国人和西方人的就餐方式有所不同，主要表现为：我们拿的是筷子，实行共食制；而西方人拿刀叉，实行的是分食制。据说，当年美国总统尼克松访华前夕，曾在白宫练习拿筷子，对这两根小棒棒大伤脑筋。从卫生角度看，分食制比共食制干净、卫生，是一种健康的用餐形式。

新中国成立后，在重大宴会中开始推行分食制，特别是改革开放后，分食制逐步自上而下走向民间。目前，国内分食制大致可分为两种形式：一种是高档宴席，虽然仍坐圆桌，但每桌的服务员至少有两三人，上菜时，先由为首的服务员把菜端到餐桌中央，让宾主观赏，并稍作介绍，然后把菜端下来，在席旁分割，再分配给每一位就餐者。若是羹汤，则用小盅每人一份。这种分食制比较完善，但是餐具更换频繁，服务成本比较高；另一种则是在餐桌上配备公筷、公匙，由就餐者自行分食，这种方式比较简便，完全可以在家庭里推行。

（资料来源：桂佳、吴升旸．餐饮服务与管理[M]．对外经济贸易大学出版社，2013:1-2.）

二、西方餐饮业发展概况

（一）西餐的概念

西餐是西式餐饮的统称，也可以说是对西方餐饮文化的统称。实际上，西方各国的餐饮文化也都有其各自的风味特点，菜式也不尽相同。例如法国人会认为他们做的是法国菜，英国人则认为他们做的菜是英国菜。随着东西方文化的不断撞击、渗透与交融，东方人已经逐渐了解到西餐中各个菜式的不同特点，并开始区别对待。一些高级饭店也分别开设了法式餐厅、意式餐厅等，西餐作为一个笼统的概念逐渐趋于淡化，但西方餐饮文化作为一个整体概念还是会继续存在的。

（二）西方饮食文化的发展

1. 古代西餐的发展

西方饮食文化的发展是和整个西方文明史分不开的，西方文明是在地中海沿岸地区发展起来的。公元前3100年，地中海南岸的埃及就形成了统一的国家，创造了灿烂的古埃及文明。在埃及众多的宫殿和陵墓壁画中，有一幅壁画展示了公元前1175年底比斯城的宫廷中制作面包和蛋糕的情景，说明有组织的烘焙作坊和模具在当时已经出现，据记载当时的面包和蛋糕的品种已有

16种之多。

公元前5世纪，古希腊的属地西西里岛上也出现了烹饪，技术高超的名厨很受社会的尊敬。现在的人们知道的最早的蛋糕是一种被称为西姆尔的水果蛋糕，据说它来源于古希腊，其表面装饰的12个杏仁球代表罗马神话中的众神，今天欧洲有的地方仍用它来庆祝复活节。据称，古希腊是世界上最早在食物中使用甜味剂的国家，其中也包括以面粉为原料的烘焙食品，早期糕点所用的甜味剂是蜂蜜，蜂蜜蛋糕曾一度风行欧洲。

古罗马的烹饪文化较为落后，后来受到了希腊文化的影响，渐渐重视起烹饪文化。当时，古罗马宫廷膳房分工很细，由面包、菜肴、果品、葡萄酒四个专业部分组成，厨师总管的身份与贵族大臣相同。另外，古罗马人还制作了最早的奶酪蛋糕。尽管当时烹饪文化有了相当大的发展，但人们的用餐方式仍以抓食为主，餐桌上的餐具还不完备，餐刀、餐叉、汤匙、餐巾等都没有出现。

2. 近代西餐的发展

15世纪中叶是欧洲文艺复兴时期，西餐同文艺一样，以意大利为中心发展起来，在贵族举行的宴会上涌现出各种名菜、名点及餐具。至今驰名世界的空心面就是那时出现的。在法国，当时安利二世王后卡特利努·美黛斯喜欢研究烹调方法，她从意大利雇佣了大批技艺高超的烹调大师，在贵族中传授烹调技术，使法国的烹饪得到了迅速发展，与此同时，她为了改变不文明的用餐陋习，还明文规定了用餐规则，如用手抓食、舔手或用上衣擦手都是不文明行为，只有用桌布擦手才有礼貌，文雅而复杂的用餐礼仪渐渐形成和完善起来。后来，法国有位叫蒙得弗德的人，举行宴会时为了让客人预先知道全宴的菜品，就让管家在宴会开始前用羊皮纸写好菜名，放置在每个座位前，据说这就是西餐菜谱的开始。

18世纪到19世纪，在西方政体改革、近代自然科学和工业革命的影响下，西餐发展到了一个崭新阶段，用于西餐餐桌上的瓷器餐具普及于欧洲，社会上出现了西餐餐厅，供餐形式是每人一份，餐桌上的规矩大致与现在相同。第二次世界大战以后出现了许多新的成套餐具，并有着严格的摆放及使用方法。

20世纪是西餐发展的鼎盛时期，一方面，上层社会豪华奢侈的生活反映到西餐的制作上；另一方面，西餐也朝着个性化、多样化的方向发展，品种更加丰富多彩。同时，西餐开始从作坊式的生产步入到现代化的工业生产，并逐渐形成了一个完整和成熟的体系。

知识链接

吃西餐的6个“M”

第一个是“Menu”（菜谱）：菜谱被视为餐厅的门面，餐厅一般采用最好的材料做菜谱的封面，有的甚至用软羊皮打上各种美丽的花纹，显得格外典雅精致。看菜谱点菜已成了吃西餐的一个必不可少的程序，是一种优雅生活方式的表现。

第二个是“Music”（音乐）：豪华高级的西餐厅，通常会有乐队演奏一些柔和的乐曲，一般的西餐厅也播放一些美妙、典雅的乐曲。声音要达到“似听到又听不到的程度”，要集中精力和友人谈话就听不到，在休息放松时就听得到。

第三个是“Mood”（气氛）：吃西餐讲究环境雅致，气氛和谐。要有音乐相伴，桌台整洁干净。如遇晚餐，要灯光暗淡，桌上要有红色蜡烛，营造一种浪漫、迷人、淡雅的气氛。

第四个是“Meeting”（会面）：也就是说和谁一起吃西餐，这是要有选择的。吃西餐的伙伴最好是亲朋好友或是趣味相投的人，吃西餐主要是为联络感情，最好不要在西餐桌上谈生意。所以在西餐厅内，氛围一般都很温馨，少有面红耳赤的场面出现。

第五个是“Manner”（礼节）：这一点指的是“吃相”和“吃态”。既然是吃西餐就应遵循西方的习俗，勿有唐突之举，特别是在手拿刀叉时，若手舞足蹈，就会“失态”。刀叉的拿法一定要正确，应是右手持刀，左手拿叉。用刀将食物切成小块，然后用叉送入口内。西餐宴会，主人都会安排男女相邻而坐，讲究“女士优先”的西方绅士，都会表现出对女士的殷勤。

第六个是“Meal”（食品）：一位美国美食家曾这样说：“日本人用眼睛吃饭，料理的形式很美；吃我们的西餐，是用鼻子的，所以我们鼻子很大；只有中国人才懂得用舌头吃饭。”中餐是以“味”为核心，西餐则以营养为核心，至于味道那是无法与中餐相提并论的。

（资料来源：2010年06月17日，新华网，http://news.xinhuanet.com/）

3. 西餐在中国的传播和发展

1840年鸦片战争以后，西方列强用武力打开了中国门户，来华的西方人与日俱增，从而把西方饮食的烹饪技艺带入中国。外国的领事馆、教堂、兵营、商店等，一切有外国人的地方都有自制的西式菜肴和糕点。起初，只是自制自食，有时也用来招待客人。随着时间的推移，到清代光绪年间，在外国人较多的上海、北京、天津、广州、哈尔滨等地，社会上出现了以营利为目的的专门经营西餐的番菜馆、咖啡厅、面包房等。自此，我国有了西餐行业。

在我国，西餐几经盛衰，到新中国成立前，由于连年战乱，西餐业已濒临绝境。新中国成立后，随着我国国际地位的提高，世界各地与我国的友好往来日益频繁，又陆续建起了一些经营西餐的餐厅、饭店，如北京饭店、和平宾馆、友谊宾馆等都设有西餐厅，由于当时我国与苏联为首的东欧国家交往密切，所以20世纪50年代至60年代我国的西餐以俄式菜发展较快。到20世纪90年代，西餐在我国城市餐饮市场已经占有一定地位，几乎所有的中等以上城市，甚至在沿海城市的县城都有数量不等的西餐馆，或是中式餐馆兼有西餐经营。

近年来，我国餐饮业年营业额连续高速增长，其中有相当数量是日益兴起的西餐业的贡献。西餐业在近几年出现了比以往任何时候都快速发展的趋势，并迅速成为一个产业，在餐饮经济发展中发挥着重要的作用。

案例阅读

本土西餐品牌——爱必胜

长期以来，我国的西餐市场一度处于被麦当劳、肯德基两大西式快餐巨头垄断的状态。然而，随着近几年的发展，越来越多的本土企业开始进军西餐市场掘金。在这些本土企业中，发展较好的有爱必胜。爱必胜西餐厅经营美食丰富多样，囊括了比萨、牛扒、意大利面、铁板烧、盖饭、焗烤、沙拉、咖啡、冰淇淋、冷热饮品、商务套餐等十二大类200多种产品，深受白领阶层、时尚人士以及年轻人的喜爱。

在比萨的制作上，爱必胜西餐厅继承了传统的意大利手工制作工艺，以确保每个比萨的口味纯正、鲜美、口感一流。爱必胜在口味、种类上并不亚于必胜客等一线西餐品牌，而在价位上却远远低于国际一线西餐品牌。爱必胜是国内第一家，也是唯一一家推出“平价西餐”概念的企业，爱必胜开创了中国平价化西餐市场的先河。

（资料来源：爱必胜_好搜百科：http://baike.haosou.com/）

三、餐饮业的发展趋势

伴随着现代科学技术的发展，餐饮业也出现了许多崭新的发展态势。

（一）业态多元化、经营特色化

随着越来越多的国际资本和实力雄厚的餐饮企业不断进入中国，在抢食市场“蛋糕”的同时，国际餐饮品牌也带来了很多先进经营管理理念与餐饮运营方式，丰富了国内市场餐饮经营业态。本土餐饮企业经过市场竞争的洗礼，都在想办法站在更高的层次上来提高自己的竞争力，都在想办法如何更好地适应与满足消费者消费需求的变化。而消费需求的升级也在一定程度上刺激了餐饮业朝多元化、细分化趋势发展。随着人们餐饮需求的日益多元化，餐饮经营形式也随之在不断变化，休闲餐饮、旅游餐饮、娱乐餐饮、网络餐饮等不同业态的餐饮将会更多地进入现代人的日常生活。

可以预见，未来餐饮业在经营特色化、业态多元化等方面的特点将体现得更加明显。

案例阅读

餐饮流行“无店铺模式”，黑马“笨熊造饭”异军突起

笨熊造饭是一个餐饮外卖品牌，隶属于食千家快餐管理（北京）有限公司，上线于2014年年底。笨熊造饭生产快、配送快、复制快，每天能提供4000份快餐，覆盖北京1000万用户后，马上进驻上海市场，定位于广大城市白领，提供15元左右的盒饭；采用“无店铺模式”，在网上注册虚拟店铺，消费者在网上下单，一小时内等待用餐。

笨熊造饭实行生产网、销售网、配送网三网融合，对研发生产端、物流配送端及终端销售三大环节进行综合布局。其整个运作流程分为四个环节：一是厨师在中央厨房研发加工餐品；二是半成品的餐品运往仓储加热中心；三是餐品在加热中心处理加热后运往最后一公里驿站；四是最后一公里配送人员在接到订单后直接配送。

（资料来源：舌尖上的重庆网，http://www.sjsdcq.com/）

（二）品牌成制胜关键

品牌是吸引消费者最为关键的因素，随着人们对就餐环境、体验、服务等方面的要求越来越高，很多人都喜欢选择到一些“名气大”“品牌响”的餐厅就餐，既能享受良好的就餐体验，又很有面子，同时也吃得放心。所以说，品牌是否具有足够的影响力决定了餐饮企业在市场竞争中是否能够胜出，没有形成知名品牌的餐饮企业，最终将很难改变被市场、被消费者所淘汰的命运。

（三）快餐空间广阔

“方便”“快捷”的快餐业是人们生活节奏不断加快的产物，麦当劳、肯德基就是在这样的社会背景下诞生的。在我国，随着生活节奏不断加快、收入水平不断提高，人们对快餐的需求量在日趋增大，快餐行业具有十分广阔的市场空间。据相关部门统计，在北京、上海、江苏、浙江等经济比较发达的省市，快餐已经占到餐饮市场份额的50％以上。快餐正成为餐饮行业的一匹“黑马”，一支蓬勃发展的“生力军”。

（四）大众餐饮受宠

目前，餐饮市场竞争转向产品质量、企业口碑、经营特色。产业组织呈现“三小三大”新特征，即小店面大后台、小产品大市场、小群体大众化。小而美的餐厅将继续盛行，大众化餐饮将成为市场新宠。

（五）连锁加盟助推快速扩张

连锁加盟模式所带来的利益与强大威力在市场早已被证明，如小天鹅、小肥羊等品牌就充分验证了连锁加盟模式的优势，餐饮业连锁加盟模式也正逐步走向成熟。

对于餐饮企业来说，实行连锁加盟模式的一大优势就在于可以有效整合社会资源，而不是单靠企业的一己之力去“单打独斗”。如果运作得当，通过连锁加盟可以迅速让“红旗”插遍全国，实现区域性品牌到全国性品牌的飞跃，占领全国市场。从品牌发展的长远角度来看，自营模式必然受到资金、人力、管理、资源等条件的限制，品牌要进一步扩大规模，迅速占领市场，连锁经营模式无疑具备更大的优势。

（六）功能日趋多元化

如今，人们去餐厅就餐不再仅仅局限于吃饭这一单一需求，还可以选择在餐厅进行商务洽谈、朋友聚会、家庭聚会等。在消费需求多元化的推动下，餐饮功能朝着多元化方向发展，如很多餐厅、酒楼不仅提供人们就餐，还提供休闲、娱乐等功能。

案例阅读

餐厅如何博得“知识青年”的爱

餐饮行业正在步入“人群”经济时代，学会找到用户群并且让他们成为品牌的粉丝，将成为每个餐饮掌柜的必修课。下面我们一起来看看这些餐厅是如何吸引知识青年的。

一坐一忘：吃饭其实并不那么重要

一坐一忘名字来源于丽江束河古镇的一家客栈。“一坐”是男主人，画家，好静，常常一坐下来就不想动。“一忘”是女主人，最大的特点就是爱忘事。他们希望所有进入这家客栈的人能忘掉尘世的喧嚣。2006年，“一坐一忘”丽江主题餐厅开业。一坐一忘经常会有一些文化、艺术、生活方面的活动。比如周末会有绘画课堂、插花课堂、小艺术家课堂、书法讲座、图书签售会、影评会等。

猜火车：一块空场，聚集一批人群

“猜火车”一听这个名字就相当文艺，名字的源头正是一部电影的名字，也就是这样的基调奠定了“猜火车”电影主题餐厅的文艺风范。很多人喜欢在“猜火车”前面的广场上举办各式聚会和婚礼，留下自己幸福的故事。在这个餐厅里曾举办过鹿特丹电影节北京选片导演见面酒会、柏林电影节北京选片导演见面酒会等。而“猜火车”成立初衷也正是希望致力于独立影像的放映与推广，为年轻的独立导演提供展映与交流的空间。因此在“猜火车”的墙上摆满了一幅幅艺术人的时光记忆，这些关于艺术和艺术人的故事将在这里续写下去。

胡同里的美树馆：格调与周围胡同融为一体

钱粮胡同，在北京热闹的东四地区是一条相对安静的胡同，这里有一间更低调安静的咖啡馆——胡同里的美树馆。走进这间老房子，你的呼吸会变得缓慢，生怕会惊扰到咖啡馆里那些自开自长的植物。咖啡馆内的植物很多，在窗边喝咖啡就有绿色叶子垂在你手边。过道摆书的地方也有很多小盆的多肉类植物。洗手间的池子是一口老式的大缸。这里不是个大声聊天的地方，很适合一个人静静地待着，在植物和咖啡的香气中任思绪飞扬。

老故事文化主题餐厅：电影就是一切

老故事文化主题餐厅坐落在全国电影故事发源地的中央新影厂大院里，古老严肃的老厂院让人不敢相信里面有对外开放的餐厅，半隐私的环境让老故事餐厅清雅恬适又食人间烟火，还不乏一缕挥之不去的文艺气息。餐厅内部照明采用暖色光源让人感觉特别温暖，富有年代感的装饰物、墙壁上老电影故事招贴画，把我们带入了那个青春激扬、热血沸腾的红色年代。

巴扎童嘎藏：专注你的西藏情结

这家以藏文化主题为特色的餐厅，主打西藏菜。环境充满藏式的狂野质朴，灯光稍暗，设计以黄、红、蓝色为主，墙上张贴着唐卡和很多藏式的绘画，瓷盆里的净水之上铺满玫瑰花瓣，窗台上放着经书，大厅弥漫着淡淡梵乐。

（资料来源：如何博得“知识年青”的爱，2015-07-04，职业餐饮网：http://www.canyin168.com/）

（七）中式餐饮，西式吃法

“中式餐饮，西式吃法”正变得流行起来。在一些经济相对比较发达的城市，很多本土餐饮企业都带有一些“洋餐”的影子，有的本土餐饮企业将西餐的一些经营方式与中式餐饮相融合。一些本土餐厅借鉴“洋菜品”对自己的菜品进行创新，如在本土餐厅可以品尝到牛排、沙拉、甜品等“洋菜品”。此外，借鉴和使用西式餐具和用品、中餐西式吃法，打造西式化就餐环境也是餐饮行业发展的一种趋势与潮流。

（八）商务套餐、旅游休闲餐成热点

随着经济的发展，人们对商务用餐需求也在不断提升，商务套餐将会更加受消费者欢迎。正是基于这样的发展趋势，很多餐饮店甚至是火锅店都在推出商务套餐，如海底捞、苏武牧羊等火锅都推出了火锅商务套餐。

同时，旅游休闲餐饮也在日益升温。一到黄金周，餐饮生意就会比平时更为火爆，特别是一些旅游景点的餐厅，吃饭排队的现象很常见。相关机构曾经做出预测，到2020年，我国将会成为世界第一旅游大国，可以预见，旅游、休闲用餐的市场将会越来越大。

（九）口碑营销、网络营销等手段被广泛应用

餐饮营销手段正日益呈现出多样化、新型化的特征。口碑营销、网络营销等营销手段日益得到广泛应用。

口碑营销模式在餐饮行业已经出现。如“导吃顾问”“美食侦探”等职业现在正朝专业化方向发展。“导吃顾问”就是专门为顾客推荐美食，解决顾客点菜难的问题；而“美食侦探”则是通过到各种餐厅品尝他们的菜品，为自己所服务的餐厅来创新、改进菜品。不少餐饮企业利用“导吃顾问”“点菜师”等专业人士的权威点评来宣传、推广自己的餐饮特色，这就是一种创新的口碑营销模式。

除口碑营销外，网络营销也日益受到餐饮企业的重视，人们通过网络来搜索自己喜爱的餐厅、美食已经是很常见的现象了，网络搜索成为推广的重要手段之一。有的餐饮企业会把餐厅当天电子菜单发到顾客的邮箱，有的餐饮企业利用大众点评等网站来进行宣传与推广。

任务实施

❶ 参观酒店餐饮部和社会餐饮企业　通过对不同类型餐饮企业的参观和了解，让同学们对餐饮企业有一个总体认识。

❷ 餐饮企业现状分析　调查分析现有餐饮企业的基本发展情况。

❸ 餐饮企业发展趋势分析　从餐饮企业的目标顾客、营销模式、经营方式、发展方向等方面进行趋势分析。

任务评价

调研餐饮企业考核评分标准

<table>
<tr><th>序号</th><th colspan="2">考核内容</th><th colspan="3">考核要点</th><th>应得分</th><th>自评分</th><th>互评分</th><th>教师评分</th></tr>
<tr><td>1</td><td colspan="2">调研基本情况</td><td colspan="3">（1）小组成员参与程度
（2）调研过程记录资料</td><td>40</td><td></td><td></td><td></td></tr>
<tr><td>2</td><td colspan="2">调研报告的内容</td><td colspan="3">（1）内容完整
（2）内容描述具体、切合实际</td><td>40</td><td></td><td></td><td></td></tr>
<tr><td>3</td><td colspan="2">调研报告的格式</td><td colspan="3">（1）格式符合要求
（2）美观、大方</td><td>10</td><td></td><td></td><td></td></tr>
<tr><td>4</td><td colspan="2">调研报告的汇报</td><td colspan="3">（1）思路清晰
（2）语言流畅</td><td>10</td><td></td><td></td><td></td></tr>
<tr><td colspan="6">总分</td><td>100</td><td></td><td></td><td></td></tr>
<tr><td colspan="3">小组自评</td><td colspan="7"></td></tr>
<tr><td colspan="3">小组互评</td><td colspan="7"></td></tr>
<tr><td colspan="3">教师评价</td><td colspan="7"></td></tr>
<tr><td rowspan="2" colspan="2">小组成员个人得分</td><td>姓名</td><td></td><td></td><td></td><td></td><td></td><td colspan="2"></td></tr>
<tr><td>得分</td><td></td><td></td><td></td><td></td><td></td><td colspan="2"></td></tr>
<tr><td colspan="2">说明</td><td colspan="8">小组任务得分 = 小组自评分 ×20%+ 小组互评分 ×40%+ 教师评分 ×40%。小组成员个人得分由小组长和教师根据个人在任务完成中的工作情况分配分数</td></tr>
</table>

任务 2　认识餐饮产品的特点

任务情境

你是某餐饮企业的实习生，上班第一天经理布置给你的任务是：了解本企业餐饮产品及其特点。

任务工单

任务名称	认识餐饮产品				
班级		小组		小组成员	
工作任务	了解本企业餐饮产品及其特点				
任务目的	知道餐厅设施设备，熟悉餐厅的实物产品、就餐环境以及服务情况，能够理解餐厅生产、服务、经营的特点				
任务实施要求	（1）调查企业为当地知名餐饮企业 （2）小组成员全体参与，共同完成任务 （3）观察餐厅设施设备、餐厅的实务产品、就餐环境以及服务情况 （4）对餐饮产品进行评价				
任务实施步骤	（1）小组成员分工 （2）查阅资料，拟订任务完成工作计划 （3）小组成员深入餐饮企业调查 （4）撰写口头汇报材料 （5）课堂汇报、小组互评 （6）教师点评、总结				
任务成果形式	调查报告				

知识准备

一、餐饮产品的构成

餐饮产品是指餐饮企业向社会提供的，能够满足人们需要的实物产品和无形服务的总称，包括产品的色彩、形状、构成、质量、服务等。从宾客的购买内容来看，餐饮产品=实物产品+劳务服务+就餐环境气氛。从宾客对餐饮产品的需求来看，餐饮产品=直接产品+间接产品。

二、餐饮产品的特点

（一）餐饮产品的文化性

不管是厨房产品，还是就餐环境和员工服务，都承载了丰富的地域特色文化，这种文化从菜点风味与命名、餐厅的装修、员工服饰与礼仪等都能体现出来。可以说，一个餐厅的饮食文化是其餐饮产品的灵魂。

（二）餐饮产品的多功能性

餐饮产品不仅能满足人们的基本生理需求和对地域饮食文化的需求，还具有社交功能、商业功能和休闲功能等。借助就餐，人们可以增加相互的交流和认识，可以谈生意做买卖，还可以在这里舒缓情绪、愉悦身心。

（三）餐饮产品的可组合性

餐饮产品的可组合性体现在以下三个方面：第一，从菜点的创新来看，餐饮原料与烹调加工方法的不同组合可开发许多新菜点；第二，从宴席的开发来看，同样的菜点用不同的组合与包装方式(如命名、盘饰、形状等)可以开发许多的宴席；第三，菜点、宴席与就餐环境、员工服务等的相互改进与组合，将会给顾客提供更多不同特点的餐饮产品。由于餐饮产品的可组合性，有利于餐饮企业进行产品的开发创新，故餐饮企业不仅要保证老产品的传统和特色，还要适时推出新产品，以满足顾客新的需求，并增强自己的竞争力。

案例阅读

餐厅互动神器：微信

以后我们进入餐厅用餐，会是这样的场景，手机扫描桌上二维码点餐并支付，餐厅大屏幕马上显示自己的订单号，能够清楚地看到前面有多少人点餐，能够估算自己等餐大概要多少时间。而就在等餐的过程中，通过微信在大屏幕上和餐厅内用餐顾客互动，活跃现场气氛让你忘记等餐时间。

留言墙是通过具有焦点的餐厅场内互动屏幕，为现场顾客提供统一的交流空间。通过微信平台，用餐的顾客可以配合弹幕吐槽、图片、投票、抽奖、签到展示，充分调动现场观众的热情，极大地活跃现场气氛。

餐厅在互联网浪潮下必须开拓新玩法，吸引主流消费人群，只有这样才能迎接“餐饮O2O”的时代，才能颠覆传统营销模式。

（资料来源：餐厅互动神器，2015-08-10，职业餐饮网，http://www.canyin168.com/）

（四）餐饮产品的无形性与主观性

餐饮产品的无形性主要体现为餐饮服务不能够量化。餐饮服务只能在就餐顾客购买并享用了餐饮产品后，凭借生理和心理的满足程度来评估其质量的优劣。同时，顾客对于购买到的餐饮产品的认同在很大程度上凭借的是自身的经历、经验，因此对餐饮产品质量的认定具有相对大的主观性。

三、餐饮部经营管理的特点

（一）餐饮生产的特点

餐饮企业既生产有形的实物产品，如名目繁多的美味佳肴；又生产无形的服务产品，如幽雅的就餐环境和热情周到的餐饮服务。与其他产品的生产相比，餐饮生产有其自身的特点。

1. 餐饮生产属于个别定制生产，产品规格多、批量小

餐厅销售的菜肴只有在客人进入餐厅，根据菜单分别点菜后，才能将其制作成产品。这与工业产品大批量、统一规格的生产不同。餐饮产品的生产是以手工制作为主，它既是厨师的技术性操作过程，同时又是烹饪艺术的构思创作过程，这给餐饮产品标准的统一和质量管理带来了难度。

2. 餐饮生产过程时间短

餐饮产品的生产、销售和服务几乎是同时进行的，客人从点菜到消费的过程相当短暂，在较短的时间内生产出令客人满意的优质产品，对厨房的管理水平和厨师的技术水平都提出了较高的要求。一家生意兴隆的餐厅，只有依靠经验丰富的厨师，才能满足客人的需求。

3. 餐饮生产量难以预测

客人餐饮消费具有较大的随机性，客人何时来、人数多少、消费什么餐饮产品，都是变量。由于餐饮需求变动因素较多，餐饮生产量很难确定，餐饮生产具有不确定性。这就要求严把餐饮产品质量关，服务好每一位客人，让客人的每一次消费都得到最大限度的满意，以此来提高客人对餐饮品牌的忠诚度。

4. 餐饮产品及原料容易变质

餐饮产品具有一次性消费的特点，相当一部分餐饮产品是用鲜活的餐饮原料烹制成的，具有很强的时间性和季节性，若处理不当极易腐败变质，从而失去食用价值。因此必须加强管理才能保证产品质量并控制餐饮成本。

5. 餐饮产品生产过程环节多，管理难度较大

餐饮产品的生产从餐饮原材料的采购、验收、贮存、加工、烹制、服务、销售到结账，整个过程的业务环节较多，任一环节出现差错都会影响餐饮产品的质量及企业的经济效益，因此，餐饮产品生产过程的管理难度较大。

（二）餐饮销售的特点

1. 餐饮销售量受经营空间的限制

餐厅的接待能力受餐饮场所经营面积的大小、餐位数量多少的限制。因此，餐饮企业在既定的硬件接待条件下，必须努力改善就餐环境，提高服务质量，提高餐桌利用率，从而增加就餐客人的人均消费额。

2. 餐饮销售量受进餐时间的限制

餐饮的就餐时间和经营活动具有明显的间歇性，用餐高峰期，餐厅上座率猛增，用餐时间一过餐厅又恢复平静。因此，餐饮企业应通过增加服务项目、合理制定餐厅的营业时间、提高用餐高峰时间外的销售额等方法来努力提高餐饮销售量。

3. 餐饮经营毛利率较高，资金周转较快

饭店等餐饮企业的综合经营毛利率较高，一般都在50％以上，如果在餐饮经营中能合理控制费用消耗，则可产生可观的利润。此外，餐饮销售收入以收取现金为主，大部分餐饮原料为当

天采购、当天销售，因此，餐饮企业的资金周转较快。

4. 餐饮销售量受就餐环境的影响

就餐环境和气氛也是消费者选择就餐场所的一个重要因素。餐饮企业在努力提高餐饮产品质量和服务质量的同时，必须重视就餐环境和气氛的营造，为客人提供一个清洁整齐、幽雅舒适的就餐环境。

5. 餐饮固定成本及变动费用较高

餐饮企业的各种餐厨设备、餐具器皿、服务用品的投资较大，而且人力资源费用、能源费用、原料成本等的支出也较高。所以餐饮企业应努力控制固定成本与变动费用，以提高盈利水平。

（三）餐饮服务的特点

餐饮服务是餐饮企业的员工为就餐客人提供餐饮产品的全过程。餐饮服务可分为直接对客的前台服务和间接对客的后台服务。前台服务是指在餐厅、酒吧等餐饮设施中面对面地为客人提供的服务；后台服务则是指在客人视线所不能达到的场所为客人提供的服务，如厨房、餐饮部等部门工作人员为生产、加工菜点和保障前台工作进行的一系列工作。前台服务与后台服务相辅相成，任何一方出现问题都会影响餐饮服务质量。后台服务为前台服务奠定了物质基础，前台服务是后台服务的继续和完善。只有精美的菜点，没有高质量的服务不行；只有高质量的服务，没有精美的菜点也不行。因此，美味佳肴只有配以热情、礼貌、周到的服务，才会受到客人的赞赏和欢迎。餐饮服务具有无形性、一次性、同步性和差异性的特点。

1. 无形性

餐饮服务和其他任何服务一样不能够量化。餐饮服务的无形性是指餐饮服务只能在就餐客人购买并享用餐饮产品后，才能凭借其生理与心理满足程度来评估其优劣。

2. 一次性

餐饮服务的一次性是指餐饮服务不能贮存，只能当次享用，过时则不能再使用。这就要求餐饮企业应接待好每一位客人，提高每一位就餐客人的满意程度，从而使他们不断光临。

3. 同步性

餐饮服务的同步性是指餐饮产品的生产、销售、消费几乎是同步进行的，即企业的生产过程就是客人的消费过程，这就要求餐饮企业既要注重餐饮产品生产的质量和服务过程，又要重视销售环境。餐饮生产与销售的同步性的特点还为餐厅创造了极好的现场推销的机会，使餐厅服务员有机会直接向客人介绍、推荐餐饮产品，从而促进销售。

4. 差异性

餐饮服务的差异性主要表现在两个方面：一方面，服务员由于年龄、性别、性格、受教育程度、工作经历等多方面存在一定的差异，因此在服务过程中所表现出的服务态度、服务技巧、服务经验等都会有所不同，最终产生的服务质量也必然存在差异；另一方面是同一个服务员在不同时期或场合，因个人情况、工作条件的变化，或者其他外界因素的影响，向客人提供的服务也存在一定的差异。差异性存在要求餐饮企业应制定出相应的餐饮服务规范、服务程序和操作标准，并加强对员工的培训和对服务过程的控制。

案例阅读

"快"中求"优质"

一天中午，值班员小朱接到1709房间电话，客人要求以最快的速度送些食品到房间。由于客人不习惯吃西餐，要求提供中餐菜点。小朱告诉客人订中餐等候时间稍长，便推荐了两个快菜和一份炒饭，客人表示同意。小朱马上先打电话通知厨房配餐，然后又开出账单，催促送餐服务员马上去厨房取菜。大约过了半个小时，值班员小朱接到为1709房间送餐服务员打来的电话，他告诉小朱，1709号房的客人由于等候时间过长，显得很不高兴，已离店而去，经过大堂时，将一封投诉信交给了大堂经理。后经查，由于厨师配餐过程中，将配菜的顺序搞错了，致使服务员没有及时将1709房间客人订的菜和炒饭送到，耽误了客人的时间，引起了客人的不满和投诉。

（资料来源：豆丁网，http://www.docin.com/）

任务实施

1. 餐厅设施设备　准确说出餐厅的设施设备。
2. 餐厅实物产品　清楚餐厅提供的实物产品种类。
3. 餐厅服务情况　能够判断餐厅服务质量的好坏，并能提出改进意见。
4. 餐厅环境气氛　合理布置餐厅环境气氛。
5. 撰写汇报材料。

任务评价

认识餐饮产品考核评分标准

序号	考核内容	考核要点	应得分	自评分	互评分	教师评分
1	餐饮部的设施设备	（1）设施设备描述准确 （2）设施设备描述完整 （3）设施设备归类正确	10			
2	餐厅实物产品	（1）实物产品名称描述正确 （2）实物产品功用描述准确	20			
	餐饮服务情况	（1）餐厅服务评价准确 （2）餐厅服务改进意见合理、有创意	30			
3	餐厅环境气氛	餐厅环境气氛描述全面、完整	20			
4	汇报	（1）PPT 制作精美 （2）上台汇报语言流畅，逻辑清晰，结构完整	10			

续表

序号	考核内容	考核要点	应得分	自评分	互评分	教师评分
5	答辩	回答问题观点正确、恰当	10			
总分			100			
小组自评						
小组互评						
教师评价						
小组成员个人得分	姓名					
	得分					
说明	小组任务得分 = 小组自评分 ×20% + 小组互评分 ×40% + 教师评分 ×40%。小组成员个人得分由小组长和教师根据个人在任务完成中的工作情况分配分数					

任务 3　认识餐厅的组织机构

任务情境

全班同学自由分组，每组不少于5人，以组为单位建立自己的餐厅，确立餐厅的名称、餐厅的经营特色、餐厅的规模档次以及主要的顾客市场，确定餐厅的组织机构，每人负责餐厅的一个部门。

任务工单

任务名称	组建餐厅				
班级		小组		小组成员	
工作任务	你作为餐厅筹划总监，请带领你的筹划小组根据该餐厅的经营特色绘制一张餐厅组织机构设置图				
任务目的	知道餐厅的名称、规模档次，掌握餐厅的经营特色、目标顾客，并能为餐厅经营做好内部组织机构设置准备				
任务实施要求	（1）餐厅档次设定为中高档 （2）小组成员全体参与，共同完成任务 （3）餐厅组织机构设置符合餐厅经营特色，科学、可行 （4）手绘餐厅组织机构图，并配有图示说明				
任务实施步骤	（1）小组成员分工 （2）查阅资料，拟订任务完成工作计划 （3）小组讨论绘制餐厅组织机构设置图 （4）制作汇报 PPT （5）课堂汇报、小组互评 （6）教师点评、总结				
任务成果形式	餐厅组织机构图				
实施过程记录	从以下 3 个方面记录：搜集的资料、过程记录、实施中遇到的问题及解决办法				

知识准备

一、餐饮部的职能

（一）掌握市场需求，合理制定菜单

要满足客人对餐饮的需求，必须先了解餐饮企业目标市场的消费特点与餐饮要求，掌握不同年龄、不同性别、不同职业、不同民族和宗教信仰的客人的饮食习惯和需求，并在此基础上制定出能够迎合客人需求的菜单。

（二）广泛组织客源，扩大产品销售

餐饮企业必须采取各种方法招徕并吸引客人前来就餐，从而提高餐饮企业的知名度、美誉度和经济效益。餐饮企业可借助互联网将餐厅推出的新菜图片或海报发给消费者，推送一些饮食小贴士，如怎么辨别牛肉真假等来培养自家餐厅忠实的客户，从而扩大产品销售。

（三）加强原料管理，保证生产需要

餐饮原料的质量直接影响餐饮产品的质量，而其价格又直接关系到餐饮企业的经济效益，因此，加强对餐饮原料的采购、验收、贮存管理，既可保证厨房的生产需要，又可降低餐饮成本。

（四）搞好厨房管理，提高菜点质量

厨房是餐饮产品的生产场所，其管理水平的高低直接影响餐饮产品的质量和客人满意程度。因此，餐饮企业应搞好厨房管理，根据客人需要，合理加工餐饮原材料，组织厨师及时烹制出适销对路，色、香、味、形俱佳的餐饮产品，并加强生产过程的控制，努力提高餐饮产品的质量。

知识链接

厨房管理七字歌

上班做事第一桩，检查当日备货箱。规定时间去出库，物品数量要记详。先入先出有规定，领来调料加料缸。送来货物先检验，严格把好质量关。砧板冰箱常清洗，生熟分开要牢记。卫生标准要坚持，食物中毒要防止。餐前准备最重要，主厨负责监督好。费时食品先预制，开餐以后不动刀。荷台小料准备足，重要物品勿忘掉。根据需要搬餐具，荷台整洁别潦草。鲜花绿叶准备好，菜品装盘很重要。油气燃料提前备，上菜速度保证了。分单走菜有学问，先后顺序调配好。凉先热后主食备，特殊要求要看好。先荤后素鱼中间，传菜后厨配合好。石锅铁板保证烫，出品统一不变样。防蝇防物防头发，勤洗澡来勤理发。餐后收尾要彻底，水点燃气检查好。虚心求教学手艺，厨德要比厨艺好。师傅楷模树立起，辱骂学徒万不要。

苦点累点无怨言，和谐气氛最重要。学习进取求创新，激情活力保持好。尊师重友团结牢，红红火火生意好。

（资料来源：厨政管理，职业餐饮网http://www.canyin168.com/）

（五）抓好餐厅管理，满足宾客需要

餐厅是餐饮企业的销售场所，又是为客人提供面对面服务的领域，它使餐饮产品的价值最终得以实现。因此，抓好餐厅管理，既可满足客人的物质和精神需要，提高客人的满意程度，又可体现并反映餐饮企业的管理水平与服务质量。

案例阅读

换菜

有一次，季老板和朋友来到新丽晶饭店吃饭，发生了这样的一件事情。“晚上好，先生！请问吃什么菜?”实习生关颖热情接待。“来个生炒油麦菜、椒盐虾、蒸荷粉和白粥。”季老板答道。“好的，请稍候，马上给你们送过来。”关颖下单后送到厨房。不一会菜上来了，“盐水油麦菜，请慢用。”“小姐，请等一下，我们没有点这个菜啊，我要的是生炒油麦菜，你们弄错了吧。”“是吗？我不知道呀，那帮你们换菜吧。”过了不到2分钟，送菜服务员端上了生炒油麦菜。“咦？生炒油麦菜怎么这么多汁，它的刀工怎么和刚才那个一样，煮得怎么那么烂?”季老板边看边嚷道。“小姐，你这个菜好像只是换汤没换药吧？这像是把刚才那盘菜倒掉汤，然后过一过热锅而已，哪是生炒油麦菜呢？算了，你还是给我换个别的菜吧!”季老板的朋友接口说：“哎，老季，你今天还是把生炒油麦菜这个喜好放弃得了，随便来一个蒜蓉菜心算了。我们这样换来换去，会不会让他们觉得我们很烦啊！我以前听说有的餐厅，如果有某桌的客人太烦的话，那些厨师们会给他们的菜加些‘特殊味料’如唾液、残渣菜汁等，我看我们刚才点那个蒜蓉菜心还是不要吃为妙。”季老板一听朋友这么说，胃口大打折扣，“今天怎么这么倒霉啊!”果然那碟蒜蓉菜心上桌后，季老板和朋友没有谁敢对它下筷子了。

（资料来源：餐厅管理案例，2010-12-02，职业餐饮网，http://www.canyin168.com/）

（六）加强宴会管理，增加经济收入

宴会是餐饮企业产品销售的重要形式和经济收入的重要来源，其特点是产品一次性销售量较大，质量要求较高，经济效益较好。因此，加强宴会管理是餐饮管理的重要任务之一。

（七）加强成本控制，提高经济效益

餐饮企业应建立餐饮成本控制体系，加强对餐饮生产全过程，如采购、验收、库存、发放、厨房的粗加工、切配、烹制、餐厅销售等各环节的成本控制，并定期对餐饮成本进行比较分析，及时发现存在的问题，从而采取有效的降低成本的措施，最终提高餐饮企业的经济效益。

二、餐饮组织机构设置的原则

（一）精简与效率相统一的原则

组织机构的设置会影响企业的工作效率。餐饮企业在设置组织机构时，要坚持效率原则，做到因事设岗而非因人设岗，每个岗位配备的人员数量与所承担的任务相适应，机构内部分工粗细得当，职责明确，每人都有足够的工作量。

（二）专业化和自动调节相结合的原则

餐饮管理是一项专业性很强的工作，必须保持其组织机构和工作内容的专业性和正规性，管理人员还要能够在不断变化的客观环境中主动处理问题，具有一定的主观能动性。

（三）权力和责任相适应的原则

在组织机构设置时，必须明确各岗位的责任，根据责任赋予相应的权力。如果权大于责，则会造成滥用职权；如果责大于权，则会导致缺乏动力，束缚员工手脚，无法有效完成工作。因此，责权对等是餐饮组织机构设置时应该充分考虑的因素，要求组织机构的等级层次合理，各级管理人员的责任明确，权力大小能够保证所承担任务的顺利完成，责权分配不影响管理人员之间的协调与配合。

（四）统一指挥的原则

餐饮组织机构设置时应明确划分各部门、各管理人员的职权范围，各管理人员只能按管理层次向自己管辖的直属下级发号施令，不允许擅自跨级管理；同时，每个下属人员也只对自己的直接上级负责，接受直接上级的领导和指挥。

三、常见的餐饮组织形态

知识链接

行政总厨——餐饮部的核心人物

北京奥运会的成功举办让世界了解到中国的美食，也使餐饮旅游业蓬勃发展，给厨师等相关行业带来了前所未有的就业良机。行政总厨主要对厨房人员进行日常管理，对厨房所有食物进行高标准控制，要求具有大餐饮行业厨师长工作经验、厨房管理的能力和技巧。

行政总厨作为大厨的主管不仅要有精湛的厨艺，还要有相当的管理能力，由出品总监直接负责，可以向出品总监发展，也可以自己开办饭店，成就自己的事业。

（资料来源：桂佳，吴升旸．餐饮服务与管理[M]．对外经济贸易大学出版社，2013：8）

餐饮部是饭店组织机构的重要组成部分，餐饮部管辖范围广，员工人数较多，营业点比较分散。要搞好餐饮部的管理工作，必须建立科学、合理、有效的组织网络，并进行科学分工，使所属部门、岗位各司其职，保证餐饮经营正常运转。餐饮企业的组织机构因规模、等级、服务内容、服务方式、管理模式等方面的不同而不同。从组织机构的设计上看，也没有绝对统一的标准。独立经营餐厅及大、中、小型饭店餐饮部组织机构形态分别如图1–1、图1–2、图1–3和图1–4。

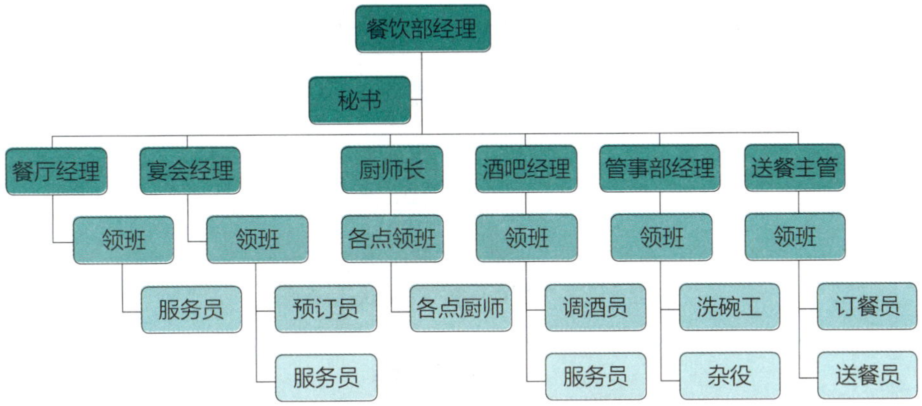

图 1–1　独立经营餐厅的组织结构图

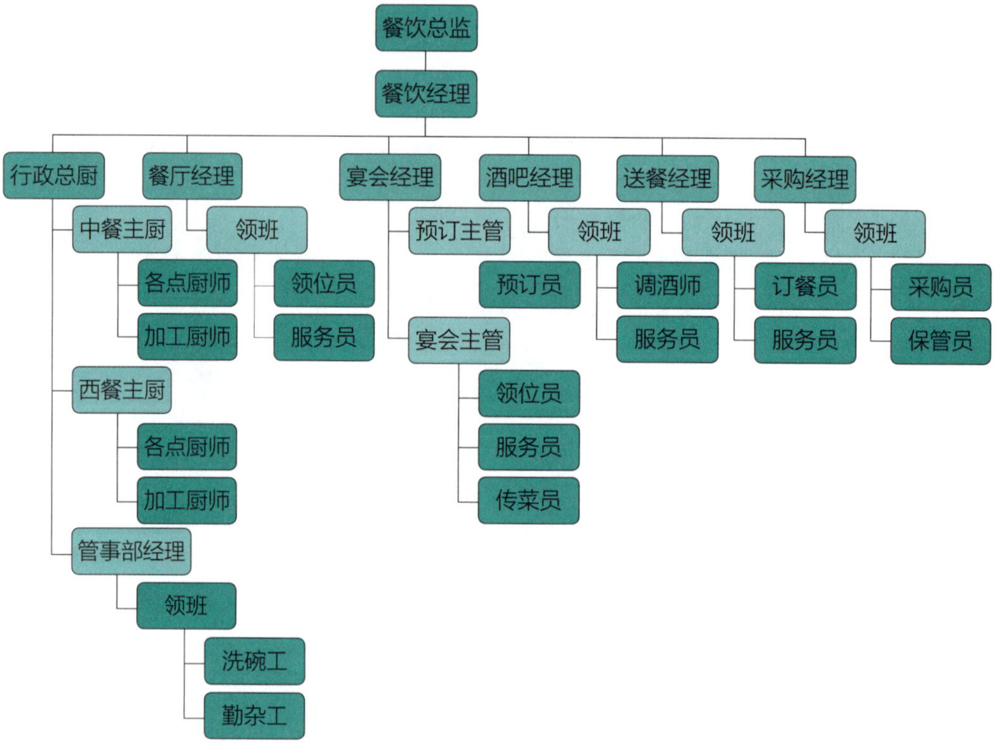

图 1-2　大型饭店餐饮部组织结构图

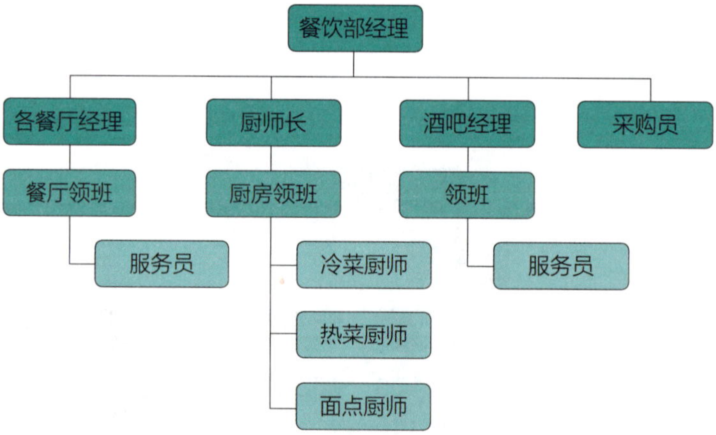

图 1-3　中型饭店餐饮部组织结构图

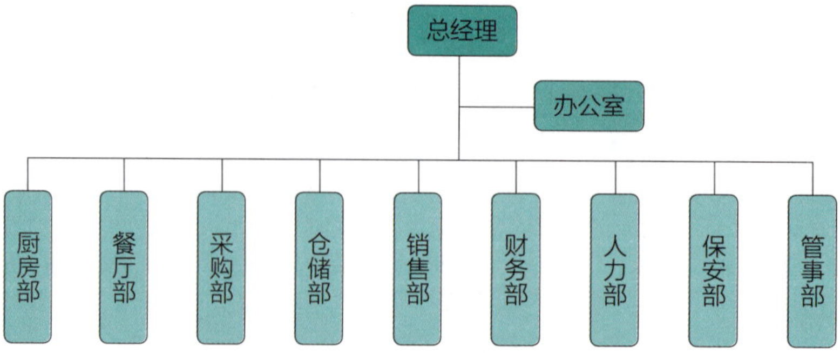

图 1-4　小型饭店餐饮部组织结构图

四、餐饮部核心机构的主要职能

（一）餐厅

餐厅是提供食品、饮料和优质服务，并满足客人饮食需求的场所。餐厅必须具备3个基本条件，即固定的场所，提供食品、酒水饮料和服务，以盈利为经营目的，三者缺一不可。其中，食品、酒水饮料是基础，优质服务是保证。

餐厅的主要职能包括以下几个方面。

（1）按照规定的标准和规格程序，用娴熟的服务技能、热情细致的服务态度，为客人提供餐饮服务，同时根据客人的个性化需求提供针对性服务。

（2）扩大宣传推销，强化全员促销意识，提供建议性销售服务，保证餐厅的经济效益。

（3）加强对餐厅财产和物品的管理，控制费用开支，降低经营成本。

（4）及时检查餐厅设备的使用状况，做好维修保养工作，加强餐厅安全管理。

（二）厨房

厨房是餐厅的生产部门，负责菜肴、面点等产品的加工制作。厨房是餐厅管理的中心环节，必须确保产品质量。其主要职能包括以下几个方面。

（1）根据客人需求，为其提供安全、卫生、精美可口的菜肴。

（2）加强对生产流程的管理，控制原料成本，减少费用开支。

（3）对菜肴不断开拓创新，提高菜肴质量，扩大销售。

（三）宴会部

宴会部通常设有多种规格的宴会厅，在饭店经营中起着创声誉、创效益的重要作用。宴会部主要负责各类宴会及重大活动的组织实施，主要职能包括以下几个方面。

（1）宣传、销售各种类型的宴会产品，并接受宴会等活动的预订，提高宴会厅的利用率。

（2）负责中西宴会、冷餐酒会、鸡尾酒会等各种活动的策划、组织、协调、实施等工作，向客人提供尽善尽美的服务。

（3）从各环节着手控制成本与费用，增加效益。

（四）管事部

管事部是保证餐饮部正常运转的后勤保障部门，负责提供餐饮部所需的餐具、用品，清洁餐具、厨具以及维护后台区域卫生等。主要职能包括以下几个方面。

（1）根据事先确定的库存量，负责为餐厅及厨房申领、供给、存储、收集、洗涤和补充各种餐具，如瓷器、玻璃器皿及服务用品等。

（2）负责银器及机器设备的清洁与维护保养。

（3）负责收集和处理垃圾。

（4）负责区域卫生。

（5）控制餐具的消耗及各种费用。

（五）采购部

采购部是餐饮部的物资供应部门，主要负责餐饮部生产原料的采购与保管工作。主要职能包括以下几个方面。

（1）及时做好食品原材料的采购工作，保证餐饮部所需原料供应。

（2）负责餐饮原料的验收与保管工作。

（3）做好采购价格控制及仓库存货控制工作。

任务实施

1. 确立餐厅名称、类型　根据餐厅的发展历史、目标顾客等确立餐厅名称以及类型。
2. 确立经营特色　根据餐饮业的未来发展趋势以及目标顾客的需求确定餐厅的经营特色。
3. 手绘餐厅内部组织机构图。

任务评价

建立餐厅考核评分标准

<table>
<tr><th>序号</th><th colspan="2">考核内容</th><th>考核要点</th><th>应得分</th><th>自评分</th><th>互评分</th><th>教师评分</th></tr>
<tr><td>1</td><td colspan="2">餐厅名称</td><td>（1）餐厅名称富有特色
（2）餐厅名称富有一定的文化内涵
（3）餐厅名称易懂、易记</td><td>10</td><td></td><td></td><td></td></tr>
<tr><td>2</td><td colspan="2">餐厅规模、档次</td><td>（1）餐厅规模合理
（2）餐厅档次符合目标客户的需求</td><td>10</td><td></td><td></td><td></td></tr>
<tr><td></td><td colspan="2">餐厅经营特色</td><td>餐厅经营具有一定的主题特色，且与餐厅名称相适应</td><td>20</td><td></td><td></td><td></td></tr>
<tr><td>3</td><td colspan="2">餐厅内部组织机构图</td><td>（1）餐厅内部组织机构设置科学、合理
（2）手绘餐厅内部组织机构图清晰</td><td>40</td><td></td><td></td><td></td></tr>
<tr><td>4</td><td colspan="2">汇报</td><td>（1）PPT 制作精美
（2）上台汇报语言流畅，逻辑清晰，结构完整</td><td>10</td><td></td><td></td><td></td></tr>
<tr><td>5</td><td colspan="2">答辩</td><td>回答问题观点正确、恰当</td><td>10</td><td></td><td></td><td></td></tr>
<tr><td colspan="4">总分</td><td>100</td><td></td><td></td><td></td></tr>
<tr><td colspan="3">小组自评</td><td colspan="5"></td></tr>
<tr><td colspan="3">小组互评</td><td colspan="5"></td></tr>
<tr><td colspan="3">教师评价</td><td colspan="5"></td></tr>
<tr><td colspan="2" rowspan="2">小组成员个人得分</td><td>姓名</td><td></td><td></td><td></td><td></td><td></td></tr>
<tr><td>得分</td><td></td><td></td><td></td><td></td><td></td></tr>
<tr><td colspan="2">说明</td><td colspan="6">小组任务得分 = 小组自评分 ×20% + 小组互评分 ×40% + 教师评分 ×40%。小组成员个人得分由小组长和教师根据个人在任务完成中的工作情况分配分数</td></tr>
</table>

任务 4　认识餐厅的岗位职责及任职要求

任务情境

请各小组参阅餐饮部岗位职责以及任职要求，为本餐厅（上一次任务中组建的餐厅）设置岗位，并协助组长（即餐厅运营经理）挑选、分配服务人员。

任务工单

<table>
<tr><td>任务名称</td><td colspan="5">制定 XX 餐厅岗位职责说明书</td></tr>
<tr><td>班级</td><td></td><td>小组</td><td></td><td>小组成员</td><td></td></tr>
<tr><td>工作任务</td><td colspan="5">你作为餐厅运营经理，请带领你的运营小组根据该餐厅的规模档次、经营特色、服务要求等制定一份本餐厅各岗位职责说明书</td></tr>
<tr><td>任务目的</td><td colspan="5">知道餐厅规模、档次、目标顾客、经营特色，并能为餐厅制定岗位职责说明书</td></tr>
<tr><td>任务实施要求</td><td colspan="5">（1）餐厅档次设定为中高档
（2）小组成员全体参与，共同完成任务
（3）以小组为单位，以图表的形式展示本小组的岗位设置，并标注该岗位的用人要求
（4）餐厅岗位职责说明书应包含该岗位的名称、特点、职责、主要工作任务以及任职资格等方面的内容
（5）餐厅岗位职责以及任职要求符合本餐厅的实际情况，具有可行性</td></tr>
<tr><td>任务实施步骤</td><td colspan="5">（1）小组成员分工
（2）查阅资料，拟订任务完成工作计划
（3）小组讨论制定餐厅岗位职责说明书
（4）制作汇报 PPT
（5）课堂汇报、小组互评
（6）教师点评、总结</td></tr>
<tr><td>任务成果形式</td><td colspan="5">餐厅岗位职责说明书</td></tr>
<tr><td>实施过程记录</td><td colspan="5">从以下 3 个方面记录：搜集的资料、过程记录、实施中遇到的问题及解决办法</td></tr>
</table>

知识准备

一、餐饮部主要岗位职责

岗位职责也称为工作描述，是在工作分析的基础上所制定的、针对某一岗位的责任书。它规定了该岗位的特点、主要工作任务及任职资格等方面的内容。

（一）餐饮部经理岗位职责

直接上级：餐饮总监或饭店副经理

直接下级：餐厅主管

任职资格：懂得饭店营销、餐厅服务、心理知识；熟悉菜单制作、烹饪基础、酒品饮料特色；通晓食品营养卫生、预防食品中毒知识；善于运用食品价格、成本核算等基础知识。了解法律基础知识，熟悉食品卫生法；熟悉主要民族习惯和礼仪要求；掌握公关知识，懂得安全、保卫知识和消防器材的性能、特点和使用方法。能有条不紊的协调餐饮部各部门之间的关系，处理好各部门之间的横向合作关系，沉着处理重大业务和应急业务；能量才用人，调动和发挥下属员工的积极性；能在业务经营管理和使用人、财、物方面权衡利弊，果断决策；能规划餐饮食品业务营销，控制餐饮成本；能亲自组织力量加强餐饮部各个环节的管理和服务；善于对餐饮部进行质量检查和评估；善于在各种场合同各阶层人事打交道；能处理餐饮部的突发事件；具有推销餐饮产品的能力。

岗位职责：

（1）全面负责餐饮部的工作，领导本部门积极完成各项接待任务和经营指标，负责制订本部门年度、月度营业计划，分析和报告年度、月度经营情况；负责协调本部门和其他部门的关系。

（2）负责制定本部门的各项管理规章制度、服务标准和操作规程并检查、落实。

（3）加强餐厅的日常管理工作，不断提高服务质量，培养和提高餐饮主管及部长的现场督导和管理水平。

（4）加强对餐饮食品原材料采购的管理，减少浪费，抓好成本核算。

（5）以人为本，注重抓好员工的思想教育和业务的培训工作，不断提高本部门员工队伍的综合素质。

（6）抓好设备、设施的维护保养和管理工作，使之保持完好的状态，防止事故的发生。

（7）抓好安全工作，开展经常性的安全防火教育和检查工作，确保安全。

（8）认真开展全面质量管理活动，努力提高服务质量和食品质量。

（9）有权对本部门员工的表现提出奖惩决定，并报请饭店管理层核准。

（10）要有强烈的市场竞争观念，要以市场为向导，熟悉消费者对餐饮价格、食品、服务及特色的需求，明确本店市场定位，勇于改革、创新。

（二）餐厅主管岗位职责

直接上级：餐饮部经理

直接下级：餐厅领班

任职资格：了解饭店管理理论，熟悉餐厅、酒吧服务规程，掌握中西菜肴及营养卫生基础知识，了解各种菜肴的主要烹饪方法，懂得各种酒水饮料的基本特点。掌握饭店管理知识，熟悉食品卫生法，了解宗教常识，熟悉主要客源国概况和风土人情，懂得国际礼仪、礼节，能适应因饭店工作需要而在非工作时间内的加班工作，绝对服从上级的工作安排。

岗位职责：

（1）执行餐饮部经理的指令，确保本餐厅的服务质量。

（2）总结前一天的工作，布置当日工作任务，传达上级指令和新的经营政策，检查员工出勤情况和仪容、仪表及个人卫生是否符合要求。

（3）检查餐厅各项工作的具体实施，及时纠正员工不符合规范的表现和行为，检查当日宴会预订的各项准备工作及餐厅内卫生情况。

（4）经常向厨师长反馈客人消费意见，与厨房协调好关系，共同搞好餐厅的经营和服务。

（5）抓好餐厅设备、设施的维护保养工作，确保餐厅餐具、用品处于完好状态。

（6）组织和实施餐厅员工的培训计划，确保服务员有较高的素质、良好的专业知识、服务技能和良好的服务态度，督促及提醒员工遵守饭店的规章制度。

（7）主动与客人沟通，处理客人投诉，征询客人意见和建议，并主动采取措施予以解决。

（8）组织与实施餐饮产品的促销活动，督导下属大力推销产品。

（9）抓成本控制，严禁偷吃、浪费、作弊等漏洞。

（10）负责餐厅的服务管理，保证每个员工按照饭店规定的服务程序、服务标准去做，确保为客人提供高标准的服务。

（11）经常检查餐厅常用货物准备是否充足，确保餐厅正常运转。

（12）了解当日供应品种、缺货品种、当日特选等，并在餐前会上通知到位。

（三）餐厅领班岗位职责

直接上级：餐厅主管

直接下级：餐厅服务员

任职资格：熟悉餐厅服务规程和业务技巧；熟悉餐厅各厅房、餐桌、餐位的布局；熟悉各种饮品和特色菜肴；通晓餐厅菜单和酒单内容；熟悉餐厅管理规章制度、卫生消毒知识，能适应因饭店工作需要而在非工作时间内的加班工作，绝对服从上级的工作安排。

岗位职责：

（1）检查员工仪容、仪表，监督服务员的具体操作，发现问题及时纠正；接受餐厅主管指派的工作，全权负责本区域的服务工作。

（2）开餐前明确餐厅主管所分配的工作，领导服务员做好开餐前的准备工作，检查桌、椅的摆放是否规范，餐具用品是否齐备、清洁、卫生。

（3）督导服务员向客人推荐特别菜点、饮料，主动介绍菜单，指导和监督服务员按要求规范操作。

（4）接受客人投诉，并向餐厅主管或经理汇报。

（5）营业结束后，检查门、窗、水龙头、灯光、空调是否关闭，做好节能和安全工作。

（6）协助主管或经理对员工进行业务培训，以提高员工的专业素养和服务技能。

（四）餐厅服务员岗位职责

直接上级：餐厅领班

直接下级：无

任职资格：熟悉餐厅服务规程和接待技巧，熟悉餐厅各种饮品和特色菜肴，通晓餐厅酒单和菜单的内容。礼貌待客，热情服务，遵纪守法；能接受临时调派工作；能适应因餐厅工作需要而在非工作时间内的加班工作，绝对服从上级的工作安排。

岗位职责：

（1）做好餐前准备工作，按要求领取干净台布、口布等，清洁、擦拭各种餐具、酒具，并检查桌椅是否完好；负责保持场地的整洁卫生，桌面、转台及口布整齐划一，保持餐厅良好的就餐环境。

（2）主动热情地接待宾客，熟悉各种菜肴、酒水，做好推销工作，当好宾客的参谋，能按顾客的要求接受点菜。

（3）按服务规范作业，为客人提供及时的点菜、上菜、分菜及酒水服务；开餐过程中关注客人的需求，在客人需要时能做出迅速的反应。

（4）熟悉餐厅菜单，了解各菜的用料、烹饪方法与烹饪时间。

（5）掌握本餐厅供应菜点、饮料的质量标准，防止向客人提供不合标准的菜点和酒水。

（6）下班时与交接班同事做好交接工作，营业结束后做好收尾工作。

（7）正确使用餐厅用具和设备，爱护餐厅财物。

（8）积极参加培训，不断提高自己的服务水平和服务质量。按照服务程序、标准指导见习生的日常工作。

（五）传菜员岗位职责

直接上级：餐厅领班

直接下级：无

任职资格：熟悉餐厅各种饮品和特色菜肴，熟悉餐厅酒单和菜单的内容，掌握传菜的操作流程及标准。礼貌待客，热情服务，遵纪守法；能接受临时调派工作；能适应因饭店工作需要而在非工作时间内的加班工作，绝对服从上级的工作安排。

岗位职责：

（1）负责在开餐前做好各项传菜准备工作；备好所有调料品、汁酱类，备好一定数量的垫盘、汤匙、洗手盅、酒精炉、托盘、毛巾等。

（2）严格执行传菜服务规范，保证汤汁不洒、走路稳中求快、确保不碰撞桌椅和客人。

（3）准确地传递楼面服务员与厨房师傅的信息，确保出品与服务不脱节。

（4）坚守岗位，及时准确地将厨房烹制好的菜品传送给相应的值台服务员。

（5）严格把好食品质量关，坚持不合格的菜品不上桌。

（6）传菜时须对单，及时准确将出品送到值台人员手里，做到不错号、不误单。

（7）负责将改过的菜品报送相关人员，若有菜长时间未上或漏上，应向后厨询问并补上，及时报领班处理。

（8）及时通知餐厅当日特别介绍菜品、估清菜品、急推菜品。

二、餐饮服务人员的素质要求

（一）服务人员的思想素质

良好的思想素质是做好服务工作的基础。对餐厅服务人员思想素质的具体要求如下。

1. 正确的服务观念

餐饮服务人员应正确认识餐饮服务工作的价值，热爱自己的职业，有意识地培养自己对餐厅服务的浓厚兴趣，树立正确的服务观念，以主人翁的身份，始终如一、全心全意地为每位宾客服务。

2. 高尚的职业道德

职业道德是人们在一定的职业活动范围内所遵守的行为规范的总和。餐饮服务人员的职业道德有其特殊性，归纳起来主要有以下几方面的内容：满腔热忱、乐于助人的服务精神；文明礼貌、不卑不亢的职业风尚；诚信无欺、真实公道的经营作风；廉洁奉公、谦恭自律的优良品质；团结友爱、顾全大局的高尚风格。

3. 良好的组织纪律

严格的组织纪律是做好餐饮服务工作的重要保证，餐饮服务人员应具有严格的组织观念和法制观念，自觉遵守企业的规章制度和员工守则，服从工作安排和调动，热情为宾客服务，完成本职工作。

（二）服务人员的业务素质

1. 熟练的专业操作技能

餐饮服务的每一项工作、每一个环节都有自己特定的操作标准和要求，如托盘、摆台、餐巾折花、斟酒、上菜、分菜，服务人员的接待能力、语言技巧等。因此，餐厅服务人员要努力学习、刻苦训练，熟练掌握餐饮服务的基本技能，明确各项服务的规格、程序和要求，做到服务规格化、标准化、程序化。

2. 讲究的服务礼节

餐饮服务中的各种礼节贯穿于服务的各个环节，归纳起来主要有：问候礼节、称呼礼节、迎送礼节、操作礼节、仪表礼节、宴会礼节等。对客人的礼节礼貌主要表现在语言和行为上。服务人员工作时的语言特别是规范的接待服务用语，标志着一个企业服务水平。掌握服务用语是提供优良服务特别是提供感情服务不可缺少的媒介。服务动作快速敏捷、准确无误，举手投足训练有素，也是对宾客尊重和礼貌的体现。餐饮服务人员掌握服务礼节，做到礼貌待人，对提高服务质量具有极其重要的意义。

3. 较高的文化素养

具有良好的文化素养和广博的社会知识，是做好餐饮服务工作的基本前提。餐饮服务人员应掌握的知识主要有：烹饪知识，商品知识，营养卫生知识，心理学知识，餐厅设备的使用、保养、维修知识，餐旅文学知识，旅游地理知识，美术与音乐方面的知识，民俗和法律方面的知识等。

4. 良好的人际交往能力

餐饮服务是一种特殊的人际交往活动，服务人员应主动加强与客人的交往，加深对客人的了解，采取客人乐于接受的方式进行服务。服务人员在与餐厅宾客交往中，必须坚持“宾客至上”“客人总是对的”的原则。通过与客人的交往，创造出亲切、随意的就餐环境，加强与客人的情感交流，提高客人对餐厅的忠诚度。所有这些，均要求餐饮服务人员具备一定的人际交往能力。

5. 良好的服务态度

服务态度是指餐饮服务人员在对客服务过程中体现出来的主观意向和心理状态，其好坏直接影响到客人的心理感受。服务态度取决于员工的主动性、创造性、积极性、责任感和综合素质。

服务人员要用良好的服务态度取得客人的好感和信任，以使双方一开始接触就能建立起友善的关系。良好的服务态度是进一步做好服务工作的基础，是贯彻“宾客第一”原则和增强员工服务意识的具体表现。

（1）主动　餐饮服务人员应牢固树立“宾客至上、服务第一”的专业意识，在服务工作中应时时处处为客人着想，表现出一种主动、积极的情绪，凡是客人需要，不分分内、分外，发现后立即主动、及时地予以解决，做到眼勤、口勤、手勤、脚勤、心勤，把服务工作做在客人开口之前。

（2）热情　餐饮服务人员在服务工作中应热爱本职工作，热爱自己的服务对象，像对待亲人一样为客人服务，做到面带微笑、端庄稳重、语言亲切、精神饱满、诚恳待人，具有助人为乐的精神，处处热情待客。

（3）耐心　餐饮服务人员在为不同类型的客人服务时，应有耐性，不急躁、不厌烦，态度和蔼。服务人员应善于揣摩客人的消费心理，对于他们提出的所有问题，都应耐心解答，百问不厌，并能虚心听取客人的意见和建议，对事情不推诿，与客人发生矛盾时，应尊重客人，并有较强的自律能力，做到心平气和耐心说服。

（4）周到　餐饮从业人员应将服务工作做得细致入微、面面俱到、周密妥帖。在服务前，服务人员应做好充分的准备工作，对服务工作做出细致、周到的计划；在服务时，应仔细观察，及时发现并满足宾客的需求；在服务结束时，应认真征求宾客的意见或建议，并及时反馈，以将服务工作做得更好。

6. 快捷的服务效率

服务效率是服务工作的时间与效能统一的概念，它是指餐饮服务人员为客人提供的某种服务在规定时限内达到的要求。它应根据宾客的实际需要灵活掌握，要求服务人员在客人最需要某项服务时，即时提供。服务效率不但反映服务水平，而且反映了餐厅管理水平和服务人员素质。

（三）服务人员的身体素质

服务人员的身体素质是做好服务工作的保证。

1. 健康的体魄

餐饮服务工作劳动强度较大，在工作中站立、行走、托盘、上菜等都需要有一定的腿力、臂力和腰力，所以只有健康的体魄才能胜任工作。

《中华人民共和国食品安全法》第四十五条规定：食品生产经营者应当建立并执行从业人员健康管理制度，患有国务院卫生行政部门规定的有碍食品安全疾病的人员，不得从事接触直接入口食品的工作。从事接触直接入口食品工作的食品生产经营人员应当每年进行健康检查，取得健康证明后方可上岗。

2. 端庄的仪表

端庄的仪表能给客人留下美好的第一印象，它直接影响客人与服务人员的交往是否顺畅，所以仪表修饰不仅是工作的要求，还体现出对客人的礼貌，进而为服务工作奠定良好的基础。餐饮服务人员的仪表包括服饰、仪容、仪态、举止等。

（四）服务人员的心理素质

1. 敏捷的思路

餐饮服务人员应该要有十分清晰、灵敏的思维能力。在餐饮服务的第一线，由于宾客的就餐需求、心理状态等各不相同，会出现各式各样的问题，如就餐投诉、寻衅闹事、醉后失态、突发疾病等，都需要得到服务人员的及时处理。在处理这类问题的过程中，餐饮服务人员的良好应变能力是不可缺少的。

2. 健全的心理

餐饮服务人员的心理素质要求通常包括吃苦耐劳、任劳任怨、承受委屈、果断处事，以及宽容他人、敢说敢为、不畏艰难、心情开朗等。餐饮服务人员的绝大部分时间都在与宾客打交道，发生误解，导致客人不悦而不得不忍气吞声、强作笑脸的事时有发生。服务人员必须沉得住气，以大局为重，忍受委屈，正确对待和处理某些矛盾和误会。

知识链接

餐厅服务员十项要求

第一项要求：必须知道餐厅目标、价值观、信条和自己的工作范围。

第二项要求：在服务工作中，要做到尽量使用客人的名字称呼客人，预见并满足客人的需求，热情亲切地送别客人。

第三项要求：工作时间不应使用客用设施设备，在任何时间、地点，行动都应该以客人为先。

第四项要求：保证对你面前3米内的客人和员工微笑致意，并让电话中的客人听到你的微笑。

第五项要求：为满足顾客的需求，充分运用餐厅给你的权力，直至寻求总经理的帮助。

第六项要求：必须不断认识餐厅存在的缺点，并提出你的改进建议，使餐厅的服务和质量更加完美。

第七项要求：积极沟通，消除部门之间的偏见。

第八项要求：把每一次客人投诉视作改善服务的机会。

第九项要求：制服要干净整洁、合身，鞋要擦亮，仪容仪表端正大方，上岗时要充满自信。

第十项要求：爱护餐厅财产，发现餐厅设备设施破损时必须立即报修。

（资料来源：餐厅服务员十项要求，职业餐饮网http://www.canyin168.com/）

任务实施

❶ 绘制本小组的餐厅岗位设置图　根据该餐厅的规模档次、经营特色、服务要求等设置岗位。

❷ 撰写本餐厅主要岗位职责说明书　明确各岗位的职责、权限以及任职资格。

❸ 根据本组成员的个性特点，合理安排每个成员的岗位。

任务评价

餐厅岗位职责说明书考核评分标准

序号	考核内容	考核要点	应得分	自评分	互评分	教师评分
1	餐厅岗位设置	（1）岗位设置合理 （2）岗位设置符合餐厅实际情况	20			
2	岗位职责	（1）岗位职责明确 （2）岗位职责描述具体 （3）岗位职责与岗位权力对等 （4）岗位权限分配合理	20			
3	岗位任职资格	（1）身体素质要求 （2）专业素质要求 （3）思想素质要求 （4）心理素质要求	30			
4	岗位职务说明书	（1）排版精美 （2）各要素齐全 （3）提交及时	30			
总分			100			
小组自评						
小组互评						
教师评价						
小组成员个人得分	姓名					
	得分					
说明	小组任务得分 = 小组自评分 ×20% + 小组互评分 ×40% + 教师评分 ×40%。小组成员个人得分由小组长和教师根据个人在任务完成中的工作情况分配分数					

项目小结

民以食为天，饮食是人们日常生活必不可少的一部分。随着社会经济水平的提高和人们消费意识的转变，餐饮越来越受到人们的关注。餐饮企业经营者，一方面要了解餐饮业的发展概况，熟悉餐饮经营、生产及餐饮服务的特点，及时捕捉未来餐饮业的发展趋势；另一方面，必须能够根据自己企业的经营规模与档次、经营特色、目标顾客的餐饮需求等，设置科学合理的组织机构，严格把关餐饮人员的素质。

知识拓展

不同国家的饮食习惯

1. 日本

日本人日常饮食主要有三种：第一种是传统的日本饮食方式，又称“和食”；第二种是中餐；第三种是西餐。他们常以米饭为主食，副食以海鲜和蔬菜为主，喜吃生鱼片、生瓜果蔬菜。日本人的口味多咸鲜、清淡少油、稍带甜酸和辣味。

2. 泰国

泰国人以大米为主食，副食以鱼、虾和蔬菜为主。喜欢吃富有刺激性的调味品，如辣椒、咖喱、葱、蒜、姜等。不吃海参、牛肉。食物中不习惯放糖，餐前有先喝一大杯冰水的习惯。

3. 美国

美国人饮食习惯比较随便，他们喜欢食用含脂肪很高的牛肉、猪肉、鸡、鱼、虾、蛋及各种蔬菜、水果。口味清淡，对菜的要求是量小、质高、咸中带甜。美国人不吃蒜，忌食各种动物的内脏，没有食醋的习惯，喝饮料时，大都喜欢加冰块。

4. 加拿大

加拿大人以肉食为主，面包消费量较少。主食有牛肉、鱼、鸡、土豆、胡萝卜等。烤牛排是加拿大的名菜，也是家常菜。口味清淡，一般不用蒜味、酸辣味的调味品，不吃辣味菜肴。喜饮啤酒，饭间多饮矿泉水、果汁。很多人喜欢中国菜。

5. 英国

英国人不大讲究烹饪，普遍喜欢快餐。口味清淡，菜肴量小而精，注意营养成分，喜欢喝茶，尤其喜欢中国的祁门红茶。喝茶时，一定要先倒一点儿冷牛奶在茶具里，然后再冲热茶，加一点糖，假如先倒茶再放牛奶就被认为是没有教养。

6. 法国

法国的烹饪享誉世界，法国菜是西餐中的佼佼者，其特点是香味浓厚、鲜嫩味美，讲究色、香、味，注重营养的搭配。法国人以肉食为主，面包是法国最普及的食品，而且特别注重面包的味道。奶酪消费量占世界第一位。法国人吃饭时大都饮酒且喝酒比较讲究。喜饮矿泉水，不喜欢吃辣。

7. 俄罗斯

俄罗斯人的主食是面包和肉类，大多喜食黑面包。以冷饮和凉菜而闻名，多数人喜饮烈性酒。最喜欢的热饮料是红茶，习惯在茶中放糖。俄罗斯人口味浓重，喜咸酸味，不怕油腻。

8. 德国

德国菜以酸、咸口味为主，调味较为浓重。主食以肉类为主。他们烹调肉食的方法有红烧、煎、煮、清蒸，还有特制的汤等，偏油腻，他们一天的主餐是午餐，而午餐的主食大抵为炖的或煮的肉类，其肉食品以羊肉、猪肉、鸡、鸭为主。但是，他们大多数人是不爱吃鱼，只有北部沿海地区少数居民才吃鱼。

9. 韩国

韩国人喜欢吃辣和酸的食物，主食主要是米饭、冷面。韩国人喜欢泡菜，口味偏辣，多烧烤，少油水。而且韩国人不喜欢放味精，绝对的原汁原味。韩国人爱吃牛肉、鸡肉和鱼，不喜欢吃羊肉、鸭肉以及油腻的食物。狗肉是他们喜欢吃的肉食之一。

（资料来源：不同国家的饮食习惯，百度文库，http://wenku.baidu.com/）

思考与练习

1．餐饮服务的特点有哪些？

2．餐饮的发展趋势是什么？

3．餐饮部的主要部门有哪些？其主要职能分别是什么？

4．分析说明餐饮服务人员应具备的素质要求，检查自身在哪些方面还有待于提高改善。

5．案例分析

不合时宜的服务

某天晚上，老汪正在宴请远道而来的老朋友小李一行。在点菜时，服务员小陈热心地向老汪推荐应时的大闸蟹，老汪欣然接受。当大闸蟹上桌时，小陈又热情地向客人介绍本地大闸蟹的特色，在座的客人们非常满意小陈的服务。

在客人们津津有味地品尝大闸蟹时，小陈走近小李说："对不起，先生，给您换一下餐碟好吗？"此时的小李右手拿着半只螃蟹，见状后忙侧身让开，为避免碰到小陈，小李还把右手举过了肩膀，小陈发现餐碟中还有半只螃蟹时，便提醒小李："先生，还有半只螃蟹呢。"小李又连忙用左手拿起另半只螃蟹。双手各拿半只螃蟹的小李为不影响小陈更换餐碟而成举手投降状，一旁的老汪看到后便打趣地说："小李，是不是喝不下酒而向我投降了？"

小李一听，忙自嘲地说：“我是向漂亮的服务员小姐投降。要说到喝酒，我哪会怕你。等小姐换好餐碟，我好好与你喝几杯。”等小陈换好餐碟，小李果真要与老汪喝酒，老汪也不甘示弱。当两人干完第一杯后正凑在一起说着话时，小陈过来说：“对不起，先生，给您倒酒。”小李和老汪不约而同地向两边闪，小陈麻利地为两人斟满酒，两人又干了一杯，然后又凑在一起说话，小陈又不失时机地上前说：“对不起，先生，给您倒酒。”此时的小李忽然对着小陈大声怒吼道：“没看到我们正说着话吗？”小陈一脸茫然，不知该怎么办才好。

（资料来源：餐饮服务案例解析，职业餐饮网：http://www.canyin168.com）

问题讨论：（1）结合以上案例分析小陈的服务存在哪些不妥之处？

（2）请结合案例说说餐饮服务人员应具备哪些素质？

02
技能篇

项目二 餐饮服务基本技能

知识目标

· 掌握轻托和重托的操作程序与操作要领
· 掌握餐巾折花的基本技法、要领
· 掌握中、西餐摆台的操作程序与标准
· 掌握中、西餐的上菜规范与顺序
· 掌握常见酒水的斟酒服务方法

能力目标

· 能按照托送物品选择合适的托盘并合理装盘
· 能根据餐巾和台布的颜色以及餐具的质地、形状、色泽等进行构思，使折叠出的餐巾花同台面融为一体
· 能熟练进行铺台操作
· 能熟练进行中、西餐零点及宴会摆台操作
· 能熟练使用分菜工具进行分菜服务

引导案例

生疏的餐厅服务技能

小梁是某高职院校酒店管理专业的一名学生，因自身条件较好，被选中去一家五星级酒店做餐饮服务员。刚上班不久的一天，因宴会接待临时缺人手，小梁被叫去做值台服务员，从来没有独立工作过的小梁手忙脚乱，把客人需要的酒水、饮料一股脑儿地全放在了托盘里，结果在给客人斟倒酒水、饮料时不小心将放在外侧的酒瓶碰翻，酒水洒到了桌面上。

（资料来源：徐文苑、刘菊．餐饮服务与管理任务教程[M]．中国铁道出版社，2012：8）

评析：托盘端托、斟酒等是餐厅服务员上岗前应掌握的基本操作技能。服务人员正确和熟练地掌握餐厅服务基本技能，不仅体现了餐厅服务的规范化，也显示出服务人员的服务水平。

任务1　托盘

任务情境

请准备好托盘、托盘垫、酒瓶、砖头，进行托盘端托练习，要求如下：

（1）每人拿取托盘一个，并在托盘内放置5kg左右的物品。

（2）按照轻托要领进行托盘操作练习。

（3）进行3min、5min、10min托盘持久站立练习。

（4）进行托盘行走练习。

任务工单

任务名称	托盘端托			
班级		小组		小组成员	
工作任务	请按照任务情境中的要求进行轻托操作与练习				
任务目的	熟练掌握轻托的操作程序和操作要领，能按照所需托送物品选择合适的托盘并合理装盘				
任务实施要求	（1）小组成员全体参与 （2）通过网络视频学习托盘的操作要领 （3）小组成员进行托盘练习操作 （4）教师进行指导、纠正 （5）进行分组托盘竞赛				
任务实施步骤	（1）教师按照托盘端托的标准姿势和要求进行示范，边示范边讲解要领 （2）学生分成若干个小组进行托盘端托练习，教师分组进行指导 （3）教师巡回纠错后进行集中讲评 （4）小组内轮流训练，同学们互相点评，找出优点和不足 （5）托盘技能考核				
任务成果形式	托盘操作				
实施过程记录	从以下3个方面记录：搜集的资料、实施过程、实施中遇到的问题及解决办法				

知识准备

一、托盘的种类和用途

（一）托盘的种类

1. 按制作材料分

（1）木质托盘　这种托盘用木做坯，外表用油漆进行彩绘。

（2）金属托盘　铜质托盘、铝质托盘、不锈钢托盘、银质托盘、金质托盘等。金、银托盘一般均采用铜质金属做坯，外镀金或银。

（3）胶木托盘　是使用最为广泛的托盘，轻便、防滑、防腐、耐用，价格便宜。

2. 按规格分

圆形托盘可分为大号（45cm、55cm）、中号（40cm、35cm）、小号（30cm）等三类。

餐厅席间服务常用的托盘直径40cm较为适宜。另一种是长方形托盘，大号方形托盘的规格是长51cm、宽38cm；中号方形托盘的长为45cm、宽35cm；小号方形托盘的长为35cm、宽22cm。

3. 按形状分

按托盘的形状分类，可分为圆形、长方形、正方形、异形四类。其中圆形托盘常用于中餐零点及中餐宴会服务中，而方形托盘在一些西餐厅、快餐厅比较常用。

4. 按所托重量分

按托盘物品重量分类，可分为轻托、重托两类。

（1）轻托　托盘被平托于左胸前，又称“平托”或“胸前托”。因托盘中所托物品较轻，一般在5kg以下，故称轻托（图2-1）。轻托主要用来端送体积较小、重量较轻的物品，其次还用来摆台、上一般菜点、斟酒和撤换餐具。

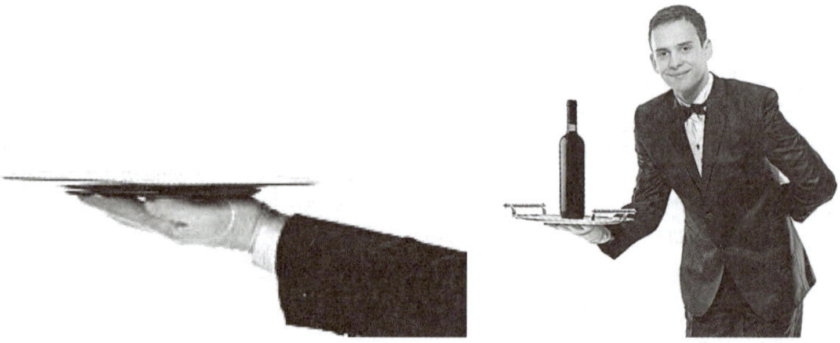

图2-1　轻托

（2）重托　托盘被托举于左肩之上，因而又称为“肩上托”（图2-2）。因盘中所托物品较重，一般重量在5kg以上，故称重托。重托主要用于托运大型菜点、酒水和盘碟。目前饭店一般不用重托，多用小型手推车。

图2-2　重托

（二）托盘的用途

不同类型、不同规格的托盘，其用途也不一样。

（1）大方托盘、中方托盘　主要用于传菜、托送酒水和搬运盘碟等较重的物品。可以采用双手托、重托与轻托三种方法托盘。

（2）中圆托盘　一般用于对客服务，如摆台、酒水服务、撤换餐碟和换烟灰缸等。

（3）小圆托盘　运送饮料和餐桌上的小器皿，递送账单、信件或高档酒品等。

（4）异形托盘　主要用于特殊的鸡尾酒会或其他庆典活动，西餐中的咖啡厅、酒吧等应用比较多，而中餐很少使用。

二、托盘行走常用步伐

托盘行走常用步伐可以归纳为以下六种。

（1）常步　步距均匀，快慢适当，形同日常走路。此步伐用于餐厅日常服务工作。

（2）疾步　即急行步。步距加大，步伐较快，但不能跑，应稳中求快。此步伐多用于端送火候菜或急需物品。

（3）碎步　即小快步。步距小，步速快，行走时上身保持平衡。此步伐用于端送汤汁多的菜肴或重托物品。

（4）跑楼梯步　身体略向前倾，重心前移，用较大的步距，一步跨两级台阶，一步紧跟一步，上升速度要快而均匀，巧妙利用惯性，省时省力。此步伐用于托送菜品上楼梯。

（5）垫步　当需要侧身通过时，右脚侧一步，左脚跟一步，一步紧跟一步，用于通过狭窄的通道。

（6）巧步　托盘行走时，突然走来宾客或遇到其他障碍，需要临时停止或放慢脚步，灵活躲闪，避免发生冲撞。这种步伐还可用来防止运动中的盘面因为突然停止而使酒水、汤汁由于惯性溢出。

三、轻托训练

（一）轻托的操作程序与方法（表2-1）

1. 理盘

选择合适的托盘，将托盘洗净擦干，垫上洁净的垫布并铺平。

2. 装盘

根据所托物品的形状、体积、重量和使用的先后顺序进行合理装盘，以保持托盘的平衡。

3. 起托

左脚朝前，用右手慢慢地沿桌面拉托盘边缘，左手手掌放在托盘底部后慢慢起身，将托盘托于胸前；用右手调整托盘上各种物品的位置，确保托盘的安全平稳。

4. 托盘

一般用左手托，左手臂自然弯曲成90°，掌心向上，五指分开，掌握平衡，头正肩平，目视前方，舒展自如，摆动要小，上不过胸，下不过脐，轻拿轻放。

5. 行走

行走时头正、肩平、收腹、挺胸、目视前方，步履轻盈而稳健，姿势优美。托盘可随着步伐在胸前自然摆动，但须以盘中物品、汤汁、酒水不外溢为前提。

6. 落托

至目的地后，注意保持托盘平衡，随时用右手调整，将托盘平放于工作台上。

表2-1 轻托动作要领

程序	动作要领
理盘	将要用的托盘先洗净擦干，垫上消毒的专用巾或专用的托盘垫，以避免托盘内的物品滑动
装盘	（1）根据物品的形状、体积和使用先后顺序合理装盘，以安全稳当和方便为宜 （2）一般是重物、高物放在托盘里侧，轻物、低物放在外侧 （3）先上桌的物品在上、在前；后上桌的物品在下、在后 （4）要求重量分布均衡，重心靠近身体
起托	（1）起托时，身体成站立姿势站在与托盘保持一定距离的台前，左脚向前迈一步，身体向左前方前倾，左手放到与托盘同样的平面上，用右手将托盘慢慢移至左手上，托住盘底 （2）右手扶住托盘边缘起身，左脚撤回，调整好重心，松开右手放回体侧，身体成站立姿势
托盘	（1）左手托盘，左臂弯曲呈 90°，左手五指分开，掌心向上，手掌呈凹形，不与盘底接触 （2）小臂与大臂垂直于左胸前，平托略低于胸前
托盘行走	（1）行走时要头正、肩平，上身挺直，目视前方，表情自然 （2）脚步轻快、稳健，姿态优美，精力集中，右手随着步伐摆动 （3）托盘会随着步伐在胸前自然摆动，但以菜肴、酒水不外溢为前提
落托与卸盘	（1）落托　左脚向前，用右手协助左手把托盘小心推至工作台面 （2）卸盘　用右手取走盘内物品，左手要随时调节托盘重心，且应从前后左右交替取用，勿使托盘翻倒

（二）托盘服务注意事项

（1）左手端托，右手自然下垂，禁止行走过程中用右手扶托。

（2）不可将托盘越过客人头顶，以免发生意外。

（3）端托行走时，目光应平视前方，切勿只盯托盘。随着托盘重量的增多或减少，要做到进出有序，掌握好重心，保持盘面平稳。

（4）端托时，即使再急，也不能抢路，不能不让路，不能跑步行进。

知识链接

托盘操作三字诀

托盘操作过程要做到平、稳、松。

平：托运物品时，要保持盘面的平稳，掌握好重心，以免汤汁外溢，托盘行走时做到肩平、盘平、动作协调。

稳：装盘时，各种物品摆放要合理稳妥，还要根据自身体力和臂力量力而行，不可勉强超负荷托盘，托盘行走时做到肩不倾斜、身体不摇晃、转动灵活，给人稳重踏实的感觉。

松：托盘时上身正直，表情自然、轻松，不给人以吃力的感觉。

（资料来源：林红梅，周可华．餐饮服务与管理．广东高等教育出版社，2013：98）

任务实施

❶ 任务场地准备　能容纳30人的空房间（房间内不能摆放其他家具或桌椅），或教室外平整的空地。

❷ 任务物品准备　托盘、空啤酒瓶、空白酒瓶、砖头。

❸ 任务实施　学生分组在教师的指导下进行托盘静止站立，托盘行走（练习6种常用的步伐），托盘蹲下、起立，托盘绕障碍物等练习；然后在教师的组织下各组同学进行托盘比赛；最后由教师及各组长对全班同学进行托盘项目考核。

任务评价

托盘端托考核评分标准

<table>
<tr><th>序号</th><th>考核内容</th><th colspan="5">考核要点</th><th>应得分</th><th>自评分</th><th>互评分</th><th>教师评分</th></tr>
<tr><td>1</td><td>理盘</td><td colspan="5">（1）根据所托的物品选择合适的托盘
（2）托盘擦拭、消毒</td><td>10</td><td></td><td></td><td></td></tr>
<tr><td>2</td><td>装盘</td><td colspan="5">（1）物品摆放合理，符合装盘基本原则
（2）重量分布均衡，且物与物之间留有适当的间隔，重心靠近身体
（3）装盘整体协调、整齐</td><td>20</td><td></td><td></td><td></td></tr>
<tr><td>3</td><td>起托</td><td colspan="5">（1）起托手势、脚势正确
（2）起托身体协调、美观</td><td>10</td><td></td><td></td><td></td></tr>
<tr><td>4</td><td>行走</td><td colspan="5">（1）行走姿态优美：头正肩平，脚步轻快，目视前方
（2）表情自然，右手自然摆动
（3）行走步伐协调</td><td>20</td><td></td><td></td><td></td></tr>
<tr><td>5</td><td>落托和卸盘</td><td colspan="5">（1）落托姿势标准
（2）卸盘顺序正确</td><td>20</td><td></td><td></td><td></td></tr>
<tr><td>6</td><td>整体效果</td><td colspan="5">托盘手法正确，姿势自然，整体协调美观</td><td>20</td><td></td><td></td><td></td></tr>
<tr><td colspan="7">总分</td><td>100</td><td></td><td></td><td></td></tr>
<tr><td colspan="2">小组自评</td><td colspan="9"></td></tr>
<tr><td colspan="2">小组互评</td><td colspan="9"></td></tr>
<tr><td colspan="2">教师评价</td><td colspan="9"></td></tr>
<tr><td rowspan="2">小组成员个人得分</td><td>姓名</td><td></td><td></td><td colspan="2"></td><td colspan="2"></td><td></td><td colspan="2"></td><td></td></tr>
<tr><td>得分</td><td></td><td></td><td colspan="2"></td><td colspan="2"></td><td></td><td colspan="2"></td><td></td></tr>
<tr><td>说明</td><td colspan="10">小组任务得分 = 小组自评分 ×20%+ 小组互评分 ×40%+ 教师评分 ×40%。小组成员个人得分由小组长和教师根据个人在任务完成中的工作情况分配分数</td></tr>
</table>

任务2　餐巾折花

任务情境

2015年10月1日，某五星级饭店中餐宴会厅要举办一场中式商务宴，共设11桌。同一天，该饭店西雅宴会厅举行西餐晚宴，宴请出席“爱心公益项目招标会”的中国和欧美代表，共设8桌。餐饮部需要在宴会前2h折好餐巾花，摆好台面。你是餐饮部宴会厅的服务员，请你在5min之内折叠完成10种不同造型的杯花，在3min内折叠完成6种不同造型的盘花。

任务工单

任务名称	餐巾折花				
班级		小组		小组成员	
工作任务	你作为餐饮部宴会厅服务员，请你根据任务情境完成11桌中式商务宴的杯花折叠以及8桌西餐晚宴的盘花折叠				
任务目的	掌握餐巾折花的基本技法、要领。能根据餐巾和台布的颜色以及餐具的质地、形状、色泽等进行构思，使折叠出的餐巾花同台面融为一体				
任务实施要求	（1）小组长组织组员课前观看老师发布的餐巾折花视频，根据视频学习杯花和盘花的折法 （2）要求每位同学至少学习10种不同的杯花、6种不同的盘花 （3）要求不仅餐巾花折叠美观，而且能叫出所折餐巾花的名字				
任务实施步骤	（1）课前根据视频进行餐巾折花自学 （2）课堂上进行折花练习与操作 （3）进行分组折花竞赛				
任务成果形式	杯花、盘花				
实施过程记录	从以下3个方面记录：搜集的资料、过程记录、实施中遇到的问题及解决办法				

知识准备

一、餐巾的种类

（一）按餐巾的质地分

1. 纯棉餐巾

纯棉餐巾吸水性强，浆熨后挺括，易折成形，造型效果好，但清洗麻烦，每次需洗净、上浆、熨烫。

2. 棉麻餐巾

棉麻餐巾质地较硬，不用上浆也能保持挺括。

3. 化纤餐巾

化纤餐巾颜色亮丽、透明感强，富有弹性，比较平整，如一次造型不成，可以二次造型，不用浆烫，使用方便。但可塑性不如纯棉餐巾和棉麻餐巾好。

（二）按餐巾的颜色分

1. 白色餐巾

白色餐巾应用最广，给人以清洁、卫生、典雅、文静之感，它可以调节人的视觉平衡，可以安定人的情绪。

2. 彩色餐巾

彩色餐巾颜色丰富，与桌布协调搭配会起到美化桌面的效果。彩色餐巾可分为冷色调餐巾和暖色调餐巾。浅绿、浅蓝、中灰等颜色属于冷色调餐巾，它给人以平静、舒适的感觉；粉红色、橘黄色、淡紫色等属于暖色调餐巾，它给人以兴奋、热烈、富丽堂皇、鲜艳醒目的感觉。

（三）按餐巾的规格分

餐巾规格的大小在不同的地区不尽相同，根据实际使用效果，45～50cm见方的餐巾实际使用较为普遍。

（四）按餐巾的边缘形状分

餐巾边缘有平直形和波浪曲线形两种。

二、餐巾花的作用

（一）标识席位

餐巾花型的摆放可标出主宾、主人的席位。在折餐巾花时应选择好主人位的花型，主人位的花型高度应高于其他位花型的高度。

（二）美化餐台

形状各异的餐巾花摆放在餐台上，既美化了餐台，又增添了庄重热烈的气氛，给人以美的享受。

（三）突出主题

不同的餐巾花有着不同的寓意，餐巾花有突出宴会主题的作用。例如婚宴上摆放“比翼齐飞”“心心相印”等花型，可以表示永结同心、百年好合的美好祝愿。国宴上用餐巾折成“喜鹊”“和平鸽”等花型，表示欢快、和平、友好之意。寿宴上摆放“寿桃”“仙鹤”等餐巾花，祝愿寿星延年益寿。

（四）卫生保洁

餐巾是餐饮服务中的一种卫生用品。宾客用餐时，餐厅服务员将餐巾平铺在客人腿上，防止汤汁、酒水弄脏衣物。

三、餐巾折花的基本类型

（一）按餐巾折花的盛器分

1. 杯花

一般应用在正式的宴会中，其特点是折叠的技法复杂，程序较多，操作有一定的技巧，服务规范，造型别致，花型多种多样，是餐厅服务艺术和优质服务的组成部分（图2-3）。

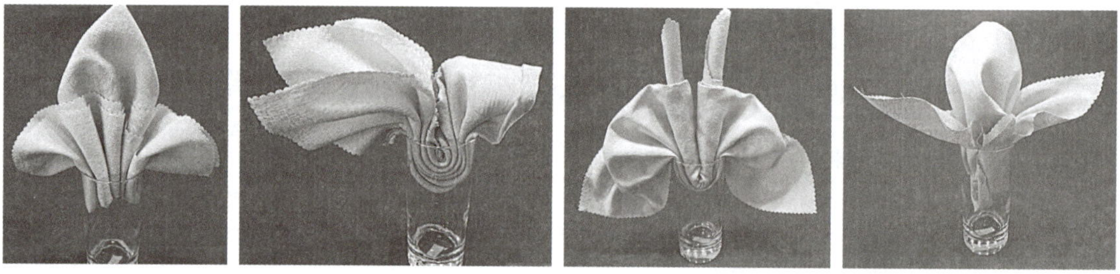

图2-3　杯花

2. 盘花

盘花一般在西餐和中餐零点餐厅中应用比较多一些。其特点是折叠简单、操作方便，餐巾折痕较少，造型完整，成型后不会自行散开，可放于盘中或其他盛器内（图2-4）。

图2-4　盘花

3. 环花

将餐巾平整卷好或折叠成造型，套在餐巾环内，称环花。餐巾环也称为餐巾扣，有瓷制的、银制的和塑料制的等不同材质。餐巾环花通常放置在餐盘上，特点是简洁、雅致（图2-5）。

图2-5　环花

（二）按餐巾折花的造型分

按照餐巾花外观造型，可分为植物花、动物花和实物花三种。

1. 植物花

植物花主要是模仿植物的花、叶、茎、果实等，是餐巾花中最重要的一类。常见的有月季、荷花、梅花、牡丹、玫瑰、水仙、鸡冠花、竹笋、玉米等。

2. 动物花

动物花主要模仿鱼、虫、鸟、兽等的整体形态或局部特征。例如孔雀、凤凰、鸽子、鸳鸯、仙鹤、海鸥等飞禽造型，也有白兔、松鼠等走兽造型，还有蝴蝶、蜻蜓等昆虫造型以及金鱼、对虾、海螺等造型。动物花造型形态生动、活泼可爱。

3. 实物花

实物花是模仿生活中的各种实物形态而折成的花，例如花篮、领带、折扇、风帆、马蹄、帽子等。

四、餐巾折花的基本手法

餐巾折花的基本技法包括折叠、推折、卷、翻、拉、捏、穿、掰等八大技法。

（一）折叠

折叠是最基本的餐巾折花手法，几乎所有的造型都要使用。折叠就是将餐巾平行取中一折为二、二折为四或者折成三角形、正方形、菱形、多齿形等其他形状。

折叠的基本要领是：要熟悉造型，看准折缝线和角度一次折叠成，避免反复，否则会在餐巾上留下痕迹，使餐巾不挺括，影响美观。

（二）推折

推折即折裥，将折叠好的餐巾推折成一裥一裥的形状。基本技法如下。

（1）在打折时，双手的拇指、食指捏住餐巾一端的两边，或餐巾中间的两边。

（2）两个大拇指相对成一线，指面向外，指侧面按紧餐巾向前推动餐巾至中指处，用食指捏住推折的裥，从而形成均匀的折裥，这样形成的褶比较均匀。

（3）推折时应用食指将打好的褶挡住，中指腾出来，去控制好下一个褶的距离，三个指头互相配合，注意观察推折的效果。

（4）推折可分为直线推折或斜线推折，折成一头大一头小的褶或折成半圆形或圆弧形的褶。

（三）卷

将餐巾卷成圆筒或实心卷并制出各种花型的一种手法。卷的方法可以分为直卷和螺旋两种。基本技法如下。

1. 直卷

直卷又称为平行卷，餐巾一端的两头一起卷起，形成实心卷或筒。平行卷时，拇指和食指捏住餐巾头或角，由内向外翻转，食指抽出压住餐巾头，拇指再从餐巾头底部捏住餐巾头，依次往复卷至要求的地方即可。这个过程中中指和无名指压住餐巾，不让其滑动。

2. 螺旋卷

螺旋卷又称为斜角卷，可先将餐巾折成三角形，餐巾边要参差不齐；或将餐巾一头固定，只卷起一头；或一头多卷、一头少卷，形成一头大一头小的实心卷或筒。斜角卷的技法，基本同平行卷，只是不同的端头用力和卷的幅度不同而已。

（四）穿

穿是指用工具（一般用筷子）从餐巾的夹层褶缝中边穿边收，形成皱折，使造型更加逼真美观的一种手法。基本技法：穿时左手握牢折好的餐巾；右手拿筷子，将筷子的一头穿进餐巾的夹层褶缝中；另一头顶在自己身上或桌子上，然后用右手的拇指和食指将筷子上的餐巾一点一点往里拉，直至把筷子穿过去。使用两根或两个以上的筷子穿时，注意后面穿的动作不要影响前面的花型。抽取筷子时应轻、慢、稳，以利于保持花型。

（五）翻

翻就是将餐巾折卷后的部位翻成所需花形，将餐巾进行上下、前后、左右、里外翻折的一种技法。翻的动作一般与拉、转动作相结合。一手拿餐巾，一手将下垂的餐巾翻起一角，拉成花卉、鸟的头颈、翅膀、尾巴等，或翻转成一定的花型。翻拉花卉的叶子时，要注意对称的叶子大小一致、距离均匀，叶片之间交错叠放。

（六）拉

拉，常常与翻的动作相配合，在翻折的过程中将餐巾花的某一部分由里向外拉伸使花型挺直的一种技法。大都用于折花、鸟。用手从基本折叠好的花模中拉出餐巾的一角或头，形成花的叶、花瓣，或鸟的翅膀、尾巴，或鱼的尾巴等。

拉的基本技法：一手握住所折的餐巾，一手翻折，拇指和中指捏住餐巾的一角或一端，从下往上，或从上往下，或从内向外拉出来即可。在翻拉的过程中，两手必须配合好，否则会拉散餐巾，用力要均匀，要领是大小比例适当，造型挺括。

（七）捏

捏的方法主要用于折鸟或其他动物的头部。基本技法如下。

（1）操作时先将鸟的颈部拉好(鸟的颈部一般用餐巾的一角)。

（2）然后用一只手的大拇指、食指、中指三个指头，捏住鸟颈的顶端。

（3）食指向下，将餐巾一角的顶端尖角向里压下，大拇指和中指做槽，将压下的角捏出尖嘴。

（八）掰

掰一般用于制作花束，如月季花、玫瑰花。掰是将餐巾折叠好的层次用手按顺序一层层掰出花瓣，掰时不要用力过大，掰出的层次或褶的大小距离要均匀。

五、餐巾折花范例

（一）仙人掌（图2-6）

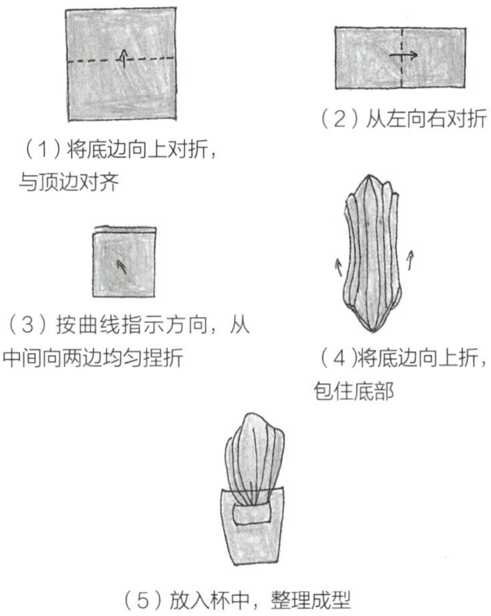

图2-6　仙人掌

（二）长尾鸟（图2-7）

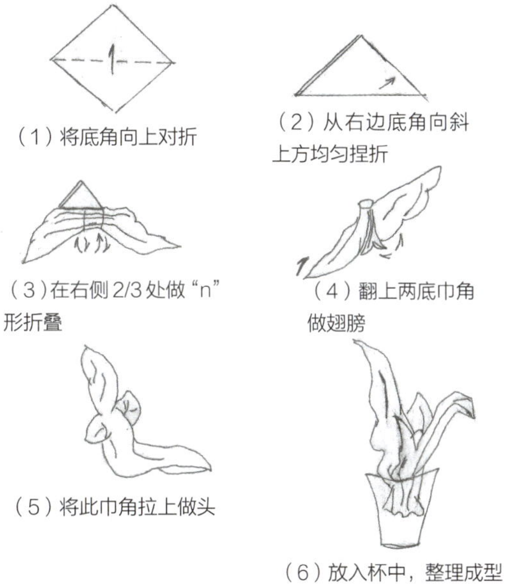

图2-7　长尾鸟

（三）蝴蝶（图2-8）

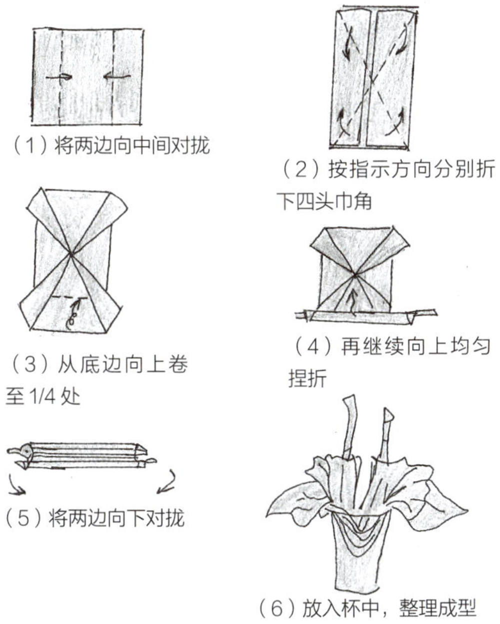

图2-8　蝴蝶

（四）含苞（图2-9）

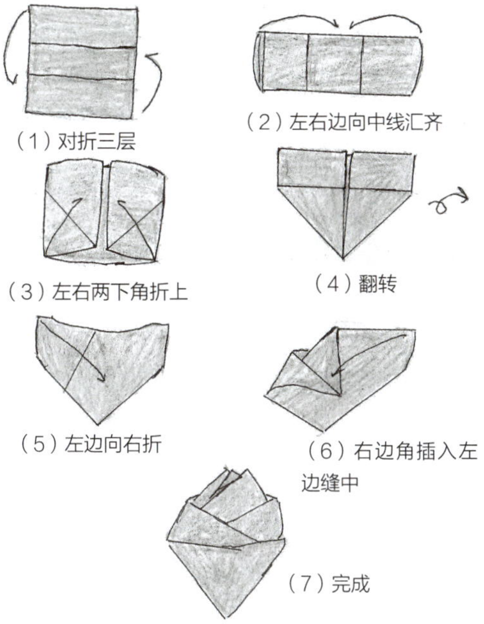

图2-9　含苞

（五）帆船（图2-10）

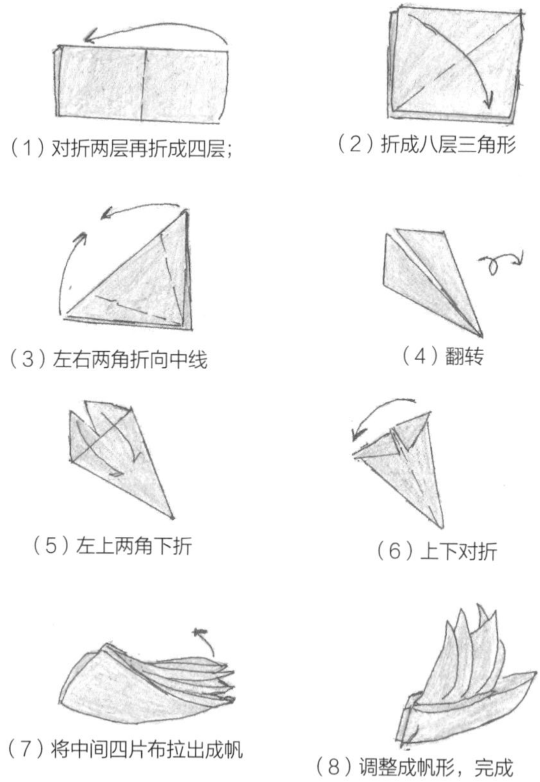

图2-10　帆船

（六）雅洁（图2-11）

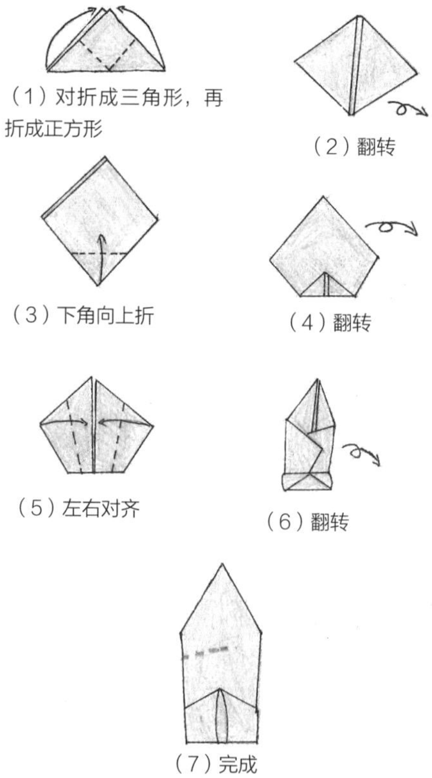

图2-11　雅洁

（七）香蕉（图2-12）

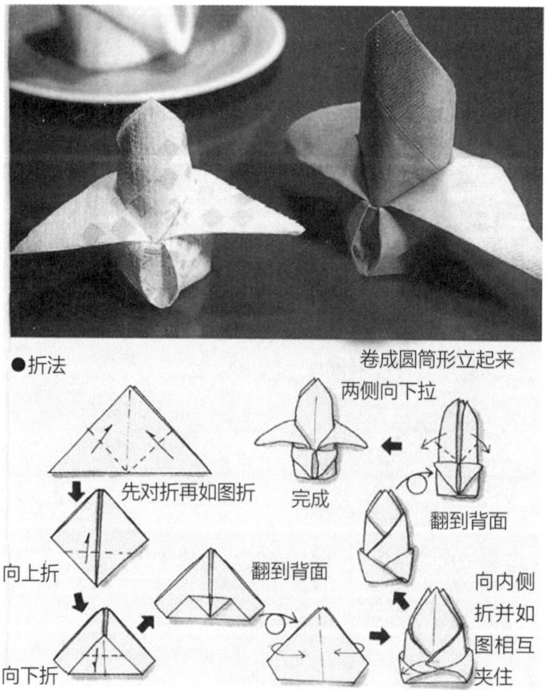

图2-12　香蕉

（八）教皇帽（图2-13）

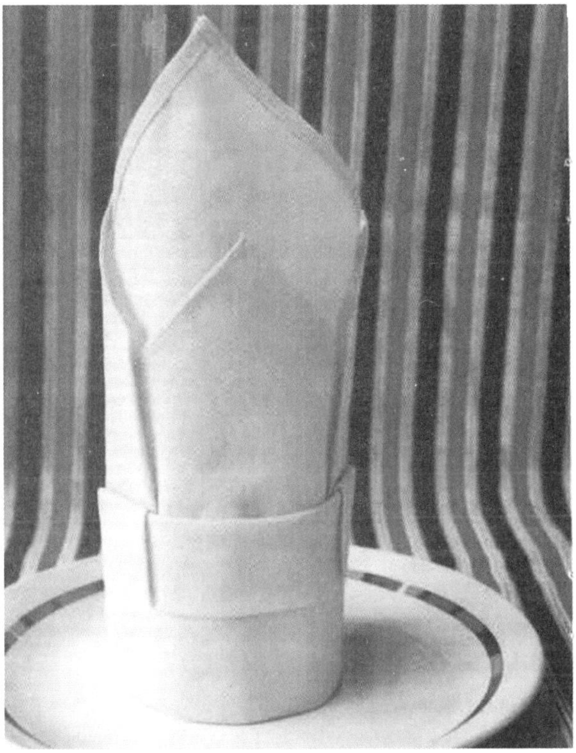

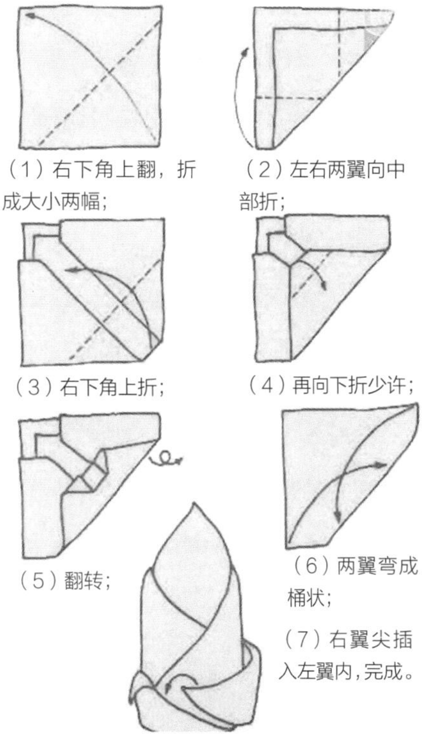

图 2-13　教皇帽

（九）餐巾袋（图2-14）

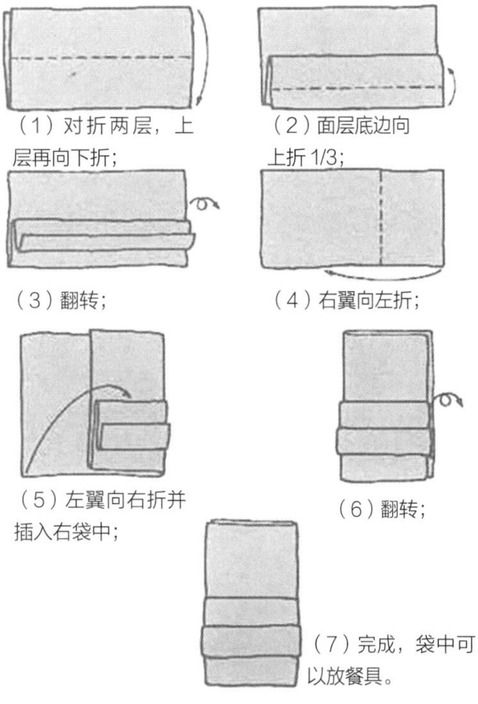

图 2-14　餐巾袋

（十）毕业证书（图2–15）

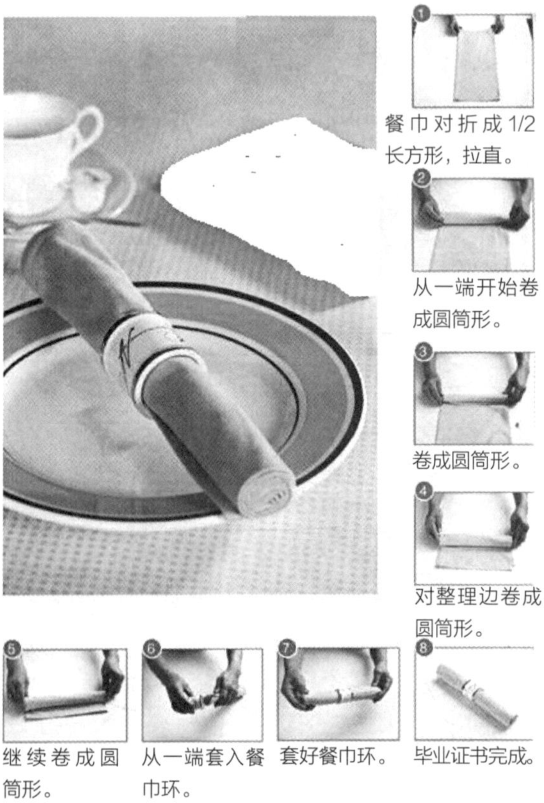

图2–15 毕业证书

（十一）胡萝卜（图2–16）

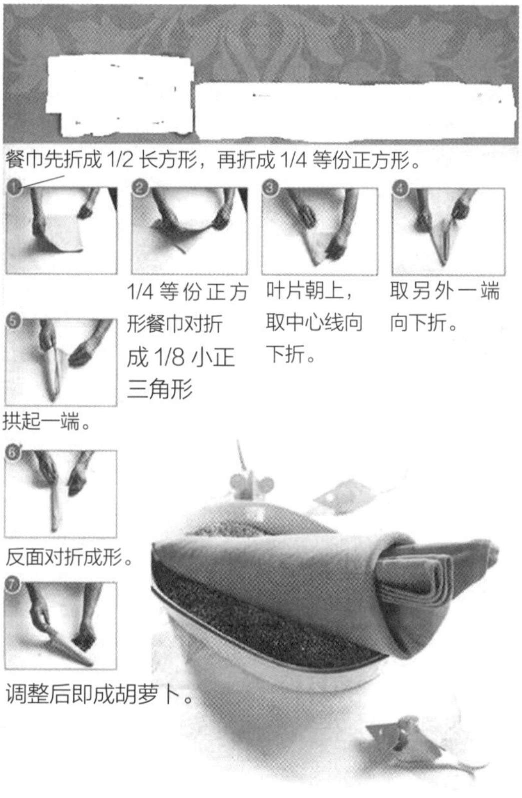

图2–16 胡萝卜

六、餐巾折花的注意事项

（1）做好操作前的准备工作。

（2）讲究卫生，操作前要洗手消毒；在干净的托盘或餐盘中操作；操作时不允许用嘴咬；放花入杯时，要注意卫生，手指不允许接触杯口，杯身不允许留下指纹。

（3）一次成型，减少折痕，快速熟练。

（4）造型简单，美观大方，使用方便。

（5）注意整理与放置，保持花型；餐巾折花放置在杯中高度的2/3处为宜，不宜插入过深。

（6）折花时要分清餐巾的正反面，姿势自然，手法轻巧灵活。

（7）用心观察，全心投入，精心折叠，耐心整理。

七、餐巾花型的选择

餐巾花型的选择和运用，一般应根据宴会的性质、规模、规格，冷菜名称，季节时令，来宾的宗教信仰、风俗习惯，宾主座位的安排，台面的摆设需要等方面的因素进行考虑。总体原则如下。

1. 根据宴会的性质选择花型

如以欢迎、答谢、表示友好为目的的宴会，其餐巾花可设计成“友谊花篮”及“和平鸽”等，可以表达热爱和平、友谊长存之意；婚宴时可以选用“鸳鸯”“喜鹊”“比翼双飞”等，有庆祝花好月圆、夫妻恩爱、天长地久之意。

2. 根据宴会的规模选择花型

一般大型宴会可选用简单、快捷、挺拔、美观的花型。但主桌的花型与其他桌的花型要区分开，如主桌的折花可采用十种不同的花型，其他桌可用统一的花型（但要突出“主花”）；小型宴会可以同一桌上使用各种不同的花型，既丰富台面又协调美观。

3. 根据花式冷拼选用与之相配的花型

如冷拼是“游鱼戏水”，餐巾花则可以选用“金鱼”造型。

4. 根据时令季节选择花型

用台面上的餐巾花反映季节特色，使之富有时令感。例如夏天选用“荷花”“扇子”等；冬天选用“梅花”“企鹅”等。

5. 根据宾客身份、风俗习惯和爱好选择花型

6. 根据宾客宗教信仰来选择花型

7. 根据宾主席位的安排来选择花型

宴会主人座位上餐巾花称为主花，主花要选择美观而醒目的花型，其目的是使宴会的主位更加突出。

八、餐巾花的摆放要求

摆放餐巾花的总体要求是：整齐美观、位置适当、便于观赏、使用方便，尽可能与台布、器皿的色调和谐。

（1）主花摆插在主人位，主花应是一桌中最高的花，突出主人座位，和其他餐巾花一起要高低均匀、错落有致。

（2）不同品种的花型同桌摆放时要位置相当，将形状相似的花形错开并对称摆放。

（3）摆插餐巾花时，要将其观赏面朝向宾客席位。适合正面观赏的要将头部朝向宾客，如孔雀开屏、和平鸽等花型，要将正面朝向宾客；适合侧面观赏的，要选择一个最佳观赏角度摆放。

（4）各种餐巾之间的距离要均匀，整齐一致。

（5）餐巾花不能遮挡餐台上用品，以不影响服务操作为宜。

任务实施

❶ 任务场地准备　餐厅实训室、多媒体设备。

❷ 任务物品准备　水杯、骨碟、餐巾、餐桌。

❸ 任务实施

①在5min内折叠完成10种造型不同的杯花，要求花型错落有致、美观大方。

②在3min内折叠完成6种造型不同的盘花，要求花型挺拔、美观整洁。

任务评价

餐巾折花考核评分标准

序号	考核内容	考核要点	应得分	自评分	互评分	教师评分
1	操作技法	(1)餐巾选用正确、恰当 (2)基本技法操作娴熟、规范	30			
2	折花造型	(1)折花造型美观、逼真、挺拔 (2)操作熟练，一次成型	30			
3	折花速度	能在规定时间内完成规定数量的餐巾折花	10			
4	操作禁忌	操作手法卫生，不用嘴吹、牙咬、下巴按，手不触及杯的上部	10			
5	摆放餐巾花	(1)摆放整齐，突出正副主人位 (2)观赏面朝向客人 (3)时间控制和综合效果	20			
总分			100			

小组自评							
小组互评							
教师评价							
小组成员个人得分	姓名						
	得分						
说明	小组任务得分 = 小组自评分 ×20% + 小组互评分 ×40% + 教师评分 ×40%。小组成员个人得分由小组长和教师根据个人在任务完成中的工作情况分配分数						

任务3　铺台布

任务情境

2015年10月1日，某五星级饭店中餐宴会厅要举办一场婚宴，共设18桌。餐饮部需要在宴会前2h摆好台面，你是餐饮部宴会厅的服务员，请你在2min之内铺好一张餐桌的台布。

任务工单

任务名称	铺台布				
班级		小组		小组成员	
工作任务	你作为宴会厅服务员，请你根据任务情境完成18桌宴席的台布铺设工作				
任务目的	了解台布的种类、规格，掌握铺台布的操作程序和方法，达到操作规范、一次到位的训练要求				
任务实施要求	(1)课前根据视频进行中、西餐铺台布自学 (2)课堂上进行铺台布练习与操作 (3)进行分组中餐圆桌铺台布竞赛				

续表

任务名称	铺台布
任务实施步骤	（1）准备工作　教师下达工作任务，学生根据任务收集铺台布工作的信息，教师介绍相关理论和方法 （2）观看视频　看铺台布的视频 （3）教师示范　教师示范正确操作，边操作边讲解技巧 （4）分组练习　学生分成若干个小组进行练习，老师观察提醒学生操作的规范性，并及时纠正操作中的问题 （5）总结技巧　教师解答实训中的疑点，并总结铺台布的技巧 （6）项目考核
任务成果形式	中餐宴会台布铺设
实施过程记录	从以下 3 个方面记录：搜集的资料、过程记录、实施中遇到的问题及解决办法

知识准备

一、台布的种类与规格

（一）台布的种类

台布的种类很多，主要有以下几个种类。

（1）按材质分　主要有纯棉台布、PVC塑料台布、化纤台布、绒质台布等。

（2）按图案分　主要有团花、散花、提花工艺绣花及装饰布等，其中提花图案的台布使用较多。

（3）按台布的颜色分　有白色、黄色、粉色、红色、绿色等，但多数选用白色。

（4）按台布的形状分　有正方形台布、长方形台布、圆形台布。正方形台布常用于方台或圆台，长方形台布则多用于西餐各种不同的餐台，圆形台布主要用于中餐圆台。

（二）台布的规格

台布可分为方形台布和圆形台布。

方形台布的规格大小有多种，经常使用有140cm×140cm、160cm×160cm、180cm×180cm、200cm×200cm、220cm×220cm、240cm×240cm、260cm×260cm等的台布。使用时应根据餐桌的大小选择适当规格的台布。

如140cm×140cm的台布适用于90cm×90cm的方台上；

160cm×160cm的台布适用于100cm×100cm的方台上；

180cm×180cm的台布适用于直径150cm或160cm的圆台上；

200cm×200cm的台布适用于直径170cm的圆台上；

220cm×220cm的台布适用于直径180cm或200cm的圆台上；

240cm×240cm的台布适用于直径220cm的圆台上；

260cm×260cm的台布适用于直径240的圆台上。

除了方台布外还有长方形台布，如160cm×200cm、180cm×300cm等不同规格。这类台布用于长方台及西餐各种餐台，可根据餐台的大小、形状选用不同数量的台布，一块不够用时可随意拼接，在拼接时注意将接口处接压整齐。

圆形台布规格各有不同，一般的圆形台布多见于定型特制，即根据餐台的大小将台布制成大于餐台直径60cm的圆形台布，使台布铺于餐台上四周下垂30cm为宜。

二、中餐铺台布

中餐圆台铺台布的常用方法有三种：推拉式（又叫平铺式）、抖铺式和撒网式。铺台布的基本程序是：准备物品、拉椅、站位、打开台布、合拢/折叠/提起/上肩、铺出/撒出、拉/抖、定位八个步骤。

（一）推拉式铺台布（表2-2）

用双手将台布打开后放至餐台上，正面向上，左右两手捏住台布的一边，至距边缘40～50cm处（这样可以防止台布边缘着地），两手离台布中缝线各约50cm（视台布大小而定），其他的台布分别夹在其余四指内，将台布贴着餐台平行推出去（手不可过餐台的2/5处，否则台布边缘容易着地），再拉回来（视台布中心与餐台的中心而定，动作不可过快）（图2-17）。一次定位准确，铺好的台布中缝线对正主人位和副主人位，十字中点落在餐台圆心上，四角离地面距离相等。

图2-17　推拉式铺台

表2-2　推拉式铺台布

程序	操作标准及要求
准备	将台布准备好，放在方便的地方，洗好手
拉椅	把椅子拉成三三两两或规则摆放，并将主人位上的椅子移开
站位	站在主人位置上，准备操作
打开台布	将折好的台布正面朝上打开，捏住台布一边
合拢 / 折叠	抓住多余台布，用两手臂的臂力将台布沿着桌面向胸前合拢
推出	拇指和食指捏住台布边角，其他手指迅速松开，将台布呈放射状向台面抛出，力度要适宜
回拉	在推出去的同时向回拉，可以防止台布推出过多而落地
定位	用食指和大拇指将台布拉回定位，十字居中，四角下垂均匀

这种铺法多用于零点餐厅或地方较小的餐厅。双层台布中底布的铺设，一般也选用这种推拉式的方法进行铺台。

（二）抖铺式铺台布（表2-3）

用双手将台布打开，平行打折后将台布提拿在双手中，身体呈正位站立，利用双腕的力量，将台布一次性抖开并平铺在餐台上。要求姿势有力，动作熟练、洒脱，一次成功。

表2-3　抖铺式铺台布

程序	操作标准及要求
准备	将台布准备好，放在方便的地方，洗好手
拉椅	把椅子拉成三三两两或规则摆放，并将主人位上的椅子移开
站位	站在主人位置上，准备操作
打开台布	用双手将折好的台布打开
打折、提拿	平行打折后将台布提拿在双手中
抖开、平铺	身体呈正位站立，利用双腕的力量，将台布一次性抖开并平铺在餐台上
回拉	在抖出去的同时向回拉，可以防止台布因推出过多而落地
定位	用食指和大拇指将台布拉回定位，十字居中，四角下垂均匀

这种方法适合在较为宽敞的餐厅或周围没有宾客就座的席位进行。

（三）撒网式铺台布（表2-4）

用双手将台布打开，正面向上，用大拇指和食指抓住台布靠近身体的一边，其余三指快速抓住台布其余部分，平行打折；呈右脚在前、左脚在后的姿势站立，双手将打开的台布提拿起来至胸前，双臂与肩平行，上身向左转体，下肢不动并在右臂与身体回转时，台布斜着向前撒出去，如同撒渔网一样，将台布抛至前方时，上身转体回位，并恢复至正位站立，然后再将台布向胸前拉回，一边拉一边调整台布（图2-18）。

图 2-18　撒网式铺台

表2-4　撒网式铺台布

程序	操作标准及要求
准备	将台布准备好，放在方便的地方，洗好手
拉椅	把椅子拉成三三两两或规则摆放，并将主人位上的椅子移开
站位	站在主人位置上，准备操作
打开台布	将折好的台布正面朝上打开，捏住台布一边
提起、上肩	将多余台布提起至左肩后方，抓紧台布，同时上身向左后侧转体
撒出	双手拽住台布两边，将其余部分的台布顺着左前方撒出去，如同撒网一样，一次到位
回拉	在撒出去的同时快速向回拉，避免台布落地
定位	用食指和大拇指将台布拉回定位，十字居中，四角下垂均匀

撒网式多用于宽大场地或技术比赛。

三、西餐铺台布

西餐一般多用方桌和长桌。铺设台布时，服务员站在方桌一侧的中间位置，如是长方形餐桌，应站在长边一侧操作。

西餐宴会通常是由多个方桌或长桌拼成大型的餐台，铺台布一般由1～2人合铺。西餐台布的铺设方法一般都使用推拉式或抖铺式，特别是第二块以后的台布铺设尤其如此。具体操作程序如下。

（1）检查餐桌是否稳固，位置是否适当。

（2）如果是一块台布，则站在长台中间的位置上，将台布打开，正面朝上，用大拇指和食指抓住台布靠近身体的一边，其余三指快速抓住台布其余部分，用力向对面抛出。台布正面朝上，中心线对正，下垂部分要均匀，美观整齐。如果有两块台布，一人两端铺设，则先在餐台里端使用同上的方法铺设一块台布，再在餐台的外端铺设另一块台布；两人铺设的话，两人分别站立于餐台两边的1/2处铺设，接缝处要一致、平整。

（3）长餐台往往用多个台布拼铺而成。铺设时，应从餐厅里面往外铺，让每张台布的接缝朝里，以步入餐厅的客人看不见接缝为原则；要求台布中线相连，成一条线；台布的横向缝与餐台长边垂直，台布下垂部分的四个边要平行相等，台布下沿以正好接触到椅面为宜。一般由两人或多人共同完成。

知识链接

6人位西餐宴会餐台

餐台标准：长240cm，宽120cm，高75cm。

餐椅标准：软面无扶手，椅高95cm，椅面45cm×45cm。

台布规格：长200cm，宽165cm，共2块。

（资料来源："2013年全国职业院校技能大赛"高职组西式宴会服务赛项技术规范//周静波，田勇，夏杰等．酒店管理．湖南大学出版社，2013：195-196）

四、铺台布操作要点

（1）铺好的台布，正面向上，凸缝朝上对准餐桌正、副主人中心位置，十字中心线位于餐桌中心。

（2）台布铺好后，四角对准餐桌四脚，呈直线下垂状，下垂部分距地面距离相等。

（3）铺好的台布应平整无皱纹、无污渍。

（4）铺设台布过程中注意台布不能接触地面。

（5）台布铺好后，应将主人位餐椅送回原位。挪动餐椅的动作是：两手握住椅背的两侧，用膝盖顶住椅子的坐面横梁，脚步移动，尽量不要让椅子腿摩擦地面发出响声。

（6）台布铺设过程要自然、大方、轻松、潇洒、刚柔并济、动作优美、面带微笑。

任务实施

❶ 任务场地准备　餐厅实训室，实训室内有10人位中餐圆桌和6人位西餐方桌。

❷ 任务物品准备　中餐桌布、装饰布、西餐桌布。

❸ 任务实施

①用3种方式铺设中餐宴会台布和装饰布，分别按操作要求和动作要领，一次到位。

②练习西餐餐台的台布铺设工作，符合操作规范。

任务评价

铺台布考核评分标准

序号	考核内容	考核要点	应得分	自评分	互评分	教师评分
1	操作位置	（1）在主人位进行操作 （2）主人位拉椅开始，主人位餐椅送回结束	10			
2	操作姿势	（1）按照要求采用三种不同方法铺台布 （2）每种方法姿势规范，符合要求	30			
3	操作要求	（1）台布不能接触地面 （2）一次到位 （3）姿势优雅大方	20			
4	总体效果	（1）台布正面朝上，十字线对准餐桌中心线 （2）凸缝朝上对准正副主人位 （3）台布四角对准餐桌四脚 （4）下垂部分距地面距离相等	40			
总分			100			
小组自评						
小组互评						
教师评价						
小组成员个人得分	姓名					
	得分					
说明	小组任务得分 = 小组自评分 ×20% + 小组互评分 ×40% + 教师评分 ×40%。小组成员个人得分由小组长和教师根据个人在任务完成中的工作情况分配分数					

任务 4　中餐摆台

任务情境

2015年10月1日，某五星级饭店中餐宴会厅要举办一场婚宴，共设18桌。你是餐饮部宴会厅的服务员，请在宴会前2h摆好台面。

任务工单

任务名称	中餐摆台				
班级		小组		小组成员	
工作任务	你作为餐饮部宴会厅服务员，请你和本厅其他服务员一起，在宴会开始前 2h 完成 18 桌宴会餐台的摆台工作				
任务目的	掌握中餐零点午晚餐摆台、中餐宴会摆台的操作程序与标准，达到操作规范、技能娴熟的训练要求				
任务实施要求	（1）小组成员分工 （2）课前根据视频进行中餐零点摆台、中餐宴会摆台自学 （3）课堂上进行中餐宴会摆台练习与操作 （4）进行分组摆台竞赛				
任务实施步骤	（1）教师讲解示范　教师讲解并示范中餐零点摆台、中餐宴会摆台的操作程序与标准 （2）学生练习　学生分成若干个小组进行练习，老师分组进行指导 （3）教师讲评　巡回纠错后进行集中讲评 （4）学生训练　小组内轮流训练，同学们互相点评，找出优点和不足 （5）小组间竞赛　每组推荐一名同学进行操作 （6）项目考核				
任务成果形式	中餐婚宴台面				
实施过程记录	从以下 3 个方面记录：搜集的资料、过程记录、实施中遇到的问题及解决办法				

知识准备

一、中餐摆台的概念

摆台是将餐具、酒具以及辅助用品按照一定的规格整齐、美观地铺设在餐桌上的操作过程，包括餐台排列、席位安排、餐具摆放等。摆台要求做到清洁卫生、整齐有序、放置得当、方便就餐、配套齐全。中餐摆台一般分为零点摆台和宴会摆台两种。零点摆台以小餐桌为主，宴会摆台一般以10人位大圆桌为主。

二、中餐摆台的基本要求

（1）摆设的台面要清洁卫生。摆台所用的台布、餐巾、餐具、小件物品、调料品、餐椅和其他各种装饰物品都要符合卫生要求。

（2）餐台的布局要做到台形设计考究、合理、井然有序，既方便客人就餐，又能确保服务工作的顺利进行。

（3）台面的设计要尊重客人的民族习惯和饮食习惯，符合待客的礼仪要求。

（4）根据就餐规格和形式设计台面，所配餐具、用具要配套、齐全。

（5）餐具摆放要有条理，各席位的餐具相对集中、整齐一致，席位之间应有明显空隙，既要方便客人用餐，又要便于餐间服务。

三、中餐零点摆台

（一）早餐摆台

中餐早餐摆台（图2–19）的具体操作如下。

（1）骨碟定位：骨碟摆在座位正中，距桌边1.5cm。

（2）汤碗、汤匙摆在骨碟左侧1cm处，匙柄朝右。

（3）筷架、筷子摆在骨碟右侧，筷子装入筷套后放在筷架上，底端距桌边1.5cm，并与骨碟直线平行，筷套在筷架上方部分长度约5cm。

（4）袋装牙签摆在骨碟与筷子中间，底端距桌边1.5cm。

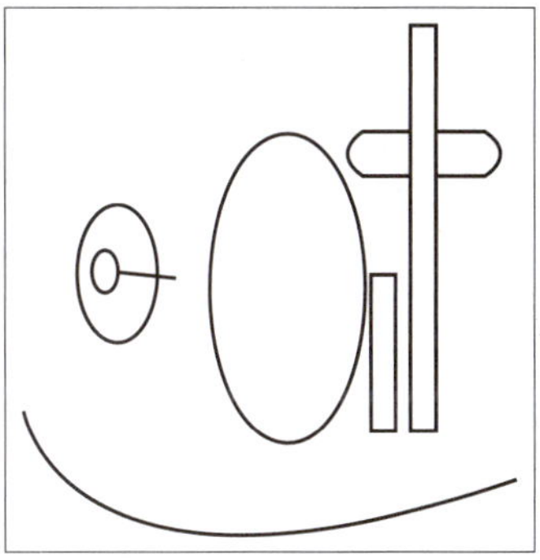

图 2–19　中餐早餐摆台

（二）午、晚餐摆台

中餐零点午、晚餐摆台（图2–20）。具体操作如下。

（1）骨碟摆在座位正中，距桌边1.5cm。

（2）汤碗、汤匙摆放在骨碟左侧1cm处，匙柄朝右。

（3）水杯摆在骨碟正前方3cm处。

（4）筷架摆在骨碟中线右侧，筷子放在筷架上，距骨碟1cm，底端距桌边1.5cm。

（5）茶碟摆在筷子右侧1cm处，下沿距桌边1.5cm，茶杯反扣在茶碟里，杯耳朝右，茶碟、骨碟、汤碗、汤匙的中心线在同一条直线上。

（6）袋装牙签摆在骨碟与筷子中间，底端距桌边1.5cm。

（7）餐巾花摆放在骨碟里，也可叠成杯花插在水杯里。

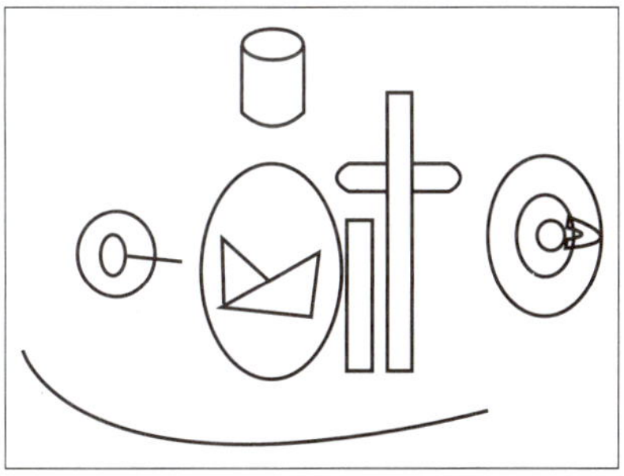

图 2–20　中餐午晚餐摆台

四、中餐宴会摆台

中餐宴会的餐具摆设要求是：左手托盘，右手摆放餐具，从主人位开始摆起。中餐宴会摆台实物图如图2–21所示，示意图如图2–22所示，摆台流程如表2–5所示。个人席位上摆放餐具的宽度不应窄于40cm或者餐椅宽度。在摆放餐具时如果宴会人数众多，餐具较多，也可以采用多人流水作业的方式摆放餐具，一个人摆放一种，依次摆放。在摆放餐具时还应注意一些小问题：汤匙应放入汤碗内；消毒的筷子应该用筷套封装；餐桌上使用的花瓶或者台花，其高度应该以不遮挡宾客视线为准；主人位的餐巾花应该比其他座位上的餐巾花略微高一点；每个餐桌的餐具应该多备20%备用。

图 2-21　中餐宴会摆台实物图

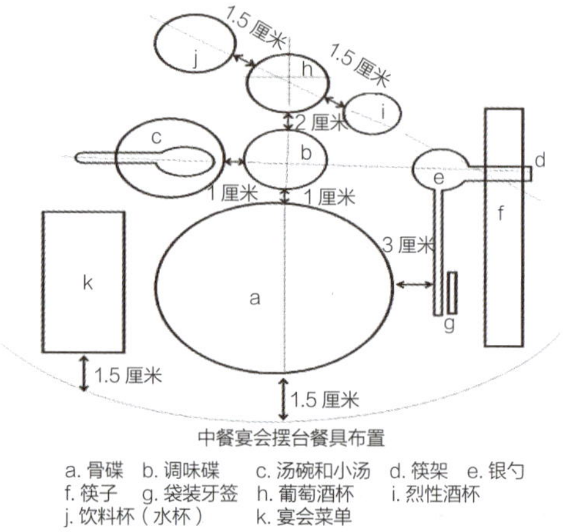

图 2-22　中餐宴会摆台示意图

表2-5　中餐宴会摆台程序及标准

程序	操作标准及要求
仪容仪表	按规定着装，面容整洁，精神饱满，面带微笑，站姿规范；动作大方，美观轻巧，不拖拉；头发梳理整洁，发型符合要求；手、指甲干净
物品准备	准备中餐宴会摆台需要的座椅、餐具、酒具和物品，餐、酒具要多备 1/5；所备餐、酒具无残缺，符合卫生标准和宴会要求；准备物品时要使用托盘，轻拿轻放
铺台布	从主人位铺台布，台布定位准确，十字居中，凸缝朝向正副主人位；台布下垂均匀，台面平整
放转盘	先将玻璃圈放到餐台中心位置上，然后二人合作将玻璃台面抬放到玻璃圈上，轻轻转动，看是否灵活
餐碟定位	从主人位开始按顺时针方向依次摆放，餐碟摆在席位正中，距桌边 1.5cm 处；碟间距离均等，相对餐碟与餐桌中心点三点一线
味碟、汤碗、汤匙	味碟位于餐碟正上方，相距 1cm；汤碗摆在味碟左侧 1cm 处；汤碗、味碟的中心点在一条水平直线上；汤匙置于汤碗中，匙把向左，与餐碟平行
筷架、筷子、长柄匙、牙签	筷架摆在餐碟右侧，筷架中心点与汤碗、味碟的中心点在一条水平直线上，位于筷子上部 1/3 处；筷子、长柄匙放在筷架上，筷子图案或字要朝上对正（筷套同样），长柄匙距餐碟边缘 3cm；牙签位于长柄匙和筷子之间，牙签套正面朝上，底部与长柄匙齐平
红葡萄酒杯、白酒杯、水杯	红葡萄酒杯在味碟正上方 2cm 处；白酒杯摆在红葡萄酒杯的右侧，水杯位于红葡萄酒杯左侧，杯肚间隔 1cm；三杯成斜直线，与水平线呈 30° 角；如果折的是杯花，水杯待餐巾花折好后一起摆上桌
公用餐具	在正副主人餐位酒具正上方摆放两套公用餐具，公用匙和公用筷并排摆放在公用盘上，公用筷在上，公用匙在下，筷尾、匙尾向右，匙和筷子中心点在台布中线上
菜单、台号牌、桌花	菜单摆在正、副主人的筷子架右侧，底边距桌边 1.5cm，或者立放在筷子架的右侧；台号牌摆放在花瓶（花篮或其他装饰物）正前方，面对副主人位；桌花通常是鲜花，摆在餐台正中
摆餐椅	将餐椅整齐摆好，要求椅背中心正对餐碟中心，餐椅前沿与下垂台布相距 1.5cm

任务实施

❶ 任务场地准备　中餐实训室，实训室内有4人位中餐方桌和10人位中餐圆桌及相应数量的中餐椅。

❷ 任务物品准备　中餐桌布、托盘、托盘垫、骨碟、味碟、汤碗、汤匙、筷架、筷子、长柄匙、牙签、红葡萄酒杯、白酒杯、水杯、餐巾、花瓶、桌号牌、宴会菜单等若干。

❸ 任务实施

①在6min内完成4人位的中餐零点摆台。

②在18min内完成10人位的中餐宴会摆台。

任务评价

中餐零点摆台考核评分标准

序号	项目	考核要点	应得分	自评分	互评分	教师评分
1	仪容仪表	服饰整洁，姿态自然大方，动作轻快、稳重	5			
2	物品准备	物品准备齐全，符合卫生标准和宴会要求，轻拿轻放	5			
3	铺台布	（1）站在主人位铺台布，台布定位准确 （2）台布十字居中，凸缝朝向正副主人位，台布四周下垂均等，台面平整	10			
4	骨碟定位	（1）骨碟之间距离均匀 （2）骨碟离桌边的距离 1.5cm （3）拿骨碟手法正确、卫生	15			
5	汤碗 汤匙	（1）汤碗摆在骨碟左上方，与骨碟距离 1cm （2）汤匙放在汤碗内，匙把向右	15			
6	筷架 筷子	（1）筷架、筷子摆放在骨碟的右侧 （2）筷子放在筷架上，筷架在筷子前端 1/3 处 （3）筷尾距离桌边 1.5cm	15			
7	水杯	水杯摆在骨碟正上方 3cm 处	10			
8	茶杯 杯碟	（1）杯碟摆在筷子右侧 1cm 处，下沿距桌边 1.5cm （2）茶杯反扣在杯碟里 （3）杯耳朝右与筷架平行	15			
9	整体效果	整体效果好，台面美观	10			
总分			100			
小组自评						
小组互评						
教师评价						
小组成员个人得分	姓名					
	得分					
说明	小组任务得分 = 小组自评分 ×20% + 小组互评分 ×40% + 教师评分 ×40%。小组成员个人得分由小组长和教师根据个人在任务完成中的工作情况分配分数					

中餐宴会摆台考核评分标准

序号	项目	考核要点	应得分	自评分	互评分	教师评分
1	仪容仪表	服饰整洁，姿态自然大方，动作轻快、稳重	5			
2	物品准备	物品准备齐全，符合卫生标准和宴会要求，轻拿轻放	5			
3	铺台布	（1）站在主人位铺台布，台布定位准确，十字居中 （2）凸缝朝向正、副主人位，四周下垂均等，台面平整	10			

续表

序号	项目	考核要点	应得分	自评分	互评分	教师评分
4	骨碟定位	（1）骨碟定位准确，间距均等，拿碟手法正确、卫生 （2）相对餐碟与餐桌中心点三点一线，离桌边的距离 1.5cm	10			
5	味碟汤碗汤匙	（1）味碟位于餐碟正上方，相距 1cm （2）汤碗摆在味碟左侧 1cm 处，汤碗、味碟的中心点在一条水平直线上 （3）汤匙放在汤碗内，匙把向左，与味碟中心在一条直线上	15			
6	筷架、筷子、长柄匙、牙签	（1）筷架摆在骨碟的右侧，筷架中心与汤碗、味碟的中心点在一条水平直线上，位于筷子上部 1/3 处 （2）筷子、长柄匙放在筷架上，长柄匙距餐碟边缘 3cm，筷套正面朝上 （3）牙签位于长柄匙和筷子之间，牙签套正面朝上，底部与长柄匙齐平	15			
7	葡萄酒杯、白酒杯、水杯	（1）葡萄酒杯距味碟正上方 2cm （2）白酒杯摆在葡萄酒杯的右侧，水杯位于葡萄酒杯左侧，杯肚间隔 1cm （3）三杯成斜直线，与水平线呈 30° 角	10			
8	餐巾花	（1）餐巾花型符合宴会主题 （2）餐巾花折叠美观 （3）餐巾花摆放正确	10			
9	公用餐具	（1）在正、副主人餐位酒具正上方摆放两套公用餐具，公用匙和公用筷并排摆放在筷架上，公用筷在上，公用匙在下 （2）筷尾、匙尾向右，匙和筷子中心点在台布中线上	5			
10	菜单、台号牌、桌花	（1）菜单摆在正副主人的筷子架右侧，底边距桌边 1.5cm，或者立放在筷子架的右侧 （2）台号牌摆放在花瓶（花篮或其他装饰物）正前方，面对副主人位，桌花摆在餐台正中	5			
11	整体效果	整体效果好，台面美观	10			
总分			100			
小组自评						
小组互评						
教师评价						
小组成员个人得分	姓名					
	得分					
说明	小组任务得分 = 小组自评分 ×20%+ 小组互评分 ×40%+ 教师评分 ×40%。小组成员个人得分由小组长和教师根据个人在任务完成中的工作情况分配分数					

任务 5　西餐摆台

任务情境

2015年10月1日，某五星级饭店西雅宴会厅要举行西餐晚宴，宴请出席“爱心公益项目招标会”的中国和欧美代表，共设8桌。你是餐饮部宴会厅的服务员，请你在宴会前2h摆好西餐宴会台面。

任务工单

任务名称	西餐摆台				
班级		小组		小组成员	
工作任务	你是西雅宴会厅的服务员，请你和你厅其他服务员一起在宴会开始前 2h 完成 8 桌西餐宴会的摆台				
任务目的	熟悉西餐零点摆台的操作程序，掌握西餐宴会摆台的操作程序与标准，达到操作规范、技能娴熟的训练要求				
任务实施要求	（1）小组成员分工 （2）课前根据视频进行西餐摆台自学 （3）课堂上进行西餐宴会摆台练习与操作 （4）进行分组摆台竞赛				
任务实施步骤	（1）认识西餐餐具　教师出示不同的西餐餐具，由学生辨认并说出该餐具的用途 （2）教师示范　按照西餐宴会摆台的程序与标准操作示范。边示范边讲解要领 （3）分组练习　学生分成若干个小组进行练习，教师分组进行指导 （4）纠错指导　教师现场巡回观察和指导 （5）课后训练　小组内轮流训练，同学们互相点评，找出优点和不足 （6）项目考核　逐个学生考核				
任务成果形式	西餐宴会台面				
实施过程记录	从以下 3 个方面记录：搜集的资料、过程记录、实施中遇到的问题及解决办法				

知识准备

一、西餐零点摆台

（一）西餐早餐摆台

西餐早餐一般是在咖啡厅内提供的，可分为美式早餐、欧陆式早餐及英式早餐等，它们的摆台方法略有差异，西餐早餐摆台一般不铺台布（图2-23、图2-24）。

图2-23　西餐早餐摆台实物图

图2-24　西餐早餐摆台示意图

（1）在餐椅正对处摆放餐盘（或纸垫式菜单），距离桌边2cm。

（2）将餐刀、餐叉分别放于纸垫式菜单的右、左侧，刀口向左，叉尖朝上，刀、叉后端距桌边2cm，刀叉之间相离30cm左右。

（3）黄油刀放在面包盘上，摆在餐叉左侧1cm处，盘边距离桌边2cm，在面包盘中线靠右边处摆放黄油刀，刀刃朝向盘心。

（4）餐盘上或刀、叉之间的纸垫上摆放餐巾花。

（5）在餐台中心位置上摆放花瓶、烟灰缸、胡椒盅、糖缸等物品。

（二）西餐午、晚餐摆台

西餐午、晚餐摆台是在早餐摆台的基础上，撤去咖啡杯而增加茶匙和甜点叉。甜点叉横放于餐盘正上方，叉柄朝左。在甜点叉的上方，与甜点叉平行摆放茶匙，匙柄朝右（图2-25）。

图2-25　西餐午、晚餐摆台

具体操作流程和标准见表2-6。

表2-6　西餐午、晚餐摆台程序与标准

程序	操作标准及要求
仪容仪表	按规定着装，面容整洁，精神饱满，面带微笑，站姿规范；动作大方，美观轻巧，不拖拉；头发梳理整洁，发型符合要求；手、指甲干净
物品准备	准备西餐午、晚餐摆台需要的座椅、各种餐具、酒具等物品，餐酒具要多备1/5；所备餐、酒具无残缺，符合卫生标准；准备物品时要使用托盘，轻拿轻放
铺台布	按西餐铺台布方法铺好台布
展示盘	在餐位的正前方摆放展示盘，盘边距桌边2cm，折好的餐巾花放在盘内
餐刀、餐叉 汤匙	在展示盘的右侧由里向外依次摆餐刀、汤匙，刀刃向左；展示盘的左侧摆餐叉，叉齿向上；刀、叉距展示盘分别为1cm，刀叉后端距桌边2cm；如有鱼类菜肴，需加摆鱼刀和鱼叉

续表

程序	操作标准及要求
面包盘、黄油刀	面包盘摆在餐叉的左侧，距餐叉 1cm，距桌边 2cm，也可与展示盘中心成一直线。黄油刀放在面包盘中轴线右侧，刀口朝左。如果放黄油碟，则置于面包盘上方，碟上放黄油刀
甜品匙、叉	展示盘上方平行横摆甜品叉、匙，叉在上，匙在下，叉尖、匙把朝右
水杯	摆在餐刀的正上方 3cm 处
调味品、牙签筒	放在台布中线上客人方便使用的地方或餐厅规定的位置上
烛台	晚餐摆台要放烛台

二、西餐宴会摆台

西餐宴会餐具摆设的要求是：左手托盘，右手摆放餐具。摆放的顺序是：按顺时针方向，按照人数等距定位摆放餐盘，将折好的餐巾花放在餐盘中。西餐的餐具按照宴会菜单摆放，每道菜应该配一副刀叉，放置时要根据上菜的顺序从外侧到内侧，一般不超过七件（即三叉、三刀、一匙）。如果精美的宴席有多道菜，则在上新菜前追加刀叉。西餐宴会餐具摆放实物图如图2–26所示，示意图如图2–27所示。西餐宴会其他用品摆放如图2–28所示。具体摆放流程与标准见表2–7。

图 2–26　西餐宴会餐具摆放实物图

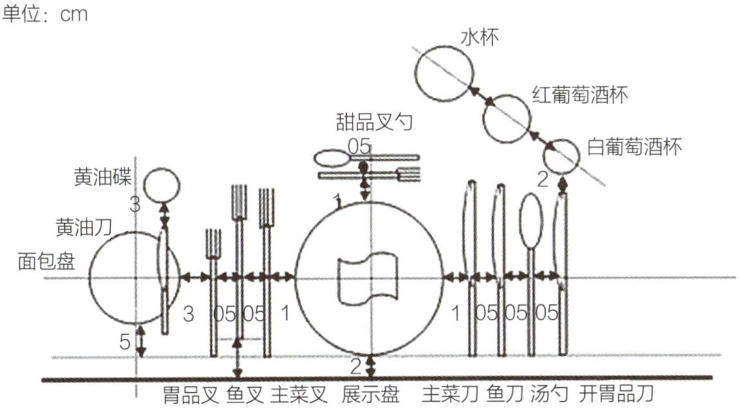

图 2–27　西餐宴会餐具摆放示意图

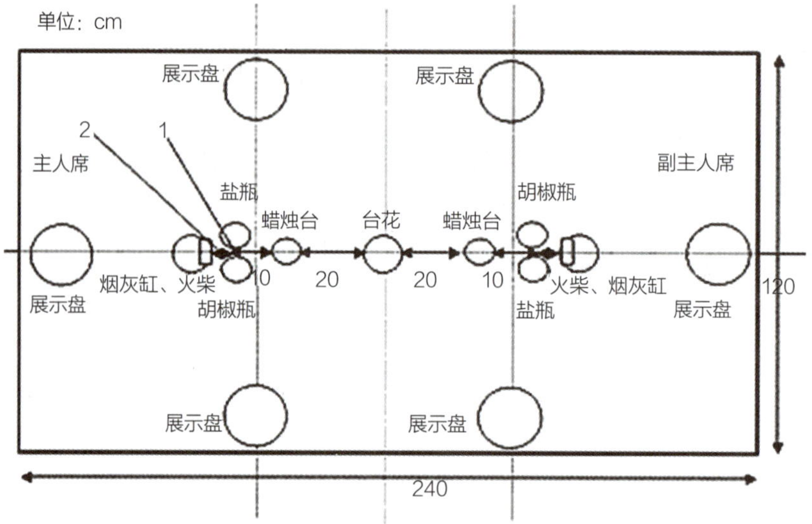

图 2-28　西餐宴会其他用品摆放图

表2-7　西餐宴会摆台程序与标准

摆台程序	操作标准及要求
仪容仪表	按规定着装，面容整洁，精神饱满，面带微笑，站姿规范；动作大方，美观轻巧，不拖拉；头发梳理整洁，发型符合要求；手、指甲干净
物品准备	准备西餐宴会摆台需要的座椅、各种餐具、酒具等物品，餐酒具要多备 1/5；所备餐酒具无残缺，符合卫生标准和宴会要求；准备物品时要使用托盘，轻拿轻放
铺台布	按西餐铺台布方法铺好台布
展示盘	在餐位的正前方摆放展示盘，盘边距桌边 1cm。折好的餐巾花放在展示盘内
刀、叉、匙	在展示盘的左右两侧由里向外依次摆放主餐刀、叉，鱼刀、鱼叉，汤匙，开胃品刀、叉，汤匙放在开胃品刀和鱼刀之间，刀与刀、叉与叉之间相距 0.5cm，主餐刀、主餐叉距装饰盘 1cm，餐具底端距桌边 1cm，鱼刀、鱼叉尾端距桌边 5cm
面包盘、黄油刀、黄油碟	摆放顺序为：面包盘、黄油刀、黄油碟；面包盘摆在开胃品叉的左侧，面包盘盘边距开胃品叉 1cm，面包盘中心与展示盘中心对齐；黄油刀置于面包盘右侧边缘 1/3 处；黄油碟摆放在黄油刀尖正上方，相距 3cm；黄油碟左侧边缘与面包盘中心成直线
甜品匙、叉	展示盘上方 1cm 处依次平行横摆甜品叉、匙，甜品叉距装饰盘 1cm，甜品叉、匙间相距 0.5cm，叉尖、匙把朝右
酒杯	在开胃品刀的刀尖正上方 2cm 处向斜上方 45° 依次摆放白葡萄酒杯、红葡萄酒杯、水杯，杯肚间距 1cm
公用餐具	调味品、牙签筒按 4 人一套摆放在餐台中线位置上。花瓶摆放在餐台中心，花瓶高度不超过 30cm；烛台底座中心压台布中凸线，两个烛台方向一致，与花瓶间间距相等；牙签盅与烛台相距 10cm，牙签盅中心压在台布中凸线上；椒盐瓶与牙签盅相距 2cm，椒盐瓶两瓶间距 1cm，左椒右盐，间距中心对准台布中凸线

任务实施

❶ 任务场地准备　西餐实训室一间，实训室内有4人位、6人位西餐桌及相应数量的西餐椅。

❷ 任务物品准备　西餐桌布、托盘、托盘垫、展示盘、餐巾、主菜刀叉、鱼刀、鱼叉、开胃品刀叉、甜品刀叉、长柄匙、面包盘、黄油刀、黄油盅、白葡萄酒杯、红葡萄酒杯、水杯、花瓶、烛台、椒盐瓶等若干。

❸ 任务实施

①在10min内完成4人位的西餐零点摆台。

②请在18min内完成6人位的西餐宴会摆台。

任务评价

西餐零点摆台考核评分标准

序号	考核内容	考核要点	应得分	自评分	互评分	教师评分
1	仪容仪表	服饰整洁，化淡妆，姿态自然大方，动作轻快、稳重	5			
2	物品准备	所备餐、酒具无残缺，摆放整齐有序，符合卫生标准	5			
3	铺放台布	（1）正面朝上，台布四角下垂均等 （2）铺台布时站立位置正确	10			
4	摆展示盘	（1）手拿盘的边沿，摆放在座位的正前方中心位置 （2）展示盘离桌边的距离 2cm	10			
5	餐刀、餐叉、汤匙	（1）摆放顺序由里到外，摆放位置正确 （2）正确摆放刀、叉、匙，摆放时不发出碰撞声	20			
6	面包盘、黄油刀、黄油碟	（1）摆放顺序、位置正确 （2）刀子拿刀把，盘碟拿边沿	20			
7	甜品匙、叉	（1）摆放位置、顺序正确 （2）餐具拿法正确	10			
8	水杯	摆放位置正确	5			
9	调味瓶、牙签筒	牙签筒、调味瓶摆放正确	5			
10	整体效果	台面整体整洁、美观	10			
总分			100			

<table>
<tr><td colspan="2">小组自评</td><td colspan="6"></td></tr>
<tr><td colspan="2">小组互评</td><td colspan="6"></td></tr>
<tr><td colspan="2">教师评价</td><td colspan="6"></td></tr>
<tr><td rowspan="2">小组成员个人得分</td><td>姓名</td><td></td><td></td><td></td><td></td><td></td><td></td></tr>
<tr><td>得分</td><td></td><td></td><td></td><td></td><td></td><td></td></tr>
<tr><td>说明</td><td colspan="7">小组任务得分 = 小组自评分 ×20%+ 小组互评分 ×40%+ 教师评分 ×40%。小组成员个人得分由小组长和教师根据个人在任务完成中的工作情况分配分数</td></tr>
</table>

西餐宴会摆台考核评分标准

序号	考核内容	考核要点	应得分	自评分	互评分	教师评分
1	仪容仪表	服饰整洁，化淡妆，姿态自然大方，动作轻快、稳重	5			
2	物品准备	所备餐、酒具无残缺，摆放整齐有序，符合卫生标准和宴会要求	5			
3	铺台布	正面朝上，台布四角下垂均等，铺台布时站立位置正确	5			
4	展示盘	（1）拿盘的手法正确、卫生 （2）摆放在座位的正前方，离桌边1cm	10			
5	刀、叉、匙	（1）摆放顺序由里到外，摆放位置正确 （2）正确拿放刀、叉、匙，摆放时不发出碰撞声 （3）刀、叉、匙摆放间距符合标准	20			
6	面包盘、黄油刀、黄油碟	（1）摆放顺序、位置正确 （2）刀拿刀把，盘碟拿边沿	10			
7	酒杯	（1）摆放顺序正确，位置正确，间距1cm （2）三杯成斜直线呈45°角，拿杯具的手法正确	10			
8	餐巾花	（1）造型逼真、美观、大方 （2）突出正副主人位	10			
9	公用餐具	摆放位置正确，距离符合要求	5			
10	餐椅定位	（1）餐椅间距相等 （2）椅子前沿与下垂的台布垂直	10			
11	整体效果	台面整体整洁、美观、协调	10			
总分			100			
小组自评						
小组互评						
教师评价						
小组成员个人得分	姓名					
	得分					
说明	小组任务得分＝小组自评分×20%+小组互评分×40%+教师评分×40%。小组成员个人得分由小组长和教师根据个人在任务完成中的工作情况分配分数					

任务6　斟酒

任务情境

2015年10月1日，省城某五星级饭店中餐宴会厅要举办一场中式婚宴，共设20桌。你是餐饮部宴会厅的服务员，宴会进行中，请你为客人提供斟酒服务。

任务工单

任务名称	斟酒服务				
班级		小组		小组成员	
工作任务	你作为餐饮部宴会厅的服务员，请你为客人提供斟酒服务				
任务目的	了解斟酒的顺序、位置和时机，斟酒前酒质的检查与冰镇和温热；掌握正确斟酒姿势、斟酒的操作要领与标准，达到熟练操作、不滴不洒、不少不溢的要求				
任务实施要求	（1）小组成员分工 （2）课前根据视频自学斟酒 （3）课堂上进行斟酒服务练习与操作 （4）进行分组斟酒竞赛				
任务实施步骤	（1）物品准备　准备斟酒器具及酒水、托盘 （2）教学示范　教师示范斟酒的姿势，边示范边讲解斟酒的操作要领与标准 （3）个别指导　教师巡回观察学生操作情况，及时指导 （4）课后训练　利用课余时间训练，同学们互相点评，找出优点和不足 （5）项目考核　逐个学生考核				
任务成果形式	斟酒操作				
实施过程记录	从以下 3 个方面记录：搜集资料、过程记录、实施中遇到的问题及解决办法				

知识准备

一、斟酒的准备工作

（一）冰镇(降温)

1. 冰镇的目的

许多酒的最佳饮用温度要求低于室温。啤酒最佳饮用温度为4～8℃，白葡萄酒最佳饮用温度为8～12℃，香槟酒和有汽葡萄酒的最佳饮用温度为4～8℃，所以要求对酒进行冰镇处理。最佳的奉客饮用温度是向宾客提供优质服务的一个重要内容。

2. 冰镇的方法

冰镇(降温)的方法通常有冰块冰镇、冰箱冷藏冰镇和溜杯冰镇三种。一是冰块冰镇，其方法是准备好需要冰镇的酒品和冰桶，用冰桶架放在餐桌一侧。桶中放入冰块，冰块不宜过大或过碎，将酒瓶插入冰块中，10min左右可达到降温效果。二是冰箱冷藏冰镇，其方法是提前将酒放入冷藏柜内，使其缓缓降至饮用温度。三是溜杯冰镇，它是对盛酒用的杯具进行降温处理，其方法是：服务人员手持酒杯的下部，杯中放入冰块，摇转杯子，以降低杯子的温度。

（二）温酒（升温）

1. 温酒的目的

某些酒品在饮用前需作升温处理，如黄酒中的加饭酒酒温升高至60℃左右喝起来有独特滋味。外国酒中也有经升温后饮用的酒水，如日本的清酒。

2. 温酒的方法

温酒的方法主要有以下几种：一是水烫，在暖桶中倒入开水，将酒水倒入酒壶后放在暖桶中升温；二是烧煮，将酒水注入耐热器皿中置于火上升温；三是燃烧，将酒水倒入杯中，将杯子置于酒精炉上，点燃酒精炉升温；四是注入，将加入的饮料冲入酒液或酒液注入热饮料中升温；五是用手温热，将加入酒水的杯子放在手中进行升温、加热。其中，水烫和燃烧一般是当着客人的面操作的。

（三）准备酒杯

餐厅服务人员应根据酒类品种配备相应的酒杯，并检查酒杯的洁净及完好程度。

（四）示酒

宾客点用的整瓶酒，在开启之前都应让主人先过目一下，具体操作方法如下。

（1）服务员站立于主人的右侧，左手托瓶底，右手扶瓶颈，酒标朝向客人，请其辨认。

（2）当客人认可后，方可进行下一步的工作。

（3）如果客人没有认同，则去酒窖更换酒品，直到客人满意为止。

（4）服务员在为客人示酒之前，要将酒瓶的瓶身、瓶口擦干净，检查酒是否过期变质，是否是客人所需要的酒品，酒瓶有没有破裂等。

（五）开瓶

酒瓶的封口常见的有瓶盖和瓶塞两种，开瓶指开启瓶盖或瓶塞的方法。开瓶器有两大类型：一类是专用开启瓶塞用的酒钻，一类是开瓶盖用的启盖扳手。

1. 葡萄酒开瓶方法

服务人员先用洁净的餐巾把酒瓶包上，然后用开瓶器上的小刀割开瓶口部位的锡箔纸，并揩擦干净，用酒钻的螺旋锥深入瓶塞，用开瓶器的支撑杆扣住瓶口，垂直提起开瓶器，将瓶塞慢慢提拉起来，用手摇松瓶塞后从瓶口拔出，再将瓶塞反向拧出来。具体操作方法如图2–29所示。

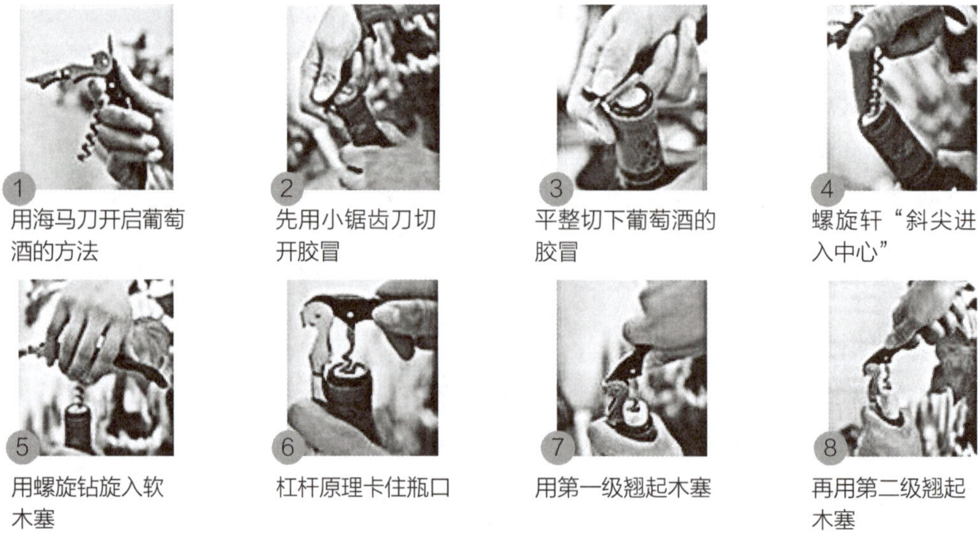

图2–29　葡萄酒开瓶

在开瓶过程中，动作要轻，以免摆动酒瓶时而将瓶底的酒渣泛起，影响酒味。

2. 香槟酒的开瓶方法

香槟酒因瓶内有较大气压，故软木塞的外面套有铁丝帽以预防软木塞被弹出。开瓶时，首先将瓶口的锡纸剥除，然后用右手握住瓶身，以45°的倾斜角度拿着酒瓶并用大拇指紧压软木塞，左手将瓶颈外面的铁丝圈扭弯，一直到铁丝帽裂开为止，然后将其取掉。此时，用左手紧握软木塞，并转动瓶身，使瓶内的气压逐渐地将软木塞弹挤出来。转动瓶身时，动作要轻而慢。具体方法如图2-30所示。

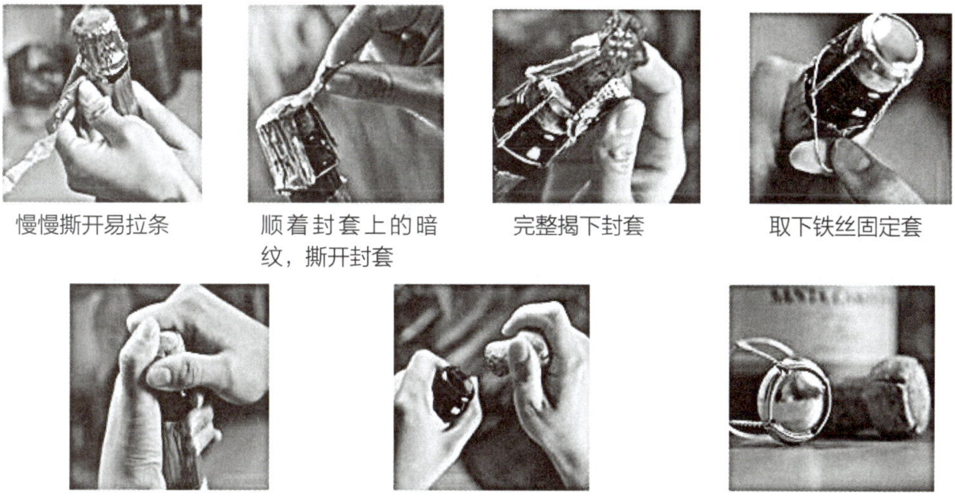

慢慢撕开易拉条　顺着封套上的暗纹，撕开封套　完整揭下封套　取下铁丝固定套

压着点，使点劲　嘭的一声，开启瓶塞　开启后的起泡酒

图 2-30　香槟酒开瓶

3. 烈性酒的开瓶方法

（1）如果酒瓶是塑料盖或外部包有一层塑料膜，开瓶时先用火柴或打火机将塑料膜烧熔取下，然后旋转开盖即可。

（2）如果酒瓶是金属盖，瓶盖下部常有一圈断点，开瓶时用力拧盖，使断点断裂便可开盖，如遇断点太坚固，难于拧裂的，可先用小刀将断点划裂，然后再旋开盖。

4. 罐装酒瓶的开罐方法

一些带汽的饮品常以易拉罐的形式封装。开罐方法如下。

（1）开启前要避免摇晃。

（2）服务员在开启易拉罐时，应将开口方向朝外，不能对着客人，并以手握遮，以示礼貌。

（3）开启时只要拉起罐顶部的小金属环即可。

二、斟酒的要领

（一）斟酒方式

斟酒的基本方式有两种：一种是桌斟，另一种是捧斟。

1. 桌斟

桌斟是将酒杯放在桌上，托盘或徒手为宾客斟酒，是餐厅斟酒最常用的一种方法。

托盘斟酒时，服务人员站在宾客的右后侧，右脚向前插进两椅之间，侧身而上，左脚微微踮起。左手托盘，保持平稳，右手拿瓶斟酒，握酒瓶中部，酒瓶的商标朝向宾客，瓶口离杯口1～2cm，动作要稳妥，手法要轻缓，手势要自然，举止稳重，大方得体。托盘斟酒实物图如图2–31所示。

徒手斟酒是服务员左手持一块干净的餐巾，右手握瓶，将顾客选定的酒水依次斟入客人的杯中，然后用左手中的餐巾将瓶口擦拭干净的一种斟酒方法。这种方法多用于零点餐服务。徒手斟酒实物图如图2–32所示。

图2–31 托盘斟酒

图2–32 徒手斟酒

2. 捧斟

捧斟的方法是一手握瓶，一手将酒杯捧在手中，站在宾客的右后侧，再向杯内斟酒，然后将斟上酒的酒杯放在宾客的右手处，捧斟适用于非冰镇处理的酒。这种方法多用于酒会和酒吧服务。

（二）斟酒量

（1）中餐在斟倒各种酒水时，一律以八分满为宜。

（2）西餐斟酒不宜太满，一般红葡萄酒斟至杯的1/2处，白葡萄酒斟至杯的2/3处为宜。

（3）斟香槟酒要分两次进行，先斟至杯的1/3处，待泡沫平息后，再斟至杯的2/3处即可。

（4）白兰地斟二分满，即将酒杯横放时，杯中酒液与杯口齐平。

（5）啤酒顺杯壁斟，分两次进行，以泡沫不溢为准，一般八分酒液、二分泡沫。

（三）斟酒顺序

一般场合，服务人员可先为一桌的长者斟酒；对于一对夫妇，应先为女士斟酒。

1. 中餐斟酒顺序

一般在宴会开始前10min左右将烈性酒和葡萄酒斟好，斟酒时先斟主宾位，再斟主人位，然后按顺时针方向依次斟倒。

2. 西餐斟酒顺序

西餐宴会用酒较多，几乎每道菜配一种酒，吃什么菜配什么酒，应先斟酒后上菜，其斟酒顺序为：女主宾、女宾、女主人、男主宾、男宾、男主人。

（四）斟酒时机

斟酒时机是指宴会斟酒的两个不同阶段，一个是指宴会开始前的斟酒，另一个是指宴会进行中的斟酒。顾客在进餐开始前选定其所用的酒水，如选有白酒、红葡萄酒、啤酒及其他饮料，一般情况下在宴会开始前5min之内将葡萄酒和白酒依次斟入每位顾客的酒杯中。待客人入座后，再依次为客人斟倒啤酒及其他饮料。

宴会进行中的斟酒，应在客人干杯前后及时为客人添斟酒水；每上一道新菜后也要添斟酒水；当客人杯中酒液不足时也要及时添斟；在客人互相敬酒时，要随敬酒的客人及时添斟。

三、斟酒服务注意事项

（1）为客人斟酒不可太满，一般酒水斟八分满为宜。

（2）斟酒时，酒瓶不可拿得过高，以防酒水溅出杯外；瓶口也不可搭在杯口上，以相距2cm为宜。

（3）当因操作不慎，将杯子碰倒时，立即向客人表示歉意，检查酒杯有无破损。如有破损，应立即更换新杯；如无破损，则迅速在酒水痕迹处铺上干净的餐巾，然后将酒杯放回原处，重新斟酒。

（4）因啤酒泡沫较多，斟倒时速度要慢，让酒沿杯壁流下，这样可减少泡沫。

（5）斟酒时要随时注意瓶内酒量的变化情况，以适当的倾斜度控制酒液流出的速度。瓶内酒量越少，流速越快，酒流速过快容易冲出杯外。

（6）当客人祝酒讲话时，服务员要停止一切服务，端正肃立在适当的位置上，不可交头接耳，要注意保证每位客人杯中都有酒水；讲话即将结束时，要向讲话者送上一杯酒，供祝酒之用。

（7）主人离位或离桌去祝酒时，服务员要托着酒，跟随主人身后，以便及时给主人或其他客人续酒；在宴会进行过程中，看台服务员要随时注意每位客人的酒杯，见到杯中酒水不足1/3时，应及时续添。

任务实施

❶ 任务场地准备　中餐实训室。

❷ 任务物品准备　托盘、托盘垫、白酒杯、白酒瓶、红酒杯、红酒瓶、啤酒杯、啤酒瓶。

❸ 任务实施

①练习托盘斟酒。托盘上放置1瓶白酒、1瓶葡萄酒，根据客人要求斟倒不同的酒水。要求在5min内完成10位宾客的斟酒服务，做到动作规范、不滴不洒、不少不溢。

②练习徒手斟酒。采用捧斟方式为10位宾客斟倒啤酒，要求做到斟酒均匀、不滴不洒，注意酒标的展示及手持瓶的位置。

任务评价

斟酒考核评分标准

序号	考核内容	考核要点	应得分	自评分	互评分	教师评分
1	物品准备	托盘、干净的布巾、啤酒、葡萄酒、白酒	5			
2	开瓶	（1）方法得当 （2）姿势标准、优美	10			
3	示酒	站在客人的右后侧示酒，酒标朝向客人	5			
4	斟酒顺序	能够按照先宾后主的顺序依次进行	5			
5	斟酒姿势	（1）酒水商标朝外，面向客人 （2）瓶口不要碰杯口，相距 2cm 左右 （3）握瓶姿势正确，步法正确 （4）收瓶姿势规范，动作优美	35			
6	斟酒标准	（1）站在宾客的右后侧 （2）斟酒量达到要求 （3）不滴不洒、不少不溢	40			
总分			100			
小组自评						
小组互评						
教师评价						
小组成员个人得分	姓名					
	得分					
说明	小组任务得分 = 小组自评分 ×20% + 小组互评分 ×40% + 教师评分 ×40%。小组成员个人得分由小组长和教师根据个人在任务完成中的工作情况分配分数					

任务 7　上菜与分菜

任务情境

2016年1月1日是李大爷的70大寿，他的一双儿女准备为他在省城某四星级饭店南山宴会厅举办中式寿宴午宴，共设4桌。宴席点了李大爷喜欢吃的拔丝香蕉、飘香桂鱼，客人要求分菜。你是餐饮部宴会厅的服务员，请你为客人提供上菜与分菜服务。

任务工单

任务名称	上菜与分菜服务				
班级		小组		小组成员	
工作任务	以小组为单位，分角色扮演服务员、客人，模拟正确的餐厅上菜与分菜服务				
任务目的	了解上菜服务要求，掌握上菜的操作程序与服务技巧，了解分菜服务方式、分菜顺序与分菜要求，掌握分菜的技巧和操作程序与标准，分菜时能够做到心中有数，分配均匀，手法卫生、动作利索				

续表

任务名称	上菜与分菜服务
任务实施要求	（1）课前根据视频自学上菜与分菜服务 （2）小组成员分好角色 （3）课堂上分角色扮演，模拟上菜与分菜服务
任务实施步骤	（1）观看视频　学生观看视频中的标准动作与规范 （2）教学示范　教师示范上菜与分菜操作 （3）模拟情景　设计模拟场景，将学生分组，各组学生分别扮演服务员和客人 （4）分组练习　学生角色互换现场操作上菜与分菜 （5）纠错指导　教师现场巡回观察并纠错指导 （6）课后训练　利用课余时间训练，同学们互相点评，找出优点和不足 （7）项目考核
任务成果形式	上菜与分菜操作
实施过程记录	从以下 3 个方面记录：搜集的资料、过程记录、实施中遇到的问题及解决办法

知识准备

一、上菜服务

（一）中餐上菜服务

上菜是服务员将冷、热菜按规格和一定程序奉上餐桌的一种服务方式。上菜要严格按照上菜规则进行，并根据宾客的要求和进餐速度灵活掌握上菜时机，按上菜顺序操作。

1. 上菜程序

中餐上菜，一般是先上冷菜以便下酒，接着上主菜（较名贵的菜肴），然后上热菜（数量较多），再上汤菜，最后上点心和水果。中餐中的粤式菜则与西餐上菜程序相似，先汤后菜。

2. 上菜原则

一般原则是：先冷后热、先菜后点、先咸后甜、先炒后烧、先清淡后肥厚、先优质后一般。如客人对上菜有特殊要求，应灵活掌握。

3. 上菜位置

中餐宴会上菜应选择在译、陪之间或副主人右边进行，并始终保持在一个位置上。上菜时，服务员将菜肴放在托盘内端至桌前，左手托托盘，右腿在前，插站在两位客人的座椅间，侧身用右手上菜，把菜品送到转台上，报清菜品名称，然后按顺时针方向旋转转盘一圈，等客人观赏完菜品后，转至主宾面前，让其品尝。上下一道菜品时，先将前一道菜移到其他位置，将新菜放在主宾面前。零点餐厅一般选择在不打扰客人或干扰客人最少的位置上菜，但应注意上菜的位置不能选在老人或儿童身边，以免出现意外。

4. 上菜方法

（1）摆菜　摆菜是将餐桌上的菜按一定的格局摆放好。要讲究造型艺术，尊重主宾，注意礼貌，方便食用。具体摆放要求如下。

①一般摆放规则是：一中心，二一字，三三角、四四方、五梅花、六圆形的形状摆放。

②主菜肴的观赏面应正对主位，其他菜肴的观赏面要朝向四周。如整形有头的菜，像冷拼中的孔雀开屏、喜鹊登梅等，其头部为观赏面。而头部被隐藏的菜肴，如烤鸭、八宝鸡等，其饱满的身子为观赏面。盅类菜肴，其花纹最精致的部分为观赏面。一般菜肴，其刀工精细、色泽好看的部分为观赏面。

③各种菜肴摆放时要讲究造型艺术，应根据菜品原材料的颜色、形状、口味、荤素、盛器、造型对称摆放。

④如果有的菜肴使用的是长盘，其盘子要横向朝着客人。

⑤如热菜是鸡、鸭、鹅、鱼等带头尾的菜肴，应根据当地的上菜习惯摆放。

⑥比较高档的菜、有特殊风味的菜一般要先摆在主宾位置上，在上下一道菜时再移到副主人一侧。

（2）上配有佐料、小料的热菜方法　上配有佐料、小料的热菜要一次上齐，切勿遗漏，如清蒸鱼配姜醋汁，烤鸭配葱、酱、饼，在上菜时可略做说明；如要配好佐料分给宾客的，应事先征求意见，然后再操作。

（3）特殊菜的上菜方法

①锅巴海参、锅巴虾仁、锅巴肉片等菜肴一出锅就要以最快的速度端上台，随即把汤汁浇在锅巴上，使之发出响声。浇汁动作要连贯，不能耽搁，否则此菜将失去应有的效果。

②原盅炖品如冬瓜盅，要在端上台后当着宾客的面启封，以保持炖品的原味，并使香气在席上散发；揭盖时要翻转移开，以免汤水滴落在宾客身上。

③泥纸包、荷叶包菜肴，应先端上台让宾客观赏，再拿到边台上拆开或启封，以保持菜肴的香味和特色。

④上铁板类菜肴。铁板类菜肴在餐厅中种类多，较常见。在上菜服务中，铁板类菜品的响声可以烘托宴席的气氛，铁板又可以保温，但服务时要注意安全，以免烫伤。

⑤上拔丝类菜肴。拔丝苹果、拔丝香蕉、拔丝土豆等都是容易烫嘴的菜。此类菜肴一般是在宴会接近尾声时，作为一道甜食上席的。它的服务要求是速度快、动作敏捷。因为拔丝菜的外皮都挂有一层糖浆，温度较高，外表不容易看出，此类菜肴上桌时，服务员应事先用小碗盛好凉开水，让客人把夹起的拔丝菜先在水碗中浸一下，使糖稍稍降温凝固后再吃。另外，服务员还应提醒客人，这道菜应尽快食用，因为拔丝菜的浆是用高温熔化了的食糖制成，冷却下来就会结成一个大硬块，吃起来很不方便。

（二）西餐上菜服务

1. 西餐的上菜顺序

（1）首先为客人送上面包、黄油　餐厅服务员应在开餐前5min为客人送上面包与黄油。先用小方盘装上热的小梭子面包，上面用清洁的口布盖上；再用小圆盘装上黄油，数量与客数相等。

（2）上果盘　餐厅服务员为客人送上果盘时应将果盘端送到客人的左侧，让客人自己挑选。

（3）上汤　在西餐中汤有清汤与浓汤之分。清汤又包括热清汤与冷清汤两种。要用热盆放浓汤，从而保持汤的原汁原味。夏天用西餐时一般喝冷清汤，上汤之前要将盛放冷清汤专用杯（带两耳）用冰冻冷。

（4）上主菜　食用主菜时要用大菜盆，所以主菜通常又称为大盆。服务员在为客人送上主菜的同时还要在大菜盆的前面随送上卤汁和蔬菜，这些配料用半月形的生菜专用盆装盛。

（5）上点心　食用冰淇淋时，要将匙放到底盆内与冰淇淋一道端上去；食用水果则应为客人摆上叉匙；食用热点心，要配上中叉与点心匙。

（6）上水果　有的西餐服务事先在台面上摆好了水果盘，作为装饰点缀之用。在这种情况下给客人上水果时只要为客人送上水果刀叉、净手盅便可以。如果桌面上并没有事先摆好水果盘，服务员可以在放上辅助工具之后，为客人送上准备好的果盘。

（7）咖啡　西餐中早、中、晚餐饮用咖啡的杯子各不一样，通常情况下，分别使用大、中、小三种杯子。餐厅员工可以在客人食用水果时就将一套咖啡杯送到客人的水杯后面。分派咖啡的盘上应当垫上口布，并装上糖钳、牛奶盅、咖啡壶等用品。为客人斟好咖啡后，应当先将客人的水果盘与洗手盅收去，然后将咖啡轻移到客人面前。

2. 西餐上菜的服务方式

西餐的上菜服务方式有法式上菜、英式上菜、美式上菜、俄式上菜和自助式上菜等。

（1）法式上菜　法式上菜的特点是菜肴要在宾客面前的辅助餐桌上进行烹调或完成(即“客前烹制”)。法式上菜由两名值台员同时服务，一名烹调制作，另一名开餐上菜。所有的菜肴食品都用右手从宾客的右边送上、右边撤下，但黄油、面包、沙拉除外，应当放在宾客的左手边。热菜用热盘盛上，冷菜用冷盘盛上。

（2）俄式上菜　俄式上菜只需一名值台员服务。菜肴全部是在厨房里准备好的，服务员用大托盘将盛有食品的银盘端入餐厅，将大托盘放在辅助桌台上。然后按顺时针方向绕台将餐盘从右边送到宾客面前。上菜时服务员站在宾客的左边，左手托着银盘向宾客出示菜肴，然后用服务叉、匙将菜分别夹到宾客餐盘里。要按逆时针方向绕台分菜，余下的菜肴送回厨房。

（3）英式上菜　英式上菜是从厨房拿出已盛好菜肴、食品的大盘和加过温的餐盘，放在女主人面前。由女主人将菜肴分入餐盘后递给站在他左边的服务员，由服务员分送给主宾和其他宾客。各种调味汁料、配菜摆放在餐桌上，由宾客自取并互相传递。

（4）美式上菜　美式上菜方法比较简便，不太拘泥于形式，是餐饮业中最为流行的一种上菜方式。其特点是：菜肴食品是在厨房内盛到盘子里，除沙拉、黄油和面包外，大多数菜食盛在主菜盘里。菜从左边送给宾客，饮料从右边送上，用过的餐具从右边撤下。

二、分菜服务

（一）中餐分菜服务

1. 分菜用具与使用

（1）服务员叉、匙的使用方法　服务员右手握住叉、匙的后部，匙心向上，叉齿朝向匙心；在夹菜肴和点心时，主要依靠手指来控制；右手食指插在叉和匙把之间与拇指酌情合捏住叉把，中指控制匙把，无名指和小指起稳定作用；分带汁菜肴时用服务匙盛汁。

图 2-33　叉匙分菜

（2）公用匙和公用筷的用法　服务员站在与主人位成90° 角的位置上，右手握公用筷，左手持公用匙，相互配合将菜肴分到宾客餐碟之中（图2-33）。

（3）长柄汤匙的用法　长柄汤匙用于分汤菜，汤中有菜肴时需用公用筷配合操作。

2. 分菜的顺序

分菜的顺序应是先宾后主，即先给主宾分让，然后按顺时针方向依次分让。如在宾客左侧操作，也是先给主宾分让，再给主人分让，然后按逆时针方向依次分让。在餐饮服务中，如用左手操作，则逆时针方向作业；如用右手操作，则顺时针方向作业。这样，既方便安全，又能提高服务效率，还能给宾客一种流畅、舒适的节奏感。

3. 分菜的基本要求

（1）将菜点向客人展示，介绍名称和特色后，方可分让。大型宴会，每一桌服务人员的派菜方法应一致。

（2）分菜时留意菜的质量和菜内有无异物，及时将不合标准的菜送回厨房更换；分菜前应将有骨头的菜肴，如鱼、鸡等的大骨头剔除。

（3）分菜时要胆大心细，掌握好菜的份数与总量，做到分派均匀。

（4）凡配有佐料的菜，在分派时要先沾(夹)上佐料再分到餐碟里。

4. 分菜方式

中餐分菜有三种方法，即餐台分让式、二人合作式和旁桌分让式。前两种分菜是在客人面前，餐厅服务员现场操作分菜服务，其分菜技术要求高。

（1）餐台分让式　分菜服务时，餐厅服务员左手垫上餐巾布，将菜盘托起，右手拿分菜用的餐叉、餐匙进行分让。用右手食指和拇指夹住叉柄，其余三指夹住汤匙柄，身体稍向前倾，用匙、叉将菜品夹起，派入客人餐盘中。餐台分让式一般适用于分热炒菜和点心，分菜注意事项如下。

①分菜服务时，餐厅服务员站在宾客左侧，站立要稳，身体不可斜靠于宾客身上，餐厅服务员脸部略斜与菜盘成一直线，腰部稍向前弯。

②分菜服务时，呼吸要均匀，可以边分边向宾客介绍菜点的名称、特色、风味、营养、典故

等方面的内容，但要注意，讲话时头部不要距离宾客太近，鼻口部位要避开菜点。

③分菜服务时，要掌握好数量，做到分让均等。菜肴的优质部位应分配给主宾和主人，但不要有太大的明显差异。

④分菜服务时要做到一匙准或一叉准，决不可将一匙（叉）菜同时分给两位客人，更不可当着客人的面从分得多的盘碗中匀给分得少的，这样是很不礼貌的。同时注意菜的色彩要搭配均匀。

⑤分每道菜时，第一次分完后，盘中宜余下1/10～1/5的菜肴（可换放于一小盘中），以示菜肴的宽裕及方便想再添用的客人。

（2）二人合作式　指分菜服务时由两名餐厅服务员配合操作，即一名餐厅服务员负责分菜，另一名餐厅服务员负责为宾客递送分好的菜肴食品。这种分菜服务时，餐厅服务员应站在翻译与陪同人员的中间位置上，右手持餐叉、餐匙（可以用公用筷、公用匙）盛取菜肴，左手持长把匙接挡下方，以防菜汁滴落在台面上。另一名餐厅服务员站在宾客的左侧，把餐碟递给分菜的餐厅服务员，待菜肴分好后，将餐碟送回客人面前。

（3）旁桌分让式　首先在分菜台上准备好干净的餐盘，备好叉、匙等分菜工具。当菜肴从厨房递送到前台后，餐厅服务员应先将菜放在餐台上进行展示，介绍菜名、特色，然后再将菜取下放到分菜台上进行分菜操作。分菜时要求快速、均匀。待菜分好后，用托盘端托至宾客的右侧递送到宾客面前，其分送顺序与餐台分菜顺序相同。

5. **特殊菜肴的分菜方法**

（1）汤类菜肴的分让方法　先将盛器内的汤分进客人的碗内，然后再将汤中的原料均匀地分入客人的汤碗中。

（2）造型菜肴的分让方法　先将造型的菜肴均匀地分给每位客人。如果造型较大，可先分一半，处理完上半部分造型物后再分剩余的一半。也可将可食用的造型物均匀地分给客人，不可食用的，分完菜后撤下。

（3）卷食类菜肴的分让方法　一般情况是由客人自己取拿卷食。如有老人或儿童多的情况，则需要分菜服务。方法是：服务员将吃碟摆放于菜肴的周围；放好铺卷的外层，然后逐一将被卷物放于铺卷的外层上；最后卷上送到每位客人面前。

（4）拔丝类菜肴的分让方法　由一位服务员取菜分菜，另一位服务员快速递给客人。

（5）鱼类菜肴的分让方法　用服务叉压住鱼头，右手持餐刀（图2-34）。用叉轻压鱼背，以避免鱼在盘中滑动，叉不可叉进鱼肉中，用刀顺脊骨或鱼中线划开，让整条鱼骨露出，然后用叉轻压鱼骨，用刀将鱼骨剔出，尽量保持鱼的原形状，待鱼汁浸透鱼肉后，再分块进行分让。鱼块带鳞部分要紧贴餐碟，鱼肉朝上。

图2-34　分鱼服务

（二）西餐分菜服务

1. 西餐分菜要求

（1）分三文鱼服务　在分三文鱼前，应该将三文鱼车、切鱼板、鱼等准备好，再将所需的水果、碎洋葱、蛋黄、蛋白、绿芥酱、柠檬角及烤面包分别装入盛器内，并放在三文鱼车靠客人一侧。切配三文鱼前要先向客人展示菜肴，然后再切配。分切时，服务员左手握餐叉，右手拿鱼刀，刀刃朝向服务员左侧。切鱼时，从鱼的右侧向左分切，每片鱼的厚度为0.2cm，每份鱼为3片即可。

分切完毕，将鱼均匀装入备好的餐盘内的一侧，装盘时鱼片应呈对折并码放成阶梯状，餐盘的另一侧分别摆放配料。配料摆放也要保证图案均等一致。待三文鱼装配完毕，从客人的右侧按顺时针方向递送到客人台面上。递送时，女士优先，先宾后主。上完鱼后为客人服务鲜胡椒。待以上操作完毕，服务员应将三文鱼服务车推离客人就餐台。

（2）分切牛排服务　首先从厨房取出烹制好的牛排和配菜，将牛排放于服务车的切板上，配菜放于服务车靠客人一侧，并将服务车推至客人餐台前。现场分切牛排时，通常由两名服务员同时操作，一名服务员将配菜装于餐盘内的盘头一侧，另一名服务员则左手握餐叉轻轻压住牛排的一侧，右手持餐刀将肉分切成6等份（以两人用餐为例）。分切时动作要轻快、敏捷，以免血水流出而影响肉质。分切完毕后，将3片肉为一份分别整齐地码放在装好配菜的餐盘内，从客人的右侧分送至客人用餐的台面上。上完菜立即服务各种调味料、配料及鲜胡椒。

（3）分切奶酪服务　在分切奶酪前，服务员应检查奶酪的储备情况，准备好相应的餐具、用具，如主餐盘、餐刀、餐叉等。同时，在客人用餐的餐台上摆放好奶酪餐具，如小刀、叉、面包盘、黄油碟、盐瓶。奶酪切配前，服务员应先向客人展示奶酪盘，以供选择，并说明各种奶酪的名称。服务员为客人选定的奶酪分切服务时，应左手持餐叉，右手拿餐刀进行分切，将奶酪分切成三角形，每份3~4块装盘，同时要配以水果、蔬菜和饼干。待装配完毕，服务员为客人分送，并询问客人是否需要法式面包或红葡萄酒佐餐。

2. 分菜服务注意事项

（1）注意卫生，餐具、用具要干净无污染，分菜所需的餐具无破损。

（2）分菜服务动作干净利落，不可拖泥带水或洒落在餐台及客人身上；切配时，不可发出声响；装盘时，要保持餐具内外的整洁、美观、大方；不得在餐具上留有指痕或在餐盘边沿上滴有汤汁。

（3）分送菜肴时，不可越位（即隔人上菜），更不可从客人肩上或头上越过。

任务实施

❶ 任务场地准备　餐厅实训室，实训室内有中餐圆桌和西餐方桌及相应座椅。

❷ 任务物品准备　托盘、托盘垫、干净布巾、汤菜一盆、干菜若干盘、分菜叉、分菜匙、分汤匙、汤碗、骨碟等若干。

❸ 任务实施

①中餐上菜与分菜服务：检查菜品、端送菜品（选择上菜口上菜）、报菜名（介绍菜肴）、摆菜。模拟餐台分让式、旁桌分让式、二人合作式分菜服务。

②中餐特殊菜肴的上菜及分菜：模拟包装菜肴、炖类菜品、铁板类菜肴、拔丝类菜肴的上菜与分菜。

③西餐上菜与分菜服务：分组模拟美式上菜服务。

任务评价

上菜与分菜服务考核评分标准

序号	考核内容	考核要点	应得分	自评分	互评分	教师评分
1	上菜服务	（1）上菜前报菜名 （2）上菜顺序正确 （3）上菜位置选择恰当，上菜姿势规范 （4）菜肴摆放美观、整齐	40			
2	分菜服务	（1）分菜手法正确，工具使用得当 （2）分菜位置正确，操作姿势标准 （3）分菜顺序正确 （4）不滴不洒、一次到位、分派均匀	40			
3	整体服务	（1）上菜语言表达准确，语音语速适中，语态自然大方 （2）分菜整体效果良好，菜肴在盘中摆放美观；菜上齐了要告诉客人，并询问是否需要加菜或其他帮助	20			
总分			100			
小组自评						
小组互评						
教师评价						
小组成员个人得分	姓名					
	得分					
说明	小组任务得分＝小组自评分 ×20%+ 小组互评分 ×40%+ 教师评分 ×40%。小组成员个人得分由小组长和教师根据个人在任务完成中的工作情况分配分数					

任务 8　撤换餐用具

任务情境

小莉被安排在当地一家五星级饭店餐厅实习。没想到第一天上岗因为带班师傅请假，服务区内只有她一人值台，客人吃完椒蒸东星斑，准备吃清炒时蔬时，客人很不高兴地说：“服务员，请更换一下骨碟。”你知道客人为什么不高兴吗？如果你是这位实习生，你会如何操作？

任务工单

任务名称	撤换餐用具				
班级		小组		小组成员	
工作任务	以小组为单位，分角色扮演服务员、客人，模拟正确的餐用具撤换服务				
任务目的	了解撤换餐具的基本要求；掌握不同餐具撤换服务的操作程序、标准及服务技巧				
任务实施要求	（1）课前根据视频进行餐用具撤换服务自学 （2）小组成员分好角色 （3）课堂上分角色扮演，模拟餐用具撤换服务				
任务实施步骤	（1）观看视频　学生观看视频中撤换餐用具的标准操作 （2）情景模拟　设计模拟场景，将学生分组，各组学生分别扮演服务员和客人进行撤换餐用具服务 （3）分组练习　学生角色互换现场操作撤换餐用具 （4）纠错指导　教师现场巡回观察并纠错指导 （5）课后训练　利用课余时间训练，同学们互相点评，找出优点和不足 （6）项目考核				
任务成果形式	模拟餐用具撤换服务				
实施过程记录	从以下 3 个方面记录：搜集的资料、过程记录、实施中遇到的问题及解决办法				

知识准备

一、撤换餐、酒具

（一）撤换骨碟

1. 撤盘时机

重要宴会要求每上一道菜换一次骨碟，一般宴会的换碟次数不得少于三次。一般情况下，餐厅服务员可视具体情况灵活掌握，但遇到下列情况时应及时更换骨碟。

（1）吃过冷菜换吃热菜时应更换骨碟。

（2）吃过鱼腥味食物的骨碟，再吃其他类型菜肴时应更换骨碟。

（3）上风味特殊、汁芡各异、调味特别的菜肴时应更换骨碟。

（4）凡吃过甜菜、甜汤后应更换骨碟。

（5）骨碟内洒落酒水、饮料或异物时应更换。

（6）骨碟内骨刺、残渣较多，影响雅观时应更换。

2. 撤换位置及手法

服务员站在客人的右侧进行，左手托盘，走到客人面前礼貌的问客人是否可以为其更换骨碟。得到允许后，右手先撤下客人用过的骨碟，然后再送上干净的骨碟。撤换骨碟从第一主宾开始，按顺时针方向绕台进行。

（二）撤换汤碗、汤匙

1. 撤换时机

（1）通常情况下桌面上只能留一个汤碗，在有空碗时要及时询问客人是否需要撤掉，同时可以询问客人是否还需要添加。

（2）客人桌面上有比较脏的碗时要及时为客人进行更换。

（3）汤碗、汤匙盛过汤后，如再上第二道汤，则需更换。

2. 撤换位置和手法

服务员站在客人的右边进行，左手托盘，走到客人面前礼貌地问客人是否可以为其更换。在客人表示需要更换或者撤走后，根据客人的示意对汤碗进行撤换；撤汤碗时，用右手撤下用过的汤碗，轻轻的放在托盘内即可；换汤碗时，用右手撤下用过的汤碗，轻轻的放在托盘内，再将干净的汤碗放在客人的面前即可。

（三）撤换酒具

（1）宴席进行中，如客人提出更换酒水、饮料时，要及时更换酒具。

（2）酒杯中洒落汤汁、异物时要及时更换酒具。

（3）换酒具时，从客人右侧按顺时针方向进行，酒具摆放在正确位置上，操作时不得将酒杯相互碰撞，以免发出声响，打扰客人。

（四）撤换烟灰缸

餐厅应准备足够数量的烟灰缸供客人使用，服务员应经常巡视服务区域，如果发现餐桌上烟灰缸里面的烟头超过2个或烟灰缸内其他杂物较多时应及时更换。烟灰缸更换、撤换时，应用托盘托上干净的烟灰缸，用右手将干净的烟灰缸覆盖在用过的烟灰缸上，将两只烟灰缸同时撤下，然后再将干净的烟灰缸放回到餐桌上。

二、撤换小毛巾、口布和台布

（一）撤换小毛巾

从宴会开始到宴会结束，席间应多次撤换小毛巾，以示服务热情、礼貌和讲究卫生。上小毛巾的方法是：将小毛巾放在毛巾托内，装在托盘里，餐厅服务员左手端托盘，右手摆放，放在客人的右侧，由客人自取。也可将毛巾放在垫碟内，餐厅服务员用毛巾夹直接递给每一位客人。

（二）撤换口布、台布

撤口布时应先将口布抖干净，清点数目，再把口布扎成10块1捆，这样做便于清点。撤台布是撤台工作的最后一道程序，餐台的各种餐饮用具撤清后，首先应注意台布上是否留有烟蒂、残菜等，如有应先清理再撤台布。如台布上洒有大量的液体应采取凉台的方法，待台布晾干后再收起，以免台布发霉后洗不掉。

任务实施

1. 任务场地准备　餐厅实训室。
2. 任务物品准备　托盘、托盘垫、骨碟、汤碗、汤匙、烟灰缸、香巾、水杯、葡萄酒杯、桌布等。
3. 任务实施　分组练习，模拟撤换骨碟、汤碗、汤匙，撤换烟灰缸，撤换香巾，撤换酒具，撤换台布服务。

任务评价

撤换餐用具考核评分标准

<table>
<tr><th>序号</th><th>考核内容</th><th colspan="3">考核要点</th><th>应得分</th><th>自评分</th><th>互评分</th><th>教师评分</th></tr>
<tr><td>1</td><td>撤换时机</td><td colspan="3">各种餐具、酒具、用具撤换时机把握准确</td><td>20</td><td></td><td></td><td></td></tr>
<tr><td>2</td><td>撤换位置</td><td colspan="3">撤换位置正确</td><td>10</td><td></td><td></td><td></td></tr>
<tr><td>3</td><td>撤换标准</td><td colspan="3">能够按撤换标准进行规范操作</td><td>40</td><td></td><td></td><td></td></tr>
<tr><td>4</td><td>撤换效果</td><td colspan="3">更换后，台面用品按规定摆放好</td><td>30</td><td></td><td></td><td></td></tr>
<tr><td colspan="5">总分</td><td>100</td><td></td><td></td><td></td></tr>
<tr><td colspan="2">小组自评</td><td colspan="7"></td></tr>
<tr><td colspan="2">小组互评</td><td colspan="7"></td></tr>
<tr><td colspan="2">教师评价</td><td colspan="7"></td></tr>
<tr><td rowspan="2">小组成员个人得分</td><td>姓名</td><td></td><td></td><td></td><td></td><td></td><td colspan="2"></td></tr>
<tr><td>得分</td><td></td><td></td><td></td><td></td><td></td><td colspan="2"></td></tr>
<tr><td>说明</td><td colspan="8">小组任务得分 = 小组自评分 ×20%+ 小组互评分 ×40%+ 教师评分 ×40%。小组成员个人得分由小组长和教师根据个人在任务完成中的工作情况分配分数</td></tr>
</table>

项目小结

餐饮服务技能是指餐饮服务人员在服务中，表现在客人面前的实际活动方式，它包括托盘端托、餐巾折花、中西餐斟酒、铺台布、摆台、上菜和分菜等。餐饮服务人员只有具备娴熟的服务技能和丰富的服务知识，才能将精美可口的佳肴和尽善尽美的服务有机结合起来，让客人在物质和精神上获得满足，从而达到餐饮服务的最佳效果。

知识拓展

酒店餐饮部的优质服务

在制度化、程序化、标准化向个性化、多样化转化的过程中，餐厅服务所追求的服务目标应该是“优质服务”。一个优秀的餐厅服务员，应在服务中为客人提供以下“优质服务”。

1. 真情服务

所谓真情服务，就是要求每一个员工把客人当作自己的亲人一样看待，真心实意、心甘情愿地为他（她）服务，发乎情、发乎心、不矫揉造作，不惺惺作态，一切在自然而然中体现好客之道和服务技巧。

2. 随时服务

随时服务也叫随机服务。在对客服务中，有量化的服务分工、服务流程、服务标准、服务时限，这些是构成优质服务的基本内涵。但如果是仅仅囿于条框的服务体系而生搬硬套、墨守成规，服务的价值就会大打折扣。随时（机）服务又是一种主动服务的表现，是规范化服务程序中没有固定公式的服务。

3. 超值服务

每一个客人进入饭店餐厅消费前，心中都装着一个期待值，例如期待饭菜可口、物美价廉、干净卫生、富有特色等，如果这些基本的期待值能够得到满足，算是初步完成了店方与客人的心理融合和价值认同。如果再次或第二次光顾的时候，我们能够做到出品更好、服务更周全、服务项目更精彩，甚至包括能够记住客人的名字和固定消费偏好等。客人就更会有物超所值的感觉，久而久之，该客人必定会成为饭店餐厅固定而忠诚的客户。

4. 精细服务

餐饮服务无大事，多是一些细微琐碎的小事，小事做细做精才能做好，做不细做不精就可能做不好。因此在细微之处下功夫，是每一个优秀餐厅员工必须学习的一门功课。

5. 距离服务

饭店服务不仅要热情，而且要得体，要能够准确把握服务的分寸和距离。例如一对情侣在西餐厅共进烛光晚餐，两个服务员一左一右站在边上“殷勤”备至，一会儿加水，一会儿换碟，弄得情侣两人兴趣索然、扫兴而归。

6. 隐形服务

在服务过程中，我们既要提供有形的服务，又要提供无形服务或隐形服务，即，在一些特定的服务过程中，隐形服务更能满足和照顾客人的潜在需求。

7. 个性化服务

既要为客人提供优质满意的服务，又要给客人以惊喜的服务；既要想客人所想，又要想客人所未想。

8. 人性化服务

人性化服务就是以人为本，为顾客全心全意提供优质的服务，给顾客以人文关怀，从而有效的提高顾客的服务满意度，进而增加饭店的客户满意度，最终达到提高效益的目的。

（资料来源：餐饮职业网，http://www.canyin168.com/；迈点网，http://www.meadin.com/）

思考与练习

1．轻托的程序是什么？

2．餐巾折花是否有必要？餐巾有哪些作用？

3．桌斟的姿势要做到优雅大方，但有时可能做不到，请问如何灵活处理这样的问题？

4．讨论一下，为什么不同餐厅摆台的具体形式有所不同？既然不同，还有必要规范摆台的标准吗？

5．装盘有何要求？

6．餐巾折花有哪些摆放要求？

7．简述中餐三种分菜方式的操作要领：餐台分让式、二人合作式和旁桌分让式。

8．案例分析

不公正的就餐待遇

某天晚上，北京一家五星级宾馆的中餐厅正在接待外宾旅游团和会议团。孙先生是某公司负责接待外宾会议团的翻译，他把外宾安排好后就和同事一起到旁边的工作餐厅用餐。这一天，外宾团队订的都是“北京烤鸭”的餐宴，翻译、导游员和司机等也享受和外宾同等的用餐标准。孙先生入座后，服务员端上了茶水和凉菜，但等候良久仍不见其他的菜上桌。他忍不住去催问服务员，服务员告诉他，今天太忙，请他再等一下，马上上菜。孙先生又等了半天，仍不见上菜，此时其他桌的菜已经上得差不多了。孙先生和同事又去催问了两次，但就是他们这桌不给上菜，孙先生赌气不再催问。外宾用完餐，孙先生直接带他们上车。此时，服务员追到车门前请孙先生签单结账，孙先生没好气地说：“我根本就没吃上饭，结什么账？”“先生，实在对不起。今天的确太忙了，把您那一桌给疏忽了。要不然给您包上菜和鸭子带走。但是请您先把账结了。”服务员着急地说。“我们虽然也是服务人员，但到你们饭店都应该是客人，待遇也是平等的。你们给外宾和其他桌都上了菜，就是不给我们上菜，催了几次还不行，搞得我们现在都没吃上饭。要结账就找‘老外’吧。”孙先生说着就要上车，其他人见状忙劝解孙先生，车上的外宾也有人问及此事。最后，孙先生还是和服务员一同回到餐厅结账。他拒绝了餐厅给他包装好的“晚餐”，只是对服务员说：“请你们记住这次教训，以后不要忽视任何一位客人。”

问题讨论：从本案例中可以了解到餐厅在管理方面、服务人员在供餐服务方面有哪些不足之处？

03
服务篇

项目三 餐饮对客服务

知识目标

· 掌握中餐早餐、午晚餐零点服务的程序及方法
· 掌握中餐宴会服务程序及方法
· 熟悉西餐服务的种类
· 掌握西餐零点服务和宴会服务的程序和方法
· 掌握自助餐服务的程序及方法
· 掌握团队用餐服务的程序及方法

能力目标

· 能运用所学知识进行中餐零点和宴会服务
· 能运用所学知识进行西餐零点和宴会服务
· 能运用所学知识进行自助餐服务
· 能运用所学知识进行团队用餐服务

引导案例

过于热情的服务

9月初的一天晚上，王先生陪一位外宾来到某星级饭店的中餐厅，找了个比较安静的座位坐下。刚入座，一位女服务员便热情地为他们服务起来。她先铺好餐巾，摆上碗碟、酒杯，然后给他们斟茶，递上香巾。当一大盆“翡翠黄鱼羹”端上来后，她先为客人报了汤名，接着为他们盛汤，盛了一碗又一碗。一开始，外宾以为这是吃中餐的规矩，但当王先生告诉他用餐随客人自愿后，忙在女服务员要为他盛第三碗汤时谢绝了。这位女服务员在服务期间满脸微笑，眼疾手快，一刻也没闲着。上菜后即刻报菜名，见客人杯子空了马上添茶斟酒，见骨碟里的骨刺多了立即就换，见手巾用过后立刻换新的，见碗里没米饭了赶紧添上……

吃了一会，外宾放下刀叉，从衣服口袋里掏出一盒香烟，拿出一支在手上，有点无奈地对王先生说："这里的服务真是太热情了，让人觉得有点……。"这位女服务员似乎并没有察觉到外宾脸上的不悦。她见外宾手里拿着香烟，忙跑到服务台拿了个打火机，走到外宾跟前说："先生，请您抽烟。"说着，熟练地打着火，送到外宾面前，为他点烟。"喔……好！好！好！"外宾忙把烟叼在嘴里迎上去点烟，样子颇显狼狈。

见服务员太过于热情，外宾都有点透不过气来了，王先生只得对外宾说："我们还是赶快吃吧，这里的服务热情得有点过度，让人受不了。"听到此话，外宾很高兴地说："好吧！"于是，他们匆匆吃了几口，便结账离开了这家酒店。

（资料来源：服务热情周到，百度文库，http://wenku.baidu.com/view/）

评析：在餐饮服务工作中，服务员应充分了解客人的需求，标准化服务与个性化服务相结合，给客人提供无干扰服务。所谓无干扰服务，就是指在客人不需要的时候感受不到，需要的时候招之即来的服务。比如，在客人需要安静的时候，不要上前打扰；分菜、盛汤前应征得客人的同意等。

任务1　中餐零点服务

任务情境

一天晚上，某饭店的门前驶来一辆出租车，从车上下来四位客人，三男一女，先后走进饭店，直奔三楼的风味餐厅。你作为风味餐厅的服务员，正准备迎接晚上的第一批客人。

任务工单

任务名称	风味餐厅零点服务				
班级		小组		小组成员	
工作任务	你作为餐厅服务员和迎宾员，在傍晚时分迎来了四位用餐的客人，请按照中餐午晚餐服务程序，为客人进行服务				
任务目的	了解中餐零点服务流程，能为客人提供热情、周到的服务				
任务实施要求	（1）餐厅档次设定为高档 （2）小组成员全体参与，共同完成任务 （3）模拟中餐厅，进行服务员、迎宾员和客人的角色扮演				

续表

任务名称	风味餐厅零点服务
任务实施步骤	（1）小组成员分工 （2）拟订任务完成工作计划，分派角色 （3）在模拟餐厅中进行中餐零点服务的准备工作和各阶段的服务工作，并轮流操作 （4）学生相互点评 （5）教师点评、总结
任务成果形式	中餐零点服务
实施过程记录	从以下 3 个方面记录：搜集的资料、过程记录、实施中遇到的问题及解决办法

知识准备

在酒店服务的黄金质量标准中有一条：凡是提供给客人使用的必须是安全有效的。服务程序本身就是为了保障每一位客人有一个安全、有效的就餐环境而制定的。零点餐厅服务包括餐位预订服务、餐前准备、迎宾服务、点菜服务、就餐服务、结账与收银服务、送客与收尾服务等内容。

案例阅读

聪明的迎宾员

一天中午，某饭店的中餐厅客人很少，12点10分左右，中餐厅来了一位四十岁左右的中年男子，迎宾员立即上前问好："欢迎光临，蔡先生，中午好，就您一个人?"这位被称作蔡先生的中年男子微笑着对迎宾员说："小王好啊，就我一个人，今天，给我准备什么好吃的?"迎宾员小王立刻回答："蔡先生，今天中午有您最爱吃的烙馍卷田螺肉，我们知道您的胃不好，特地为您做了你最爱喝的萝卜养胃羹。"蔡先生一听特别高兴："好啊，谢谢您了!"用完午饭后，小王将蔡先生送到电梯口，并礼貌地问蔡先生到几楼，蔡先生告之住在三楼，小王为蔡先生按下楼层按钮后，微笑着将蔡先生送进电梯，向蔡先生道别后，又回到了紧张的工作岗位。但这时小王心里惦记着一件事：蔡先生很少住客房，一般都是用完餐就走，这两年在饭店餐饮消费差不多有十几万元，对于这样一位客人，饭店提供的是VIP服务，而他现在住的是饭店最普通的楼层——三楼，这应该是我们饭店工作上的失误。小王立刻通过主管打电话给营销部，经查实，饭店总服务台没有该客人的客史档案，加之这几天住宿比较紧张，就将客人安排到了普通楼层。小王又打电话征求蔡先生的意见，蔡先生表示感谢，他在电话中说就不给饭店添麻烦了，住到明天上午就走了。但小王并没有放弃努力，经请示后，她将一盘精美的水果送到了蔡先生所住的房间，并再次询问蔡先生第二天的饮食安排，蔡先生非常感动。迎宾员小王在蔡先生离开饭店后，立即将自己整理的蔡先生的客史档案，交到了总台，由总台通知酒吧和其他部门，让饭店从门童到内勤人员都知道蔡先生这位饭店忠诚的顾客。

（资料来源：聪明的迎宾员，职业餐饮网，http://www.canyin168.com/glyy/）

一、中餐零点服务的特点

中餐零点服务是指在零点中餐厅接待散客，为临时来用餐的宾客提供的就餐服务。零点餐服务与其他服务相比，有自己的特点：宾客多而杂、人数不固定、口味需求不一、到达时间交错、工作量大、营业时间长等。这就要求服务员在服务上突出周到、细致、热情、体贴，有较全面的服务知识和服务技巧。

二、中餐零点早餐服务程序

零点早餐服务应遵循以下服务程序及服务标准。

（一）餐前准备

（1）搞好个人卫生，按餐厅的要求统一着装，佩戴好员工号牌，按时到岗，接受任务。

（2）按早餐摆台标准摆台，检查桌椅摆放是否整齐美观，餐厅环境卫生是否清洁干净。

（3）备好茶叶、开水和各种调味品，各种调味品瓶口要无污迹，分量符合规定要求。

（4）准备好各种早餐所需用品，并放在规定好的固定位置，方便取用。

（5）服务员完成各项准备工作后，在餐厅开门营业前，由餐厅主管或领班主持召开餐前例会，检查员工到岗情况和仪容仪表，进行任务分配。

（二）迎宾服务

当客人进入餐厅时，迎宾员应面带笑容接待宾客，并致问候。问清人数后，要根据客人的意愿和餐厅客人就餐分布情况，将宾客带到合适的餐台安排就坐。

（三）问客开茶

（1）因宾客的饮茶习惯不同，服务员要尊重客人的饮茶习惯，在征询客人意见后，按需开茶，并根据客人对茶叶的喜好，介绍适宜的茶品。

（2）为客人开茶时，不能直接用手抓茶叶往茶壶里放，应用茶匙按茶位放茶，6位以下的客人冲一壶茶，7位以上的客人冲两壶茶。

（3）开茶到台，服务员应站在客人的右侧，斟倒第一杯礼貌茶。斟茶时，右手执壶，左手放在背后或托托盘，茶水不宜倒得太满，一般以八分满为宜。斟茶时，注意先宾后主、女士优先。

（4）礼貌请客人用茶，然后将茶壶对称摆放在餐桌上。

（5）当茶壶内的水只剩下1/3时，要及时为客人添加开水。如发现茶水淡了，要主动询问客人是否需要更换茶叶，如同意更换，应尽快满足客人的要求。

（四）开餐服务

（1）根据客人的人数填写点心单，向客人介绍品种，写清客人要求的每一种点心的数量，记好台号、茶位后，将点心单送到账、货台。

（2）服务员为客人提供茶水服务后，点心推销员应将点心车推至客人桌旁。并向客人介绍当天供应的各式点心品种，客人选定后，服务员应协助点心推销员为客人将点心送上餐桌，并分类记录在点心卡上。

（3）开餐期间，服务员要做到勤巡视、勤斟水、勤换烟灰缸和清理台面。主动照顾好老幼和残疾客人，照顾好坐在边角位置的客人。尽量满足客人的要求，有问必答，态度和蔼，语言亲切。

知识链接

中式面点知识

大约在六七千年前，人们学会了栽培和种植粮食作物。在秦汉时期，人们已经学会了把颗粒状的粮食磨成粉。在南北朝时期就出现了利用发酵面团制作的炊饼，可见面点的历史十分悠久。

我国面点根据不同的地理区域和饮食文化，大致可分为"南味""北味"两大风味，这两大风味又以"京式面点""苏式面点""广式面点"为主要代表。

1．京式面点

京式面点起源于我国的黄河以北广大地区，包括山东、华北、东北、内蒙古等地区，这些区域的面点，均可称为京式面点，其中又以北京为代表。京式面点多以面粉为主要原料，味道咸甜分明，甜点重糖、重油酥，咸点以咸鲜口味为主，其代表品种有：抻面、刀削面、拨鱼面、小刀面、饺子、京八件、清油饼、狗不理包子、千层糕、猫耳面、艾窝窝等。

2．苏式面点

苏式面点起源于长江中下游江、浙、沪一带。苏式面点在制作上讲究形态与造型，比较有名的是苏州船点，这种点心形态多样，飞禽走兽、花鸟虫鱼都能体现。苏式面点讲究味道，调制的馅心口味厚、色泽深、略带甜。苏式面点的代表品种有：淮安文楼的汤包、扬州的三丁包子、镇江的蟹黄汤包、无锡的小笼包、苏州糕团、常州大麻糕、宁沪风味的葱油饼、鸽蛋圆子、酥油烧饼等。

3．广式面点

广式面点起源于广东地区，以广州为代表，包括珠江流域及南部沿海地区所制作的面点制品。广式面点以常用的淀粉类制品为主，并充分利用土豆、山药、菱角、绿豆、薯类及海鲜等作为坯皮原料。其特点是：重糖轻油、皮薄鲜嫩、清香爽滑。其代表品种有：叉烧包、虾饺、娥姐粉果、广式月饼、蚝仔煎、德庆酥等。

（五）结账送客

（1）早茶服务时，客人提出结账，服务员应迅速将点心卡送至收银台并取回账单送至客人餐台，提示客人需付的金额，同时把账单给客人过目，收款时要向客人道谢。

（2）自助早餐服务时，服务员可直接去收银台取账单。如果是住店宾客享受免费自助早餐，结账时出示房卡或餐券即可。

（3）结账时，服务员应将账单放入收银夹或收银托盘内，站在客人的右侧将账单递给宾客，客人付款后服务员要清点、验收并将所收现金及时送交收银台，将余额当面点清连同回执单交给客人，请宾客过目。

（4）如果客人有多余的或未吃完的点心，服务员要主动用食品盒或食品袋包装后，交给客人带走。

（5）当客人起身离座时，服务员应及时帮助客人拉座椅送客，同时提醒客人带上自己的随身物品，再次向客人道谢，在客人身后目送客人离开服务区。

（六）清理台面

早餐服务中翻台是常事，及时清理台面是一项重要的工作。

（1）客人离开时，服务员应先查看是否有客人遗落的东西。如有，应立即交还客人。如客人已离去，应交服务台并告知值班经理，以免被损坏或被他人冒领。

（2）等客人离开餐厅再动手清理台面，以表示尊重客人。清理台面应该先整理餐椅，再收毛巾、餐巾和茶壶茶杯，然后收餐具、烟灰缸、牙签，佐料容器要专门捡收。收餐具时注意分类摆放，特别是香巾需另收，不可近油腻物件。

（3）台面清洁后，应迅速换上干净的台布，重新摆好干净的餐具，为迎接下一批客人做准备。

（4）对于所有属于重复使用的餐具和物件，要及时清洗消毒，擦拭干净，分类保管，以备再用。

三、中餐零点午、晚餐服务

中餐的午、晚餐比较正式和隆重，对于任何档次的餐厅来说，午、晚餐都是最重要的，因而相对复杂和繁琐。

（一）中餐厅午、晚餐预订

客人在就餐前往往会通过各种方式与餐厅取得联系，以便能最大限度的保证自己的就餐质量。就餐预订环节是餐厅与宾客接触的第一个环节，餐厅预订员对宾客表现出的良好服务态度、娴熟的专业技能和高超的专业素养，能给宾客留下良好的第一印象。

1. 预订的方式

预订的方式有直接预订和间接预订两种，具体有来店预订、通讯预订、指令性预订、上门预订、委托预订。有的酒店还会将经常预订餐位的客人的通讯方式记录下来，特别是餐厅的VIP客户，更要注意收集他们的联络方式，以利于今后开展推销工作。

2. 预订的内容

在接到客人的预订请求后，预订员要根据餐厅的接待能力与时间安排，决定是否接受预订。

如果可以，应该记录客人预订的内容：用餐标准、菜单、酒单、服务规格、服务项目、用餐时间等。如果餐厅接受客人的预订有困难，应礼貌的告知客人，并请客人下次有机会再来餐厅就餐。

3. 预订的程序

在所有的预订方式中，电话预订是最常用的方式，其基本程序如下。

（1）电话铃响三声之内，服务员应迅速拿起电话问好、报餐厅名。

（2）如果是预订电话，应询问客人的姓名、房号或单位名称、人数、就餐时间及具体要求，并留下客人的联系电话。

（3）准确记录电话内容并进行复述，提醒客人餐厅留座时间等事项。

（4）当餐厅预订已满，不能接受客人预订时应向客人做好解释，并告诉客人需要等候的准确时间。

（5）通话结束时，应向客人道谢，并在客人放下电话后再挂断电话。

（二）餐前准备

服务员应了解自己服务区域的餐桌是否有人预订，预订的客人是否有特殊要求，并根据要求安排好餐桌的位置，具体有以下几点。

（1）检查个人卫生，按餐厅要求着装，注重仪容仪表，佩戴好工号牌。按时到岗，接受分工任务。

（2）按餐厅卫生标准做好卫生工作，如对餐厅墙壁、服务工作台、地面的清洁。

（3）准备好餐具、用具、菜单、服务用品，将开餐所需餐具、用具消毒后摆放在备餐柜中；备好各种托盘、开瓶工具、餐巾纸、牙签、调料、菜单等；备好要供应的酒水、茶叶、开水。

（4）按中餐零点标准摆台。

（5）召开餐前例会。员工餐前例会在开餐前30min召开，由当班领班主持。领班检查全体员工的仪容仪表，根据预订记录通报当日客情，对服务员进行具体分工等。

（三）迎宾服务

（1）在开餐前5min，迎宾员和服务员各自站在指定的位置上恭候客人的到来。

（2）对进入餐厅的客人以注目礼问候，使用礼貌用语问候，如“您好！欢迎光临！”等。询问客人是否有预订，如果有预订，问清以什么姓名或单位名称预订的，按事先预订的要求进行安排。如无预订，需询问客人一共有几位，然后引领至合适的餐位。

（3）迎宾员左手拿菜单，右手向客人示意并说“请这边来”。引领时应在宾客的左前方，与客人保持1m左右的距离，并不时回头与宾客交流。步速与客人保持一致，在楼梯口或拐弯处应稍作停留并提醒客人注意。将客人引领至餐桌前，然后轻声询问客人意见：“您喜欢这张餐桌吗?”如果客人不太满意，则应重新安排客人喜欢的餐桌。

（4）引领客人至适当位置，并拉椅请客人入座。拉椅让座时，双手握住椅子靠背两侧，向后轻轻拉出半步，用手示意同时使用礼貌用语请客人就坐，当客人进入座位时，双手握住椅子靠背两侧，膝部前送，当客人完全坐稳时方可松手。拉椅时注意遵循先宾后主、先女士后男士的原则，其余客人按顺时针方向拉椅。如有幼儿应及时送上儿童椅。

（5）协助客人将衣物存放至衣帽间或衣架上，也可主动在该客位旁放一张座椅，并主动征询客人是否可以将衣物放在上面，得到允许后，将客人的衣物放好。主动提示客人保管好自己的物品，注意不要将邻桌客人的衣物混放，以免造成客人物品的遗失。

（6）值台服务员也应热情欢迎宾客前来用餐，微笑问候，并协助拉椅让座。待宾客就座后，迎宾员打开菜单第一页，站在客人右侧双手递上菜单，向客人介绍值台服务员并祝客人用餐愉快。

知识链接

合理为顾客安排餐位

迎宾员在引领客人到餐位时，一定要问客人是否喜欢这个位置，大部分客人能满意迎宾员的安排，也有的客人因某种原因，可能不喜欢迎宾员为他们安排的餐位，此时迎宾员可以在允许的情况下为客人更换餐位，以达到尊重客人、让客人满意的目的。

人数较多的客人，在安排餐位的时候，一般安排靠里的位置，因为人多比较热闹，这样不影响其他客人用餐。

谈生意的客人边用餐边谈工作，不喜欢他们的谈话被别人听到，比较喜欢安静的角落，可以将他们安排在一个比较安静的、靠里侧的位置。

一对恋人来用餐，迎宾员应该为他们找一个既安静又便于观赏景色的地方。

对着装入时、华丽的客人应尽量安排在餐厅比较显著的位置，一是衬托餐厅的气氛，二来也表示尊重客人。

带有小孩的客人应尽可能安排在不打扰其他客人的地方。

（四）餐前服务

餐前服务主要包括以下内容。

（1）迎宾员为客人递呈菜单后，值台服务员应及时为客人递送第一道香巾，递送香巾时要站在客人的右边并使用敬语“请用香巾”。

（2）值台服务员征询客人意见，介绍本餐厅所提供的茶水品种。在询问的同时，要为客人送餐巾、撤筷套。为客人撤筷套时，要遵循先女士后男士、先宾后主和顺时针的原则。撤筷套应在客人右侧进行，操作时注意撤下的筷套要保持美观、整洁，放在左手上；如从客人右侧操作不方便时，也可在客人的左侧操作，注意此时将撤下的筷套放在右手上。

（3）为宾客冲泡茶水，取茶叶时注意手法卫生。提供斟茶服务时服务员要站于客人的右后侧为客人斟茶，并使用敬语“请用茶”。斟茶量应为八分满，要为每一位宾客斟倒第一杯礼貌茶。

（4）服务员应根据客人人数的多少进行餐位的增减，在增减餐具时均要使用托盘，并尽量减少操作次数，以免打扰客人。另外，如果外宾不习惯用筷子就餐，应主动为客人提供刀叉。

（5）上述工作就绪后，服务员要做好点菜准备，备好点菜用品，事先填好点菜单、台号、人数、餐别、工号等项目。留心观察客人的举动，站在适当的位置，随时准备帮助宾客点菜。

（五）点菜服务

点菜服务是一项考验服务人员的技巧和能力的工作，要求服务员要了解宾客的需求、熟悉菜单、主动提供信息、规范安排菜肴。点菜服务具体内容如下。

（1）当宾客看完菜单或示意点菜时，服务员应立即上前询问："先生/小姐，请问现在可以点菜了吗?"点菜时服务员应站在客人的左后侧或右后侧，如果宾客各自点菜，应从主宾开始，然后按先后顺序依次接受点菜。

（2）服务员在写菜单时，应主动介绍菜式特点，帮助宾客挑选本餐厅的特色菜，特别是厨师当日推荐的创新菜、时令菜，语气委婉的提供建议，切忌强行推销。所点菜肴注意荤素搭配，数量适中。

（3）客人点完菜之后，服务员应向客人复述一遍所点的菜式并得到客人的确认。菜单订好后，还应主动征询宾客是否还需要酒水饮料。

（4）传统的点菜单一式四份，一份交收银台，一份交厨房，一份交传菜员划单用，一份作为存根备查。酒水单一式两份，一份交吧台，一份交收银员，服务员到吧台开酒水单时，要记清楚酒水的种类和数量。现代大部分餐厅都使用无线点菜机进行点菜，点菜员手持点菜机终端，点餐完成后将结果通过无线数传模块分别传输给在厨房和收银台的上位机，其中厨房上位机以先后顺序显示客人所在桌号和菜名，收银台上位机显示桌号、菜名、单价等信息，并可以计算消费总额，打印消费小票，保存消费记录等。

（5）服务员填写点菜通知单（表3–1）要迅速、准确，注意客人对点菜的特殊要求，如分量、制作方法、口味要求等，要在点菜单上加以注明。

（6）通知单填好后要迅速交传菜部通知厨房，使用无线点菜机点菜应在客人确认点菜单后立即确认发送，尽量缩短客人的等候时间。

表3–1 某餐厅点菜单（样例）

台号:　　　　人数:　　　　　　　　　　　　　年　　月　　日

序号	菜名	金额	备注
1			
2			
3			
4			
5			
6			
7			
8			
9			

续表

<table>
<tr><th>序号</th><th colspan="2">菜名</th><th>金额</th><th>备注</th></tr>
<tr><td>10</td><td colspan="2"></td><td></td><td></td></tr>
<tr><td>11</td><td colspan="2"></td><td></td><td></td></tr>
<tr><td>12</td><td colspan="2"></td><td></td><td></td></tr>
<tr><td colspan="3">酒水</td><td>品名</td><td>金额</td></tr>
<tr><td colspan="2">品名</td><td>金额</td><td>茶水</td><td></td></tr>
<tr><td colspan="2"></td><td></td><td>饭 / 面</td><td></td></tr>
<tr><td colspan="2"></td><td></td><td>水果</td><td></td></tr>
<tr><td colspan="2"></td><td></td><td>香烟</td><td></td></tr>
<tr><td colspan="5">金额合计:　　　万　　仟　　佰　　拾　　元　　角 ¥</td></tr>
</table>

服务员:　　　　　　收款人:　　　　　　　客户签名

（六）上菜服务

上菜时，按冷菜、热菜、汤菜、主食的顺序进行，除非客人有特殊要求。

（1）一般情况下，第一道菜应该在点菜后15min内上桌，并不时向客人打招呼或联系，如遇客人有急事，应立即与厨房联系，使菜肴尽快上桌。

（2）传菜员将菜肴送至餐台时，服务员应主动上前进行上菜服务。上菜时，应双手端菜盘并报菜名，特色菜肴应稍作介绍。有配料和洗手盅的菜肴，应先上配料后上菜，配料应放在菜的右下角，然后上洗手盅，放在菜的左侧。

（3）上菜时先检查菜肴的品种、规格、数量是否符合要求，把好出菜质量关。正确把握上菜顺序及上菜速度，避免出菜顺序颠倒和上菜过快等情况。

（4）整理台面，给将要上桌的菜肴挪出位置，对所剩分量较少的菜肴，征询主人的意见，或为客人分完，或改用小盘盛装，或将几道所剩不多的菜肴合并在一个盘子里，注意做上述处理时不要将台面理得太空让主人难堪。合并时注意同类菜肴才能合并，以免影响菜肴的口味和温度，将分量较少的菜肴或冷菜靠边摆放，台面中间留出空位。切忌盘子叠盘子。

（5）服务员上最后一道菜时，应礼貌地告诉客人："您的菜已经上齐，请慢用。"同时，征询客人是否还需要增添菜品。

（七）巡台服务

在客人用餐期间，服务员要勤巡台，随时注意客人的进餐情况，及时发现客人需要的服务并立即完成。服务员在巡台服务中要做好以下工作。

（1）客人杯中酒水少于1/3时，要及时添加酒水或饮料。

（2）当烟灰缸内有两个烟头或有纸团和杂物时，服务员应立即更换。更换烟灰缸时要注意先用干净的烟灰缸盖在上面，一并取下置于托盘上，然后再把干净的烟灰缸放在桌上。

（3）及时清理台面，要勤为客人换骨碟，注意无论客人的骨碟中有没有骨头和剩菜，撤换前都应征求客人的意见。及时撤去桌上的空盘和空饮料瓶等，注意撤带酱料的菜品时，应先撤空盘，然后撤酱料。

（4）点菜30min后，应检查宾客的菜是否上齐。若未上齐，应及时查询。如发现有错漏现象，应马上向厨房反映，请厨房为宾客补烹或先做，尽量缩短宾客候餐时间，同时向宾客致歉。

（5）换小毛巾应根据宾客进食菜肴的具体情况而定。如在上带壳类或骨头较多的食品、在上甜品和水果前或等候结账时，都需为宾客更换一次小毛巾。

（6）客人停筷后，服务员要主动询问是否需要水果、甜点，并询问客人是否需要将剩下的菜肴打包带走。

（7）在服务过程中，要讲究“三轻”，即说话轻、走路轻、操作轻。

（八）结账、送客服务

客人就餐完毕后，服务员要及时递上香巾，并根据需要提供茶水服务。

（1）当客人示意结账时，服务员应马上清点菜单、酒水，将客人多余的酒水退回酒吧，然后在点菜系统上输出账单，根据客人要求的结算方式提供相应的结账服务（表3-2）。

表3-2　结账收款方法

方式	内容
签单结账	（1）如果客人是住店客人，服务员请客人出示房卡 （2）在为客人送上账单的同时，为客人递上笔，并礼貌地提示客人需写清房间号、正楷姓名并签字；如客人未带卡套，请客人稍等，将房卡送收银员处核对。核对无误后，将房卡归还客人 （3）客人签好账单后，服务员将账单重新夹在账单夹内，并真诚地感谢客人 （4）将账单送回收款员处
现金结账	（1）如客人付现金，应在客人面前清点钱数，并请客人等候，将账单及现金送收款员 （2）收款员收完钱后，服务员将账单第一页及所找零钱夹在账单夹中，送回客人 （3）服务员站立于客人右侧，打开账单夹，将账单第一页及所找零钱递给客人，同时真诚地感谢客人 （4）客人确定所找钱数正确后，服务员迅速离开客人餐桌
信用卡结账	（1）如客人使用信用卡结账，服务员请客人等候，并将信用卡、身份证和账单送收款员处 （2）收款员做好信用卡收据后，服务员检查无误后将收据、账单及信用卡、身份证夹在账单夹内，拿回餐厅 （3）将账单夹打开，从主人右侧递给主人，并为客人递上笔，请客人分别在账单和信用卡收据上签字，并检查签字是否与信用卡上的签字一致 （4）将账单第一页、信用卡收据中的客人存根页及信用卡、身份证递给客人，并真诚地感谢客人 （5）将账单第二联及信用卡收据另外三页送回收款员处

（2）当从收款员处接过账单时，服务员要检查账单、台号、包房号/名称、客人人数、食品和酒水，如果有误应马上更正。

（3）当客人结账完毕有意离开餐厅时，服务员应主动上前拉椅送客，在客人身后礼貌的道别致谢，同时注意提醒客人带好自己的随身物品。

（4）客人离开餐厅时，迎宾员要将客人送出餐厅，向客人表示感谢并道别，同时欢迎客人再次光临。

（九）收尾服务

（1）客人离开后，服务员要马上再检查客人是否有物品遗落，如有，要及时送还客人或交餐厅经理处理。

（2）按规定的要求收拾餐台，按照口布、小毛巾、金银及贵重物品、玻璃器皿、小件物品、瓷器的先后顺序将台面进行清理，将脏的器具送至洗碗间清洗。

（3）更换台布后上转盘，并按餐厅要求将台面摆好，准备迎接下一批客人的到来。

任务实施

❶ 任务场地准备　模拟中餐厅。

❷ 任务用品准备　托盘、餐具、菜单、开瓶工具、餐巾纸、牙签、调料，供应的酒水、茶叶、开水等。

❸ 任务实施　在模拟中餐厅中，每5人一组，以8人餐台为操作台面，其中1人为迎宾员、1人为值台员、其余3人为客人，在教师的指导下模拟中餐厅零点服务的准备工作和各阶段的服务工作，并轮流操作，然后由学生相互点评并进行讨论，最后教师进行总结点评。

任务评价

中餐零点服务考核评分标准

<table>
<tr><th>序号</th><th>考核项目</th><th colspan="4">考核要点</th><th>应得分</th><th>自评分</th><th>互评分</th><th>教师评分</th></tr>
<tr><td>1</td><td>餐前服务</td><td colspan="4">（1）个人卫生检查
（2）服务用品、菜单、酒水饮料准备
（3）餐具、用具准备
（4）餐厅的卫生状况检查
（5）餐前例会召开</td><td>30</td><td></td><td></td><td></td></tr>
<tr><td>2</td><td>餐中服务</td><td colspan="4">（1）迎宾服务
（2）点菜服务
（3）席间服务
（4）结账服务
（5）送客服务</td><td>50</td><td></td><td></td><td></td></tr>
<tr><td>3</td><td>餐后服务</td><td colspan="4">撤台、收尾工作</td><td>20</td><td></td><td></td><td></td></tr>
<tr><td colspan="6">总分</td><td>100</td><td></td><td></td><td></td></tr>
<tr><td colspan="2">小组自评</td><td colspan="8"></td></tr>
<tr><td colspan="2">小组互评</td><td colspan="8"></td></tr>
<tr><td colspan="2">教师评分</td><td colspan="8"></td></tr>
<tr><td rowspan="2">小组成员个人得分</td><td>姓名</td><td></td><td></td><td></td><td></td><td></td><td colspan="3"></td></tr>
<tr><td>得分</td><td></td><td></td><td></td><td></td><td></td><td colspan="3"></td></tr>
<tr><td>说明</td><td colspan="9">小组任务得分 = 小组自评分 ×20%+ 小组互评分 ×40%+ 教师评分 ×40%。小组成员个人得分由小组长和教师根据个人在任务完成中的工作情况分配分数</td></tr>
</table>

任务2　中餐宴会服务

任务情境

金秋十月，李先生与刘小姐将在某五星级饭店宴会厅举办新婚午宴，届时参加宴会的人数有200人，你作为宴会厅的服务人员，将参与到此次宴会的服务工作中。

任务工单

任务名称	宴会厅婚宴服务				
班级		小组		小组成员	
工作任务	你作为宴会厅服务人员，请与同事一起为在宴会厅举办的新婚午宴进行服务				
任务目的	通过对中餐宴会服务知识的讲解和操作技能训练，使学生了解宴会的分类、特点，熟悉宴会厅的布置，掌握中餐宴会服务程序与操作标准，达到能够熟练进行中餐宴会服务的能力要求				
任务实施要求	（1）餐厅档次设定为中高档 （2）小组成员全体参与，共同完成任务 （3）按任务订单要求布置宴会厅 （4）学生轮流进行服务员、迎宾员和客人的角色扮演，模拟中餐宴会服务				
任务实施步骤	（1）小组成员分工 （2）拟订任务完成工作计划，分派角色 （3）布置宴会厅 （4）在模拟餐厅中进行中餐宴会服务的准备工作和各阶段的服务工作，并轮流操作 （5）学生相互点评 （6）教师点评、总结				
任务成果形式	中餐婚宴服务				
实施过程记录	从以下3个方面记录：搜集的资料、过程记录、实施中遇到的问题及解决办法				

知识准备

一、宴会的种类

宴会是政府机关、社会团体及企事业单位、公司或个人之间为了表示欢迎、答谢、祝贺、喜庆等社交活动的需要，根据接待规格和礼仪程序而举行的一种隆重、正式的餐饮活动。

宴会具有就餐人数多、就餐时间长、消费标准高、菜色品种多、气氛隆重热烈、接待服务讲究等特点。宴会要求格调高雅，在环境布置及台面布置上既要舒适、干净，又要突出隆重热烈的气氛；在菜色选配上讲究色、香、味、形、器，注重菜色的季节性，用拼图及雕刻等形式烘托喜庆、热烈的气氛；在接待服务上强调周到、细致，讲究礼节礼貌，注重服务技艺和服务规格。

（一）按宴会菜式特点划分

1. 中餐宴会

中餐宴会是中国传统的聚餐宴饮形式。宴会遵循中国饮食习惯供应我国富有民族特色和地方特点的名菜美点，饮中国名酒，用中国餐具，行中式传统礼仪，其装饰布局、台面布置及服务等都体现出中国饮食文化的特点。

2. 西餐宴会

西餐宴会是按照西方国家礼仪习俗举办的宴会，其特点是遵循西方的饮食习惯，摆西式餐台，采取分餐制，以西菜为主，用西餐餐具，其装饰布局、台面布置和服务等具有鲜明的西方特点。

（二）按宴会规格划分

1. 国宴

国宴是一个国家的元首或者政府首脑为国际庆典或为欢迎外国元首、政府首脑而举行的正式宴会。国宴是一种最隆重、最高级别的宴会。国宴的特点是宴会厅内要悬挂国旗、会标；乐队演奏两国国歌及席间乐，席间有祝辞或祝酒；菜单和席位卡上均印有国徽；宾主均按身份排位就坐，礼仪严格；餐具、菜点、酒水必须选用本国特色；宴会厅布置体现庄重、热烈的气氛。

2. 正式宴会

正式宴会通常是政府或团体等有关部门为欢迎应邀来访的客人或来访的客人为答谢主人而举办的宴会。这种宴会不挂国旗，不演奏国歌，有时要安排乐队奏席间乐，宾主按身份排位就坐，礼仪要求也比较严格。许多国家的正式宴会也讲究排场，对餐具、酒水、菜肴道数、餐厅陈设、服务员的装束及仪态等都有严格的要求，在请柬上会注明对宾客的服饰要求。

3. 便宴

便宴是一种非正式宴会，常见的有午宴、晚宴，也有早宴。这种宴会不拘严格的礼仪，随意、亲切，多用于招待亲朋好友，这种宴会规模小、简便，不用排座次，不做正式致辞或祝酒，用餐标准可高可低。

（三）按宴请形式划分

1. 冷餐会

冷餐会是按自助餐的进餐方式而举办的一种宴会形式。它有中式、西式、中西结合式，目前以中西结合式居多，这种宴会不排席位，菜肴以冷食为主，也可以有少量热菜；菜肴提前摆在食品陈列台上，客人可根据其饮食爱好自由取食；客人可自由活动，互相交流。宴会厅往往会设计活动酒吧，宴会所预订的酒水陈列在吧台上，有些酒水也可以由服务员托送。冷餐会既可在室内，也可在院子、花园内举办，设有餐桌和餐椅，客人自由入座。这种宴会形式多为政府部门、银行、企业界举行庆祝会、欢迎会、开业典礼、新闻发布会等活动中采用。

2. 鸡尾酒会

鸡尾酒会是欧美国家较为常见的宴请活动形式。鸡尾酒会以供应酒水为主，略备小吃食品，食品主要有三明治、点心、小串烧、炸薯条等。鸡尾酒会小吃由服务员用托盘端送，出席者可自由走动、交谈，宴会气氛轻松活泼，形式不拘一格。鸡尾酒会多为庆祝各种节日、欢迎代表团、举办各种开幕、闭幕典礼等社交活动时采用。鸡尾酒会的举办时间较为灵活，中午、下午、晚上均可，有时也可作为正式宴会的前奏活动。

3. 茶话会

茶话会是一种既经济简便又轻松活泼的宴会形式，属于坐餐式。主要以品茶、尝点为主，不排座次，但在入座时应有意识地将主宾和主人安排在一起，其他人随意入座，客人来去自由。茶话会多为社会团体或单位举行纪念活动所采用。国内在庆祝重要节日、招待离退休老干部等多采用茶话会的形式。

二、宴会预订

宴会预订是指宴会承办单位或举办者之间关于宴会内容的事先约定，宴会预订的过程既是产品的推销过程，又是客源的组织过程。

（一）宴会预订的方式

宴会预订通常有电话预订、面谈预订、信函预订、传真预订等形式。电话预订是最为常见的预订方式，常用于小型宴会的预订。面谈是宴会预订最为有效的预订方式，在宴会规模大、宴会出席者的身份较高或宴会标准较高的情况下，宴会举办单位或个人一般都要求当面洽谈，直接预订。宴会预订员应根据客人的要求详细介绍本酒店宴会场地和所有细节安排，如宴会厅的布置、菜单设计、席次安排、服务要求等，尽量满足客人提出的各种要求，并商洽付款方式，填写宴会预订单。

另外，现代信息传递形式已被大量地运用到酒店的宴会预订工作中，电传、图文传真、电子邮件在现代宴会预订中的使用也越来越多。

（二）宴会预订的程序

1. 接受预订

（1）当宾客前来面谈预订时，宴会预订员应热情、礼貌地进行接待。

（2）仔细倾听客人对宴会的要求，认真做好记录，同时应主动向客人介绍酒店宴会设施和宴会菜单，做好推销工作并回答客人的提问。

（3）根据面谈信息认真填写宴会预订单的各项内容：宴请单位名称、电话、出席人数、宾主身份、宴会类型、宴会标准、结账方式、开宴时间、场地安排、菜单、酒水、预订员姓名、联系电话以及举行宴会所需的特殊设施设备等。

（4）宴会预订单（表3-3）一式两份并请客人在预订单上签名。

表3-3 宴会预订单（样例）

预订日期		预订人姓名	
地址		电传、电话	
单位		饭店房号	

续表

<table>
<tr><td colspan="2">宴会名称</td><td colspan="3"></td><td>宴会类别</td><td colspan="2"></td></tr>
<tr><td colspan="2">预计人数</td><td colspan="3"></td><td>最低桌数</td><td colspan="2"></td></tr>
<tr><td colspan="2" rowspan="2">宴会费用</td><td colspan="3" rowspan="2"></td><td>食品人均费用</td><td colspan="2"></td></tr>
<tr><td>酒水人均费用</td><td colspan="2"></td></tr>
<tr><td rowspan="2">具体要求</td><td>宴会菜单</td><td colspan="4"></td><td>酒水</td><td></td></tr>
<tr><td>宴会布置</td><td>台型、主桌、设备</td><td colspan="4"></td><td></td></tr>
<tr><td colspan="2">确认签字</td><td></td><td>结账方式</td><td></td><td>预收订金</td><td colspan="2"></td></tr>
<tr><td colspan="2">处理</td><td colspan="3"></td><td>预订员</td><td colspan="2"></td></tr>
</table>

2. 签订宴会合同书

在填写完宴会预订单后，宴会预订所涉及的内容和细节一旦得到主办单位或个人的确认，就是确定宴会预订，应填写宴会确认书（表3-4）给客户，签订宴会合同书。合同书一式两份，经双方签字后生效。将已确认的宴会菜单、酒水单、场地布置安排示意图等细节资料交与宾客，预订员应留存以上相关资料。

表3-4 宴会确认书（样例）

××× 先生：

承蒙惠顾，不胜感谢。

所订宴会正在按下列预订要求认真准备，如有不妥之处或新的要求，请随时提出，我们愿为您竭诚服务。

××× 饭店　　　　宴会经理：×××

一、宴会名称：　　　　联系电话：

二、宴会日期及时间：　年　月　日　星期

午/晚：　时　分至　时　分

三、宴会人数：

四、宴会形式：

五、宴会预算：

六、宴会厅名称：

七、其他：

3. 收取订金

在签订合同时，为了保证宴会预订的确认，饭店通常要求已确认日期的客人预付一定数量的订金，一般为大型宴会费用的10%～15%，付完订金才表示该宴会厅确实已被预订下，否则一个大型宴会如果临时取消，对饭店势必造成重大损失。除此之外，若在原来预约宴会的客人未付订金之前，另有其他客人预订同一场地，预订人员应打电话给先预约的客人，询问其意愿，如果客人表示确实要使用该场地，就必须请其先到酒店付订金。一般对订金的处理有以下几方面。

（1）如果客人超过饭店规定的期限取消预订，订金将不予退还；如果对方与饭店有良好的信用关系或是举办小型宴会，则不必付订金。

（2）对于确认后届时不到的客人，按全价收费。

（3）取消预订，一般要求在宴会前一个月通知饭店，这样不收任何费用。若是在宴会前一个星期通知，预订金将不予退还，还要收取整个宴会费用的5%作为罚金。

4. 填写宴会安排日记本

将宾客所预订的宴会信息填在宴会安排日记本上（表3-5），按日期标明宴会举办的时间、地点、举办单位和人数等，通过登记加强宴会各个环节工作人员的信息交流，以免宴会设施重复预订。

表3-5 宴会安排日记本（样例）

预订员：______　　　　日期______

宴会厅A	宴会厅B
早	早
宴会名称______ 人数______	宴会名称______ 人数______
时间______ 时至______	时间______ 时至______
联系人______ 电话______	联系人______ 电话______
单位名称______ 收费______	单位名称______ 收费______
中	中
宴会名称______ 人数______	宴会名称______ 人数______
时间______ 时至______	时间______ 时至______
联系人______ 电话______	联系人______ 电话______
单位名称______ 收费______	单位名称______ 收费______
晚	晚
宴会名称______ 人数______	宴会名称______ 人数______
时间______ 时至______	时间______ 时至______
联系人______ 电话______	联系人______ 电话______
单位名称______ 收费______	单位名称______ 收费______

5. 跟踪服务

在接受宾客预订后，还需进行密切的跟踪，与宴会预订方经常保持联系。预订较早的宴会还应进一步确定日期及有关细节，随时完善宴会的准备工作。

6. 确认宴会通知

宴会正式确定后，预订人员对内应发布一份类似公文的宴会通知单（表3-6），告知各个部门在该宴会中所应负责执行的工作。各部门接到宴会通知单后，必须按照通知单上的要求执行工作。

表3-6　宴会通知单（样例）

<table>
<tr><td colspan="5">发文日期：</td><td colspan="2">编号：</td></tr>
<tr><td colspan="5">宴会日期：</td><td>订金金额：　　元</td><td>收据单号：</td></tr>
<tr><td colspan="5">宴会名称：×××宴会</td><td>付款人：×××</td><td>接洽人：×××</td></tr>
<tr><td colspan="5">联络人：×××　　电话：××××××
客户单位：　　传真：××××××</td><td colspan="2">付款方式：</td></tr>
<tr><td>时间</td><td>类型</td><td>地点</td><td>保证人数</td><td>预估人数</td><td>海报内容</td><td></td></tr>
<tr><td></td><td></td><td></td><td></td><td></td><td>美工装饰</td><td></td></tr>
<tr><td>西餐厨房</td><td colspan="4">准备婚宴仪式用：</td><td rowspan="2">宴会服务部</td><td rowspan="2">宴会现场摆设：</td></tr>
<tr><td>中餐厨房</td><td colspan="4">准备宴会菜肴，菜单如下：</td></tr>
<tr><td>酒吧</td><td colspan="4"></td><td>客房部</td><td></td></tr>
<tr><td>保安部</td><td colspan="4"></td><td>工程部</td><td></td></tr>
<tr><td>花房</td><td colspan="4"></td><td colspan="2">器材收费：</td></tr>
<tr><td colspan="5">预订业务员：×××</td><td colspan="2">宴会经理：×××</td></tr>
<tr><td>发送部门</td><td colspan="6">□总经理 □餐饮部 □宴会部 □财务部 □工程部 □客房部 □西厨房 □中厨房
□管事部 □餐厅部 □保安部 □采购部 □花房 □美工冰雕 □其他</td></tr>
</table>

7．宴会的变更与取消

宴会一般都是提前几个月进行预订，时间长了变更或取消在所难免，为了应对这种情况，预订人员应当在宴会举办前一周，再与客户确认宴会相关事项，将发生错误的可能性降至最低。在以电话或传真方式与客户确认后，如果没有需要变更的事项，一切准备工作即可依照宴会通知单的要求进行；但若客人对于宴会提出任何变更，预订人员就必须马上以宴会变更单通知各相关部门。

（1）宴会预订的变更　如果预订员接到客人对已预订过的宴会进行更改时，应详细了解客人更改的项目、原因，尽量满足客人要求，并将更改内容认真记录，向客人说明有关更改后的处理原则，尽快将处理的信息传递给客人，并向客人表示感谢，然后认真填写宴会变更通知单（表3-7）并迅速送至有关营业点和生产点，请接收者签字。

（2）宴会预订的取消　由于某种原因，预订的宴会除发生变更外，也可能被取消，如客人要求取消宴会预订，应立即做好如下工作。

①接受客人取消预订时，应尽量问清取消预订的原因，尽量挽留客人，这对改进今后的宴会推销工作是非常有帮助的。

②在该宴会预订单上盖上“取消”印，并记下取消预订的日期和要求、取消人的姓名以及接受取消的宴会预订员姓名，然后将该宴会预订单放到规定的地方，并及时通知有关部门。

③如是大型宴会取消预订，应立即向宴会经理报告。

④宴会部经理有责任给客人去函，对不能为其服务表示遗憾，希望以后有机会进行合作。

表3-7　宴会变更通知单（样例）

发文日期：　　年　　月　　日		
宴会名称：		
日期：	场地：	
联络人：	电话：	
变更项目	原案	修订为
日期		
时间		
人数 / 桌数		
场地		
餐价		
□其他变更项目	□增加项目 宴会销售组：	
□总经理 □餐饮部 □宴会部 □财务部 □工程部 □西厨 □信用部 □饮务部 □餐务部 □保安部 □采购部 □中厨 □花房 □美工 □前厅部		

8. 宴会信息反馈并致谢

宴会活动结束后，应主动向主办单位或个人征求意见，对于宾客中肯的意见应予以接受，并及时补救和改进，同时对宾客的帮助表示感谢，并表达今后还有更多合作机会的愿望。

9. 建立宴会预订档案

宴会结束后，应将客人的有关信息和活动资料整理归档，对常客更要收集详细资料（如场地布置、菜单、有关信件等），以便下次提供更有效且有针对性的服务。

三、中餐宴会服务与管理

中餐宴会服务是实现宴会产品销售的关键环节，服务水平的高低也直接影响宾客对整个宴会产品的满意度。中餐宴会服务程序分为宴会前的组织准备工作、宴会的迎宾工作、宴会中的就餐服务和宴会结束工作四个基本环节。

（一）宴会前的准备工作

1. 掌握情况

接到“宴会通知单”后，宴会厅服务员应对宴会安排进行全面的了解，一般要做到“八知”“五了解”。

（1）“八知”　知主人身份、宾客国籍、宴会标准、开餐时间、菜式品种及烟酒茶果、主办单位或宾客房号、收费办法和邀请对象。

（2）“五了解”　了解宾客风俗习惯、宾客生活忌讳、宾客特殊要求、宾客进餐方式、主宾和宾客（如果是外宾还应了解国籍、宗教信仰、禁忌和口味特点）的特殊爱好。

对于规格较高的宴会，服务员还应了解宴会的性质、有无仪式举行、有无席次表、有无音乐演奏或者文艺表演等。

2. 人员的分工

规模较大的宴会，要确定指挥人员，由指挥人员进行工作分工。根据宴会要求，对迎宾、衣帽间、贵宾室、值台、传菜、酒吧等岗位人员，要有明确的分工和具体的任务要求。人员数量应与宴会类别、宴会档次、宴会标准有密切的关系。以400人的大型中餐宴会为例，人员分工如下：指挥人员一名；主宾区第一桌安排三名服务员，因为宾客地位较高，需要更加周到服务，其他餐桌每桌安排一名服务员，共39人；传菜员10人；迎宾员2～4人；酒水员2～3人；休息室2人；后台清理4人；整个宴会的接待大概需要65人。

3. 宴会布置

宴会布置分为场景布置、台型布置和席位安排。

（1）场景布置 宴会厅和休息厅的布置取决于活动的性质和形式。官方正式活动场所的布置既要严肃、庄重、大方，又要突出中国传统特色。不要用红绿灯、霓虹灯装饰，可以少量点缀鲜花。中餐宴会通常要求灯光明亮，照明要有专人负责，宴会前必须认真检查一切照明设备及线路，保证不发生事故。宴会期间要有人值班，一旦发生故障即刻组织抢修。

举行隆重大型的正式宴会时，一般在宴会厅周围摆放盆景花草，或在主台后面用花坛、画屏、大型青枝翠树盆景装饰，用以增加宴会隆重盛大、热烈的气氛。

宴会可以用圆桌也可以用长桌或方桌，一桌以上的宴会，桌子之间的距离要适当，各个座位之间也要距离相等，如安排有乐队演奏席间乐，不要离得太近，乐声宜轻。宴会休息厅通常放小茶几或小圆桌，与酒会布置类同，如人数少，也可按客厅布置。

正式宴会设有致词台，致词台一般放在主台附近的后面或右侧，装有两个麦克风，台前用鲜花围住。扩音器由专人负责，事前要检查并试用，防止发生故障或产生噪声，临时拉设的线路要用地毯盖好，以防发生意外。

宴会厅的室温要注意保持稳定，且与室外气温相适应，一般冬季保持在18～20℃之间，夏季保持在22～24℃之间。

（2）台型布置 宴会台型布置要按“中心第一、先右后左、高近低远”的原则来设计，要做到突出主桌、布局合理、整齐美观，并留有客人行走和服务的通道，既要方便客人就餐，又要方便服务员席间操作。

中餐宴会一般采用圆桌，每桌占地面积标准为10～12m^2，桌与桌之间的间隙2m以上。重大宴会的主通道要适当的宽敞些，同时铺上红地毯，突出主通道。

中式宴会通常10人一桌，人数较多时也可以平均分成几桌。在宴会不止一桌时，要安排桌次。其具体原则如下。

①以右为上：当餐桌分为左、右时，以面门为据，居右之桌为上（图3-1）。

②以远为上：当餐桌距离餐厅正门有远近之分时，以距门远者为上（图3-2）。

③居中为上：多张餐桌并列时，以居于中央者为上（图3-3）。

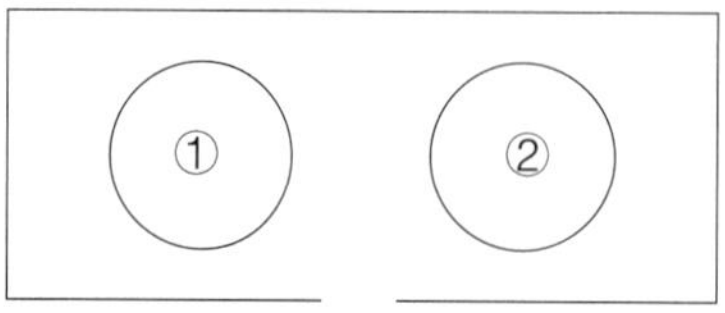

图 3-1　桌次排列之一

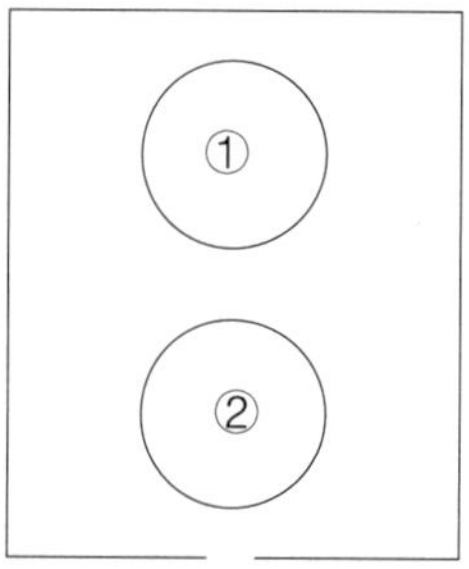

图 3-2　桌次排列之二

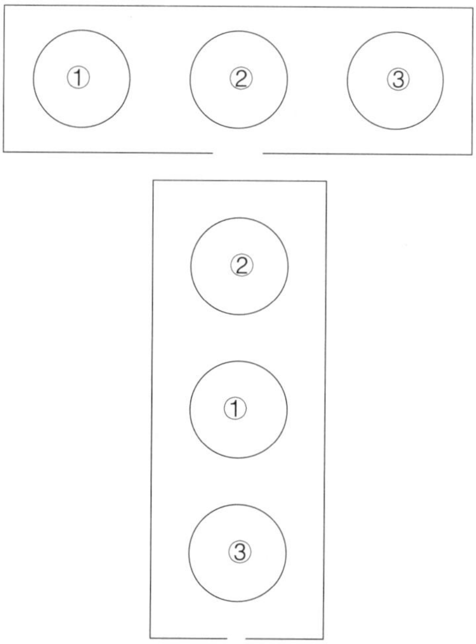

图 3-3　桌次排列之三

④在桌次较多的情况下，上述排列常规往往交叉使用（图3-4）。

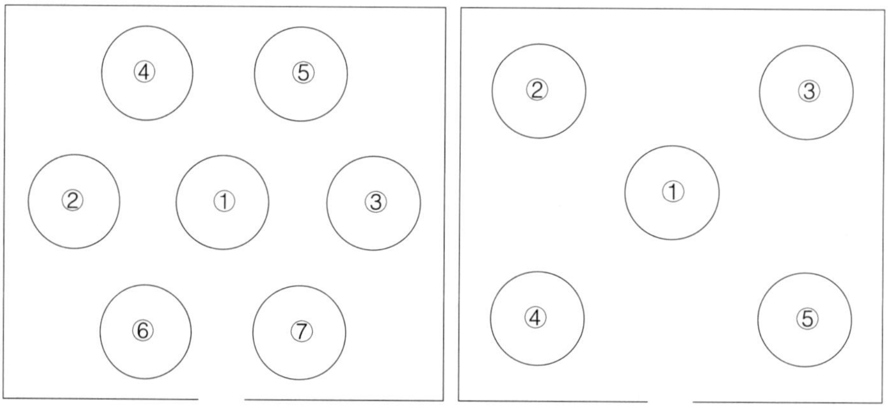

图 3-4　桌次排列之四

（3）席位安排　席位，即一桌中的座次，中餐宴会上排列席位的原则有四点：一是面门为上。即主人面对餐厅正门。有多位主人时，双方可交叉排列，离主位越近地位越尊；二是主宾居右。即主宾在主位（第一主位）右侧；三是好事成双。即每张餐桌人数为双数，吉庆宴会尤其如此；四是各桌同向。即每张餐桌的排位均大体相似。中餐宴会通常都有主人、副主人、主宾、副主宾及其他陪同人员，各自都有固定的座次安排（图3-5）。

①背对着餐厅重点装饰面、面向众席的是上首，主人在此入座，副主人坐在主人对面，主宾坐于主人右侧，副主宾坐于副主人右侧。

②主人与主宾双方携带夫人入席的，主宾夫人坐在主人位置的左侧，主人夫人坐在主宾夫人

的左侧，其他位次不变。

③当客人在餐厅举行高规格的中餐宴会时，餐厅员工要协助客方承办人按位次大小排好座次，或将来宾姓名按位次高低绘制在平面图上，张贴到餐厅入口处，以便引导宾客入席就坐。

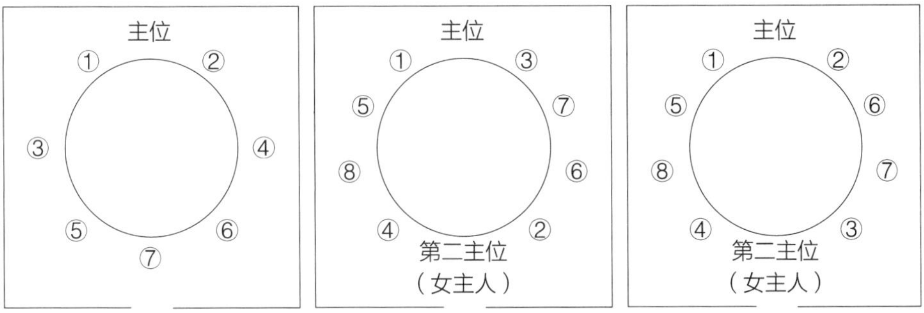

图 3-5　中餐宴会座次安排

4. 熟悉菜单

服务员应熟悉宴会菜单内容和主要菜肴的风味特点等，包括每道菜的名称、风味特色、配菜调料和制作方法，做好上菜、派菜和回答宾客询问的准备。同时，应了解每道菜的服务程序和服务方法，保证准确无误的上菜。

5. 准备物品与摆台

大型宴会需要大量的餐、酒用具，根据宴会菜单的要求，要准备好各种银器、瓷器、玻璃器皿等餐、酒具，以及相应数量的口布、台布、托盘、牙签等。还应将所准备的餐具按规定擦拭干净。

6. 铺好餐台

宴会开始1h前，根据宴会餐别，按规格铺好餐具和台上用品，在副主位的左边，面向宴会厅的入口摆上席次卡，菜单放在正副主位餐碟的右上侧。

7. 摆设冷盘

宴会开始前15min左右摆上冷盘，冷菜主盘或大拼盘摆在席面中心，其他冷盘摆在主盘四周。若是花拼，应将正面朝向主宾，同时冷菜的色调、荤素、口味要互相搭配。若是宴会酒水，也提前5min，按斟酒要求斟上白酒和红酒。

8. 餐前检查

在上述各项准备工作做好后，应全面检查一下宴会的准备工作，如发现问题及时处理，检查内容主要有以下几个方面。

（1）餐、酒用具　主要检查摆桌是否符合标准，桌面餐、酒用具是否齐全，台面是否整齐、美观等。

（2）卫生　主要检查宴会厅的环境、餐酒用品、冷菜及个人卫生等。

（3）设备　主要检查空调、音响、麦克风、灯具等是否正常运行。

（4）安全　主要检查宴会厅的出入口是否畅通无阻、宴会厅所有桌椅是否牢固、各种灭火器是否完备、地毯上有无水迹、地毯接缝是否平整等。

（5）人员　主要检查各自的区域、职责划分是否明确等。在客人到达前，餐厅服务员还应该检查自己的仪容仪表，按照分工和各自负责的服务区域的规定，准备就绪后，开餐前30min站立在餐厅门口，迎接宾客。

（二）宴会的迎宾工作

根据宴会的入场时间，宴会主管人员和迎宾员要提前在宴会厅门口迎候宾客，值台服务员站在各自负责的餐桌旁准备服务。宾客到达时要热情迎接，微笑问好。如宾客到达较早，则将宾客引入休息室休息。休息室服务员要主动接过宾客衣帽和其他物品，然后为其斟倒茶水或饮料，送上小毛巾。根据宴会的具体要求，也可直接将宾客引到宴席就座。

（三）宴会中的就餐服务

就餐服务同中餐零点午晚餐服务。

（四）宴会结束工作

当宴会结束时，宴会厅服务员应做好送客服务，请宴会主办方按约定方式结账。

（五）宴会服务的注意事项

（1）服务操作时注意轻拿轻放，严防打碎餐具和碰翻酒瓶、酒杯，以免影响场内气氛。

（2）宴会服务应注意节奏，不能过快或过慢，应以宾客进餐速度为标准。

（3）服务员之间要分工协作，讲究默契，服务出现漏洞时，要互相弥补。

（4）宴会期间，两个服务员不应在宾客的左右同时服务，以免宾客左右为难，应有先后次序。

（5）当宾主在席间讲话或在国宴中演奏国歌时，服务员要停止操作，迅速退至工作台两侧肃立，姿势要端正，排列要整齐，餐厅内要保持安静，切忌发出响声。

（6）宴会进行过程中，如有客人不慎将餐具掉落在地上，值台员应及时送上干净餐具，并迅速清理掉在地上的餐具。

（7）席间若有宾客突感身体不适，应立即请医务室协助并向领导报告，将食物原样保存，留待化验。

（8）宴会结束后，应主动征求宾客对服务和菜点的意见，有礼貌地与宾客道别。

任务实施

❶ 任务场地准备　模拟中餐厅。

❷ 任务用品准备　托盘、餐具、菜单、开瓶工具、餐巾纸、牙签、调料、供应的酒水、茶叶、开水等。

❸ 任务实施　在模拟中餐厅中，每5人一组，以10人餐台为操作台面，以餐厅宴会厅接待某一

新婚宴会为背景，在教师的指导下模拟中餐厅宴会服务的准备工作和各阶段的服务工作，然后由学生相互点评并进行讨论，再由教师总结、点评。

任务评价

中餐宴会服务考核评分标准

序号	考核内容	考核要点	应得分	自评分	互评分	教师评分
1	宴会厅的布置	（1）搞好宴会的环境卫生，符合卫生要求 （2）根据宴会通知单进行合理布置	10			
2	餐前准备	（1）根据台数、菜单选择餐具和服务用品 （2）按要求摆好台面 （3）召开餐前例会 （4）人员分工合理	20			
3	迎接客人	（1）引位姿势正确、语言规范 （2）笑脸迎接宾客、使用敬语	10			
4	席间服务	（1）上菜顺序恰当，上菜时机合适 （2）席间酒水服务规范 （3）席间分菜服务规范 （4）其他服务规范	25			
5	结账服务	根据协议正确结账	10			
6	送客服务	（1）客人离席时主动上前拉椅 （2）提醒客人带齐随身物品 （3）宴会结束后，在门口欢送客人	15			
7	结束工作	清洁收尾工作	10			
总分			100			
小组自评						
小组互评						
教师评价						
小组成员个人得分	姓名					
	得分					
说明	小组任务得分 = 小组自评分 ×20%+ 小组互评分 ×40%+ 教师评分 ×40%。小组成员个人得分由小组长和教师根据个人在任务完成中的工作情况分配分数					

任务3　西餐零点服务

任务情境

暮春四月，三位男士和两位女士来到了某市五星级饭店的西餐厅，这五位客人中，一位不吃甜食，一位不能吃辣，你作为西餐厅的服务员，将如何进行服务？

任务工单

任务名称	西餐零点服务			
班级		小组		小组成员
工作任务	你作为餐厅服务员和迎宾员，在傍晚时分迎来了五位用餐的客人，请按照西餐午晚餐服务程序，为客人进行服务			
任务目的	了解西餐零点服务流程，为客人提供热情、周到的服务			
任务实施要求	（1）餐厅档次设定为高档 （2）小组成员全体参与，共同完成任务 （3）在模拟西餐厅中，学生轮流扮演服务员、迎宾员和客人，模拟西餐服务			
任务实施步骤	（1）小组成员分工 （2）拟订任务完成工作计划，分派角色 （3）在模拟餐厅中进行西餐厅零点服务的准备工作和各阶段的服务工作，并轮流扮演角色进行操作 （4）学生相互评价 （5）教师点评、总结			
任务成果形式	西餐零点服务			
实施过程记录	从以下 3 个方面记录：搜集的资料、过程记录、实施中遇到的问题及解决办法			

知识准备

西餐是欧美各国菜肴的总称。据资料记载，早在古巴比伦时期，就有关于西餐的种类和烹调方法的记载。经过数千年的发展，西餐已经发展成为以法国菜、意大利菜、美国菜、英国菜、俄罗斯菜等为主要特色的菜肴。

一、西餐的主要菜式

（一）法式菜肴

法国人一向以善于吃并精于吃而闻名，法国菜一直被视为现代西餐文化的代表。法国菜的特点是选料广泛，用料新鲜，加工精细，烹饪考究，滋味鲜美，花色繁多。选料时力求新鲜精细，原材料较广泛，蜗牛、马兰、百合等均可入菜。法国菜重视调味，调味品种类多样，尤其喜欢用酒来调味，什么样的菜选用什么样的酒都有严格规定，如清汤用葡萄酒，海味用白兰地酒，家禽和肉类用哈利酒，甜品用甜酒和白兰地，火鸡、火腿用香槟酒等。

法国菜大多以地名、人名、物名来命名。其著名的菜肴有：马赛鱼羹、诺曼底猪排、法式蜗牛、鹅肝酱、巴黎龙虾、红酒山鸡、沙福罗鸡等。

（二）英式菜肴

英国的饮食烹饪有家庭美肴之称，受英式菜肴影响较大的国家和地区有美国、澳大利亚、新西兰、新加坡、印度、加拿大等。英式菜的特点是：原料以牛羊肉、水产品、家禽、野味和新鲜瓜果蔬菜为主；讲究花色、少而精；注重营养搭配，清淡、少油；烹饪讲究鲜嫩，调味时较少用酒，调味品大都放在餐台上由宾客自己选用。由于英国历史上农业并不发达，在饮食上不像法国人那样讲究，所以说英国菜相对来说比较简单。

英国的传统菜肴很多，著名的有：爱尔兰牛肉、西冷牛排、鸡丁沙拉、苏夫力烤大虾、薯烩羊肉、烤羊马鞍、蘑菇奶油鸡片等。

（三）意式菜肴

在罗马帝国时代，意大利曾是欧洲的政治、经济、文化中心，由于罗马帝国在欧洲的影响力，意大利菜一度成为欧洲餐饮文化的代表。所以，就西餐烹饪来讲，意大利是始祖，可以与法国相媲美。意大利菜的特点是，既讲究原汁原味，又以烹饪味浓的菜肴著称。

意大利人爱吃牛肉、羊肉、鸡和鱼等，不爱油腻，不食动物内脏、肥肉，不食奇形怪状的动物及软体动物，不重视蔬菜，喜爱新鲜水果，常将水果作为餐后必吃的辅助食品。

意式名菜主要有米兰猪排、铁扒干贝、那不勒烤龙虾、罗马魔鬼鸡、奶酪焗通心粉、提拉米苏、比萨饼等。

（四）美式菜肴

美国菜是在英国菜基础上发展起来的，继承了英式菜简单、清淡的特点。美国人对饮食要求并不高，只要求营养、快捷，偏向于快餐的特点。美国菜讲究用料、清淡不油腻，量少而精，咸中带甜，对铁扒和沙拉类菜肴的制作比较讲究。美国人喜欢吃各种新鲜蔬菜和各式水果，一般对辣味不感兴趣，用水果作为配料与菜肴一起烹制是美式菜的独到之处。

美式菜的名肴有：烤火鸡、橘子烧野鸡、美式牛扒、苹果沙拉、华盛顿奶油汤、丁香火腿、糖浆煎饼等。

（五）俄式菜肴

俄罗斯人大多喜欢腌制的各种鱼肉、熏肉、香肠、火腿以及酸菜等。俄式菜的口味以酸、甜、辣、咸为主，烹调方法以烤、熏、腌为特色。俄罗斯人爱吃牛肉、羊肉、猪肉、家禽、野味，很爱吃三文鱼做馅的菜肴。在俄罗斯人的一日三餐中土豆必不可少，他们称土豆为“第二面包”。

俄式名菜有：罗宋汤、什锦冷盘、鱼子酱、酸黄瓜汤、冷苹果汤、鱼肉包子、黄瓜鸡卷、哈萨克手抓羊肉、乌兰克牛肉饭等。

二、西餐服务方式

（一）法式服务

法式服务是西餐服务中最豪华和最周到的服务形式。酒店的扒房一般采用法式服务，因在服务过程中通常采用手推车或旁桌现场为顾客加热、调味及切割菜肴等方式，故法式服务又被称作“车式服务”。另外，由于法式服务是由西查·里兹于20世纪初发明的一种用于豪华酒店的服务形式，所以又被称作“里兹服务”。

法式服务需要两名服务员同时进行服务，一名服务员，一名助手。服务员在接受点菜后将点菜单交给助手送至收银台和厨房，然后将一辆小推车（客前烹制车）推至客人餐桌前，准备好菜肴制作的相应设备和材料。助手从厨房将菜肴（有的已制作好，有的仅是半成品）和热餐盘端至小推车上，由服务员为客人现场完成菜肴的最后制作或切制菜肴，然后放入餐盘中，由助手依次从客人右侧递给每位客人。

（二）俄式服务

俄式服务起源于俄国，在一些高级餐厅比较流行。在俄式服务中，食物全部在厨房准备好，装在大银盘中，服务员将装好食物的大银盘端入餐厅，首先请所有的客人过目，让客人欣赏装盘的装饰和手艺，刺激客人的食欲，然后主动从客人左边开始，按逆时针方向为客人提供服务，所以俄式服务又被称为“大盘子”服务。另外，因其服务周到但又相对简单而成为世界各国高级西餐厅的流行服务方式，所以又被称为“国际式服务”。

在俄式服务中，每个餐桌一般只需要一名服务员，且服务简单、快速，不需要占用太大空间，同时又能照顾到每位客人。另外，在大银盘中分菜，可以有效地利用各种菜品原料，减少不必要的浪费。俄式服务主要用于西餐宴会服务，不适用于零点服务。

（三）美式服务

美式服务因所有菜肴均在厨房分别装盘而被称为“盘子服务”，是西餐服务中最普遍的服务方式。所有菜肴在厨房烹制后分别装盘并加以装饰，餐盘应事先烤热，主菜应加盖保温，由服务员端至餐厅，从客人左侧用左手依次端送给每位客人，菜肴上桌后再把保温盖撤走。在美式服务中，一个服务员可以同时照看几张餐台。美式服务简单、迅速，餐具和人工成本都比较低，广泛用于咖啡厅和西餐宴会厅。

（四）英式服务

英式服务因与欧美家庭用餐方式类似，又称家庭式服务。通常是服务员将烹制好的菜肴由厨房运送到餐桌，由餐桌上的女主人亲自分切装盘，服务员将装盘的菜肴依次端送到每位客人面前，调味品、沙司和配菜则放在桌上由客人自取。英式服务家庭气氛很浓，由于许多用餐环节由客人自己参与完成，所以用餐节奏很慢。这种服务方式在私人俱乐部或以接待家庭就餐客人为主的餐馆中较为常见。

（五）大陆式服务

大陆式服务是一种综合了法式服务、俄式服务和美式服务的服务方式。通常是用美式服务上开胃品和沙拉，用俄式服务或法式服务上汤和主菜等。由于餐厅的种类和特色不同，客人的消费水平不同，餐厅的销售方式不同，不同的餐厅或不同的餐饮服务方式组合自然也会有所不同。

三、西餐正餐服务程序

西餐正餐包括午餐和晚餐，其特点是用餐时间长、用餐内容丰富、服务技术要求较高。按照传统习惯，英国人比较注重晚餐，欧洲大陆比较注重午餐。随着工作和生活节奏加快，午餐时间较短，晚餐时间较为充裕，所以现在欧美国家普遍将晚餐作为正餐。

（一）餐前准备工作

西餐正餐的准备工作与中餐类似，其不同之处有以下几点。

1. 准备物品

根据客人的预订情况、特别菜肴推销及服务的需求，备足所需服务用具、餐具，备好各种调味品。

（1）不锈钢餐具　不锈钢餐具应根据餐厅提供的菜点品种来配备。主要有餐刀、餐叉、鱼刀、鱼叉、肉排刀、黄油刀、糕饼叉、甜点刀、甜点叉、甜点匙、咖啡匙、汤匙等，另外还应配有龙虾叉、龙虾钳、蜗牛夹、蜗牛叉等专用餐具。

（2）瓷器类餐具　瓷器类餐具包括各种规格的餐盘、汤盆、咖啡杯、茶杯、垫碟、浅奶壶、茶壶等。

（3）玻璃杯　玻璃杯包括水杯、饮料杯、红葡萄酒杯、白葡萄酒杯、香槟杯、白兰地酒杯、烈酒杯、鸡尾酒杯等。

（4）服务用具　西餐厅服务用具包括托盘、菜单、酒篮、冰桶、冰桶支架、花瓶、烛台、烟灰缸、盐盅、胡椒盅、牙签筒、冰块夹、蛋糕刀、切肉刀、切肉叉、开瓶器和服务叉匙等。

2. 摆台

按照西餐宴会摆台的程序和标准进行摆台。

（二）迎宾服务

（1）礼貌问候　迎宾员看到客人到来应主动表示欢迎并致以热情的问候。

（2）询问预订　询问客人是否有预订餐位，如有预订应询问客人预订的单位、姓名等，并核对预订表。

（3）引入餐厅　迎宾员走在客人前方1m处将预订客人引领至预先安排的餐桌，为没有预订的客人安排适宜的餐桌。

（4）拉椅让座　如有多位客人，则为年长者和女士拉椅；如一对情侣中的男宾为女宾拉椅，则应向男宾道谢，并为男宾拉椅。

（5）复位记录　迎宾员待客人入座后应迅速返回餐厅门口迎宾区域，记录客人人数及餐桌号，继续迎接客人。

（三）餐前服务

1. 呈递菜单

待客人入座后，值台员应在微笑问候后向每位客人呈递一份菜单，菜单应打开第一页并正面呈递给客人。

2. 铺餐巾

按先宾后主、女士优先的原则依次从客人右侧为客人铺餐巾。

3. 开胃酒服务

客人入座后首先询问客人喝什么开胃酒，应做相应介绍和推荐，并依次填写酒水订单。应记住每位客人所点酒水，以免弄错。

（四）点菜服务

1. 询问

当开胃酒服务结束后，客人也已浏览过菜单，这时值台员可询问客人是否可以点菜。

2. 介绍

如客人示意可以点菜，则应主动向客人介绍、推荐菜肴并耐心如实地回答客人的有关提问，同时应给予一定的时间让客人点菜，避免强行推荐。

3. 记录

因西餐习惯是客人各自点餐、各自食用，所以应从主人右手第一位客人按顺时针方向开始点菜。认真记录客人所点菜肴及附加要求，如生熟要求、口味要求、配菜调料等，书写端正，并加以编号，以免上菜时出错。

特别值得注意的是：西餐点菜完毕时，须询问客人是分单还是合单，即由某位客人统一结账还是各位客人分别结账；如果客人分单结账，还需询问是各付所点的食品还是总账平均分摊。

（五）点酒服务

酒单应在点菜以后及时送上。酒单无需每人一份，但应向全桌客人展示后呈递给准备点酒的客人。与点菜相同，值台员也应及时向客人介绍、推荐与所点菜肴相匹配的各种酒类。因西餐中菜肴与酒水的搭配有一定的规律，所以要求值台员熟悉菜肴与酒水搭配的知识，以便需要时给客人建议，但应尊重客人的选择。

知识链接

西餐中菜肴和酒水的搭配方法

在西餐中，酒水与菜肴的搭配有一定的规律。这些规律是人们长期饮食实践的总结，也可以称之为饮食习惯。总的来说，色、香、味淡雅的酒品应与色调冷、香气雅、口味纯、比较清淡的菜肴搭配，如头盘、鱼、海鲜类应配白葡萄酒（冷藏后饮用效果最佳）。香味浓郁的酒应与色调暖、香气浓、口味杂、较难消化的菜肴搭配，如肉类、禽类配红葡萄酒。另外，咸食选用干、酸型酒类，甜食选用甜型酒类，在难以确定时选用中性酒类。

了解西餐菜肴与酒水的搭配知识，可以帮助我们在服务时向宾客推荐恰当的酒品，使之与所用菜肴相得益彰。当然，最终还是要取决于宾客本人的意见。

（1）餐前 可选用具有开胃功能的酒品，如鸡尾酒、软饮料等。

（2）汤类 一般不用酒，如需要可配较深色的雪莉葡萄酒或白葡萄酒。

（3）头盘 头盘大多是一些较清淡、易消化的食品。可选用低度干型的白葡萄酒，如德国的摩泽尔白葡萄酒、法国的勃艮第白葡萄酒。

（4）海鲜 选用干白葡萄酒、玫瑰露酒，在喝前一般需要冷藏，如德国的莱茵白葡萄酒，法国的波尔多葡萄酒等。

（5）肉类 肉、禽、野味选用酒度为12°～16°的干红葡萄酒。其中小牛肉、猪肉、鸡肉等白色肉类最好选用酒度不太高的干红葡萄酒，如法国的博若莱波尔多红葡萄酒、意大利的奇安第红葡萄酒等。牛肉、羊肉、火鸡等红色、味浓、难以消化的肉类，则最好用酒度较高的红葡萄酒。

（6）奶酪类 食用奶酪时一般配用较甜的葡萄酒，也可继续使用配主菜的酒品，有时也选用波特酒配蓝纹奶酪、山羊乳干酪。

（7）甜食类 选用甜葡萄酒或葡萄汽酒，如德国的莱茵红葡萄酒，法国的格拉芙红葡萄酒和德国的汉高香槟酒。

（8）餐后 用餐完毕后，可选用甜食酒、蒸馏酒和利口酒等酒品，也可选用白兰地、爱尔兰咖啡等。香槟酒则在任何时候都可配任何菜肴饮用。

（资料来源：西式菜品与酒水的搭配，(2011-12-29). 职业餐饮网http：//www.canyin168.com/）

（六）菜肴服务

西餐正餐不论是宴会还是便餐，通常都是由开胃品、汤、沙拉、主菜、甜品、咖啡或茶组成，其上菜顺序如下。

1. 开胃品

开胃品是开餐的头道菜，又称为头盘，数量较少，主要起开胃、增加食欲的作用，以冷盘居多。开胃品多用水果、蔬菜、熟肉制成，或用新鲜水产配以美味的沙司和色拉，常用中小型盘子或冰淇淋杯盛装，色彩鲜艳，装饰美观，令人食欲倍增。开胃品有冷、热之分，与开胃酒并用。

2. 汤

西餐中的汤有冷汤和热汤之分，也可以分为清汤和浓汤，通常法国人喜欢清汤，北欧人喜欢浓汤。汤也有开胃的作用，西餐便餐有时选用了开胃品就不再用汤，或者用汤就不选开胃品。

3. 沙拉

沙拉即为凉拌生菜，具有开胃、帮助消化的作用。沙拉的原材料十分广泛，包括各种新鲜蔬菜、水果、粮食、干果、奶酪、禽蛋、火腿、肉类、海鲜等。沙拉可分为水果沙拉、素菜沙拉和荤菜沙拉三种。水果沙拉常在主菜前上；素沙拉大多用醋沙司和色拉油沙司调拌，作为配菜随主菜一起食用；而荤沙拉多用奶油蛋黄沙司调拌，单独作为一道宴会冷餐。

4. 主菜

主菜又名主盘，是西餐全套菜的精华，份额较大且蛋白质高。主菜制作相当考究，既考虑色、香、味、形，又考虑营养价值，原料多用海鲜、禽畜、肉类，其中海鲜和牛肉使用量较大。

5. 甜点

甜点是餐后食品，是西餐中的最后一道菜，按用途可分软点、干点和湿点三种。软点大多热吃，如煎饼、烤饼、松饼等，以作早餐供应为主。干点都是冷吃，如黄油蛋糕、派、水果馅饼等，一般作为下午茶点。湿点有各种冰淇淋、蛋奶酥、果冻、布丁等，冷热都有，常作午餐和晚餐的点心。另外，根据客人需要，在甜点前上奶酪，甜点后上咖啡和水果。

6. 咖啡或茶

西餐厅常见的有红茶、绿茶等。常见的咖啡有爱尔兰咖啡、意大利咖啡、冰咖啡、普通咖啡等。饮咖啡一般要加糖或牛奶或淡奶油。

（七）收款、送客服务

1. 餐后结账

服务员在为客人结账前应仔细核对客人消费项目及金额，当客人示意结账时，应迅速准确地按规范进行结账服务，并向客人致谢。西餐厅有些客人要求分单结账，应注意将同桌客人的分列账单记录准确。

2. 送客服务

当客人离座准备离开时，服务员要为客人拉椅，并提醒客人带好随身物品，礼貌地与客人道别。如有衣帽寄存，应主动取、递，并协助穿戴。

（八）收台整理

客人离开后，值台员应立即检查客人有无遗留物品，并按正确的顺序进行餐台清理，换上干净台布，重新摆台，准备迎接下一批客人的到来。

任务实施

❶ 任务场地准备　模拟西餐厅。

❷ 任务用品准备　餐巾、餐刀、餐叉、甜品匙、面包盘、黄油刀、黄油盅、咖啡具、果汁杯、胡椒瓶、盐瓶、糖缸、面包、黄油、果酱、果汁、热咖啡、鲜奶、水果等。

❸ 任务实施　在模拟西餐厅中，每10人一组，每组20min，在教师的指导下，以西餐零点服务为背景，完成西餐零点服务的各操作环节的训练，然后由学生进行讨论和评价，最后由教师进行总结点评。

任务评价

西餐零点服务考核评分标准

序号	考核内容	考核要点	应得分	自评分	互评分	教师评分
1	准备工作	（1）按要求进行摆台 （2）整理并检查餐饮设施和卫生	10			
2	迎宾服务	按要求迎宾，并将客人带至合适位置	5			
3	点菜服务	（1）递上菜单并介绍食品 （2）详细记录客人的点餐要求 （3）复述点菜内容，确保点菜正确 （4）及时将点菜单送至厨房	25			
4	餐前服务	（1）站在客人右侧递送餐巾 （2）根据客人所点菜肴补充餐具	10			
5	开餐服务	（1）按顺序为客人上菜 （2）随时撤走用过的脏盘 （3）客人用完餐时，应征询客人意见是否需要添加食品 （4）站在服务范围内，随时为客人提供服务	25			
6	结账和送客	（1）提前准备好账单，确保准确无误 （2）客人示意结账后，及时为客人结账，并征询是分单还是合单 （3）客人离座时，主动为客人拉椅，同时欢迎客人下次光临	20			
7	清理台面	按要求清理台面	5			
总分			100			

小组自评							
小组互评							
教师评价							
小组成员个人得分	姓名						
	得分						
说明	小组任务得分 = 小组自评分 ×20%+ 小组互评分 ×40%+ 教师评分 ×40%。小组成员个人得分由小组长和教师根据个人在任务完成中的工作情况分配分数						

任务 4　西餐宴会服务

任务情境

初夏五月，某贸易集团总公司在某五星级大饭店的西式宴会厅举行小型西式晚宴，宴请参加公司贸易推介会的东欧国家和地区的商务代表，参与宴会的来宾约80人，你作为当班服务员将在当晚承担此次宴会的服务工作。

任务工单

任务名称	西餐宴会服务				
班级		小组		小组成员	
工作任务	饭店西式宴会厅将举行小型西式晚宴，宴会来宾是80位北欧地区的客人，你作为餐厅服务员，请按照西餐宴会服务程序为客人进行服务				
任务目的	了解西餐宴会服务流程，能为客人提供热情、周到的服务				
任务实施要求	（1）餐厅档次设定为高档 （2）小组成员全体参与，共同完成任务 （3）模拟西餐厅，根据任务要求进行西餐宴会厅的布置 （4）学生轮流扮演服务员、迎宾员和客人，模拟西餐宴会服务				
任务实施步骤	（1）小组成员分工 （2）拟订任务完成工作计划，分派角色 （3）布置西餐宴会厅 （4）在模拟餐厅中进行西餐厅宴会服务的准备工作和各阶段的服务工作，小组成员轮流扮演角色模拟操作 （5）小组相互点评 （6）教师点评、总结				
任务成果形式	西餐厅布置及宴会服务				
实施过程记录	从以下3个方面记录：搜集的资料、过程记录、实施中遇到的问题及解决办法				

知识准备

西餐宴会是遵循西方国家的宴会形式、饮食习惯、服务方式及礼节举办的宴会。西餐宴会的主要特点是：摆西餐台，实行分餐制，每道菜一副菜碟、刀叉，一般是同上同撤，强调菜与酒、酒与杯的和谐搭配；环境幽雅，讲究情调，灯光柔和，宴会进行中有乐队伴奏或播放轻音乐，气氛轻松、舒适。

一、宴会厅布置和整理

（一）休息室布置

西餐宴会厅休息室的布置应根据西餐习惯，最好分设男宾休息室和女宾休息室，以方便不同性别的客人交谈，因为男宾与女宾的话题不同。

（二）宴会厅布置

西餐宴会厅的环境布置应突出西方文化和艺术特色，如油画、壁炉等。宴会厅的灯具均应是可以调节亮度的，还必须放上烛台，最好在烛台下放一面圆形或方形的镜子，可映照烛光增添情趣。

二、台型设计

宴会的台型设计要根据宴请活动的性质、形式，主办方的具体要求，宴请人数、宴会厅的面积和形状等情况灵活设计。西餐宴会一般使用长台，其他类型的餐台由小型餐台拼合而成。一般拼成“一”字形、“U”形、“T”形、“E”形、鱼骨形、星形等（图3-6）。西餐宴会无论采用何种台型，都要求庄重、美观，摆放整齐、平稳，椅间距不少于20cm。

（1）“一”字形长台　“一”字形长台通常设在宴会厅正中央，与宴会厅四周的距离大致相等，但应留有比较充分的余地（一般应大于2m），以便于服务员操作。

（2）“U”形台　“U”形台又称马蹄形台，一般要求横向长度比竖向长度短一些。

（3）“E”形台　“E”形台的三翼长度应相等，竖向长度应比横向长度长一些。

（4）正方形台　正方形台又称“回”形台，一般设在宴会厅中央，是一个中空的台型。

三、席位安排

西餐宴会的席位安排（图3–7）应遵循“高近低远”的原则，席位有固定的安排。

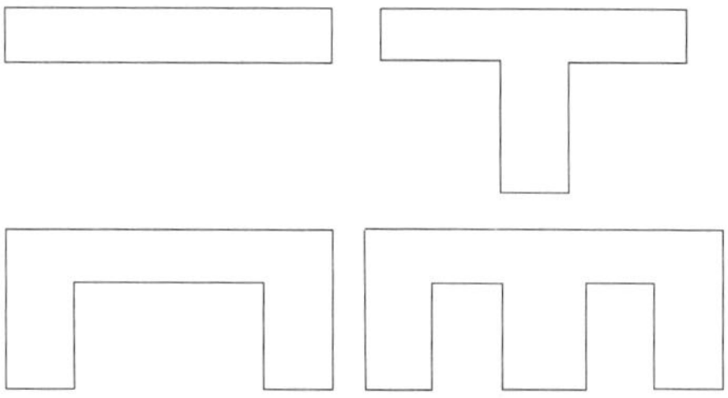

图 3–6　西餐宴会常见台型

（1）一般家庭式西餐宴会的座次安排。主人的座位应正对厅堂入口，便于其纵观全厅。长台两端分别设主人位和副主人位（女主人位），男女宾客穿插落座，夫妇穿插落座。这样的席位安排只有主客之分，没有职务之分。

（2）若属于正式宴会，双方都有一位重要人物参加，则第一主宾要坐在第一主人的右侧，第二主宾坐在第二主人右侧，次要人物由中间向两侧依次排。

（3）若正式宴会双方首要人物都带夫人参加，则主宾夫人坐在主人右侧，主宾坐在主人夫人右侧，其他男女宾客穿插依次坐中间。

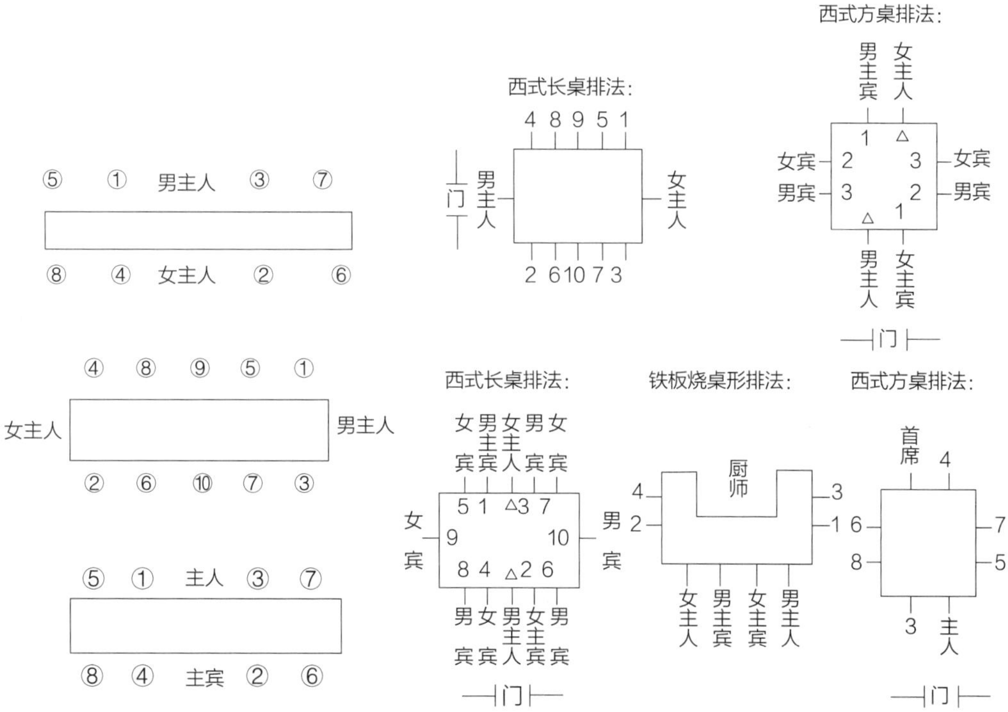

图 3–7　西餐宴会餐台座次安排

四、西餐宴会服务程序

（一）热情迎宾

按照宴会开席时间，餐厅负责人应带领一定数量的服务员提前在餐厅门口等候来宾。当来宾抵达时，应热情欢迎，主动打招呼问好，并将客人引进休息室（会客厅）稍事休息或直接引入餐厅。

（二）休息室鸡尾酒服务

客人进入休息室后，休息室服务员应向客人问候，并及时向客人送上各式餐前酒。送酒水前应先做介绍并征询客人的意见。如客人是坐饮，则应先在客人面前的茶几上放上杯垫，再上酒水；如客人是立饮，则应先给客人餐巾纸，然后递上酒水；如客人需要鸡尾酒，则应将客人引至吧台前，由调酒师根据客人要求现场调制，或是先请客人入座，再去吧台将客人所需鸡尾酒托送至客人面前。在客人喝酒时，休息室服务员应托送果仁、虾条等佐酒小吃巡回向客人提供。休息室服务时间一般为30min左右，当客人到齐，主人示意可以入席时，服务员应及时引领客人至宴会厅。

（三）引宾入席

离开宴10min左右，餐厅服务负责人应主动询问主人是否可以开席，经主人同意后即通知厨房准备上菜，同时请宾客入座。值台服务员应精神饱满地站在餐台旁，当来宾走近座位时，服务员应面带笑容拉开座椅，引请来宾入座。引宾入座也要按宾主次序进行。待客人坐下后，为客人铺餐巾，并点蜡烛以示欢迎。

（四）斟酒水饮料

宾客入座后，开始斟酒或斟饮料。西餐宴会一般使用好几种酒和饮料，斟酒前要示意来宾选择，并按宾主次序依次从客人右边斟酒。在宴会进行的整个过程中，斟酒要按西餐上什么菜就斟什么酒、饮什么酒就用什么酒杯的规定进行。

（五）上菜

开席后按上菜次序一道一道地上菜，上汤、上甜点或水果。上菜要按宾主次序在客人的左方进行。凡是用大盘上的，服务员都要分菜。分菜时要站在客人的左边递菜盘，用左手端菜盘，用右手给客人分菜，或由客人自取。上菜、分菜要照顾好主宾和主人。

（六）撤盘、添加小件餐具

宴会撤盘需要看绝大多数客人将餐刀、餐叉并放在一起后方能进行。在上特殊风味菜前，要相应增添小件餐具。增添小件餐具必须在撤盘之后、上菜之前进行。经常需增添的小件餐具是：上点心要跟上饼叉；上水果前要摆水果碟、水果刀；上咖啡等饮料时要跟上茶匙。

（七）递洗手盅、香巾

宴会中客人吃完虾、蟹之后，在吃水果之前、用餐完毕后要递洗手盅与香巾。上水果时，应托着水果盘从客人左侧分派水果，再从客人左侧上洗手盅，盅内放温水、一片柠檬和数片花瓣。

（八）饮料服务

当客人用完水果，主人请客人去休息室休息时，值台员应主动拉椅，引领客人去休息室入座。待客人坐下后，休息室服务员应及时为客人送上咖啡或红茶，糖缸和淡奶壶放在茶几上。在客人饮咖啡或红茶时，休息室服务员或调酒师应向客人推销餐后酒和雪茄，待客人选定后送上。

（九）送客服务

来宾起身离开餐厅或休息室时，服务员要即时按照牌号准确地将衣帽送给宾客，对重要来宾的衣帽要特别注意收送，并热情、主动地帮宾客穿戴好。宾客离店，应热情相送，礼貌道别。

五、西餐宴会服务的注意事项

（1）在宴会中，同一种菜单项目需同时上菜。若遇有人其中一项不吃，仍需等大家都用完这道菜并收拾完毕后，再和其他客人同时上下一道菜。

（2）上菜时需注意盘缘是否干净，若盘缘不干净，应用服务巾擦干净后，才能将菜上给客人。餐桌上摆设的物品如胡椒罐、盐罐或杯子，也需留意其干净与否。

（3）摆设印有标志的餐盘时，应将标志正对着客人。而在盛装食物上桌时，菜肴也有一定的放置位子，凡是食物中有主菜之分者，其主要食物（例如牛排）必须靠近客人；点心蛋糕类有尖头者，其尖头应指向客人，以方便客人食用。

（4）收拾残盘时要将桌上已不使用的餐具一并收走，若有客人用错刀叉时，也需将误用的刀叉一起收掉，但务必在下一道菜上桌前及时补置新刀叉。

（5）凡是需要用手取食的菜肴如龙虾、乳鸽等，均需供应洗手盅。洗手盅内盛装约1/2的温水，通常还放有柠檬片或花瓣。为避免客人误喝洗手盅内的水，服务员应在上洗手盅时稍作说明。

任务实施

1. 任务场地准备　模拟西餐厅。
2. 任务用品准备　餐巾、餐刀、餐叉、甜品匙、面包盘、黄油刀、黄油盅、咖啡具、果汁杯、胡椒瓶、盐瓶、糖缸、面包、黄油、果酱、果汁、热咖啡、鲜奶、水果等。
3. 任务实施　在模拟西餐厅中，每10人一组，每组20min，在教师的指导下模拟西餐宴会服务，完成各环节的训练任务，然后由学生进行讨论和评价，最后由讲师进行总结点评。

任务评价

西餐宴会服务考核评分标准

<table>
<tr><th>序号</th><th colspan="2">考核内容</th><th colspan="3">考核要点</th><th>应得分</th><th>自评分</th><th>互评分</th><th>教师评分</th></tr>
<tr><td>1</td><td colspan="2">宴会厅布置</td><td colspan="3">（1）搞好宴会的环境卫生，符合卫生要求
（2）根据宴会通知单进行合理布置</td><td>10</td><td></td><td></td><td></td></tr>
<tr><td>2</td><td colspan="2">准备工作</td><td colspan="3">（1）按要求摆放餐具及配套用具
（2）熟悉菜单以便服务时介绍
（3）客到前准备好饮料或茶水、小毛巾等</td><td>20</td><td></td><td></td><td></td></tr>
<tr><td>3</td><td colspan="2">迎接客人</td><td colspan="3">（1）站立位置正确、姿势优美
（2）笑脸迎接宾客，使用敬语</td><td>10</td><td></td><td></td><td></td></tr>
<tr><td>4</td><td colspan="2">席间服务</td><td colspan="3">（1）上菜顺序恰当，上菜时机合适
（2）席间酒水服务规范
（3）席间分菜服务规范
（4）其他服务规范</td><td>35</td><td></td><td></td><td></td></tr>
<tr><td>5</td><td colspan="2">结账服务</td><td colspan="3">根据协议正确结账</td><td>5</td><td></td><td></td><td></td></tr>
<tr><td>6</td><td colspan="2">送客
服务</td><td colspan="3">（1）客人离席时主动上前拉椅
（2）提醒客人带齐随身物品
（3）宴会结束后，在门口欢送客人</td><td>15</td><td></td><td></td><td></td></tr>
<tr><td>7</td><td colspan="2">结束工作</td><td colspan="3">清洁收尾工作</td><td>5</td><td></td><td></td><td></td></tr>
<tr><td colspan="6">总分</td><td>100</td><td></td><td></td><td></td></tr>
<tr><td colspan="3">小组自评</td><td colspan="7"></td></tr>
<tr><td colspan="3">小组互评</td><td colspan="7"></td></tr>
<tr><td colspan="3">教师评价</td><td colspan="7"></td></tr>
<tr><td colspan="2" rowspan="2">小组成员个人得分</td><td>姓名</td><td></td><td></td><td></td><td></td><td></td><td></td><td></td></tr>
<tr><td>得分</td><td></td><td></td><td></td><td></td><td></td><td></td><td></td></tr>
<tr><td colspan="2">说明</td><td colspan="8">小组任务得分 = 小组自评分 ×20% + 小组互评分 ×40%+ 教师评分 ×40%。小组成员个人得分由小组长和教师根据个人在任务完成中的工作情况分配分数</td></tr>
</table>

任务 5　自助餐服务

任务情境

某海滨城市的某五星级饭店，为了开拓客源市场，在饭店开设了海鲜自助餐厅，因为味道鲜美，价格适中，受到了大家的喜爱。某一天傍晚，自助餐厅又迎来了一大批客人，你作为服务员，将为他们提供热情周到的服务。

任务工单

任务名称	海鲜自助餐服务				
班级		小组		小组成员	
工作任务	你作为自助餐厅服务员，在傍晚时分迎来了一大批客人，请按照自助餐服务程序为客人进行服务				
任务目的	了解自助餐服务流程，能为客人提供热情、周到的服务，能根据自助餐类别布置自助餐厅				
任务实施要求	（1）餐厅档次设定为高档 （2）小组成员全体参与，共同完成任务 （3）模拟自助餐厅，进行海鲜自助餐厅的布置 （4）轮流扮演服务员、迎宾员和客人，模拟自助餐服务				
任务实施步骤	（1）小组成员分工 （2）拟订任务完成工作计划，分派角色 （3）在模拟餐厅中进行自助餐服务的准备工作和各阶段的服务工作，并轮流操作 （4）小组相互点评 （5）教师点评、总结				
任务成果形式	海鲜自助餐厅布置及服务				
实施过程记录	从以下 3 个方面记录：搜集的资料、过程记录、实施中遇到的问题及解决办法				

知识准备

一、自助餐的特点

自助餐，有时亦称冷餐会，它是目前国际上通行的一种非正式的西式宴会，在大型的商务活动中尤为多见。它的具体做法是：当客人支付规定数量的钱款后，从餐厅预先布置好的餐台上自己动手任意选择自己喜爱的菜点，然后在餐桌上享用的一种用餐形式。自助餐之所以称为自助餐，主要是因其可以在用餐时调动用餐者的主观能动性，由其自己动手，自己为自己服务，自己在既定的范围之内安排选用菜肴。自助餐有如下特点。

第一，菜点丰富，价格低廉。客人支付规定数量的钱款后即可品尝到种类繁多的菜肴、点心和酒水，且不限取食次数。

第二，用餐速度快。客人进入餐厅后，无需点菜等候即可取食菜点，较为适应现代社会快节奏的生活方式，同时也提高了餐厅的座位利用率。

第三，人力成本低。因为客人自取菜点，服务员仅需提供简单的服务，如酒水服务、整理餐桌、补充菜点和用具等，这样餐饮企业可节省人力，降低费用。

二、自助餐服务流程

（一）布置自助餐台

自助餐台又称菜点陈列台，通常设在餐厅靠墙的一侧，也可放在餐厅的中央或一角。其台型一般以“一”字形长台居多，也可以是方形或圆形台。如果餐厅的客流量较大，可由一个主台和几个小台组成。若仅有一个主台，也应进行分区设计，如自助早餐可分为饮料区、菜区、热点区、甜点水果区等；自助正餐可分为饮料区、冷菜区、热菜区、汤类点心区等。

（1）布置餐台时，先在餐台上铺台布，然后围上装饰用的桌裙和装饰台布，台中央可布置冰雕、鲜花、水果等装饰物点缀，以烘托气氛，增加立体感，美化就餐环境。

（2）开餐前应将所有菜点、饮料及餐盘等餐具陈列在餐台上。

（3）餐盘等餐具应整齐地陈列在距餐厅门口最近的餐台一侧，以便客人取用。

（4）饮料区应备好果汁、咖啡、茶等，并注意饮料温度，将备好的杯具整齐地排列在餐台上。

（5）热菜通常要用保温锅保温，菜肴前应摆放中英文对照的菜名牌。

（6）取食菜点的服务叉、匙或点心夹应统一放在菜点盘中或放在菜点盘旁边的餐碟中。

（二）餐桌摆台

应准备好摆台相应的餐用具，主要是台布、汤匙、餐刀、餐叉、筷子、餐巾及餐巾纸和酱醋壶、椒盐盅、牙签筒、花瓶、烟灰缸等。

自助餐摆台通常采用西式零点摆台方式，中式自助餐桌面只摆设公共用品和调味品，筷子和汤匙一般摆设在食品展台上。

（三）开餐服务

（1）主动问候客人，拉椅让座。

（2）征询客人喝什么酒水或茶水。有些自助餐厅餐费含规定的软饮料，如果想喝规定以外的酒水需另行付费；有些自助餐厅不含任何饮料。

（3）指示客人取菜，遇行动不便的客人，应征求客人的意见为其取食物。

（4）巡视服务区域，随时为客人提供服务，如添加酒水，更换烟灰缸，撤空盘、空瓶、空罐等。

（四）餐间服务

（1）主动为客人斟倒饮料，递送餐盘等餐具，并热情地为客人介绍菜点。

（2）注意整理菜点，使之保持整洁、美观，必要时帮助客人取用菜点。

（3）及时更换或清洁服务叉、匙和点心夹，并随时补充餐盘等餐具。

（4）如果某些菜品消耗速度较快时，应通过传菜员及时通知厨房补充菜点。

（5）随时做好热菜的保温工作，并及时回答客人提出的有关菜点问题。

（6）如果有大块烤肉等菜肴，餐台服务员或值台厨师应为客人切割并分派至客人餐盘中。

（7）当客人起身取食或取食回来时，服务员均要主动上前帮助客人拉座椅。

（8）当客人离座取菜时，及时撤走客人用过的脏餐具，并叠好其餐巾放在其餐位右侧。

（9）及时补充餐巾纸、调料等，按要求撤换超过两个烟蒂的烟灰缸。

（10）根据客人的需要，迅速为客人取送煎煮食品或其他菜点。

（11）巡视餐厅各处，随时保持餐厅卫生，并随时准备为客人提供服务。

（五）结账、送客

（1）一般自助餐厅，客人进入餐厅时要先付费后进餐，也有一些涉外酒店采取等客人用完餐后再付费的方式。

（2）客人起身离座时要主动给客人拉座椅，并提醒客人带好随身物品，礼貌致谢，欢迎下次光临。

（六）结束工作

（1）将可回收利用的食品整理好，撤回厨房。

（2）妥善保存自助餐食品台的装饰品。

（3）清理餐桌。

（4）清洁卫生。

（5）关灯、关门和关空调等。

任务实施

❶ 任务场地准备　模拟自助餐厅。

❷ 任务用品准备　餐具、酒水具、椒盐瓶、牙签筒、烟灰缸、桌号、鲜花、烛台、小毛巾或纸巾等。

❸ 任务实施　在模拟自助餐厅中，学生根据自助餐主题布置餐厅，然后由教师分派角色，以自助餐服务为背景，在教师的指导下模拟自助餐服务，完成各环节的训练任务，然后由学生进行讨论和评价，最后由讲师进行总结点评。

任务评价

自助餐服务考核评分标准

序号	考核内容	考核要点	应得分	自评分	互评分	教师评分
1	餐厅布置	（1）按要求进行台形设计 （2）环境布置围绕餐厅主题进行	10			
2	自助餐台布置	（1）自助餐台可有各种形状，根据场地来选择 （2）餐台陈列区分区合理 （3）对餐台进行装饰 （4）设计符合原则，餐台设计方便实用	25			
3	餐台准备	（1）按要求进行摆台 （2）检查餐具是否齐全、台面是否整洁	10			
4	迎宾服务	按要求迎接客人	5			

续表

序号	考核内容	考核要点	应得分	自评分	互评分	教师评分
5	餐中服务	（1）按要求进行食品分装 （2）为客人递送餐盘等餐具，热情为客人介绍菜点 （3）饮料服务符合标准 （4）实时检查菜点温度，热菜要热、冷菜要冷 （5）及时给予客人帮助，满足客人需求	20			
6	结账送客	（1）结账迅速、准确 （2）提醒客人带好随身物品，礼貌送客	10			
7	结束工作	（1）分类整理菜品，撤回厨房 （2）清洁餐台，将用过的餐具、物品送洗 （3）做好餐厅清洁卫生工作	20			
总分			100			
小组自评						
小组互评						
教师评价						
小组成员个人得分	姓名					
	得分					
说明	小组任务得分 = 小组自评分 ×20%+ 小组互评分 ×40%+ 教师评分 ×40%。小组成员个人得分由小组长和教师根据个人在任务完成中的工作情况分配分数					

任务 6　团队用餐服务

任务情境

初冬时节，某五星级饭店迎来参加商贸会议的共50位客人，这些客人将参加在饭店举行的为期两天的会议，会议期间，早午晚餐都在饭店中餐厅进行，你作为中餐厅的服务员，将在此期间为会议团队提供服务。

任务工单

任务名称	会议团队用餐服务				
班级		小组		小组成员	
工作任务	你作为餐厅服务员，饭店迎来了为期两天的会议团队客人，你将在会议期间为他们提供早中晚餐的团队用餐服务				
任务目的	了解会议团队用餐服务流程，能为客人提供热情、周到的服务				

续表

任务名称	会议团队用餐服务
任务实施要求	（1）餐厅档次设定为高档 （2）小组成员全体参与，共同完成任务 （3）学生扮演服务员、迎宾员和客人，模拟会议团队用餐服务
任务实施步骤	（1）小组成员分工 （2）拟订任务完成工作计划，分派角色 （3）在模拟餐厅中进行会议团队用餐服务的准备工作和各阶段的服务工作，并轮流操作 （4）学生相互点评 （5）教师点评、总结
任务成果形式	会议团队用餐服务
实施过程记录	从以下 3 个方面记录：搜集的资料、过程记录、实施中遇到的问题及解决办法

知识准备

团队用餐是指通过一定形式组合起来的，按固定进餐标准提供餐食的一种集体就餐形式。常见的团队用餐有会议包餐、旅游包餐、学生包餐等。例如旅游包餐，在旅游团到达一周前，旅行社就已通知酒店总服务台，其内容包括团队名称、国籍、人数、到达时间、停留天数、离店时间、就餐标准、宗教信仰及特殊要求等。餐厅的任务就是每天每餐按用餐标准及要求供应膳食。

一、团队用餐需求特点

团队用餐服务是指对旅游团队、会议等以团体形式就餐的客人进行接待的服务方式。

团队用餐人数多而集中，不以品尝美味佳肴为主，菜肴也不像宴会那样精致，服务没有过多的讲究。但餐厅在制作菜单时一定要考虑到花色品种的翻新，确保餐饮质量，最大限度地满足大多数客人的要求。其需求特点如下。

（1）用餐标准统一，消费水平通常低于普通宴会，因而服务较为简单。

（2）用餐人数多，开餐时间统一，用餐速度较快，准备工作要求充分。

（3）菜式品种统一，要求服务迅速、快捷，同时满足个别客人的特殊要求。

团队餐的就餐形式多样，有圆桌聚餐式、份额包餐式和自助餐等。份额包餐式是份饭式的团队用餐如盒餐或盘餐。这种包餐一般是凭券领取，一人一份，标准统一、食品统一，比较简单。另外，团队用餐采用自助餐的形式，在高星级饭店也是越来越常见。

二、团队用餐服务

（一）团队用餐服务“六掌握”

1. 掌握包餐标准

团队用餐一般都是标准统一。因此，服务员在开餐前首先要了解团队用餐的标准，按标准为客人准备菜单。菜肴安排要合理，做到既要保证荤素搭配，又要注意营养丰富，尽量做到不重样。

2. 掌握就餐人数

团队用餐的人数较为固定，服务员应按其包餐人数提供大小适当的就餐环境，同时安排好就餐所需桌椅及各种餐饮用具。

3. 掌握就餐方位

每一包餐团体的用餐方位在开餐前一定要落实，服务人员一定要做到心中有数。餐厅有大有小，团队用餐人数有多有少，如果一个餐厅同时接待几个包餐团体时，一定要注意按事先安排好的方位将每一团体引领到其座位上，以避免出现错位现象。

4. 掌握包餐时间

一是掌握包餐的开餐时间，以便准时开餐；二是掌握好用餐时间要求，合理安排服务，提高劳动效率。

5. 掌握包餐性质

由于包餐性质的不同，前来就餐的人员构成也不相同。服务员应掌握包餐顾客的国籍、身份、民族及宗教信仰，了解包餐顾客的特殊需求及饮食禁忌，把服务工作做到细微之处。

6. 掌握包餐顾客的特殊需要

团队用餐一般人数较多，而且有些包餐团队用餐的时间也比较长，在包餐过程中，难免会有一些顾客需要特殊照顾，餐厅服务人员应灵活服务。如对身体不舒服的顾客，应及时让厨房另做病号饭；对因故不能准时来餐厅就餐的顾客，应留餐。

（二）团队用餐服务程序

1. 餐前准备

（1）服务员应了解团体的名称、国籍、身份、生活习惯和忌讳、人数、开餐时间、用餐标准及特殊要求等，以便妥善安排。

（2）如一家餐厅同时容纳两个不同的团体就餐时，要划分就餐区域，目的是让团体客人能够准确找到各自团队的就餐区域，比如用屏风隔开、用不同的餐巾花造型、餐桌上放置标有团队名称的桌号卡等。根据人数、桌数摆好台。

（3）在开餐前备好餐具、酒具，以备客人的需要。例如：将酒水连同开瓶器一起整齐地摆放在服务桌上，如客人饮用白酒就要备好白酒杯、饮用葡萄酒就要备好葡萄酒杯。

（4）团体进餐标准不同，冷菜的数量也会有所不同，一般10人一桌的团队用餐有4~6个冷菜，服务员应在开餐前10min左右将冷菜送上餐桌，并按宴会摆放冷菜的要求摆放；在团队人数较多的情况下，服务员应在开餐前10min将米饭、面食等主食备好，但应做好保温工作。

2. 迎接客人

（1）服务员在预订开餐时间前5min，按各自的工作岗位站立就位，恭候宾客的到来。

（2）迎宾员见到团队客人前来，应迅速、准确地引领客人至预先安排好的餐桌。

（3）待客人入座后，迎宾员应迅速返回餐厅门口，记录团队名称和客人人数，做好迎接下一批客人的准备。

3. 席间服务

（1）服务员与团队用餐方负责人沟通，进行人数确认。清点人数时忌讳指指点点，可以默数，用眼巡视即可。

（2）在人数确认后，服务员应主动征询负责人是否开餐，得到其许可后方可开餐。

（3）服务员通知厨房准备起菜。

（4）上菜时，要向客人介绍菜肴的名称、特色。对不会用筷子的客人要派给刀叉，但筷子不要撤走。

（5）在客人进餐过程中，服务员要勤巡视、勤为客人斟倒酒水、饮料。

（6）如发现客人餐碟中有骨头、烟灰、牙签等脏物，应主动进行撤换。

（7）菜上齐时，须向客人道："您的菜已上齐"，并征询客人有什么需要帮助的事情。用餐完毕，要为客人送上热茶、香巾。

4. 结账收台

客人用餐完后，服务员应准备好账单，将日期、人数、标准、费用填写清楚，签上接待人的姓名并请团队用餐负责人签名，以便结账查对。

待所有客人离开餐厅后，服务员按收台要求进行收台工作。

任务实施

❶ 任务场地准备　模拟中餐厅。

❷ 任务用品准备　托盘、餐具、菜单、开瓶工具、餐巾纸、牙签、调料，供应的酒水、茶叶、开水等。

❸ 任务实施　在模拟中餐厅，由教师分派角色，以会议团队用餐服务为背景，在教师的指导下模拟团队用餐服务，完成各环节的训练任务，然后由学生进行讨论和评价，最后教师进行总结点评。

任务评价

会议团队用餐服务考核评分标准

序号	考核项目	考核要点	应得分	自评分	互评分	教师评分
1	餐前准备	（1）了解团队用餐各项要求 （2）准备服务用品、菜单、酒水饮料，摆台餐具等 （3）搞好餐厅的环境卫生	20			
2	迎接客人	（1）开餐前 5min 在门口恭候客人 （2）能迅速准确辨认团队名称并进行引领	10			

续表

序号	考核项目	考核要点	应得分	自评分	互评分	教师评分
3	餐中服务	（1）进行人数确认 （2）通知厨房起菜 （3）在客人用餐过程中勤巡视，主动为客人提供服务 （4）及时撤换脏餐具	50			
4	结账收台	（1）准确填写账单 （2）提醒客人带好随身物品，礼貌送客 （3）清理餐桌，做好餐厅卫生清洁工作	20			
总分			100			

小组自评							
小组互评							
教师评价							
小组成员个人得分	姓名						
	得分						
说明	小组任务得分 = 小组自评分 ×20%+ 小组互评分 ×40%+ 教师评分 ×40%。小组成员个人得分由小组长和教师根据个人在任务完成中的工作情况分配分数						

项目小结

一个优秀的组织必须是一个运作规范、富有竞争力的组织。在餐饮组织的服务与管理过程中，规范化、标准化、程序化的工作流程是基本的保证。

本篇着重介绍了中餐厅零点和宴会服务程序、西餐厅零点和宴会服务程序、自助餐服务程序、团队用餐服务程序。通过学习，学生能掌握各种服务的流程和操作标准，能够为客人提供规范化服务，并能灵活应对客人提出的各种问题和要求。

知识拓展

希尔顿的微笑经营

美国饭店大王希尔顿于1919年把父亲留给他的12000美元连同自己挣来的几千美元投资出去，开始了他雄心勃勃的经营饭店生涯。当他的资产奇迹般地增值到几千万美元的时候，他欣喜而自豪地把这一成就告诉了母亲。出乎意料的是，她的母亲淡然地说：“依我看，你和以前根本没有什么两样。事实上你必须把握比5100万美元更值钱的东西，除了对顾客诚实之外，还要想办法让来希尔顿的人住过了还想再来住，你要想出这样一种简单、容易、不花本钱而行之有效的办法去吸引顾客。这样你的旅馆才有前途。”

1930年是美国经济萧条最厉害的一年，全美国的饭店倒闭了80%。希尔顿饭店也一家接着一家地亏损，一度欠债50万美元。希尔顿并不灰心，他召集每一家饭店的员工特别交代和呼吁："目前正值饭店亏空靠借债度日的时期，我决定强渡难关，一旦美国经济恐慌时期过去，我们希尔顿饭店很快就能出现云开日出的局面。因此，我请各位注意，万万不可把心里的愁云摆在脸上。"

希尔顿找到了具备母亲说的"简单、容易、不花本钱而行之久远"四个条件的东西，那就是微笑服务。

希尔顿每天上班对员工说的第一句话就是"你对顾客微笑了没有?"为了让微笑经营这一理念深入到每一员工的内心，希尔顿要求每一个员工每天来酒店上班的第一件事就是集体唱微笑歌。微笑经营理念成了希尔顿酒店文化的精髓，每一个希尔顿人都在用微笑传承着这一理念，用微笑走向世界。

如今，希尔顿的资产从5100万美元发展到数10亿美元。希尔顿饭店吞并了号称"饭店之王"的纽约华道夫的乌斯托利亚饭店，买下了号称"饭店皇后"的纽约普拉萨饭店，其名声显赫于全球饭店业。

（资料来源：汪洋．一切从微笑开始[M]．西安：陕西师范大学出版社，2009：2-3.）

思考与练习

1．简述中餐零点午晚餐的服务程序。

2．宴会预订的方式有哪些?

3．中餐宴会的服务程序和标准是什么?

4．西餐的服务方式有哪些?各自的特点是什么?

5．团队用餐服务的注意事项有哪些?

6．到饭店进行一次实地调查，就一次大型自助宴会的预订、策划和服务撰写一份调查报告。

7．案例分析

一天晚上，某饭店中餐厅宾客络绎不绝，饭店迎宾员忙着迎来送往，满头大汗。这时6位香港客人在迎宾小姐的引导下来到了二楼的中餐厅，迎宾员马上走了过去，满脸笑容地说："欢迎各位光临我们中餐厅用餐，请问小姐贵姓?"这位小姐边走边说："我姓王。""王小姐，请问你们有预订吗?""当然了，我们上午就电话预订好了路易厅。"迎宾员马上查看客人预订单，发现确实有一位姓王的小姐上午预订了"路易厅"，于是迎宾员就迅速把客人带进了"路易厅"，一共7位客人。

过了半个小时，餐厅门口又来了一批人，共有12位客人，当领队的王小姐报出自己昨天已经预订了“路易厅”时，餐厅迎宾员发现出了问题，马上查阅预订记录，才发现原来今晚有两位王小姐都预订了厅房，而餐厅预订员在忙乱之中将两组人员都安排进了“路易厅”。餐厅迎宾员为了补错，立即就把客人带到了“华盛顿厅”。“华盛顿厅”是一间10人位的厅房，客人进房一看厅房太小不满意，要求坐回预订的“路易厅”。最后在餐厅经理的协调下，客人坐进了比较拥挤的“华盛顿厅”。

问题讨论：（1）本案例中，餐厅能否把已经安排给7位客人的“路易厅”重新换给原来预订的王小姐？为什么？

（2）最后王小姐等12人还是勉强进了“华盛顿厅”用餐，但客人心里仍然是非常不乐意的。餐厅怎么做才能让客人满意而归？

（3）你是否还有其他更妥善的解决办法？

04
经营篇

项目四 餐厅设计

知识目标

· 知道餐厅选址应考虑的因素
· 熟悉餐厅选址的原则
· 掌握餐厅布局的基本原则
· 掌握餐厅的功能分区设计
· 了解餐厅的环境氛围设计、色彩设计、装饰的要求

能力目标

· 能根据餐厅类型为餐厅进行选址
· 能说出餐厅的功能布局及餐厅内的设施设备
· 能手绘餐厅综合布局平面示意图

引导案例

香格里拉酒楼

香格里拉酒楼开在一个三线城市的高新开发区与主城区的结合部，主营中式简餐、西餐等，营业面积2000多m^2，酒楼的消费为中高档次。酒楼自开业以来，生意一直十分清淡，每天上门的消费者屈指可数，几乎天天都要赔钱。酒楼运营一段时间之后，几位股东坚持不住了，开始反复查找生意不好的原因，包括酒楼的前厅服务、后厨出品、出品定价、客人反应、市场宣传等各个方面，然而大家把能够想到的地方查找了一个遍，依然找不出来酒楼无人光顾的真正原因在哪里，众人为此头疼不已。

香格里拉酒楼的几个股东均来自事业单位，他们中间没有人从事过餐饮行业，项目是他们结伴到其他中心城市旅游的时候，发现并喜欢上的高雅餐饮形式。凭直觉他们感到中西简餐、咖啡茶饮之类出品的利润一定非常可观，他们相信这样的餐饮形式肯定拥有较大的市场空间，几个人便一拍即合，决定投资“香格里拉”酒楼。然而在选定酒楼

地址这一关键问题上，他们犯下了一个令人无法原谅的错误，即他们把酒楼的位置选定在人流稀少的高新开发区，而非客流人流稠密、商业氛围旺盛的闹市区。

目前在国内的不少城市，中式简餐、西餐咖啡、茶餐厅等的主流消费群体仍为二十多岁、三十多岁的年轻人，他们的餐饮消费特点就是围着闹市区转，宁肯闹中取静，也不愿到相对清净的区域去就餐。“香格里拉”酒楼在进行经营地段选择的时候显然没有考虑到这一点，只是一厢情愿地相信只要一家酒楼有了大的资金投资，门脸做得恢宏大气、与众不同，就会有人进门消费捧场，赚大钱则是水到渠成的事。在开业不到两个月的时间，一直惨淡经营的“香格里拉”酒楼最终还是选择了关门。在一年之后，酒楼才转让了出去，几个股东为此蒙受重大经济损失。

（资料来源：餐厅选址分析，红餐网，http://www.canyin88.com/）

评析：优越的地理位置在很大程度上决定了餐厅经营的成功。餐厅在选址时应该考虑以下几个方面的问题：首先，餐厅是否处在目标客户群体方便到达的地方；其二，餐厅的周边环境是否与其经营特色浑然一体；其三，如果自己是一个餐饮消费者，走进这家餐厅是否觉得方便顺畅；其四，这个地方的未来商业发展是否长久稳定。

任务1　餐厅选址

任务情境

某个体户准备投资经营一中高档次的特色餐厅，聘请你担任餐厅筹划总监，你上任后通过与老板的多次协商最终确定了餐厅的主题特色，现准备为该餐厅选择地址。

任务工单

任务名称	为XX餐厅选址				
班级		小组		小组成员	
工作任务	你作为餐厅筹划总监，组建了餐厅筹划小组。组织你的筹划小组讨论确定餐厅主题，并根据餐厅特色为餐厅选择合适的经营地点				
任务目的	了解餐厅选址考虑的因素，能根据餐厅主题特色为餐饮企业合理选址				
任务实施要求	（1）餐厅档次设定为中高档 （2）小组成员全体参与，共同完成任务 （3）撰写餐厅选址报告，报告内容包含餐厅名称、地址、主题特色、选址的依据等				

续表

任务名称	为 XX 餐厅选址
任务实施步骤	（1）小组成员分工 （2）查阅资料，拟订任务完成工作计划 （3）确定餐厅主题特色，分析客源市场 （4）小组成员每人提供一个备选地点 （5）对每一备选地点进行评价分析 （6）小组共同决策，选择餐厅地点，形成餐厅选址报告 （7）课堂汇报、小组互评 （8）教师点评、总结
任务成果形式	餐厅选址报告
实施过程记录	从以下 3 个方面记录：搜集的资料、过程记录、实施中遇到的问题及解决办法

知识准备

餐厅地点即餐饮企业所在的“位置”，对这个“位置”的理解可分为宏观和微观两个方面。餐厅的宏观位置是指餐厅地点在一个较大地理范围所处的位置，如餐厅在某个城市的某个区；餐厅的微观位置是指餐厅所在的具体地点，如餐厅在某个街区的某个建筑物旁、与某个车站相邻等。

案例阅读

麦当劳的选址策略

麦当劳选址的基本原则是尽可能方便顾客。麦当劳的选址，精确到“米”，方法有“数灯泡”“步量”等，尽量让人们最需要时容易找到它们。麦当劳的研究表明，顾客来麦当劳就餐的决定，其中70%是一时冲动，所以麦当劳选择的餐厅地点尽可能方便顾客的光临。

在美国，麦当劳公司除了在传统的区域和郊区建立餐厅之外，还在食品商场、医院、大学、大型购物中心建立分店；在美国之外，麦当劳首先在中心城市建立麦当劳餐厅，然后再在中心城市之外辐射出网点。麦当劳选址从不片面追求网点数量的扩张，而是经过严格的调查与店址评估。

麦当劳选址建新店都是慎之又慎，前期都要经过很长时间的市场调查。通常一个店是否开都要经过三到六个月的考察，考察的问题极为细致，甚至涉及店址是否与城市规划发展相符合，是否会出现市政动迁和周边动迁，是否会进入城市规划红线。进入红线坚决不碰，老化商圈内坚决不设点。

麦当劳选址五大法则如下。

（1）针对目标消费群，麦当劳经营定位于年轻人、儿童和家庭成员，所以选址必须在这些人出没的地方或繁华闹市人潮涌动之所。

（2）着眼于今天和明天。麦当劳选址，要求租期20年不变。

（3）讲究醒目，选址一定要在一楼或二楼的临街店堂，要有透明落地玻璃窗，让路上行人感到麦当劳的文化氛围。

（4）不急于求成，黄金地段的房价往往过高，当房价超过投资心理价位时，麦当劳一般不急于求成。

（5）优势互动，麦当劳往往选择品牌知名度和信誉度较高的“家乐福”“沃尔玛”等知名百货企业来开“店中店”，这样既可为百货企业带来客源，又吸引逛商场的顾客到麦当劳就餐。

（资料来源：麦当劳选址策略及商圈调查，中国吃网（2009-9-22）http://www.6eat.com/）

一、餐厅选址应考虑的因素

（一）餐厅宏观位置的选择

在餐厅选址的过程中，必须对所选定的潜在地址的相关因素进行详细的分析，影响餐厅营业地址选择的因素从宏观上讲包括经济因素、社会因素、文化因素和市场因素等，具体来讲包括以下内容。

1. 地区经济

饮食消费是在人们有足够的资金满足日常衣、食、住、行等基本需要之后的可自由支配资金的消费。一个地区人们的收入水平、物价水平都会影响到人们可供消费的金钱数量和他们必须支付的价格。一般，当人们的收入增加时，人们愿意支付更高价值的产品和服务，尤其在餐饮消费的质量和档次上会有所提高，因此，餐厅一般应选择在经济繁荣、经济发展速度较快的地区。

2. 区域规划

在确定餐厅经营地点之前，必须要向当地有关部门咨询潜在地点的区域建筑规划，了解和掌握哪些地区被分别规划为商业区、文化区、旅游区、交通中心、居民区、工业区等。因为区域规划往往会涉及到建筑物的拆迁和重建，如果未经了解就盲目地选定地址，在成本收回之前就遇到拆迁，会使企业蒙受巨大的经济损失，或者失去原有的地理优势。同时，掌握区域规划后便于我们根据不同的区域类型，确定不同的经营形式和经营规格等。

案例阅读

失败的餐厅选址

有一家面馆的老板第一次搞餐饮，他租赁了一家正在营业的临街门面餐馆，此餐馆的餐厅营业面积、地理位置、租金等都非常理想。店前离马路尚有20米宽的路面，不仅有足够的停车位，也可搞夜市经营。事情谈妥后老板花了大量资金搞装修，增添设备。但此店经营还不到半年，因在国家规定的拆迁范围之内，被拆迁了，老板受到比较大的经济损失。

3. 文化环境

文化教育、民族习惯、宗教信仰、社会风尚、社会价值观念和文化氛围等因素构成了一个地区的社会文化环境。这些因素影响了人们的消费行为和消费方式，决定了人们收入的分配方向。一般而言，文化素质高的人对餐饮消费的环境、档次的要求比文化素质低的人要高。文化环境的不同，影响餐厅经营的规格和规模。

4. 竞争状况

一个地区餐饮行业的竞争状况可以从竞争方式和竞争密度两方面来考虑。

（1）竞争方式　一是直接竞争，即提供同种经营项目，同样规格、档次的餐饮企业可能会导致竞争，这对餐饮企业来说，是消极的；二是非直接竞争，包括不同的经营内容和品种，或同样品种、不同规格或档次的餐饮企业，这类竞争有时起互补作用，对餐饮企业是有利的。

（2）竞争密度　竞争密度是指本区域内餐厅的总数，一般数量越多竞争越激烈。在行业密集的地方，往往会出现商家吸引商家，人流吸引人流，形成一方繁荣的局面。但在这类地方办餐厅，各餐饮企业一定要有自己的风味特色，餐厅之间既要有竞争又要能互补，只有这样才能取得成功。如天津市的食品街，汇集了不同风味的几十家餐厅，而且门对门经营，由于其档次、规模大都属中、低档，且宴会菜品廉价、实惠，吸引了大批市内外游客，很多北京人的婚宴也在此举行。

5. 市政设施和服务

市政设施包括餐厅经营所必须具备的能源供应，如水、电、燃气（天然气、煤气等）等，下水设施，周边道路和建筑的建设与绿化，停车场，垃圾处理设施，通讯设施，消防设施等。市政服务包括与上述设施有关的服务和环卫、环保、治安等情况。这将决定餐厅周围是否具有良好的地区环境。餐厅在选址时应考虑该地的配套市政设施和服务是否齐全，否则会给餐厅经营带来不利影响。

（二）餐厅微观位置的选择

餐厅宏观位置确定之后，还需要考虑具体地点上的环境细节，主要包括以下内容。

1. 交通状况

交通状况是指车辆的通行状况和行人的多少，它意味着潜在的客源，但客源绝不等同于交通的频繁程度，如在交通要道，尽管交通极为频繁，但过往的旅客根本没有就餐的机会，也产生不了就餐的欲望，有就餐机会和欲望的过路人才会成为客源。

案例阅读

客三千火锅城

客三千火锅城上下共有四层，四十几个大包间，两个大厅三个小厅，近千个就餐餐位。酒楼装修风格走华贵路线，在各个区域大量使用了中国传统木雕、字画、工艺品等装饰物品，仅红木的餐桌、餐椅就投入了不少钱。投资人一开始便瞄准了城市中高端火锅消费群体，因而火锅城选定了三文鱼火锅为特色招牌，目标自然也是服务于中高端消费群体。

客三千火锅城从2008年9月份开始装修，于11月初开张营业，应该说这样的时间安排相当合理，酒楼只需简单的一个经营磨合，就可以顺利进入经营旺季……然而，客三千火锅城的实际经营状况与业主的期盼大相径庭，火锅城只是在开业的头一天业主请客时接近满负荷运转，在此之后，酒楼的上座率基本上不足三成，到了12月份火锅旺季时，火锅城的上座率连两成都达不到。进入12月底，亏损严重的业主极其无奈地关门停业，而就在此时，满城的火锅店生意一家比一家红火。

客三千火锅城地处一省会城市的次主干道上，门前车流量、人流量颇大，但稍加留意就会发现，几乎所有的人和车都是在门前匆匆而过，却没有任何停下来的意思，甚至不愿稍加停顿看看街边商店的门脸。其次，客三千火锅城的门前除了窄窄的人行道，根本没有车辆停放的地方，这和它的中高端市场定位存在着极大的矛盾，这也是火锅城投资人的极大疏忽，甚至是不可原谅的错误。

（资料来源：餐厅选址分析，红餐网，http://www.canyin88.com/）

2. 餐厅的可见度

餐厅的可见度是指餐厅位置的明显程度，也就是说，无论顾客从哪个角度看，都可以获得对餐厅的感知。餐厅可见度是以从各地往来的车辆和徒步旅行的人员的视角来进行评估的，餐厅的可见度往往会影响到餐厅的吸引力。

3. 停车设施

餐厅选址时还要考虑顾客到店后停车是否方便，现代人外出用餐都是开车而来，餐厅是否有方便的停车设施对餐厅的经营有很大影响。

4. 竞争对手的相对位置

餐厅选址时还要考虑是否与竞争对手的服务网点过于靠近，客流是否被竞争对手拦截等。

案例阅读

加利福尼亚一家餐饮连锁集团的选址标准

连锁经营的餐饮集团往往要明确规定其加盟店的选址标准。所有要求加盟者都必须符合选址标准的要求才可能成为候选者。

加利福尼亚州一家经营休闲餐饮的连锁集团为其加盟店设置了如下选择标准。

（1）必须设在至少50000人口的城市的中心地带。

（2）餐馆面临街道的交通量应为每天20000辆次的通行车辆，且交通通行时间为24h，街道车辆通行的宽度应为4车道。

（3）附近有居民区、汽车旅馆、购物中心或城市公园。

（4）餐馆门面至少有61m的开间，整个餐馆的占地约为4180.6m²。如果餐馆设在购物中心内，则需具备足够的停车位和单独的通道。

（5）店面最好具有发展扩大的可能性。

（6）店面的选择使经营具有稳定性，不会因某些因素如政府规划等的变化而受影响。

（7）店面具有良好的可视面。

（8）餐馆的可进入性很好。

（9）市政配套设施齐全，如水、电、煤气，特别是下水管道。

除此9条基本标准之外，集团还根据餐馆处于某条街的具体位置的不同对选址细节作出了更细致的规定。餐馆占地的长宽度至少应为600m×510m，而且驾车者能在餐馆前的街道实施左转弯进入餐馆的停车场（在城市里，有些街道不能左转弯）。

（资料来源：汪焰．餐饮服务与管理[M]．上海：华东师范大学出版社．2010年）

二、餐厅选址的原则

（一）目标市场原则

任何餐饮企业，都要根据目标市场，选择适当的地点，建立相应的规模，选择相应的设施设备和相应的经营内容和服务档次。

（二）容易接近原则

餐厅应选择在交通便利的商业区、经济区、文化区，尽可能地设置规模相当的停车场，餐厅应按所在地人们行进、停留的规律选址，方便顾客来往。总之，餐厅原则上应选择在顾客容易接近的地段和位置，因为顾客是以方便性来决定进入哪家餐厅的。

（三）可见度原则

餐厅的可见度是指餐厅位置的明显程度，比如说选址的位置无论在街头、街中、巷尾，应让顾客从任何一个角度，都能获得对餐厅的规模和外观的感知，当然这需要从建筑、装饰等几个方面来完善。一般而言，餐厅宜紧靠某条主要街道、繁华的商业区域或某个公寓区。

（四）投资预期目标原则

餐厅在选址时，除考虑外部因素外，还应考虑自身的条件，如经营品种、方式等，要以能实现预期投资目标的地点来衡量地理位置的优越程度。

知识链接

不同类型餐厅选址

家常菜馆：可以选择在成熟的住宅小区里面，这样客源相对比较稳定，定价中低档次。

学生餐厅：选址在各大校区周边，消费人群面向学生，定价低廉。

纯休闲餐厅：都市中闹中取静的地方或城郊环境优雅的地方，餐厅的消费价位可以根据自己的装修档次稍稍偏高一些。

商务经营餐厅：餐厅最好选择在几个大型的商务写字楼区内，而且以商务套餐经营为主，定价在中上比较合理。

高档餐厅：一般适合在高档的星级饭店附近或者人流量大的高档成熟写字楼附近。还有一种成功模式就是承包饭店的餐饮部，做自己的品牌和菜系。比如阿一鲍鱼就是成功地在三星级以上饭店的餐饮部进行场地承包，然后做自己的特色经营。

餐厅选址的十大不宜地段

（1）不宜在居民人口稀少的地区开餐馆，在此很难形成相对稳定的消费群。

（2）不宜在高速车道旁边开餐馆。

（3）不宜在高层楼房上开餐馆。高层开餐馆一般广告效果较差，也不方便顾客。

（4）餐馆大门不宜正对一条笔直的马路，笔直道路会因为过往的车辆而产生废气，造成餐馆周围环境的空气污染。

（5）餐馆大门不宜正对两座并排建筑的高楼大厦之间留的一条小巷。一是成为“穿堂风”的风口，餐厅气场很不稳定，从而影响营业者的健康与精神。二是由于门前巷子窄、墙高、阴森森的，顾客不愿进来，自然会影响生意。

（6）餐馆门口不宜选在风口位置上，尤其是北方城市。一到冬季寒风袭人，影响顾客入店进餐。

（7）餐馆不宜选在斜坡上。斜坡影响进餐顾客停放车辆。

（8）餐厅门前不宜有障碍物。被建筑物挡住店面，影响餐馆的能见度，会减弱客源。另外特别是不能正对着大树，树体粗壮树叶茂盛，空气不流通。

（9）行人匆匆而过的地方不宜开餐馆。

（10）餐馆大门不宜正对死巷。死巷空气沉闷不通透，人流量较少，餐馆正对死巷使人从心理上产生压抑感和不快，影响餐馆生意。

（资料来源：餐厅选址的十大不宜地段，百度文库http://wenku.baidu.com/）

三、餐厅选址与投资效益分析

餐厅投资效益分析就是要判断所研究的餐饮投资项目能否实现预期的投资效益，是餐饮经营可行性分析的主要内容。投资效益分析过程一般分为以下三个步骤：首先，对市场进行调研，客观、精确、全面地搜集、整理、加工各种相关资料和数据，这是分析的前提。其次，对投资项目进行精确的财务预测，即预测该项目投入运营后数年内（通常五年或十年内）的营业收入和各项成本费用开支。精确的预测是投资效益分析的关键。最后，正确计算出反映经济效益的评价指标，并利用这些指标得出准确、合理的分析结论。

案例阅读

下表为某一餐厅选址的评估评分表，通过该表的评估，能粗略地分析出餐厅选址的优劣情况。

表4-1 餐厅选址评估评分表

序号	选址条件	选址评估说明
1	物业所处商圈的周边商业氛围（有无知名品牌）	
2	是否学院区	
3	周边社区居住量	
4	可能交易范围内的住户数	
5	该地区居民的生活形态、结构	
6	人流聚集时间点	
7	收入水平	
8	该地区人口集中的目的及流通的范围	
9	流动人口量	
10	是否为人潮涌动的地方以及年轻人和商务人士经常出没的地方	
11	写字楼有没有，多少栋	
12	有没有大型聚客点，几家，距离所属物业多远	
13	同类型企业有几家	
14	交通的便利情况	
15	是否有停车位	
16	距离最近的停车场多远	
17	物业提供楼层可视性	
18	优点	
19	缺点	

任务实施

❶ 餐厅选址　根据餐厅的主题特色及消费群体确定餐厅的地址。

❷ 竞争环境分析　调查分析本餐厅周围的竞争对手情况。

❸ 选址决策分析　从餐厅选址地的客流量、门面大小、门面租金、交通状况、地理位置、区域规划、顾客消费习惯等方面进行选址决策分析。

任务评价

餐厅选址考核评分标准

<table>
<tr><th>序号</th><th>考核内容</th><th colspan="3">考核要点</th><th>应得分</th><th>自评分</th><th>互评分</th><th>教师评分</th></tr>
<tr><td>1</td><td>餐厅命名</td><td colspan="3">（1）餐厅名字与主题相符
（2）餐厅名字具有艺术性</td><td>10</td><td></td><td></td><td></td></tr>
<tr><td>2</td><td>餐厅选址</td><td colspan="3">（1）餐厅选址符合餐厅主题特色
（2）餐厅选址与餐厅主要客源集散地相符
（3）餐厅选址地具有可进入性</td><td>50</td><td></td><td></td><td></td></tr>
<tr><td>3</td><td>选址报告</td><td colspan="3">报告内容全面，文字流畅，结构完整</td><td>20</td><td></td><td></td><td></td></tr>
<tr><td>4</td><td>汇报</td><td colspan="3">（1）PPT 制作精美
（2）上台汇报语言流畅，逻辑清晰</td><td>10</td><td></td><td></td><td></td></tr>
<tr><td>5</td><td>答辩</td><td colspan="3">回答问题观点正确、恰当</td><td>10</td><td></td><td></td><td></td></tr>
<tr><td colspan="5">总分</td><td>100</td><td></td><td></td><td></td></tr>
<tr><td colspan="2">小组自评</td><td colspan="7"></td></tr>
<tr><td colspan="2">小组互评</td><td colspan="7"></td></tr>
<tr><td colspan="2">教师评价</td><td colspan="7"></td></tr>
<tr><td rowspan="2">小组成员个人得分</td><td>姓名</td><td></td><td></td><td></td><td></td><td></td><td></td><td></td></tr>
<tr><td>得分</td><td></td><td></td><td></td><td></td><td></td><td></td><td></td></tr>
<tr><td>说明</td><td colspan="8">小组任务得分 = 小组自评分 ×20% + 小组互评分 ×40% + 教师评分 ×40%。小组成员个人得分由小组长和教师根据个人在任务完成中的工作情况分配分数</td></tr>
</table>

任务 2　餐厅布局

任务情境

某个体户准备投资经营一家中高档次的特色餐厅，聘请你担任餐厅筹划总监，你上任后通过与老板的多次协商最终确定了餐厅的主题特色，老板要你设计一份该特色餐厅的设施综合布局方案，以便对餐厅进行装修设计。

任务工单

任务名称	制订 XX 餐厅设施综合布局方案				
班级		小组		小组成员	
工作任务	你作为餐厅筹划总监，请带领你的筹划小组根据该餐厅的主题特色制订一份餐厅综合设施布局方案				
任务目的	知道餐厅设施布局标准，掌握餐厅设施布局方法，能对各种类型餐厅进行设计布局，并能为餐厅经营做好内部空间环境准备				
任务实施要求	（1）餐厅档次设定为中高档 （2）小组成员全体参与，共同完成任务 （3）餐厅设施布局符合餐厅主题特色，具有可行性 （4）手绘餐厅设施平面布局示意图，并配有图示说明				
任务实施步骤	（1）小组成员分工 （2）查阅资料，拟订任务完成工作计划 （3）小组讨论制订餐厅综合设施布局方案，手绘餐厅平面布局示意图 （4）制作汇报 PPT （5）课堂汇报、小组互评 （6）教师点评、总结				
任务成果形式	餐厅综合设施布局方案				
实施过程记录	从以下 3 个方面记录：搜集的资料、过程记录、实施中遇到的问题及解决办法				

知识准备

一、餐厅布局原则

餐厅设计布局的基本原则对任何类型、规模的餐饮企业都具有普遍的指导意义和实用价值。所谓布局，即确定餐厅各功能区域的具体位置及配备餐饮运营必需的设施设备等。餐厅设施布局必须遵循以下基本原则。

（一）充分保证餐厅内部生产、服务流程的畅通

一是建立高效、快捷的物资传递流程机制，将设备安置于流程线口，便于物品的到达、储存和冷藏；二是厨房加工生产的各功能区域分布遵循餐饮生产流程和出菜次序；三是餐厅服务流程顺畅，便于提高餐厅服务效率。

（二）尽量缩短服务的距离，提供快捷、高效的服务

服务的距离由餐厅的形状、餐厅与厨房的相对位置及连接处理而定。对于长方形餐厅，厨房与餐厅的连接口设在餐厅长边的中间，可有效缩短服务距离；对于形状不规则的餐厅，应通过测量，找出厨房与餐厅之间最短的路线，并在其交叉点上设立餐厅与厨房之间的连接处。餐厅内服务通道的设计要顺畅，餐桌之间保持一定的距离，避免服务员和宾客之间行动路线的交叉和碰撞。就餐区域的布局既要考虑到宾客就座时的宽敞空间，又要便于服务员顺畅地进行餐桌服务。

知识链接

餐厅动线的安排

餐厅动线是指客人、服务员、食品与器物在厅内的流动方向和路线。

客人动线。客人动线应以从大门到座位之间的通道畅通无阻为基本要求。一般来说，餐厅中客人的动线采用直线为好，避免迂回绕道，任何不必要的迂回曲折都会使人产生一种人流混乱的感觉，影响或干扰客人进餐的情绪和食欲，餐厅中客人的流通通道要尽可能宽敞，餐厅动线以一个基点为准。

服务人员动线。餐厅中服务人员的动线长度对工作效率有直接的影响，原则上愈短愈好。在服务人员动线安排中，注意一个方向的道路作业动线不要太集中，尽可能除去不必要的曲折。可以考虑设置一个“区域服务台”既可存放餐具，又有助于服务人员缩短行走路线。

（三）充分利用餐厅空间

餐厅在进行布局设计时应充分利用餐厅空间，各功能区布置既要紧凑合理，同时又要使顾客舒适，空间的利用应兼顾节省成本和实现经营目标两方面。

（四）避免餐厅和厨房流动的交叉和碰撞

餐厅和厨房的连接处应分别设进口和出口两个通道，以避免服务员进出厨房时互相碰撞，避免菜肴进口和垃圾出口的交叉污染。

二、餐厅功能区设计

餐厅内部各功能区的设计与布局应根据餐厅面积的大小决定。由于餐厅内部各功能区所占空间的需要不同，要求在进行整个空间设计与布局规划时，统筹兼顾，合理安排。要考虑到客人的安全性与便利性，营业点各环节的机能、实用效果等因素；注意全局与部分间的和谐、均匀、对称，体现出浓郁的风格情调，使客人一进餐厅就能强烈地感受到形式美与艺术美，得到一种享受。一般来说，餐厅可划分为以下五个功能区。

（一）门面和顾客出入口功能区

门面和顾客出入口是餐厅的第一形象，承担迎接顾客、供客人休息、等候用餐的过渡功能区，包括外立面、招牌广告、顾客出入口大门、通道等。

（二）接待区和候餐功能区

主要是迎接顾客到来和供客人等候、休息、候餐的区域。接待区应提供给客人消遣的设施，如电视机、报刊、杂志等；如有可能还可设立一个小推销站；如接待室空间较宽敞，必要时还可作为小型会议场所。高级餐厅接待区要单独设置或设在包间内。

（三）用餐功能区

用餐区是餐厅的重点功能区，包括餐厅的室内空间的尺度、室内空间功能的分布规划，来往人流的交叉安排，家具的布置使用和环境气氛的舒适等。

知识链接

餐位的设计

餐椅设计：餐椅设计是餐厅用餐功能区设计的一个基本内容。餐椅的类型、质感、色调和装饰，构成了餐椅的观赏性功能。要想设计出性能优良、感觉舒适的餐椅，它的设计必须符合人体所需的尺寸和标准，其中两个重要的尺寸是臀部至腿弯的长度和腿弯的高度。另外，靠背的支撑必须切中人体上部的着力部位。

餐桌设计：餐厅座席的设计配置，因宾客进餐人数的不同而形式各异，有单人座、双人座、四人座、六人座；圆桌式、豪华扶椅式、火车座式；方形、长方形等。圆形餐桌通常应用于中餐厅等共餐制形式的餐厅、宴会厅，一般有6人桌、8人桌、10人桌、20人桌、30人桌等。方形餐桌常用于西餐厅、咖啡厅和酒吧，供2~4人用餐。长方形餐桌用途广泛，不仅被西餐厅广泛采用，同时也可作为会议、自助餐台形设计组合的基本台形，并可临时布置成工作台使用。

（四）配套功能区

这是指餐厅营业服务性的配套设施。如洗手间、衣帽间、娱乐室等营业性的辅助功能配套设施。

（五）服务功能区

这是为顾客提供用餐服务和经营管理服务的功能区，备餐间和备餐台存放备用的酒水、饮料、台布、餐具等。

三、餐厅环境氛围设计

餐厅的环境氛围主要围绕历史文化背景、民俗自然风情和特定菜系品质来设计。此外，欢乐喜庆、团圆祥和的氛围也是餐厅装修设计所追求的基调。

（一）古典风格

餐厅以特定的历史文化背景来设计环境，给人以历史延续和地域文脉的感受，突出民族文化渊源的形象特征，“形”“神”兼备。

（二）乡土风格

餐厅以某一特定地方特色来营造环境氛围，体现结合自然、亲近自然的设计理念。如竹屋茅舍式的布置，可衬托出清新自然的气氛，使人感受悠闲、舒畅、自然的生活情趣；室内还可以挂蓑衣、渔具、玉米棒、干红辣椒、宝葫芦等，营造丰富多彩的乡土风情。

（三）民族风格

餐厅以某一民族的民俗特色为主来设计环境氛围。如日式餐厅，室内清新、幽雅、淡泊、寂静，带有茶道特色，以落地式推拉木格子门、榻榻米为主要风格特征。伊斯兰式餐厅，吊顶和墙面造型以拱券为主，穹隆是伊斯兰风格代表之一。餐厅设计表现出回族的文化底蕴，造型纹样精巧、细致，部分装饰色彩为青绿色，民族特征突出。但同时又融合有现代元素，以现代人的审美需求来打造富有传统韵味的空间，将传统文化的脉络传承下去。

（四）现代风格

它包括两方面的内容，一是中国传统风格的文化意义在当前时代背景下的演绎；二是对中国当代文化充分理解基础上的当代设计。它不是纯粹的元素堆砌，而是通过对传统文化的认识，将现代元素与传统元素结合在一起，以现代人的审美要求来打造富有传统韵味的事物，让传统艺术在当前得到合适的体现。

四、餐厅色彩设计

（1）首先要确定餐饮空间总体的色彩基调，然后再针对餐饮空间的不同区域功能来设定搭配局部色调。

（2）处理色彩关系一般是根据“大调和、小对比”的基本原则。

（3）室内环境的色彩处理，必须在充分考虑自然环境的情况下来进行，色相宜简不宜繁，纯度宜淡不宜浓、明度宜明不宜暗。主要色彩不宜超过三种色相。

（4）在缺少阳光区域和利用灯光照明的餐饮包房里，可以采用明亮的暖色相，以调节其明亮的温暖气氛，增加亲切感。

（5）在阳光充足的地区和炎热的地方，可多用淡雅的冷色相。

（6）在门面招牌、接待区、厕所、电梯间可使用高明度色彩，可获得光彩夺目、干净卫生的清新感。

（7）在咖啡厅、酒吧、西餐厅等地方则使用低明度的色彩和较暗的灯光来装饰，能营造温馨的情调和高雅的气氛。

（8）用餐区和包房，可使用纯度较低的各种淡色调，可获得一种安静、柔和、舒适的空间气氛。

（9）在快餐厅、小食店、食街等餐饮空间里，使用纯度较高和鲜艳的色彩，可获得一种轻松、活泼、自由、快捷的气氛。

五、餐厅装饰陈设

（一）家具陈设

餐厅里的餐台、餐椅、沙发是餐饮空间的主要家具，其数量多、面积大。家具的造型和色彩对确定餐厅的基调起着很大的作用，家具风格要尽量统一，要与整个室内装饰协调。

（二）织物的式样

一般有地毯、台布、窗帘、吊窗、墙布、壁挂等，餐厅内使用的织物装饰应和谐统一。

（三）艺术品摆设

在风格古朴的餐厅，一般用铜饰、石雕、古董、陶瓷和古旧家具；在传统的中式餐厅用中国的青铜器、漆艺、彩陶、画像砖以及书画；在主题风味餐厅中可选用具有浓郁地方特色的装饰品。

任务实施

1. 餐厅功能分区设计　根据餐厅的形状、面积合理分配各功能区的位置及面积。
2. 餐厅环境氛围设计　根据餐厅主题特色确定餐厅的主体环境氛围。
3. 餐厅内设施设备配置　合理配置餐厅内的营业设施及装饰物。
4. 手绘餐厅综合设施布局平面示意图。
5. 撰写餐厅设施综合布局方案。

任务评价

餐厅布局考核评分标准

序号	考核内容	考核要点	应得分	自评分	互评分	教师评分
1	餐厅空间分隔	（1）餐厅功能区划分合理 （2）各功能区分布合理 （3）充分利用餐厅空间	30			
2	餐厅环境布置	（1）家具及餐具的选用、色彩与照明、墙面装饰等方面合理 （2）整体环境与餐厅主题协调 （3）整体环境具有艺术性和审美性	20			
	餐厅主题的营造	餐厅的墙面装饰物、餐厅的色彩等符合主题	10			
3	设计方案	（1）方案内容全面，文字流畅，结构完整 （2）手绘餐厅布局平面图清晰	20			
4	汇报	（1）PPT 制作精美 （2）上台汇报语言流畅，逻辑清晰，结构完整	10			
5	答辩	回答问题观点正确、恰当	10			

续表

序号	考核内容	考核要点	应得分	自评分	互评分	教师评分
总分			100			
小组自评						
小组互评						
教师评价						
小组成员个人得分	姓名					
	得分					
说明	小组任务得分 = 小组自评分 ×20% + 小组互评分 ×40% + 教师评分 ×40%。小组成员个人得分由小组长和教师根据个人在任务完成中的工作情况分配分数					

项目小结

饭店业巨子希尔顿先生曾说道：“饭店成功的秘诀有三个，第一是地段，第二也是地段，第三还是地段。”这句话表明了餐饮服务地点的战略性意义。餐厅应根据自身的经营特色及目标顾客的消费习惯从宏观和微观两方面综合考虑合适的经营地点，并统筹兼顾、合理安排餐厅的空间布局，巧妙利用设施设备、装饰物等营造符合目标顾客需求的环境氛围。

知识拓展

餐厅主题设计

一、民俗地域主题

（一）国内主题餐饮

餐饮企业可以中国各地文化为契机，推出各种主题餐饮，如咸鲜醇厚的鲁豫风味，清鲜平和的淮扬风味，鲜辣浓淳的川湘风味，清淡鲜爽的粤闽风味，香辣酸鲜的陕甘风味等，并在促销活动安排、内部环境装饰、外部卖场布置等方面，体现原汁原味的地域特色和文化。

（二）国外主题餐饮

以博大精深的世界餐饮文化作为主题卖点，如清淡精致的日本料理、浓烈酸辣的韩国餐饮、高贵奢侈的法国餐饮、包容万千的澳洲餐饮、粗犷随意的美式西部餐饮、原始古老的非洲部落餐饮等。

二、怀旧复古主题

（一）以历史上的某一时期作为主题

根据不同的历史时期，又可细分清朝主题、明朝主题、唐朝主题、民国主题、文革主题、近代主题等，这些主题餐饮包括西安的“仿唐宴”、开封的“仿宋宴”、湖北的“仿楚宴”、北京的“仿膳宴”、南京的“随园宴”、济南的“孔府宴”等。

（二）以历史上某一事件作为主题

餐厅可通过搜索历史上某些有特殊意义的事件来创设主题，借助于“时光隧道”回到那些特定的历史事件中。“老三届乐园”回忆的就是知青下乡的岁月。在它的墙上挂着干红辣椒、老玉米棒子、煤油灯、旧挎包，每一件都能把知青朋友们带回往日的岁月。它的特色菜之一是“老三届团圆”，这道菜里有鸡有鱼有虾，再配上红的番茄、绿的苦瓜、黄的菠萝，酸甜苦辣咸，五味俱全，就像老三届的命运。更绝的是，老三届乐园还在店堂内设了一堵“名片墙”，成为“老三届”联络感情的根据地。

（三）以历史上某些著名人物为主题

1．政治领袖

中国的开国领袖毛泽东因其丰功伟绩受到世人瞩目，在中国乃至国外都出现了以毛主席为主题吸引的毛家饭店，其菜肴以韶山当地的土特产为原料，制作的地瓜、红烧肉、米豆腐、炖泥鳅等都是毛主席生前喜好的口味。如新加坡的毛家餐厅内，跑堂的尽是红卫兵，满屋子也都是毛泽东的画像，连筷筒也设计成笔筒的样子。除了餐厅布置外，最引人注目的是18位红卫兵装扮的服务员。这些“红卫兵”见到客人便行军礼，臂上戴着“为人民服务”的红袖章，头戴五星帽。服务员能用英语和汉语向客人介绍，如“毛泽东是中华人民共和国第一位领导人”“没有毛泽东就没有新中国”“毛泽东说不吃辣椒不革命”等。

2．历代将领

一些餐厅可以历代将领为主题吸引。如杭州涌金大酒店就定位于这个主题，推出了响当当的“历代将领菜”。该饭店内设32个风格各异的包厢，分别以32位历代著名将领命名。包厢设计成这些将领所在时期的风格风貌。每个包厢都有一道知名的“将领菜”，如诸葛亮的“香辣凤脯”，郑成功的“成功鲳鱼”，赵子龙的“盘龙鳝”，宗泽的“家乡南肉”等，并且每道“将领菜”都有一个菜名来历或感人的将领故事。

3．文人雅士

文人雅士也有其特殊的偏好，从而也引发出许多独特的餐饮文化。如清代著名诗人袁枚所著的《随园菜谱》就是很好的主题吸引，国内有许多餐厅围绕《随园菜谱》开发了许多特色餐饮。又如一代诗仙李白因其脍炙人口的诗句和奔放不羁的性格也受到了世人的关注，由此也出现了以“太白遗风”为主题的各类主题饭店、主题餐厅。而江苏的“梅兰宴”则是为纪念京剧大师梅兰芳，而“乾隆宴”则是乾隆皇帝下江南的历史写照。

（四）以文学作品中的历史事件作为主题

我国留下了许多精彩的文学作品，这些文学作品也因其巨大的影响而成为人们的兴趣焦点。因此，创设主题可从这些文学作品中寻求切入口。如湖南常德的“梁山寨酒家”和扬州宾馆的“红楼厅”就属此例。

三、娱乐休闲主题

餐厅可借助慵懒的音乐、随意的环境、休闲的餐具、淡雅的色彩营造一种无所不在的休闲气息。休闲餐饮的出现，赋予了餐厅新的功能，使其日益成为社会交际、休闲娱乐的舞台

（如商业洽谈舞台、朋友聚会舞台、公司非正式聚会舞台等），这种全新的经营理念为餐厅带来新的发展契机，也推动了社会的进步。

四、农家生活主题

富有生活、田园气息的农家生活也是现代都市人渴望的生活方式之一。紧张的生活节奏、冷漠的人情世故，使得现代人对那种“比邻而居”“鸡犬相闻”“互帮互助”的淳朴民风怀有强烈的好奇心。农家生活主题餐厅就迎合了现代人的这种好奇心理。

在设计此类餐厅时，应考虑客人心目中最理想的农家生活格调，并在环境布置、菜式搭配、广告宣传等方面联合烘托主题。如将简单的茅草屋作为餐饮消费空间，服务人员宜穿着随意、干净，菜式体现农家特色，条件许可，还可向客人提供一套农家常用的炊具和菜点原料，让客人亲自上阵，如擀面条、烧灶台等。不过，此类餐厅应严格保持卫生标准。

五、影视文化主题

影视文化是娱乐文化中经久不衰的拳头产品，中外影视发展史上均出现了许多流芳百世的优秀影视作品。因此，餐厅可以其中某类风格的影视文化（如好莱坞的黑白片）作为主题吸引，让人们在品味美食的同时得到视觉上的享受；也可通过举办主题影视周的做法，全面介绍各类影视文化，如“爱国主义影视文化展播”“西部影视文化推广”“奥斯卡获奖影片展播”“女性影视作品展播”“武侠作品展播”等。

六、琴棋书画主题

（一）棋类主题

包括人们熟悉的军棋、象棋、五子棋、跳棋等。某餐厅老板突发“棋”想，用棋赛招待客人。他在店内设立了奇特的棋赛。所有的棋子都是特别的小酒瓶，客人双方对弈时，只要吃掉对方的“棋子”，便可将其中的酒喝掉。由于这里既有酒喝，又可下棋取乐，所以深受棋迷朋友的欢迎。

（二）画类主题

美术主题餐厅同时也是一个美术作品展览馆。客人在此可看到一些难得的精品书画，汲取书画创作的一些基本常识。香港有一家可以涂画的饭店，饭店桌子的台布上都铺有一张大画纸，桌面上放着一个插颜色笔的杯子，客人可以随意在画纸上涂绘，如果客人的作品上档次，便有机会被画廊展出和出售，许多业余画家和绘画爱好者纷纷前来就餐。而在上海有一家主题餐厅居然以各类“时尚漫画”为主题吸引。餐厅内墙用各类漫画装饰，台布也是特制的漫画台布。当食客还沉浸在智睿的启迪中或捧腹于离奇的矛盾冲突时，菜已上来。店主还会根据时代热点，收集大量的“时尚漫画”，如中国甲A、甲B足球赛期间，专门在店内布置了一些足球漫画，可谓紧跟时尚。

（三）文学主题

餐厅在熟读有关的作品，领会其中真谛的基础上，选取有影响的作品（如四大古典名著等）作为设计源泉，以确保一定的知名度；条件许可，可选择一些系列文学作品加以系列开发设计。如红楼套餐、三国宴、神雕宴、金瓶梅宴、西游宴、少林素宴等主题餐饮。

七、音乐歌舞主题

（一）音乐类主题

包括古典音乐、流行音乐、民族音乐、爵士乐、摇滚乐等不同的音乐主题。此类餐厅一般拥有较好的音响器材以及各类“同根同源”的唱碟。如某地有一家“岁月如歌”餐厅，以怀旧为主题，以怀旧乐曲伴餐，经典的曲目有《闪亮的日子》《在那遥远的地方》《昨日重现》《卡萨布兰卡》等，邀老友、品岁月、唱老歌、吃美食，让客人得到全方位的非凡享受。

（二）戏剧歌舞主题

以各类戏剧舞蹈文化为主题吸引，包括各种剧种和各类舞蹈等。这类餐厅应具备较宽敞的空间和特殊的装饰，可在餐厅中间设置一至两个突出的舞台，以照顾所有客人观赏表演的视线。

八、体育运动主题

餐厅可以大体育为基本设计概念，组成一个类似现代“奥林匹克中心”的综合运动主题餐厅，也可选择其中一种或几种作为主题的出发点。例：北京凯莱大饭店的运动城餐厅以奥运五环为主题，涉及篮球、田径、高尔夫、赛车等多个门类的小餐厅、酒吧、游艺室。缤纷的色彩、抬头可见的明星巨照，真人大小的名将雕塑，实物跑车，无不调动客人的情绪。

（资料来源：餐厅主题设计，百度文库http://wenku.baidu.com/）

思考与练习

1．你认为开一家中式快餐店选址应考虑哪些因素？

2．如何确定餐厅的餐位数量？

3．如何运用灯光色彩来营造餐厅的环境氛围？

4．参观当地三家餐饮企业的内部空间布局，比较它们之间有哪些异同。

5．案例分析

老界岭柴鸡

在确定“老界岭柴鸡”店址时，商家共有四个选择。

第一家，一个商业住宅小区门前转让的一个大型排档，周边人气旺盛，经营设施齐全，已有近三四年的客源基础。它的不足之处是要与住宅小区争夺停车位。

第二家，地处沿河休闲餐饮带的一个农家菜大型排档，交通方便快捷，停车场地充足，经营设备应有尽有，同样有着一定的客源基础。不足之处是酒楼的营业场所处在树林之中，空间上不够敞亮，且它的卫生环境难以达到商家的要求。

第三家，一个新建成商业楼的一楼临街门面房，地理位置优越，交通便捷顺畅，门前停车位充足，酒楼开张后形象也较佳。不足之处是在此投资，酒楼的硬件及装修投入需要大幅加大，这与商家的投资初衷有着较大的出入。

第四家，一个占地三亩的停车场，地处城市新修主干道的一侧，场地宽敞明亮，视野开阔，门前可停放上百辆车。欠缺的是这个地方周边仍然是荒地，根本没有任何的商业业态，在树立酒楼市场形象上需要一定的额外投入。

商家仔细分析后，做出了以下选择。

放弃第一家的理由是在这样的地段不易建立“老界岭柴鸡”鲜明的市场形象，比如说就餐时间来了许多的车辆，由于这些车辆要和住宅小区停放的车辆混在一起，消费者根本无法感觉出“老界岭柴鸡”的生意有多火爆，很难出现良性的经营循环现象。

第二个场地不够宽敞明亮，卫生环境条件不易改善的情况，与餐厅直接瞄准中高端客户群体的想法不能保持一致，也就予以排除。

第三个场地成本加大的问题则与商家成熟的投资思路有大的出入，与其勉强行事，还不如将其列为下一个餐饮项目的首选经营场地，届时为其量身定做适当经营项目更为妥当。

最后一个场地可说是商家一见倾心的地方，该场所位于城乡结合部，与商家当初的设想非常吻合。这样的地方既满足了现代人们返璞归真的心理，而其又不远离市区。与此同时，这样的场地周边氛围又和“老界岭柴鸡”酒楼的未来市场形象完全一致，因而没有太多的犹豫，商家便签下了该场地的租赁合同并立即开始了酒楼的建设工作。

（资料来源：餐厅选址案例分析，职业餐饮网：http://www.canyin168.com）

问题讨论：（1）结合以上案例分析餐厅选址应考虑哪些因素？

（2）为该餐厅进行内部环境设计。

项目五 主题宴会设计

知识目标

· 了解主题宴会设计的主要内容
· 掌握主题宴会的场景设计及宴会台面设计、宴会菜单设计
· 掌握主题宴会接待方案的撰写

能力目标

· 能够结合情景特点制订宴会策划方案
· 能够熟练操作中西餐主题宴会台面

引导案例

红楼宴

扬州“红楼宴”曾作为中国红楼梦艺术团的重要组成部分名扬新加坡，受到新加坡各界人士的好评。现在扬州红楼宴已成为扬州旅游的一项特色，它是以中国四大名著之一的《红楼梦》中的描写为依据来设置场景、营造气氛的。在红楼厅口，悬挂着三个精巧的灯笼，上书“红楼厅”三字。步入富丽堂皇的红楼厅，迎面是一座皇家园林式的牌楼，四壁挂满黄绸软缎的幕帘。牌楼下是漆器大地屏，室内摆放着5张平磨螺钿漆器圆桌，室顶悬吊着两只巨大的粉红色的荷花灯。四周的镂花窗上镶嵌着十二金钗的仕女图。地屏前，一张古色古香的漆器炕榻床上放置着贾母、黛玉、宝玉、凤姐等人用过的衣冠服饰，宾客可随意穿戴，上炕品茗，也可拍照留念。

一进门，耳边传来的是电视剧《红楼梦》的插曲，身着古装的“贾府丫环”轻盈地领着宾客到圆桌旁就餐，细细地品味红楼菜肴。

“红楼宴”以淮扬菜为基础，根据《红楼梦》中菜肴的描写，取名与《红楼梦》出典或人物有关的特色菜肴，由四大部分组成：其一为观赏菜“大观一品”，由三个五彩缤纷

的拼盘合为一个“品”字；其二为“广陵冷碟”，由六道造型精美、色香味俱佳的冷菜构成；其三为“宁荣大菜”，有造型奇特的“宝钗借扇”“老蚌怀珠”等；其四为“红楼细点”，为红楼宴的主食，有“晴雯包”“如意饺”等。

不管是环境设计、菜肴设计还是服务安排，整个宴会都给人以浓厚的文化氛围，令人仿佛回到了作者笔下所描写的红楼梦中。

评析：扬州红楼宴之所以能够名扬四海，与其依托文学描写，营造氛围是分不开的。人们对红楼梦的了解一般只限于文字或想象及影视作品中，能够于现实模拟场景中亲身体味，对于消费者来说是一次难得的经历。从宴会的命名、环境的布置、服务人员的设计和菜肴的命名、制作来说，都紧紧围绕着文学作品的主题，在消费中体味《红楼梦》的深远意味。

任务1　中餐主题宴会设计

任务情境

2015年8月15日，湖南省外事办在长沙芙蓉国温德姆至尊豪庭大饭店中餐厅举办中秋招待宴会，宴请在湘工作的外国专家和学者30人，其中首长和高级贵宾10人。设1主桌10人，创意主桌台面设计，突出宴会主题。

任务工单

<table>
<tr><td>任务名称</td><td colspan="5">中餐主题宴会创意台面设计</td></tr>
<tr><td>班级</td><td></td><td>小组</td><td></td><td>小组成员</td><td></td></tr>
<tr><td>工作任务</td><td colspan="5">你作为餐饮服务人员，请你根据任务情境，拟订宴会主题，并进行主桌创意台面设计</td></tr>
<tr><td>任务目的</td><td colspan="5">能准确阐述宴会主题内涵，能对台面设计进行说明</td></tr>
<tr><td>任务实施要求</td><td colspan="5">（1）主题明确
（2）台面设计、菜单设计与主题相吻合
（3）主题说明包括主题创意构思、主题花台设计说明、宴会菜单等内容，不多于1000字
（4）准备相应的主题创意材料，现场操作主题创意台面</td></tr>
<tr><td>实施步骤</td><td colspan="5">（1）小组成员分工
（2）查阅资料，拟订任务完成工作计划
（3）课堂汇报、小组互评
（4）教师点评、总结</td></tr>
<tr><td>任务成果形式</td><td colspan="5">（1）中餐主题宴会创意台面
（2）中餐主题宴会设计说明</td></tr>
<tr><td>实施过程记录</td><td colspan="5">完成时间；完成过程；分工合作情况说明</td></tr>
</table>

知识准备

一、主题宴会台面设计的原则

一个成功的主题宴会台面设计，既要充分考虑到宾客用餐的要求，又要有大量的构思与创意，将实用性和观赏性完美地结合。

（一）实用性原则

首先，基本器具以满足顾客进餐需要为前提；其次，基本器具应适应不同风格的餐饮进餐习惯和进餐的要求；最后，方便顾客识别和使用。

（二）美观性原则

餐台设计与布置在实用性原则的基础上，结合文化传统、美学结构，将各种器具加以艺术的陈列与布置，达到使顾客精神愉悦的目的。如台面图案、餐桌、餐椅与台面的色彩相协调，精美菜单陈列恰到好处，员工着装体现宴会主题等。

（三）便捷性原则

台面设计不可太繁琐、复杂，在实用、美观的前提下，做到方便、快捷。如餐具的摆放应以符合进餐要求为前提，其位置不但要对准座椅中心位，而且其间距要均匀合理。

（四）礼仪性原则

进行台面设计时应充分考虑就餐者的声望、地位、举办宴会的目的、参加宴会的主客等情况，体现出符合礼仪规范的文明风范。如主人、主宾应面向入口，处于突出或中心位置，能环视宴饮场景；还有插花、餐巾折花、餐椅与台布的颜色、供应的酒水及服务先后次序都应符合客人的饮食习俗。

二、主题宴会设计的要素

（一）结合实际，选定主题

鲜明的主题是宴会台面设计的“魂”。宴会主题的本质是文化。因此，在选择宴会主题时必须结合合适的文化背景、目标客户及市场热点。如中餐台面主题“梅兰芬芳春满园”，主要考虑京剧是中国的国粹，在大力弘扬中华传统文化的今天，这支戏曲奇葩应该可以通过各种渠道代代传承。如选择京剧为主题，选题过大会使设计空洞，所以必须浓缩选题才能找到以小见大的明确切入点。

（二）围绕主题精心配置

1. 台布与餐巾的选择搭配

每个主题宴会都有它的特定主题，台布、餐巾的颜色、款式、材质的选择要根据宴会主题来确定，以体现服务的内涵。如寿宴餐台可以选用红、黄相间的动感台布，色彩传统，造型现代，使寿宴主题尽显其中。

2. 餐用具的选择搭配

现代餐饮市场上餐用具主要有中式、西式、民族式、日式、韩式等不同风格，质地、形状、档次也有相当大的差异，宴会设计者可根据不同的宴会主题选用不同风格的餐用具或根据主题特制出精美的主题餐具，搭配出形态万千的摆台造型。

3. 餐巾花型的选择

丰富多彩的各色餐巾通过一些折法的变化和手艺的创新，可以折出千姿百态的造型，并能衬托出田园式、节日式、新潮式、超豪华式等不同宴会主题和气氛。如在婚礼喜宴上，在主人位放上一对错落有致的双色餐巾折花“鸳鸯”或“喜鹊”，可表达对新人的美好祝福，又可使宾客辨认出新人的席位。

4. 餐垫、筷套、台号、席位卡布置与装饰

在主题宴会台面布局中虽然餐垫、筷套、台号、席位卡是一个小的因素，但其作用不容忽视，设计者必须根据宴会的主题风格、花台的主色调、餐具的档次、宴会的规格、宾客的要求精心策划与制作。

知识链接

圣诞主题宴会餐垫的设计

在圣诞节主题宴会中的餐垫可设计成灿烂的圣诞树造型。首先在一张鲜绿色泽的硬纸板或布件背面画一棵圣诞树的轮廓，其长度和宽度约比玻璃餐盘的直径分别大约10～20cm。用美工刀和钢尺把形状割下来。在各树梢的地方用强力胶贴上小装饰品。剪一个大的星形贴在树的顶端，然后贴上小星星亮片即可。

5. 餐椅的选择

餐椅的主要功能是供宾客就座用之。主题宴会餐台设计与布置中常用的餐椅多选用优良原木材质，它一般相对固定，而宴会设计师采用椅外增加纺织品坐垫、椅套等作为装饰，以改变其色调与风格，使其与餐台的其他用品协调，与整个宴会主题相符合。

（三）主题花台设计

台面花台造型设计是主题宴会台面布置的一项艺术性很强的工作，一般采用主题插花或用与

主题相关的艺术品来造景，设计出不同的中心艺术品。台面花台既美化环境、丰富餐台造型，又增加了宴会和谐、美好的气氛，体现出宴会的隆重。原则为：花台应突出宴会主题；应与主题宴会餐台设计风格相吻合；应不阻挡宾客视线；应讲究卫生，防止食品污染；不能掩盖餐饮品。

（四）主题宴会菜单设计

主题宴会菜单对宴会不仅有点缀作用、推销作用，而且还是主题宴会的重要标志，可以反映不同宴会的情调和特色。

1. 构思菜单款式

根据确定的宴会主题，选择宴会菜单款式。菜单的款式多种多样，有卷轴式菜单、竹筒菜单、心型菜单、圆筒菜单、折页菜单等。

2. 丰富菜单内容

首先是菜点的选择。主题宴会菜单应该根据主题和相关要求进行特别定制，既要考虑安排流行名菜美点，又要注意色彩搭配和成本控制等诸多因素。

其次是菜肴命名。宴会菜单上的菜点一般都要选用较有文化韵味且朗朗上口的寓意名，并且每款名字旁边备注实名，便于就餐者明明白白用餐。

3. 选择菜单材质

竹子、硬质纸、石头、亚克力、木片等都可以用来作为制作菜单的材料。在实际设计过程中，应根据宴会主题选择相应的菜单材质。

三、中餐主题宴会设计说明

在整张主题台面的各个细节完善之后，主题说明这个画龙点睛环节不容忽视。一般来说，主题宴会设计说明应包含以下内容：宴会主题、宴会主题设计寓意构思、宴会餐台介绍（中心艺术品、餐具、桌布、椅套等）、餐巾折花介绍、宴会菜单介绍。

案例阅读

主题宴会设计说明

宴会主题：启航

宴会主题设计寓意构思：生命只有启航，我们才不会浪费宝贵的光阴，让生命之树结满丰硕的果实；只有启航，我们才会向理想的目标靠近，从而有机会和成功拉手；只有启航，我们才会创造崭新的自我，让执着的追求书写无悔的人生。

启航，找寻的是希望；扬帆启航，在茫茫的海涛里漂泊流浪，为了找寻失落在天角的勇气、坚强、聪慧和自信。

本次宴会的主题是“启航”。一群在海外求学归来的兄弟姐妹欢聚一堂，他们斗志昂扬、激情高亢，怀揣梦想、承载着理想，带着感恩的心愿，乘风破浪，为了自己的事业、工作而努力，为梦想而启航。

餐台介绍：本餐台为中餐10人位的餐台，餐桌台布是深蓝色、装饰布是白色，从底台布、装饰布、椅套、餐巾花均是由蓝色和白色组成，整个台面色彩协调。同时，餐台上的中心艺术品左边是一盆插花作品，主要颜色以蓝色为主，整体感觉像在海面上行驶的船。右边是一个灯塔，航船在灯塔的指引下朝着自己的目标行进。

中心艺术插花整体形状是一艘在海面上航行的船，左边的插花底座选用的是白色的像船状的花盆，花的左边特意选用蓝色妖姬和太阳花作为主花，以白色满天星和绿色尤加利作配花，整体台面协调、美观。蓝色妖姬的花语是你是我最深的爱恋，用在这里它象征着一种永恒、一种对美好生活的向往，希望永远铭记我们这段美丽的追梦、圆梦故事。插花旁边用太阳花衬托，太阳花极耐瘠薄，生命力极强。在这里，太阳花象征着为梦想而启航的海归们有毅力、不畏艰难，不管前面有多少艰难险阻，绝不低头。插花的右边是用巴西叶做成的波浪，象征着大海中的浪花，寓意在追梦的过程中会遇到重重困难。右边的灯塔上点亮着一盏明灯，照亮前方的路，虽然前途波涛汹涌、布满荆棘，但在远方灯塔的指引下，前途充满光明和希望，海归们也最终将会实现自己的理想。

餐巾折花：主人位的折花是扬帆启航，寓意步入社会的海归们怀抱着远大的理想，振翅欲飞。副主人位是一帆风顺，海归们希望在追梦的道路上一帆风顺。其他位用的是乘风破浪，寓意在追求理想的过程中会经历一些风雨，但也依然勇敢前行。

宴会菜单设计说明：在追寻梦想的道路上，可能并不是一帆风顺，会经历很多曲折，这次宴会菜单的十二道菜就把不同阶段遇到的不同经历都诠释出来了。

第一道菜，东寻西觅。菜品：迎宾六味碟。踏入社会，面对新的环境，寻寻觅觅，找寻自己的梦想。

第二道菜，怦然心动。菜品：金沙凤尾虾。突然有一天找到了自己的方向，有了自己的理想。

第三道菜，壮志凌云。菜品：海鲜佛跳墙。找准了理想，有了方向，对未来充满斗志、充满希望、充满激情。

第四道菜，扬帆启航。菜品：蒜蓉蒸扇贝。承载着梦想，扬起风帆，朝着自己的理想启航。

第五道菜，斗志昂扬。菜品：小炒黑山羊。初次启航，海归们信心百倍，斗志昂扬地朝着目标奋进。

第六道菜，万水千山。菜品：脆皮双乳鸽。在启航追梦的过程中会遇到很多挫折，要经历风风雨雨。

第七道菜，勇往直前。菜品：雀巢宫保鸡。不管经历多少的挫折失败都不要放弃，要坚持，勇往直前。

第八道菜，破釜沉舟。菜品：清蒸多宝鱼。经历风雨后，下定最大的决心，一拼到底。

第九道菜，柳暗花明。菜品：金牌蒜香骨。当你坚持下来了，越走越顺，经历过曲折后，迎来了光明的前景。

第十道菜，励精图治。菜品：贡椒炒肚丝。重拾信心后辛勤耕耘，努力打拼。

第十一道菜，乘风破浪。菜品：上汤扒时蔬。船只乘着风势破浪前进，海归们努力排除困难，不顾一切，奋勇前进。

第十二道菜，功成名就。菜品：精美面点拼。经过一番努力，最终大功告成，海归们一个个都实现了自己的理想，功成名就。

任务实施

1. 确定宴会主题。
2. 围绕宴会主题进行创意台面设计。
3. 撰写主题宴会设计说明。
4. 现场操作主题宴会台面。

任务评价

中餐主题宴会设计考核评分标准

<table>
<tr><th>序号</th><th colspan="2">考核内容</th><th colspan="3">考核要点</th><th>应得分</th><th>自评分</th><th>互评分</th><th>教师评分</th></tr>
<tr><td>1</td><td colspan="2">宴会主题</td><td colspan="3">主题名称有创意，符合客户订单要求</td><td>10</td><td></td><td></td><td></td></tr>
<tr><td>2</td><td colspan="2">宴会台面创意</td><td colspan="3">（1）中心艺术品美观、协调，符合宴会主题
（2）中心艺术品的摆放符合要求、符合卫生习惯</td><td>20</td><td></td><td></td><td></td></tr>
<tr><td>3</td><td colspan="2">宴会菜单设计</td><td colspan="3">（1）宴会菜单有菜肴寓意名和实名
（2）菜单设计说明详细</td><td>20</td><td></td><td></td><td></td></tr>
<tr><td>4</td><td colspan="2">宴会设计说明</td><td colspan="3">（1）字数符合要求
（2）文字通顺、结构合理
（3）各要素齐全且说明详细、恰当</td><td>20</td><td></td><td></td><td></td></tr>
<tr><td>5</td><td colspan="2">宴会台面操作</td><td colspan="3">（1）操作规范
（2）在规定的时间内完成
（3）台面整体协调、美观，突出宴会主题</td><td>30</td><td></td><td></td><td></td></tr>
<tr><td colspan="6">总分</td><td>100</td><td></td><td></td><td></td></tr>
<tr><td colspan="3">小组自评</td><td colspan="7"></td></tr>
<tr><td colspan="3">小组互评</td><td colspan="7"></td></tr>
<tr><td colspan="3">教师评价</td><td colspan="7"></td></tr>
<tr><td colspan="2" rowspan="2">小组成员个人得分</td><td>姓名</td><td></td><td></td><td colspan="2"></td><td></td><td></td><td></td></tr>
<tr><td>得分</td><td></td><td></td><td colspan="2"></td><td></td><td></td><td></td></tr>
<tr><td colspan="2">说明</td><td colspan="8">小组任务得分 = 小组自评分 ×20% + 小组互评分 ×40% + 教师评分 ×40%。小组成员个人得分由小组长和教师根据个人在任务完成中的工作情况分配分数</td></tr>
</table>

任务 2　西餐主题宴会设计

任务情境

2015年1月15日，某商务公司在某饭店西餐厅举办欢迎宴会。宴请来该公司参加商务洽谈的国外企业家50人，其中高级贵宾10人。设1主桌10人，创意主桌台面设计，突出宴会主题，设致辞台，设置背景音乐。

任务工单

任务名称	编制西餐主题宴会服务方案				
班级		小组		小组成员	
工作任务	你作为餐饮服务人员，请你根据任务情境，完成以下任务： （1）编制西餐主题宴会服务方案，有效字数至少 1000 字 （2）制作宴会服务方案 PPT				
任务目的	能根据客户要求对主题宴会进行环境设计，能编制宴会服务方案				
任务实施要求	（1）主题明确 （2）台面设计、菜单设计和环境设计与主题相吻合 （3）服务方案内容包含六个方面：宴会基本情况、宴会场地布置（宴会功能布局图、宴会主桌台面设计）、宴会人员配备、宴会时间安排、宴会菜单与进度要求、宴会服务要求 （4）PPT 要求呈现三个方面的内容：宴会功能布局、宴会主桌台面设计、宴会菜单设计				
实施步骤	（1）小组成员分工 （2）查阅资料，拟订任务完成工作计划 （3）课堂汇报、小组互评 （4）教师点评、总结				
任务成果形式	（1）西餐主题宴会服务方案 （2）西餐主题宴会服务方案 PPT				
实施过程记录	完成时间；完成过程；分工合作情况说明				

知识准备

一、西餐主题宴会台面设计

（一）主题的确定

主题宴会是通过一个或多个历史文化或其他主题为吸引标志，向顾客提供宴会所需菜肴、基本场所和服务礼仪的宴请方式。其最大特点是赋予某种主题，围绕既定主题来营造经营气氛，宴会的菜品、服务、色彩、灯光、装饰以及活动都围绕主题展开，使主题成为顾客容易识别的特征和产生消费行为的刺激物。

（二）色彩的选择

通常多数西餐台面色调以米黄、淡咖啡、白色等淡色系为主，显得清新雅致，并带有浪漫氛围，深色系较为少见。西餐主题宴会设计时应根据宴会主题、举办宴会的季节等方面来进行色彩搭配，整体要求协调、和谐，突出宴会主题。

（三）布件的选择与搭配

西餐台面布件中桌布与餐巾是必备品，由于桌布面积较大，能起到奠定基色的作用，所以在进行西餐主题宴会设计时要根据宴会主题选择合适的桌布，再根据桌布的颜色、质地选择与之配套的餐巾。

（四）餐用具的选择与搭配

高档西餐宴会要求餐用具与宴会主题相协调，餐用具的颜色、材质、形状等均要符合宴会主题。如以爱情为主题的宴会，主色调定位是经典红黑配，所以在桌布为黑色的前提下，展示盘就必然用红色。而且主题设计者希望所有有情人都能甜蜜、圆满，故而餐盘造型就选择了圆形，虽然看似普通，却与主题吻合。

（五）主题插花

西餐主题宴会台面设计一般用主题插花或主题造景来突出宴会主题。主题插花往往是台面设计的一个重点，它既能起到突出主题的作用，同时也是决定台面是否出彩的重要因素。主题插花要根据宴会主题选择合适的花材、花器，运用恰当的插花手法创造出具有观赏性且符合宴会主题的插花作品。

二、主题宴会服务方案的编制

编制主题宴会服务方案应包括以下基本内容：宴会基本情况介绍、宴会场地布置（宴会功能布局图、宴会主桌台面设计），宴会人员配备，餐用具准备，宴会时间安排，宴会菜单，宴会服务要求等。

任务实施

1. 确定宴会主题。
2. 围绕宴会主题进行创意台面设计、餐厅场地设计、服务人员配备、宴会菜单设计、宴会服务设计等。
3. 参考教材中的中餐主题宴会服务方案，撰写西餐主题宴会服务方案。

任务评价

西餐主题宴会设计考核评分标准

序号	考核内容	考核要点	应得分	自评分	互评分	教师评分
1	宴会主题	主题名称有创意，符合客户订单要求	10			
2	宴会基本情况	宴会基本情况介绍完整	5			
3	宴会台面创意	（1）中心艺术品美观、协调，符合宴会主题 （2）中心艺术品的摆放符合要求、符合卫生习惯	10			
4	宴会场地设计	（1）宴会厅布局合理 （2）宴会场地安排符合客户要求	15			
5	宴会菜单设计	（1）宴会菜单有菜肴寓意名和实名 （2）菜单设计说明详细	20			
6	宴会服务	（1）服务人员配备合理 （2）现场服务安排妥当 （3）宴会服务时间安排合理	10			
7	文档	服务方案文档语句通顺，各要素齐全，文档排版整齐美观，字数不少于 1000 字	10			
8	PPT	PPT 制作精美，有效张数至少 3 张，PPT 包含宴会基本情况、宴会场地布置、宴会菜单三方面内容	20			
总分			100			
小组自评						
小组互评						
教师评价						
小组成员个人得分	姓名					
	得分					
说明	小组任务得分 = 小组自评分 ×20% + 小组互评分 ×40% + 教师评分 ×40%。小组成员个人得分由小组长和教师根据个人在任务完成中的工作情况分配分数					

项目小结

千篇一律的主题宴会对消费者是没有吸引力的，徒有其表的浪漫氛围营造也不一定能让消费者真心驻足。只有深入研究客人的兴趣、爱好，开发出具有特色、主题鲜明、富有个性化的餐饮产品，才能给消费者赏心悦目、增加食欲的美好体验，还能唤起他们的主动关注，引导消费者实施积极的购买行为，也才能使餐厅产品具有持久的竞争力。

知识拓展

宴会配色方案

美国人亨利在闹市开了一家餐馆，服务热情周到且价格便宜，可是前来用餐的顾客却很少，生意一直冷清。一天，亨利去请教心理学家，心理学家来餐馆视察了一番后，建议亨利将室内墙壁的红色改为绿色，把白色餐桌改为红色。果然，生意兴隆起来。惊喜的亨利向心理学家请教改变色彩的秘密，心理学家解释道：“红色使人激动、烦躁，顾客进店后心理不宁，哪有心思吃饭；而绿色使人感到安宁、心静。”亨利忙问：“那么餐桌也变成绿色不更好吗?”心理学家答道：“那样，顾客进来后就不愿意离开了，占着桌子会影响别人吃饭，而红色的桌子，会使顾客快吃快走。”

丰富多彩的色彩空间是主题宴会设计离不开的要素。但是如何充分利用色彩？这要根据各自审美观、兴趣、爱好，因人而异，但有一点是肯定的：主色调与配色、色彩与色彩的搭配是有规律可循的，不同的搭配方式可以表现不同的色彩含义。具有代表性的配色方案有下面这些。

同色配合：是指以同一色系作不同明度的变化而取得和谐的效果。例如纯黄、暗黄、淡黄等不同面积配合，以便取得调和。严格来说，同色配似乎太单调，但如有适当的面积配合，常会产生安静、柔和、高雅的感觉。

类似色配合：类似色配合会产生沉静、悠闲的感觉。如觉得太单调，最好利用不同明度的毗邻色做配合。

补色配合：例如红与绿、黄与紫、蓝与橙配合等。补色配合会产生鲜明的对照，给人纯正坚强的感觉。但补色的刺激性太强，因此使用补色时面积不要相同。配合时可加上黑、白、灰等中性色。

三联色配合：在色环中，三种色彩构成一个正三角形的色彩配合。例如：红、黄、蓝或橙、绿、紫的配合。三联色的配合常产生鲜明夺目的效果。

四色配合：在色环中，四种色彩构成一个正方形的色彩配合。例如十二色环中的黄、青、绿、紫四色配合即是。

（资料来源：刘根华主编．宴会设计[M]．重庆．重庆大学出版社，2009）

思考与练习

1．宴会主题策划的角度有哪些？试举例说明。

2．宴会主题策划时应注意什么？

3．主题宴会的菜单设计应考虑哪些因素?

4．如何设计主题宴会的台面?

5．案例分析

问题讨论：请说出该宴会菜单装帧设计的特点。

项目六 菜单设计与制作

知识目标

· 了解菜单设计的原则
· 知道菜单设计的要求
· 知道菜单的种类
· 掌握菜肴的命名及定价方法
· 掌握菜单的编排及设计

能力目标

· 能为合作企业设计一份结构合理、菜肴营养搭配均衡的中餐、西餐零点菜单
· 能根据顾客订单要求设计各种主题宴会菜单

引导案例

蓝海岸餐厅的菜单结构评估标准

蓝海岸餐厅是华东地区某市的一家拥有1000个餐位的大型中餐厅，提供点菜服务，菜肴品种范围涵盖川、粤、浙等菜系。蓝海岸餐厅利用自己的人才和经验优势向外输出管理，目前已经接管了6家当地和外地的餐饮企业。

蓝海岸餐厅管理的长处在于厨房运作和菜单设计。每接手一家餐饮企业，蓝海岸管理公司都要对其菜单进行全面的评估并提出意见。蓝海岸餐厅管理公司对菜单结构的评估标准主要有六条，并附有结构比例标准。具体如下。

1．口味搭配标准

蓝海岸餐厅在进行口味搭配时首先考虑了菜肴的地域因素，以此确定整个菜单的“基本口味”；其次，在安排好主体菜肴的同时，还应兼顾个别消费者的特殊爱好，适量加入一些其他口味的菜肴。如在浙江地区则可安排一些滋味浓、口味重、味型多变的菜品。但是这些菜品所占比例一般不超过一份菜单的8%～12%。当然，口味搭配的具体比例还应考

虑餐饮特色、季节变化等其他因素。

2. 造型组合标准

造型也是衡量菜肴质量的重要标准，优美的造型可以刺激人们的食欲，给其就餐过程带来美的艺术享受。一般提倡造型菜要少而精，这不仅有利于菜肴的快速制作，而且可适当减轻厨房的压力。特别是零点菜单更应注意造型菜肴在菜肴结构中的比例，一般应严格控制在3%～5%之间，既可以满足特殊消费者的要求，又使菜肴结构显得丰富多彩。

3. 制作方法标准

在菜肴结构当中每种烹调方法制作的菜肴均应占有一定的比例。企业应选择那些当地消费者所喜好或能接受的烹调方法作为菜肴结构的主体，可占85%～90%；另外，还可推出一部分能反映企业经营特色，厨师拿手的或引入具有一定社会影响的其他地区的特殊烹调方法来补充完善菜肴结构，这一类烹调方法应占整个菜单的10%～15%。

4. 成菜速度标准

餐饮企业的营业特点是顾客用餐时间集中，企业需在较短的时间段内（2～3h）接待大量就餐者，这就要求生产部门必须在最短的时间内组织制作好菜品，并能迅速把成品送到并提供给消费者。因此，菜肴结构设计时更应强调成菜速度，尽可能地采用操作简便、成菜迅速、可提前大量预制的菜肴。这一类菜肴的比例可控制在50%～70%之间，以保证上菜速度，既避免顾客投诉，还可提高餐位周转率。

5. 毛利率分档标准

价格制定是餐饮企业经营思路的主要体现，它直接关系到企业的经济效益。因此，一个合理的菜肴结构必须有相适应的价格体系。价格制定应考虑两个方面的因素，其一，毛利率分档因素。设定一个菜单综合毛利率，在此前提之下企业可以根据市场需求、产品特点，对不同的菜肴设定不同的毛利率档次，并达成高、中、低档较合理的菜价组合（两头小、中间大，即20%、60%、20%）；其二，竞争因素。目前餐饮业竞争激烈，信息沟通迅速。餐饮企业类似产品较多，在菜肴定价当中，对于这些类同产品应采取同价或低价策略，而那些本企业独有的、在社会上具有一定影响的菜肴产品则可适当提高定价。

（资料来源：马丽涛，邓英.餐饮服务管理[M].北京:电子工业出版社.2009：83～84。）

评析：蓝海岸餐馆的菜单设计非常成功，从其菜单评估标准中我们学习到很多菜单设计的基本方法及技巧，如：要以餐厅所在地的地域口味作为菜单的基本口味，同时要兼顾一些特殊口味顾客的需求，特殊口味不超过菜单的8%～12%；一份菜单中造型菜要少而精，一般控制在3%～5%之间；要以当地消费者所能接受和喜爱的烹调方法为主体，一般占85%～90%；同时要有10%～15%的能反映餐厅经营特色、有一定影响力

的烹调方法；成菜速度要快，大量可预制菜肴占50%~70%；菜肴定价时要考虑餐厅毛利率及竞争因素，一般餐厅高、中、低档菜肴比例为：20%、60%、20%。

任务1　设计与制作零点菜单

任务情境

本学期初，每个项目小组都建立了自己的餐厅，确定了餐厅的名称、经营特色、规模档次、主要顾客市场等餐厅基本信息。现餐厅硬件设施已筹建完毕，准备投入运营，在运营前需要设计并制作餐厅的菜单。

任务工单

任务名称	为餐厅设计零点菜单				
班级		小组		小组成员	
工作任务	根据本组期初建立的餐厅的经营特色、目标市场顾客的消费喜好等特点，项目组共同讨论，为本组的餐厅设计一份中餐零点菜单，并用 PPT 进行菜单设计				
任务目的	通过小组合作设计和制作零点菜单，使学生掌握零点固定菜单设计的方法和相关知识，强化学生创新意识和创新能力，培养学生的团队协作能力				
任务实施要求	（1）小组成员课外去餐厅实地查看零点菜单，了解零点菜单的内容、结构及编排，并在网络上收集菜单范例 （2）课堂上小组共同讨论，根据本组餐厅的特色及档次，选择合适的菜肴并对其进行命名和定价，合理选择各类菜肴的比例，最后进行菜单的 PPT 制作。要求每页 PPT 展示的是实际菜单一页的内容 （3）分组利用多媒体展示，说明菜单的设计思路。小组汇报后，小组间相互点评 （4）进行评比，评选出最优菜单				
任务实施步骤	（1）餐厅实地调查 （2）网上搜集资料 （3）小组讨论，拟订菜单初稿 （4）根据菜单编排原则，合理编排菜单 （5）将定稿菜单用 PPT 菜单展示 （6）课堂汇报、小组互评 （7）教师点评、总结				
任务成果形式	菜单设计 PPT				
实施过程记录	从以下 3 个方面记录：搜集的资料、过程记录、实施中遇到的问题及解决办法				

知识准备

餐饮业中的菜单，原意是食品的清单或项目单。它是指餐饮企业向市场提供的有关餐饮产品的主题风格、种类项目、烹调技术、品质特点、服务、价格水平等经营行为和状况的总纲。从客人的角度来讲，菜单是餐饮经营者向客人推出的菜点目录，反映了餐饮企业经营的菜品品种及价格。从餐厅的角度来讲，菜单是餐饮企业和部门一切活动的总纲。

一、菜单的种类

（一）根据市场特点分类

1. 固定菜单

固定菜单也称标准菜单、大菜单，它是一种菜式内容标准化而不做经常性调整的菜单，但它并不是绝对固定、一成不变的菜单。经营特色定式、客源市场定位、餐饮质量定规是固定菜单的核心内容。许多餐厅常常在数月甚至更长时间内一直使用某种单一菜单，而后再换一款新的固定菜单。

2. 循环菜单

循环菜单是按一定天数、周数或月数的周期循环使用的菜单，适用于旅游酒店团体用餐、长住型商务顾客及公司单位员工的工作餐安排等。循环菜单使用的周期长短不一，从数日到数月都有，其实施主要考虑到顾客预订的需求和酒店餐饮经营的需要。它分为季节性循环菜单和每日循环菜单。季节性循环菜单以春、夏、秋、冬一年四季的交替为循环周期。每日循环菜单是针对长期客户用餐消费的菜单，一周中的周一到周五分别采用不同的菜单，每周循环，周而复始，一个月或一个季度后再进行更换，它一般使用在单位食堂或员工餐厅。

3. 当日菜单

当日菜单也称即时性菜单。既不固定也不循环，是仅供限定的天数内或某一餐饮活动中使用的菜单。使用时间的即时性、短暂性是它的基本特征。它的推出具有明确的目的性并受到使用范围的制约。一般规模较小的餐饮企业较多采用此类菜单。

（二）根据菜单价格形式分类

1. 零点菜单

零点菜单（图6–1）是餐厅使用最为广泛、最基本的菜单，它按一定的程序排列餐饮部提供的各式菜点，每个菜点都有单独的价格，就餐客人可以根据自己的口味喜好来自由选择菜点的菜单。零点菜单不但普遍适用于一般社会餐馆，而且也同样适用于旅游酒店的各类正餐厅、风味餐厅、咖啡厅等。

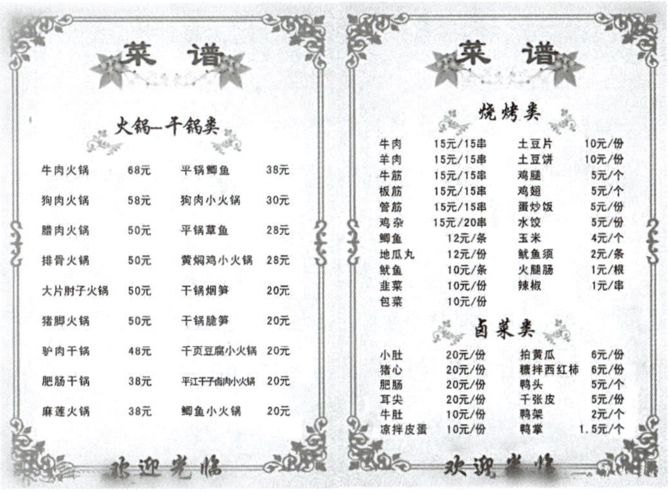

图 6–1　零点菜单样例

2. 套餐菜单

套餐菜单，是指由餐饮企业按一般的进餐习惯为客人提供一系列不同规格和标准的菜点，以一个固定的价格标出而不标明每一道菜的价格，客人选择某一套餐后，不能任意删减和增加菜肴（图6–2）。其特点是只有一餐的统一价格，而没有每道菜点的单独价格。套餐菜单菜点数量、分量适中，价格合理，注重能量和营养的搭配，用餐时间紧凑，服务快捷，可以适应顾客工作和休闲节奏。

图 6–2　套餐菜单样例

3. 混合式菜单

混合式菜单是零点菜单和套餐菜单的结合体，在菜单里既有分类的单道菜肴、价格，又有按一定标准组合的套餐。

（三）根据餐饮形式和内容分类

根据餐饮形式和内容来划分，菜单可分为早餐菜单、正餐菜单、宴会菜单、团体菜单、冷餐会菜单、宵夜菜单、客房送餐菜单和特种菜单（儿童菜单、穆斯林菜单）等。

（四）根据菜单装帧制作的方式分类

1. 本式菜单

本式菜单由菜单封面、正页和封底组成，是最常见的菜单装帧制作方式，其特点是菜点容量大、具体详实，顾客有充分选择的余地，其缺点是制作成本较高。

2. 活页式菜单

菜单的封面、封底及其框架固定不变，类似相册或相框的格式，菜单正页由活页的形式定期更换，但必须注意保持封面、封底及其框架的清洁美观。

3. 招贴式菜单

招贴式菜单发挥了菜单的广告功能，张贴悬挂于酒店餐饮场所或公共区域，形式多样。在西餐厅可以将菜单刻写在精致的木板上悬挂起来供顾客在轻松惬意的氛围中点菜。在中餐厅和日式餐厅，可在餐厅四周牵拉众多排列有序的小彩旗，每一个小彩旗上书写一道菜点的名称，颇有市井情趣。

4. 立牌式菜单

立牌式菜单立体新奇，多姿多彩，可将菜单折叠、切割或冲压成不同的形状，形状一般与餐厅的主题特色、菜点的成形和餐具器皿的形状相联系，对特色菜、特色饮品的推销起到了一种暗示作用，从而引起顾客的注意，促进餐饮的推销。

二、菜单的作用

（一）菜单是联系餐厅与消费者之间的桥梁与纽带

用餐者通过菜单了解餐厅的类型、特色、产品及其价格，选择自己需要的产品和服务；餐厅管理人员定期分析菜单上每道菜的销售状况、顾客喜爱程度、就餐者对菜肴价格敏感程度等情况，会发现菜肴生产计划、烹调技术、定价以及搭配方面的问题，从而更换菜肴品种，改进生产计划和烹调技术，改进菜肴的促销方案和定价方法。菜单是联系餐厅与顾客之间的桥梁，起着促成买卖交易的媒介作用。

（二）有利于餐厅控制生产成本

菜单中包括的菜点及服务项目，决定了餐厅生产设备的采购、烹饪原料的购买以及餐厅工作人员的技能水平要求，餐厅管理人员只有认真分析客源和市场需求，制定出符合餐厅实际的菜单，才能以最低的成本，获取最大的利润。

（三）反映餐厅的商品特色和水平

餐厅有各自的特色等级和水平。菜单上的菜肴饮料品种、价格和质量就向顾客展示着本餐厅的特色和水平。有的菜单上甚至还详细地写上了菜肴的原材料、烹饪技艺和服务方式等，以此来表现餐厅的特色，给顾客留下良好的印象。

（四）菜单既是艺术品又是宣传品

一份精心设计的菜单，装饰精美，雅致动人，色调得体，不仅读起来赏心悦目，而且能为顾客带来舒畅心情。菜单是一个广告宣传的过程。设计精致的菜单就像是一件艺术品，映入顾客眼帘之后，顾客立刻就会对餐厅的经营和烹调产生一种好感。单凭这份菜单，就能使顾客欣然解囊，乐于点上几道佳肴，体会那种由菜单的艺术设计而产生的独特情调。

三、菜单设计的原则

（一）以顾客需求为导向

餐厅要以顾客需求为导向，顾客喜欢吃什么菜，吃什么档次的菜必须清楚。因为满足顾客需求是餐厅经营制胜的根本，所以菜单设计必须体现顾客的需求，如是大众化菜还是风味菜，是川菜还是粤菜。顾客的需求不同，菜单的设计是完全不同的。

案例阅读

肯德基进军中国香港的成败

肯德基是较早进入中国餐饮市场的洋快餐之一，提供炸鸡为主的快餐食品。

进军中国大陆之前，它首先把目光瞄准了中国香港，以此作为进军大陆市场的前奏和跳板。在一次记者招待会上，肯德基公司董事会主席曾夸下海口：在美食天堂香港开设50~60家分店。1973年6月第一家肯德基家乡鸡在香港美孚新村开张，到1974年，共开设分店达11家。然而，1974年，肯德基公司突然宣布多家餐厅停业，其后较短时间内，首批登陆中国香港的肯德基店便全部关门停业。虽然肯德基公司董事宣称，这是由于租金太高造成困难而歇业的，但其失败原因也明显不仅是租金问题，最为主要的是没能吸引住顾客。

1982年，肯德基准备再度进军中国香港。这次是由中国香港太古集团的一家附属机构取得香港特许经营权，首家新一代肯德基家乡鸡店耗资300万元，于1985年在佐敦道开业，第二家1986年在铜锣湾开业。不过这时的中国香港快餐业已发生了许多新的变化，竞争非常激烈。因此，肯德基虽说是有备而来，但要占据市场还比较困难，所以他们开拓市场时更为谨慎，在菜单设计、营销策略上均按中国香港的情况进行适当的变化。

首先，明确目标市场，抓住那些铺着白布的高级餐厅与自助快餐店之间的空隙，新的家乡鸡以一种高级“食堂”快餐厅的形式经营。顾客对象介于16~39岁之间，主要是年轻人群，包括写字楼的职员和年轻的行政人员。

其次，菜单的食品项目上，除杂项、甜品和饮品外，大多数原材料和鸡都是以赫兰迪斯上校的配方烹制，炸鸡若在45min仍未出售则不会再售，以保证所有产品都是新鲜的。

最后，在菜单价格构成上，肯德基进行了大的改变。公司将家乡鸡以较高的价格出售，而其他杂项食品则以较低的竞争价格出售。原因是家乡鸡是招牌，极富风味，而其他杂项食品因本店周围有许多出售同类食品的快餐店竞争，降低杂项食品价格，能在竞争中取得一定的优势。最后，这些措施终于奏效，肯德基终于被中国香港人接受了。

（资料来源：肯德基首次进军香港失败启示，2013-09-23，http://www.bohengyichuang.com/）

（二）体现出自己的特色

餐厅首先要根据自己的经营方针来决定提供什么样的菜单。菜单设计要尽量选择反映本店特色的菜肴列于菜单上，进行重点推销。即使大众化的餐厅，往往也有几道拿手菜、看家菜。如果你没有几道稳得住、立得牢的看家菜，便很难吸引老主顾、新客源。因此，设计菜单一定要突出餐厅特色，突出餐厅“拿手好菜”和“拳头产品”，把它们放在菜单的醒目位置，单列介绍，只有体现了自己的特色，才能给顾客留下深刻的印象。

（三）不断创新以适应新形势

随着社会的不断发展，顾客的口味和餐饮的形势也在不断变化，所以菜单也要推陈出新。最好是一个季度或半年更换一次，如果菜单长期不换，会缺乏吸引力，从而失去顾客；菜单长期不换，会影响菜肴的正常供应，因为有些原料受季节的影响，季节过后，会出现菜单上有菜，而实际上无货供应的局面，从而影响餐厅的信誉；长期不换菜单也不利于厨师烹调技艺的提高。菜单变更除了考虑季节因素以外，还要注意顾客饮食习惯的变化，例如在营养、健康和健美等方面的饮食要求。

案例阅读

上岛咖啡的创新

上岛咖啡西餐厅（简称上岛咖啡）更像一家西式快餐店，而不是咖啡馆，它最鲜明的特点就是会在招牌最显著的位置标注“简餐”字样。在餐饮市场，为什么以上岛咖啡为代表的简餐餐厅能够遍地开花，并引领其他咖啡馆改头换面、纷纷效仿学习呢？同时，模仿地道咖啡馆的左岸咖啡、曼陀铃咖啡等全都凋落了。为什么这些类似西式快餐店的咖啡西餐厅更受欢迎呢？

让中国人吃西餐，图个新鲜和变换一下口味，一顿两顿可以，但不会当家常便饭。西餐的原材料大部分需要进口，价格高，顾客点得又少。怎么看都不如排骨饭成本低，销量大，受欢迎程度高。

相比西餐动辄百元、几百元的人均消费来说，在上岛咖啡的菜单上，40元以上菜品与40元以下菜品比例大致为3 : 7。菜单上可以看到大量的实惠型套餐，10元的白粥、20元的三明治、30元的牛肉饭比比皆是。比较之下，上岛咖啡给人的感觉是比以前的咖啡馆价格低了，放下“身段”了。因此，上岛咖啡及效仿者增加了消费群体，增加了单位消费者的光顾频次。人多，效益自然也就增加了。

从经营品种上创新，上岛咖啡改变了顾客对原有咖啡馆“纯西式、价位高”的印象，用价位稍低的“中西简餐”赢得了顾客，尤其是商务人士。在引领休闲消费餐饮的较量中，以讨好顾客的姿态，上岛咖啡把大部分洋气的咖啡馆淘汰出局。

（资料来源：餐饮创新八大案例，百度文库，http://wenku.baidu.com/link）

（四）形式美观大方

菜单不仅是餐厅的宣传工具，它也是艺术品。所以菜单的式样、大小、颜色、字体、纸质、版面安排需要与餐厅的等级和气氛相协调，要与餐厅的陈设、布置、餐具、服务人员的服装相适应。大众化的餐厅尽管无需装饰精美的菜单，但美观大方的菜单，对增加菜品的销售是有帮助的。

案例阅读

下面是2001年亚太经济合作组织第九次领导人非正式会议在中国上海举行的高规格工作午餐菜单。

相辅天地蟠龙腾冷龙虾

互助互惠相得欢翡翠羹

依山傍水鳌匡盈炒虾蟹

抚慰伙伴年丰余煎鳕鱼

共襄盛举春江暖片皮鸭

同气同杯庆联袂美点盆

繁荣经济万里红鲜果盅

该菜单用红木架子作底座，玻璃上刻着英文菜单，上面是古色古香的卷轴，展开是书法写的中文菜单。这份菜单的成功之处，非常值得深思。

四、菜单设计的依据

（一）目标市场需求

菜单设计时应首先认清餐饮企业的目标市场，掌握目标市场的各种特点和需求。应明确谁是本餐厅的目标顾客，充分了解目标顾客的消费目的、年龄结构、性别比例、职业特点、教育程度、收入水准、风俗习惯、饮食嗜好和宗教禁忌。只有在及时、详细地调查了解并深入分析目标市场的各种特点和需求的基础上，企业才能有目的地在菜式品种、规格水准、餐饮价格、营养成分、烹制方法等许多方面进行计划和调整，从而才有可能设计出为顾客所喜闻乐见的菜单。如：对于流动性大的过往游客，应多提供制作简单、服务快捷的菜品；对于宴会菜品，则要做工精细、搭配合理；对于附近居民，则应富于变化、物美价廉。

（二）食品原料成本及获利能力

餐厅经营的最终目的是为了营利，所以设计菜单时不仅要考虑到菜品的销售情况，更要考虑其营利能力。如果菜的价格过高，顾客就可能接受不了；如果菜的价格过低，又会影响毛利，甚至可能出现亏损。因此，设计菜单时，应适当降低高成本菜的毛利而提高低成本菜的毛利，以保证在总体上达到规定的毛利率。所有菜式一般可分成四类：①畅销且高利润；②畅销但低利润；③不畅销但高利润；④既不畅销利润又低。一般情况下，没有获利能力或获利能力小的菜式，如第②、④类菜式，不应列入菜单中或应及时撤换，除非有充分的理由才能将其保留。

（三）食品原料的供应情况

凡列入菜单的菜式品种，厨房就应无条件地保证供应。因此，在设计菜单时必须充分掌握各种原料的供应情况。食品原料供应一般会受到市场供需关系、采购和运输条件、季节、酒店地理位置等因素的影响，菜单设计者在确定各类菜式时必须充分估计到各种局限性，应尽量使用当地出产物以及市场供应充足的食品原料。在掌握食品原料市场供应情况的同时，菜单设计者还应重视餐厅现有的库存原料，尤其是那些易损易坏的原料，如鲜果、蔬菜、乳制品及各种仍可利用的剩余食品等。

（四）菜肴的花色和品种

在设计菜单时，设计者要花费较多的时间和精力来选择花色品种。色、香、味、形是菜单设计的重点，自然色彩及人工色彩的有机组合，可大大提高菜品的艺术欣赏价值；浓香、清香、芳香、醇香、幽香、甘香、焦香、鲜香及各种植物香料，可以增进宾客就餐时的快感；酸、甜、苦、辣、咸、鲜、麻不同口味是宾客评价菜品质量的首要标准；原料形状、刀工技术和装盘技巧是菜肴造型艺术的重要组成部分，也是菜品品质审美过程中最突出的部分。

然而，菜品花色品种丰富的背后是大量的食品原材料采购和库存、大的仓储面积、过多的资金占用及较大的管理难度，同时过多的菜品不仅保证不了菜品的及时供应，还会使顾客变得无所适从，延长了点菜时间，降低了顾客满意率，所以菜单花色品种也不宜过多。好的餐饮企业菜品的品种不一定很多，但是一定要有特色，标出的菜品一定不能缺货，且菜品的搭配要合理，如中餐的冷菜、热菜、点心、汤类根据不同的原料分类排列，其比例大至为5:15:4:3。除了常年固定的菜式外，餐饮企业还应定期推出时令菜、特色菜，并循环更新，使客人百吃不厌。

（五）菜肴的营养结构

在菜单设计时还必须考虑人体营养需求的因素。随着生活水准的不断提高，人们已逐渐从吃得饱转向吃得好、吃得有营养。因此，菜单的制定应注意营养均衡，即人体所需的蛋白质、脂肪、糖、维生素和无机盐五大营养成分的平衡，在菜单设计的过程中，必须充分满足人们对健康饮食的需求，做到品尝性、欣赏性和营养性的高度统一。

（六）厨房设备及员工技术水准

菜单设计还应充分考虑餐厅的厨房设备和员工技术能力的局限性。例如，如果厨房现有烤箱的生产能力只能满足制作面包的需要，菜单上就不应增设须使用烤箱的其他菜式。菜单设计者应对餐厅的生产能力做到心中有数，且具备过硬的生产服务技艺，保证所选择的菜品质量能达到预期的效果。

总之，在设计菜单时，要综合考虑上述几项原则和依据，只有如此，才能制定出较为科学、合理的菜单。而且对于新制定的菜单，餐厅还必须对其进行测试，经过分析完善后正式投入使用。

五、菜单的内容与设计

（一）菜单的内容

菜单作为计划书，它的内容和分类要方便厨房的生产安排和销售统计。作为推销工具，应该将信息正确而迅速地传递给顾客，同时又要通过菜单内容的编写、顺序的安排以及外观的艺术处理来影响顾客购买，引导他们多购买以及选择餐厅最愿销售的菜品。

从整体上看，一份完整的菜单应有以下四个方面的内容。

1. 菜品的名称和价格

菜品的名称是菜单所反映的第一个内容，也是最重要的内容。它会直接影响顾客的选择，对于未品尝过的菜肴，顾客往往会凭菜名进行挑选，但也与由菜名引发的期望值有关。菜品名称和价格的编写要符合下述要求。

（1）菜品名称真实　菜品名称应能吸引顾客的注意，但必须真实。不熟悉的、故弄玄虚的、离奇的名字，不容易被顾客所接受。一些餐厅为吸引顾客的注意，在菜名上挖空心思，让顾客如坠云雾。如有道菜名为“青龙过江”，就是青葱浮在汤上。当然有些经典传统菜肴的名称经过世代相传，反而成了菜肴的招牌，如杭式点心“猫耳朵”、粤菜中的“龙虎斗”、闽菜中的“佛跳墙”等。另外，一般宴会菜品的命名为了突出宴会主题，往往会给现有菜品另起一套寓意名字。如：寿宴上的“寿比南山”则是用一只南瓜、山鸡做成的菜，可谓音义双关，喻情、喻礼。

在设计菜单时，一般采用以下菜肴的命名方法：烹调方法命名，如油爆鲜贝、水煮牛肉；以主要原料命名，如辣子鸡丁、番茄虾仁；以地名命名，如北京烤鸭、无锡排骨、德州扒鸡；以人名命名，如麻婆豆腐、东坡肘子；以色彩命名，如五彩鸡片、翡翠虾球；以味道命名，如麻辣鸡丝、糖醋排骨。

（2）菜品质量真实　菜品原材料的质量和规格要与菜单的介绍相一致，如菜品名为炸牛里脊，餐厅就不能供应炸牛腿肉。产品的产地也必须真实，如菜单上标明某菜的原料是日本雪花牛肉，则所用的原料就不能用国产的牛肉代替。同样，菜品的分量必须准确，有的餐厅名为价格打折实为分量减少，实际上等于是变相的欺骗。菜品的新鲜程度也应真实，菜单上注明是新鲜蔬菜，就不能用罐头或速冻食品代替。

（3）菜品价格真实　菜单上的价格应该与实际供应的一样。如果餐厅加收服务费，则必须在菜单上加以注明，若有价格调整要立即改动或变换菜单。

（4）外文名称正确　菜单是餐厅服务质量的一种标志，如果菜单上的英文或法文名称搞错，说明该餐厅对质量控制不严，会使顾客对餐厅产生不信任感。

（5）菜单上列出的产品应保证供应　有些餐厅把本餐厅能制作的菜肴全部列在菜单上，多给客人选择的余地，可实际上有许多菜肴的原材料不能保障供应，客人点菜时屡屡缺货，使餐厅服务质量下降，顾客对餐厅不满意。

价格是菜单所反映的第二项重要内容，也是餐厅推销手段之一。菜单上所列价格应是菜品价值的体现，向顾客收取费用更是必须按菜单价格收取，绝不能随便乱收，欺瞒顾客，如果餐厅加收服务费，必须在菜单上说明。

2. 菜品的补充介绍

除菜名和菜价外，菜单应对菜肴进行相关补充介绍，这种介绍可以代替服务员的口头介绍，减少顾客选菜的时间。这些补充介绍应包括以下几个方面。

（1）主要原料及一些独特的浇汁和调料　有些原料要注明规格，如肉类注明是里脊还是腿肉等；有些原料需注明质量，如新鲜橘子汁、活鱼等。

（2）菜品的烹调和服务方法　对具有特殊烹调和服务方法的菜品必须予以介绍，而普通加工及服务方法则无须说明。

（3）菜品的烹调口味和等候时间　某些具有独特口味的菜品，在菜单上应予以说明，如某道菜香辣，某道菜鲜咸。某些特殊菜肴，由于加工时间较长，应在菜单上注明烹调等候时间，以免引起不必要的误会。

（4）菜品的份额　有些菜品要注上每份的量。西餐用分量方法加注，如牛排重200g，中餐通常标注盛器规格，如例盘、大盘、小盘等。

3. 告示性信息

除菜品名称、价格等核心信息外，菜单还应提供一些告示性信息，一般包括以下几个方面。

（1）餐厅的名字，通常安排在封面上。

（2）餐厅的特色风味　如果餐厅具有某些特色风味而餐厅名称又反映不出来，最好在菜单封面或餐厅名称下列出其风味。

（3）餐厅的地址、电话和商标记号，一般列在菜单的封底下方。有些菜单还附有简易地图，列出该餐厅在城市中的地理位置。

（4）餐厅的营业时间，一般列在封面或封底。

（5）餐厅加收的费用，如果餐厅加收服务费，要在菜单的内页上注明。例如：所有项目均加收15%的服务费。

4. 机构性信息

有的菜单上还介绍餐饮企业的质量、历史背景、餐厅特点、发展现状等内容。餐厅需要推销自己的特色，而菜单是推销的最佳途径。例如肯德基进入中国市场时，在其分号的餐馆中利用菜单介绍了这个国际集团的规模、历史背景、企业发展过程及其炸鸡的烹调方法等。机构性信息一般设计在封面的背面。

（二）菜品顺序的安排

顾客一般按就餐顺序点菜，也希望菜单按就餐顺序编排。这样既可以符合人们的正常思维步骤，又可以较容易找到菜肴的类别，不会漏点。中餐一般按照冷菜、特色菜、海鲜、热炒、素菜、汤、主食、酒水饮料依次排列。西餐的排列顺序一般是开胃品、汤、主菜、沙拉、副菜、甜点、饮品的顺序排列。

六、菜单设计和制作的技巧

（一）菜单封面与封底设计

菜单的封面与封底是菜单的“门面”，其设计如何在整体上影响菜单的效果，所以在设计封底与封面时要注意下述四项要求。

（1）菜单的封面代表着餐厅的形象。因此，菜单必须反映出餐厅的经营特色、餐厅的风格和餐厅的等级等。

（2）菜单封面的颜色应当与餐厅内部环境的颜色相协调，使餐厅内部环境的色调更加和谐。这样，当顾客在餐厅点菜时，菜单可以作为餐厅的点缀品。

（3）餐厅的名称一定要设计在菜单的封面上，并且要有特色，笔画要简单，容易读，容易记忆，一方面可以增加餐厅的知名度；另一方面又可以树立餐厅的形象。

（4）菜单的封底应当印有餐厅的地址、电话号码、营业时间及其他的营业信息等。这样，可以借此机会向顾客进行推销。

（二）菜单的文字设计

菜单作为餐厅与顾客沟通交流的桥梁，其信息主要是通过文字向顾客传递的，所以文字的设计相当重要。

一般情况下，好的菜单文字介绍应该做到描述详尽，起到促销的作用，而不能只是列出菜肴的名称和价格。如果把菜单与杂志广告相比，其文字撰写的耗时费神程度并不亚于设计一份精彩的广告词。菜单文字部分的设计主要包括食品名称、描述性介绍、餐厅声誉的宣传（包括优质服务、烹调技术等）三方面的内容。

此外，菜单文字字体的选择也很重要，菜单上的菜名一般用楷体书写，以阿拉伯数字排列、编号和标明价格。字体的印刷要端正，使顾客在餐厅的光线下很容易看清楚。

菜单如果使用外文来表示菜品，应根据标准词典的拼写法统一规范，符合文法，防止差错。

当然，菜单的标题和菜肴的说明可用不同型号的字体，以示区别。

（三）菜单的插图与色彩运用

为了增强菜单的艺术性和吸引力，往往会在封面和内页使用一些插图。使用图案时，一定要注意其色彩必须与餐厅的整体环境相协调。

菜单中常见的插图主要有：菜点的图案、中国名胜古迹、餐厅外貌、本店名菜、重要人物在餐厅就餐的图片。除此之外，几何图案、抽象图案等也经常作为插图使用，但这些图案要与经营特色相对应。

此外，色彩的运用也很重要。赏心悦目的色彩能使菜单显得有吸引力，更好地介绍重点菜肴，同时也能反映出一家餐厅的风格和情调。色彩能够对人的心理产生不同的反映，能体现出不同的暗示特征，因此选择色彩一定要注意餐厅的性质和顾客的类型。

（四）菜单的规格和篇幅

菜单的规格应与餐饮内容、餐厅的类型与面积、餐桌的大小和座位空间等因素相协调，使顾客拿起来舒适，阅读时方便，因此菜单的开本选择要慎重。调查资料表明，最理想的开本为23cm×30cm。经营人员确定了菜单的基本结构和内容，并将菜品清单列出后，选择几种尺寸较适合的开本，排列不同型号的铅字进行对比。在篇幅上应保持一定的空白，通常文字占总篇幅的面积不能超过50％。

（五）菜单的照片和图形

为了增加菜单的营销功能，许多餐厅都会把特色菜肴的实物照片印在菜单上，能为菜单增加色彩和美观度，从而加快顾客订菜的速度。但是在使用照片或图片时一定要注意照片或图片的拍摄和印刷质量，否则达不到其预期效果。此外，许多菜单上的彩色照片还存在着没有对号入座的毛病，即没有将彩色照片、菜品名、价格及文字介绍列在一起。解决这一毛病的最简单的办法就是用黑色线条将其框起来，或用小块彩色面使其突显出来。

（六）菜单的制作材料

菜单的制作材料好不仅能很好地反映菜单的外观质量，同时也能给顾客留下较好的第一印象。因此，在菜单选材时，既要考虑餐厅的类型与规格，也要顾及制作成本，根据菜单的使用方式合理选择制作材料。一般来说，长期重复使用的菜单，要选择经久耐磨又不易沾染油污的重磅涂膜纸张；分页菜单，往往是由一个厚实耐磨的封面加上纸质稍逊的活页内芯组成。而一次性使用的菜单，一般不考虑其耐磨、耐污性能，但并不意味着可以粗制滥造。许多高规格的宴会菜单，虽然只使用一次，但仍然要求选材精良、设计优美，以此来充分体现宴会服务规格和餐厅档次。

七、菜单设计制作中常见问题

虽然大部分餐厅的经营者或管理者都花费了很大心思和精力去设计菜单，但还是有很多餐厅的菜单不尽如人意，以致出现这样那样的问题，给餐厅经营造成很大的影响。其常见问题主要有以下几个方面。

1. 制作材料选择不当

有的餐厅为了节省成本，就采用各色簿册制品，其中有文件夹、讲义夹，也有用信邮册和影集本来充当菜单，而不是专门设计的菜单。这样的菜单不但不能起到点缀餐厅环境、烘托餐厅气氛的效果，反而与餐厅的风格格格不入，显得不伦不类。

2. 规格和装帧不当

很多小餐厅的菜单正文都是以16K普通纸张制作，这个尺寸无疑过小，造成菜单上菜肴名称等内容排列过于紧密，主次难分，有的菜单甚至只有练习本大小，但页数竟有几十张，无异于一本小杂志。绝大部分菜单纸张单薄，印刷质量差，无插图，无色彩，加上保管使用不善，显得极其简陋，肮脏不堪。

3. 字体选择不当

不少菜单使用1号铅字，坐在餐厅不甚明亮的灯光下，阅读3mm大小的铅字菜单，其感觉会很不舒服。同时，大多数菜单字体单一，忽视了使用不同大小、不同字体等手法来突出、宣传重要菜肴。

4. 随意涂改菜单

随意涂改菜单是菜单使用中最常见的弊端之一。涂改的方法主要有：用钢笔、圆珠笔直接涂改菜品、价格及其他信息；或用电脑打印纸、胶布遮贴。菜单上被涂改最多的部分是价格。所有这些，使菜单显得极不严肃，很不雅观，引起顾客的极大反感。

许多中小餐厅的菜单除了有上述常见问题外，有时还会出现文字介绍过于简单、菜单与菜品不符、人为省略或粗心遗漏某些信息等问题。这些对餐厅的经营都会带来不小的影响，所以餐厅的管理者或经营者一定要注意对其查缺补漏，避免上述问题的出现，使菜单的设计和制作做到尽善尽美。

八、菜单的使用和更新

1. 专人保管，留档备查

一般由迎宾引位员保管，菜单的数量要充足，能够满足高峰期餐厅的营业需要。客人来到餐厅，由迎宾引位员引导客人入座，同时递送菜单，客人点菜后一般应将菜单收回。每日营业终了，应清点菜单。各种菜单调整更换后，应由相关部门分类整理，留档备查，以便为新的菜单设计提供参考。

2. 正确使用，加强保护

菜单在使用过程中，每次客人点菜收回后，应检查菜单是否够清洁，发现有污渍的应及时清洁，加强维护。使用时间较长，已经破损、陈旧的菜单，应用备用菜单代替，以防止影响客人使用和影响餐厅服务规格。此外，餐厅服务员要熟悉菜单，能够背诵菜单上各种菜点名称、原料配备、简单烹调方法和口味特点，便于推销菜点。

3. 定期更换，以旧换新

各种菜单使用一定时期后，应根据市场客人的需求变化和菜点的发展趋势，重新设计制作。一般来说，季节性菜单每年更换3～4次，零点菜单除个别长期固定菜单外，每年应更换1～2次。

任务实施

❶ 餐厅客源市场分析　对餐厅的主题特色、客源市场消费习惯等方面进行分析，确定餐厅的档次、提供食品的类别。

❷ 菜肴选择　根据餐厅档次、顾客饮食偏好等信息选择本餐厅要提供的菜肴种类及具体菜肴。

❸ 菜肴定价　考虑周边餐厅的市场竞争情况，选择合适的定价方法对菜肴进行定价。

❹ 菜品顺序编排　根据顾客就餐的上菜顺序编排菜品的顺序。

❺ 菜单设计　用PPT将菜单完整的呈现，每张PPT展现的是菜单一页的内容。注意菜单内容的编排顺序、编排原则及整体的美观协调。

任务评价

零点菜单设计考核评分标准

序号	考核内容	考核要点	应得分	自评分	互评分	教师评分
1	菜单结构	（1）菜单结构合理，有封面、内页、封底 （2）每页菜单内容编排合理	10			
2	菜单内容	（1）菜肴命名通俗易懂，符合市场习惯 （2）菜肴价格符合餐厅档次 （3）菜肴花色品种及营养结构合理 （4）各类型菜肴比例协调 （5）菜肴编排顺序符合行业习惯 （6）菜肴具有创新性	40			
3	菜单 PPT	（1）菜单整体美观，与餐厅的经营特色相符 （2）菜单图文并茂，具有艺术欣赏价值 （3）封面、封底信息齐全，且图案、Logo 设计美观	30			
4	汇报	（1）PPT 制作精美 （2）上台汇报语言流畅，逻辑清晰	10			
5	答辩	回答问题观点正确、恰当	10			
总分			100			

<table>
<tr><td colspan="2">小组自评</td><td colspan="6"></td></tr>
<tr><td colspan="2">小组互评</td><td colspan="6"></td></tr>
<tr><td colspan="2">教师评价</td><td colspan="6"></td></tr>
<tr><td rowspan="2">小组成员个人得分</td><td>姓名</td><td></td><td></td><td></td><td></td><td></td><td></td></tr>
<tr><td>得分</td><td></td><td></td><td></td><td></td><td></td><td></td></tr>
<tr><td>说明</td><td colspan="7">小组任务得分 = 小组自评分 ×20% + 小组互评分 ×40% + 教师评分 ×40%。小组成员个人得分由小组长和教师根据个人在任务完成中的工作情况分配分数</td></tr>
</table>

任务 2　设计与制作宴会菜单

任务情境

某市著名五星级饭店南山宴会厅接到市新兴有限公司李福林大爷六十大寿午宴的预订单，来宾中有新兴公司的员工、李大爷全家及亲朋好友共约200人，午宴餐标为148元/人，不含酒水饮料。

任务工单

任务名称	设计寿宴宴会菜单				
班级		小组		小组成员	
工作任务	你作为饭店宴会预订部主管，接到预订单后着手设计一份独具特色的寿宴宴会菜单				
任务目的	了解宴会菜单的基本格式，掌握宴会菜单菜肴的选择与搭配原则，掌握宴会菜单菜肴寓意名的设计，掌握宴会菜单的排版设计				
任务实施要求	（1）宴会菜单要包括宴会类型、宴会名称、宴会主办单位、宴会时间与地点、宴会餐标、来宾人数与桌数、宴会菜点寓意名、菜点实名及告示性信息等内容 （2）菜单总价与餐标正负不相差 20 元 （3）菜单排版具有美观性 （4）菜单寓意名要符合宴会主题，菜肴排列顺序符合宴会上菜顺序习惯 （5）宴会菜单设计 PPT 内容包含上述宴会菜单内容，至少 3 页				
任务实施步骤	（1）查阅宴会菜单设计相关资料 （2）设计宴会菜单 （3）制作宴会菜单 PPT （4）课堂汇报、小组互评 （5）教师点评、总结				
任务成果形式	寿宴菜单文本及 PPT				
实施过程记录	从以下 3 个方面记录：搜集的资料、过程记录、实施中遇到的问题及解决办法				

知识准备

宴会菜单又称宴席菜单或宴席菜谱，是指按照宴席的结构和要求，将冷盘、热炒、大菜、点心、水果等按照一定的比例和程序编成的菜点清单。宴会菜单是宴会的重要组成部分，宴会菜单设计包括对组成一次宴会的菜肴的整体设计和具体每道菜的设计。宴会菜单设计必须要以餐饮企业和顾客为核心，结合餐饮企业的文化特性，以顾客需求为中心，确定适宜的宴会主题，综合宴会的各种因素进行创新设计，为顾客提供最佳的物质和精神享受。

一、宴会菜单的内容

宴会菜单可以是预先设计好的固定式宴会菜单，用来向顾客介绍本餐厅的宴会产品，宴会举办者可以在餐厅提供的宴会菜单中选取一套适合本次宴会的宴会菜单。同时，宴会菜单也可以由设计者根据宴会举办者的要求、宴请对象及消费标准等来进行设计。

宴会菜单由以下几个方面组成。

（1）宴会主题名称　如“普天同庆宴”“百年好合宴”等，设计者根据宴会的性质、类别给宴会选取一个合适的主题名称。

（2）宴会消费标准，即宴会餐标，如：1888元/桌。

（3）菜肴寓意名　设计者结合宴会特点将菜点的特征以富有情趣和文化性的词语表现出来，既显得不落俗套，又能突出宴会主题，增加气氛。如突出婚庆宴会的菜肴寓意名可以命名为“百年好合”“鸳鸯戏水”“龙凤呈祥”等；庆祝高升和升学的宴会菜肴寓意名可用“连升三级”“步步高升”“鱼跃龙门”等。

（4）菜肴实名，即菜名　设计者根据宴会餐标、参加宴会宾客的风俗习惯、口味特点、特殊要求等选取合适的菜肴。

案例阅读

以下是某酒店的宴会菜单，请欣赏其绝妙之处。

天长地久宴

莺鸣报喜——迎宾六味碟
心心相印——蒜蓉蒸明虾
天长地久——龙虾海鲜翅
相伴世纪——彩凤新巢玉带
情比海深——大葱烧海参
白头偕老——黑椒牛仔骨
凤凰展翅——脆皮风沙鸡
如鱼得水——鼓汁黄鲳
福满全家——野菇杂烩
四海升平——上汤扒时蔬
百年好合——百合莲子羹
永结同心——精美鲜果盘

二、宴会菜单设计要求

传统的宴会菜单设计，只考虑宴会厅原料的供应情况和客人的消费档次，这些已不能满足现代社会宴会的需要。现代宴会菜单设计必须考虑以下几个要点。

（一）准确把握客人特点

出席宴会的客人各有不同的生活习惯，对于菜肴味道也有不同的爱好。宴会设计者在设计菜单前应具体了解宴请对象的爱好，特别是在接待外国朋友或其他民族和地区的客人时，更应准确把握客人的特点。而要准确把握客人的特点，首先必须了解参加宴会人员的年龄、职业、性别、民族及参加宴会的目的；其次要了解客人的饮食习惯、爱好和禁忌等。比如有的忌猪肉，有的忌葱、姜、蒜，还有的忌动物油等。只有把这些情况弄清楚，具体工作才有把握，菜单安排的效果才会更好。

（二）分析客人心理

在了解客人特点的同时，还要分析参加宴会宾客的心理。有的客人参加宴会只是出于好奇心理，想品尝一下本宴会厅独特的宴会菜肴；有的是出于名望的心理；有的是出于无奈心理，有朋友邀请不得不参加；也有的是寻找团聚的气氛，想借宴会搞一些主题活动；有的客人注重环境气氛和档次，有的则注重经济实惠。在进行宴会菜单设计时，应深入分析客人对宴会菜肴的心理需求，比如宴会菜肴的文化色彩、风味特色、营养构成、服务特性等需求。

（三）合理把握宴会菜肴数量

宴会菜肴的数量就是指组成宴会的菜肴总数和每道菜肴的分量以及其主辅料之间的比例。宴会菜肴的数量是宴会设计的重中之重，数量合理令客人既满意又回味无穷。宴会菜肴的数量应该直接与宴会档次和客人特点联系。宴会档次高或客人以品尝为目的，要求菜肴数量相对多，每份数量相对少。总量上要求，宴会菜点的数量应与参加宴会的人数相吻合；宾客个体数量上要求，应以每人平均吃500g左右净料为原则。把握菜肴的数量还应结合以下因素：①菜肴的品种：菜肴的品种是由宴会的规格确定的，按宴会规格的高低，一般从12个到20个不等，值得注意的是，菜肴品种少的宴会，每个菜肴的数量要丰盛些；而品种多的宴会，每个菜的分量可减少些。②宴会的档次：宴会的档次较高，菜肴的总数量可减少，品种和形式应丰富，制作方法应精巧。宴会的档次较低，菜肴数量可加大，以平均每人食用600g以上的净料为最佳。

（四）宴会菜肴的营养搭配要合理

对宴会菜肴的设计要从客人实际的营养需要出发。客人的营养需要因人而异，不同职业、不同年龄、不同身体状况、不同性别、不同消费水平的客人对营养的需要有一定的差异，但菜单设计者应把握总体的结构和比例。

在宴会菜肴的安排上，要科学地进行荤素营养搭配。比如鸭翅席，冷菜用“一大带六或一大带八”，即一个大色彩拼盘带六个或八个单碟的素拼盘。这样不仅有效地刺激了客人的胃口，增强其食欲，而且具有多种营养成分。通常宴会菜单冷菜的荤素搭配是5∶4或6∶5的比例，热菜的荤素搭配是十分之七八的荤菜、十分之二三的素菜。

（五）宴会菜点的品种比例要合理

一份宴会菜单中各类菜肴和菜肴形式搭配要合理，各类宴会菜肴种类搭配可参考如下安排。

1. 中餐宴会菜肴品种的搭配

中餐宴会通常包括冷菜、热炒菜、大菜、素菜、甜菜（包括甜汤）、点心六大品种，有的还配有水果、冷饮。各个品种的具体形式如下。

（1）冷荤菜　宴会上的冷荤菜，可用什锦拼盘或四个单盘、四双拼、四三拼；也可采用一个花色冷盘，再配上四个、六个或八个小冷盘（围碟）。

（2）热炒菜　通常要求采用炒、炸、熘、爆、烩、烹等多种烹调方法烹制，从而达到菜肴的口味和外形多样化的要求。

（3）大菜　由整只、整块、整条的原料烹制而成，装在大盘（或大汤碗）中上席的菜肴叫做大菜。它通常采用烧、烤、蒸、炸、熘、炖、焖、炒、叉烧等多种烹调方法烹调。

（4）素菜　由素菜经炒、烧、扒等方法制作而成，起到解腻和营养平衡的作用。

（5）甜菜　通常采用蜜汁、拔丝、挂霜、冷冻、蒸等多种烹调方法熟制而成，多数是趁热上席，在夏令季节也有供应冷食的。

（6）点心　在宴会中常用糕、团、面、粉、包、饺等品种，采用的种类与成品的粗细视宴会规格的高低而定，高级宴会需制成各种花色点心或是地方特色小吃点心。

有的宴会除上述六种菜点外，还有水果和冷饮，常有苹果、哈密瓜、西瓜、橘子及各种鲜榨汁和冰淇淋等。总之，以上不同品种与不同形式的菜肴，既有原料种类的不同，又存在烹调方法的差别。只有这样，才能使一套宴会菜肴产生丰富多彩的效果。

2. 西餐宴会菜肴品种的搭配

西餐宴会菜肴通常包括开胃品、汤、主菜、甜食等四大类，各类具体形式如下。

（1）开胃品　开胃品就是指少量的起到开胃作用的小食品，比如面包、黄油、冷菜或沙拉。

（2）汤　汤就是指起到开胃促进食欲作用的味道鲜美的汤菜。

（3）主菜　主菜包括海鲜和肉类，一般量大形整，造型讲究，可将宴会达到高潮。同时可上解腻作用的开胃小碟。

（4）甜品　甜品包括甜沙拉、水果、奶酪、甜点心以及饮料，可起到饱腹和助消化的作用。

3. 宴会菜肴搭配比例

不论是中餐宴会，还是西餐宴会，应注意菜肴种类与形式的搭配比例。

（1）要注意一套宴会菜肴中冷盘、热炒、大菜、点心、甜菜的成本在整个宴会成本中的比重，以保持整个宴会的各类菜肴档次的均衡，避免冷盘档次过高、热炒菜档次过低。

（2）要注意宴会的档次不同，宴会菜肴种类搭配比例也随之变化。变化规律通常如下。

一般宴会：冷盘约占10%，热炒约占45%，大菜与点心约占45%。

中级宴会：冷盘约占15%，热炒约占35%，大菜与点心约占50%。

高级宴会：冷盘约占15%，热炒约占30%，大菜与点心约占55%。

（3）要注意在同一道菜肴中的品种搭配　即指某一道菜可由两种或两种以上的品种组成。这一点应学习西餐的菜肴搭配方法，比如在大菜中配上一些开胃小菜。

（六）宴会菜肴的色彩搭配要合理

一套宴会菜肴色彩运用的好坏是衡量菜肴好坏的首要标准，因为一道菜肴最早让人接受的信息便是它的颜色。菜肴色彩设计就是合理巧妙地利用原料和调料的颜色，外加点缀物的颜色、器皿颜色，使菜肴的颜色赏心悦目。宴会菜肴色泽合理搭配必须注意如下几个问题。

（1）原料色彩的合理组合，是为了最大限度地衬托出菜肴的本质美。主要的精力应放在如何合理地利用原料的本色上，而不是借助于色素。

（2）色彩为菜肴服务，当以味为主。不能片面追求色彩漂亮而大量采用没有使用价值的或口感不好的生料做菜肴的装饰点缀品。

（3）原料色彩组合时，要防止色彩混乱，应强调巧妙地运用色彩的搭配。要注意主料与配料、菜与盘子、菜与菜、菜与桌面的色彩调配，使菜肴达到既丰富多彩，又不落俗套；既鲜艳悦目，又要层次分明，绝不能千篇一律。对赴宴者而言，宴会菜肴颜色安排的协调，不仅能增加食欲，而且能给人以美的艺术享受。

三、宴会菜单设计方法

宴会菜单设计不同于一般的菜点设计，它必须以宴会主题为中心，以宴会特色为导向进行设计。

（一）创造和突出宴会主题

宴会主题不同，宴会菜单的形式也就有所不同。宴会菜单的形式就是指构成宴会的菜点种类、特点、结构、造型、菜名及服务方式。设计宴会菜单，必须突出宴会主题。如红楼宴中所有菜点均出自于《红楼梦》。设计者也可以设计以一种原料为主的宴会，如百合宴、鲜花宴等。

案例阅读

皇帝宴

2002年5月25日晚，北京饭店宴会厅里灯火辉煌、银龙狂舞、鼓乐齐鸣。200多位身着“唐装”的外宾簇拥着一身中国皇帝打扮的BOB UHLER 总裁。当这位总裁乘着八抬大轿沿着红地毯登上宝座时，这场被称之为“皇帝宴”的高档宴会，把几天来北京饭店的酒宴活动推向高潮。宽大恢宏、极富中国宫廷风格装饰的北京饭店宴会厅，为在这里举办大型酒宴活动的客户展开想象的翅膀，竭尽全力利用中国的传统文化、民俗特色来装点大厅，烘托宴会气氛，调动来宾的兴趣和激情。这次“皇帝宴”主办者不仅将宴会厅装饰成金銮宝殿，同时还将农村的舞龙、花轿请进宴会大厅，席间不仅表演中国的地方戏，并让宾客都来参与选“妃子”游戏。宴会后，外宾还饶有兴致地跳中国秧歌，既了解了中国文化，又品尝了中国美食。

（二）宴会菜肴命名要富有情趣和文化性

宴会菜肴命名既要让客人一眼就能看清楚内涵，又要使客人产生食欲和联想，回味无穷。宴会菜肴命名的基本方法有：在主料前加调味品的命名方法；在主料前加烹调方法的命名方法；以主辅料配合命名的命名方法；在主料和主要调味品间标出烹调方法的命名方法；在主料前加入人名、地名的命名方法；在主料前加色、香、味、形、质地等特色的命名方法。

在宴会菜肴设计时，除了运用以上的基本方法外，还应结合宴会特点给菜肴巧妙命名。比如，将菜点的特征以富有情趣和文化性的词语表现出来，既显得不落俗套，又能突出宴会主题，增加气氛。如庆祝开业大吉的宴会菜肴可命名为“遍地黄金”“恭喜发财”等。

（三）菜单装帧设计要美观

菜单装帧主要体现在制作菜单的材料、形状、大小、色彩、款式及印刷等方面。其要求如下。

（1）在字体的大小上应以适宜目标客源阅读为主要标准。

（2）在字体的选择上则可灵活行事，若中式餐饮，可采用飘逸的毛笔字；若是儿童菜单，可选用活泼的卡通字；若是寿宴，可选择古老的隶书；若是正规宴会菜单，则宜选用端庄的字体。

（3）菜单上的标准色宜淡不宜浓，宜简不宜多，否则会影响识别效果。

（4）在制作菜单时，菜单材质、款式则应体现别致、新颖、适度的标准。

四、宴会菜单设计举例

（一）香港回归宴

在香港回归祖国之际，中国烹饪协会会员、特级烹调师李光远先生设计的大型宴会“香港回归宴”曾轰动一时。该宴会共设菜点15款，每款菜点的设计及寓意各具特色，因而形成了鲜明的时代感，极具历史文化内涵。

（1）“盛开紫荆花” 这道菜用鲜贝制成，表示人们盼望香港早日回归祖国的心愿。将加工后的鲜贝摆成花瓣状，浇上鲜白汁，中间用萝卜丝制成花蕊，铺成一碟盛开的紫荆花。

（2）“丝丝相连” 寓意香港与祖国紧密相连。此菜用蟹肉、油菜丝、牛肉丝、鸡丝、火腿丝制成中国地图和紫荆花，表示一国两制。

（3）“根” 表示龙的传人。主料是鱼，加工后摆成龙形，鱼头炸成龙头状。

（4）“舜耕” 此寓意舜创造中国农耕文化，邓小平开创“一国两制”。此菜用薄鱼片和多种调料腌制，将鱼片排列，蒸熟浇汁，另用雕刻的飞凤、大象和青竹作装饰，以体现有关舜的传说。

（5）“虎门销烟” 将大虾改刀成虎爪状，调味、油炸、浇番茄酱，用水果刻成“城门”，中间放置黑色的红烧海参，再用银耳、红樱桃作装饰。

（6）“中华五千年” 下面是白扒小笋整齐地摆成圆形，中间是炒成的蟹籽玉兰片，旁边放上青笋和发菜做成一支丰满的笔，表示“纷纷扬扬五千年”的中国历史，恰是“整整齐齐一部书”。

（7）“归” 这道菜是将鸡翅去骨，加调料后油炸，取出摆成雄鹰展翅状，表示历史的推动和归心的迫切感。

（8）“普天同庆” 用鲜贝、面粉、鸡蛋揉成球状，裹芝麻炸熟。放入番茄切片做成的“灯笼”中，表示热烈的气氛。

除上述8款大菜外，还有“一帆风顺”“和平鱼篮”“五洲凤舞”“四海三鲜汤”“百合鲍鱼汤”“四喜饺”和“如意卷”7款菜点。这张“回归宴”的菜单宛如一部“史诗”，内容丰富，造型多姿多彩。根据设计者的设计，宴饮时播放《把根留住》这首歌，融饮食、历史、文化、雕塑、音乐于一体，使得整个宴饮洋溢着一种喜庆、祥和的气氛。

（二）祝寿宴

（1）松鹤延年（冷拼） 松有万年松、百木之长的美称，鹤属长寿仙禽，寿不可量。松鹤延年寓意长寿吉祥。

（2）八仙过海（冷拼盖碗） 八仙本属长生不老的仙人，八仙为寿翁献寿，寓意福如东海，寿比南山。

（3）鸿运高照（锦江片皮鸭） 祝健康长寿，永葆青春，吉祥如意。

（4）福如东海（冰糖甲鱼） 祝贺寿翁的福分像东海一样长流不断、广阔无边。

（5）年年有余（龙须鳜鱼） 寿翁吉祥如意，年年有余，吃、穿、用都有盈余，丰衣足食，生活富裕美好，家业发达。祝寿翁岁岁大吉，年年有余。

（6）齐眉祝寿（寿面寿桃） 寿面寿桃是生日吉祥之物，齐眉意味着子孙满堂，共祝寿翁万寿无疆。

任务实施

1. 宴会菜单设计准备　收集各种宴会菜单模板及宴会菜单资料。
2. 宴会菜单拟定　根据顾客订单的餐标及特殊要求，从指定零点菜单中选取合适的菜肴拟定宴会菜单。
3. 宴会菜单PPT制作。

任务评价

宴会菜单设计考核评分标准

序号	考核内容	考核要点	应得分	自评分	互评分	教师评分
1	宴会菜单知识	（1）熟悉宴会菜单种类，了解宴会菜单作用 （2）掌握宴会菜单编制方法	10			
2	宴会菜单拟定	（1）菜肴选择符合中餐宴会就餐形式与档次 （2）菜肴种类基本齐全、品种与口味搭配合理、烹调方式多样 （3）菜肴原料选择合理，色泽协调，造型优美，营养均衡 （4）菜肴编排顺序正确 （5）菜品设计能充分考虑成本等因素，符合饭店经营实际 （6）菜单餐标计算无差错，价格与餐标金额误差 20 元内	45			
3	宴会菜单 PPT 制作	（1）菜单设计的各要素（例如颜色、背景图案、字体、字号等）合理 （2）菜单设计三大信息齐全，PPT 制作精美 （3）菜单整体设计符合宴会主题，外形有一定的艺术性、创新性，美观、经济、适用	25			
4	汇报	上台汇报语言流畅，逻辑清晰，结构完整	10			

续表

序号	考核内容	考核要点	应得分	自评分	互评分	教师评分
5	答辩	回答问题观点正确、恰当	10			
总分			100			
小组自评						
小组互评						
教师评价						
小组成员个人得分	姓名					
	得分					
说明	小组任务得分 = 小组自评分 ×20% + 小组互评分 ×40% + 教师评分 ×40%。小组成员个人得分由小组长和教师根据个人在任务完成中的工作情况分配分数					

项目小结

菜单是将餐饮产品的信息直接传递给就餐者的十分有效的媒介，它是将销售者与消费者联系的纽带和桥梁。菜单的种类多样，形式繁多，菜单的设计与制作既严谨又务实，其内容的安排、定价方式、制作材料及式样的选择都讲究科学性和艺术性。

知识拓展

美国餐馆菜单设计十规则

1．菜单安排要简单化。尽量使主菜单条目清晰、一目了然，而花样变化则体现于“每日特别菜”上。

2．突出招牌菜、特色菜、拿手菜、最受欢迎的菜，让其更抢眼、抢手。

3．以贴切而生动的文字详细描述每道菜的成分、制作方法及味道，让顾客在点菜时能够多一些了解，从而选择最适合其口味的菜。

4．避免直译菜名。

5．菜单用语通俗、标准，越简单越好。

6．附上相应的菜肴照片。

7．菜单上加入饮料与酒谱。

8．如果您不使用味精，或只使用植物油，应在菜单封面上以醒目文字标示出来，这样很受顾客欢迎。

9．在烹饪时间特别长的菜旁注明等待时间，使顾客有心理准备。

10．在菜单首页加一段欢迎词或名菜典故以加深顾客对餐馆及菜单的印象。

（资料来源：职业餐饮网，http://www.canyin168.com）

思考与练习

1．什么是固定菜单和变动菜单？

2．一份完整的菜单应包含哪些内容？

3．菜单内容的设计原则是什么？

4．进行宴会菜肴设计时，应掌握哪些要求？

5．案例分析

更换菜单

消费者王女士和朋友到某餐厅消费，结账时她们要求拿菜单重新核对一下价格，结果餐厅工作人员拿出的菜单上菜的价格和当初点菜时菜的价格不一样。王女士当时就糊涂了。她质问商家究竟以哪个菜单为准，商家只说自己一时疏忽，菜单已经更换了，但还没有来得及将旧的收好，所以收费当然以新菜单为准，王女士对商家的解释不能接受，认为商家是在欺骗消费者。经过交涉，最终在商家的要求下王女士还是按新菜单结了账。此后，她对这事倍加留心，在之后的就餐中她发现这个餐厅的菜单竟然有4个之多，而且每个菜单上同样菜的价格却都不一样。因而王女士将商家的4个菜单都拿到了当地工商局和消费者协会，一定要讨个说法。

问题讨论：餐厅应该如何管理菜单？

项目七 | 厨房设计与管理

知识目标

· 掌握厨房组织机构的设置
· 清楚厨房规划与设计的原则
· 了解厨房室内环境设计的要求
· 掌握厨房各功能区的布局设计
· 熟悉厨房各种设备的配备
· 掌握厨房生产质量控制的方法

能力目标

· 能设计厨房室内环境并画出布局示意图
· 能根据设计配备厨房设备
· 能制定标准菜谱

引导案例

厨房设计应考虑餐饮经营风格

厨房的设计应以流程合理、方便实用、节省劳动、改善厨师工作环境为原则，不必追求设备多多益善，更没有必要一味追求气派漂亮，造型花哨。厨房设备多而没用，不仅造成投资增大，而且占用场地空间，使厨房生产操作施展不开，增加不安全性。

现在饭店里有几种情况：一是新建或改造厨房时，片面追求设计效果整齐、买设备只重外表，结果买回的设备板太薄、质太轻，工作台一用就晃，炉灶一烧就坏，冰箱一不小心就升温。还有些设备看似新颖，功能超前，而真正的实用价值不高，如好多国产的运水烟罩、升降传菜梯等，往往是施工人员撤出、饭店筹建人员退场之后，接手的厨师叫苦不迭，厨师成了设备的奴隶；二是不论自家餐厅卖什么风味的产品，其设备都选配广式炉灶，认为只有这样的配备，厨房才是先进的。殊不知广式炉灶是与粤菜的烹调方法、成品特色相配套的。广灶的总体特点是火力猛、易调节、好控制，最适合于旺火速成的粤菜烹制。可现在有许多经营淮扬菜、海派菜或者杭州菜的菜馆，仍选配广灶着实难为了不少厨师。殊不知，淮扬菜擅长炖、焖、煨，海派菜浓油赤酱、讲究炒功，这都需要炉灶有支火眼配合猛火使用等。不考虑这些因素，不仅成品风味、质地难以地道，而且对燃料、厨师劳动力的浪费也是惊人的；三是提到改善厨师的工作环境，厨房要做到先进整齐时，就无节制地扩大面积，拓展空间。不仅如此，还把偌大的一个厨房进行无限分隔，各作业间互相封闭，看不见，叫不应，既增加了厨师搬运货物的距离，又不便互相关照、提高工作效率，更容易产生安全隐患。

（资料来源：檀亚芳．餐饮运行与管理[M]．北京．北京大学出版社，2011：212）

评析：厨房的设计应紧紧围绕餐厅的经营风格，充分考虑实用、耐用和便利的原则。应在厨房的通风、明厨、明档、地面、用水和灯光等方面特别加以重视。

任务 1　设置厨房组织机构

任务情境

你们小组在学期初已经筹建了自己的餐厅，餐厅规模为中型，可容纳100人同时用餐，前期，你们已经拟定了餐厅的菜单，设置了餐厅的整体组织机构，现在要对厨房进行机构设置和人员配备。

任务工单

<table>
<tr><td>任务名称</td><td colspan="5">为 XX 餐厅设置厨房组织机构</td></tr>
<tr><td>班级</td><td></td><td>小组</td><td></td><td>小组成员</td><td></td></tr>
<tr><td>工作任务</td><td colspan="5">你作为餐厅筹划总监，请带领你的组员，根据筹划餐厅的规模、档次、经营特色、菜肴品种等方面信息设置厨房组织机构，要求画出厨房组织机构图，并对各岗位人员进行配备</td></tr>
<tr><td>任务目的</td><td colspan="5">了解厨房的岗位设置，能画出厨房组织机构图，并掌握厨房各岗位人员配备的原则</td></tr>
<tr><td>任务实施要求</td><td colspan="5">（1）厨房组织机构图要符合本组设计的餐厅实际情况
（2）组织机构图可以是手绘，也可以是电脑设计
（3）各岗位人员配备需用文字进行说明</td></tr>
<tr><td>任务实施步骤</td><td colspan="5">（1）小组成员分工
（2）查阅资料，收集有关厨房组织机构方面的资料
（3）小组共同讨论，设计厨房组织机构图，确定岗位人员配备
（4）课堂汇报、小组互评
（5）教师点评、总结</td></tr>
<tr><td>任务成果形式</td><td colspan="5">厨房组织机构图（含各岗位人员配备）</td></tr>
<tr><td>实施过程记录</td><td colspan="5">从以下 3 个方面记录：搜集的资料、过程记录、实施中遇到的问题及解决办法</td></tr>
</table>

知识准备

厨房的主要任务是生产餐饮产品，所以设计厨房组织机构的最终目的是为了更有效地组织生产，使厨房各部门合理有效、运作正常，各项工作都能落实到人。构成厨房的基本要素如下：①一定数量的生产工作人员（有一定专业技术的厨师、厨工及相关工作人员）；②生产所必须的设施和设备；③必需的生产场地；④满足需要的烹饪原材料；⑤适用的能源等。

一、厨房分类

厨房组织机构的设置会随着餐厅规模、厨房类型的不同而不尽相同。厨房的分类主要有以下几种。

（1）按厨房规模划分　可分为大型厨房、中型厨房、小型厨房、超小型厨房。

（2）按餐饮风味类别划分　可分为中餐厨房、西餐厨房、其他风味菜厨房。

（3）按厨房生产功能划分　可分为：①加工厨房：负责对各类鲜活原料进行初步加工（宰杀、去毛、洗涤）、对干货原料进行涨发，并对原料进行刀工处理和适当保藏的场所。②宴会厨房：指为宴会厅服务、主要生产烹制宴会菜肴的场所。③零点厨房：专门用于生产烹制客人临时、零散点菜的场所，即该厨房对应的餐厅为零点餐厅。④冷菜厨房：又称冷菜间，是加工制作、出品冷菜的场所。⑤面点厨房：是加工制作面食、点心及饭粥类食品的场所，中餐又称其为点心间，西餐多叫面饼房。⑥咖啡厅厨房：负责生产制作咖啡厅供应菜肴的场所。⑦烧烤厨房：专门用于加工制作烧烤类菜肴的场所。⑧快餐厨房：加工制作快餐食品的场所。

二、厨房组织机构设置原则

厨房生产工作环环相扣，只有各部门各岗位统一服从指挥、相互协作，才能提高效率，顺利完成生产任务。所以，厨房组织机构设置是厨房管理的基础，它遵循的原则主要有以下几点。

（一）垂直管理原则

各部门员工接受部门负责人领导，部门负责人接受上级主管领导管理。

（二）管理跨度适当的原则

管理跨度是指一个管理者能够直接有效地指挥控制下属的人数，通常情况下，一个管理者的管理跨度以3～6人为宜。影响厨房生产管理跨度大小的因素主要有：①层次因素；②作业开工因素；③能力因素。

（三）精干高效管理原则

兵贵在精而不在多，合理的人员配备与工作安排，不但可以节约经营成本，而且可以提高厨房工作效率。

（四）权责相当的原则

厨房组织机构的每一层都应有相应的责权，树立管理者的权威，赋予每个职位相应的职务权力。一定的权力是履行一定职责的保证，有权力就要承担相应的责任。

三、厨房组织机构设置图

厨房组织机构设置图是厨房各层级、各岗位在厨房中的位置和联络关系的图表。餐饮规模、厨房面积、结构、功能、管理风格等不同，餐饮企业厨房的机构设置也不同。

（一）大型厨房组织机构（图7–1）

这种厨房组织一般适用于客房在500间、经营餐位1500个以上的综合型饭店餐饮部。这种厨房的特点是设立一个集中加工的主厨房（又叫加工厨房），负责所有经营产品的原料加工和切割，甚至配份。

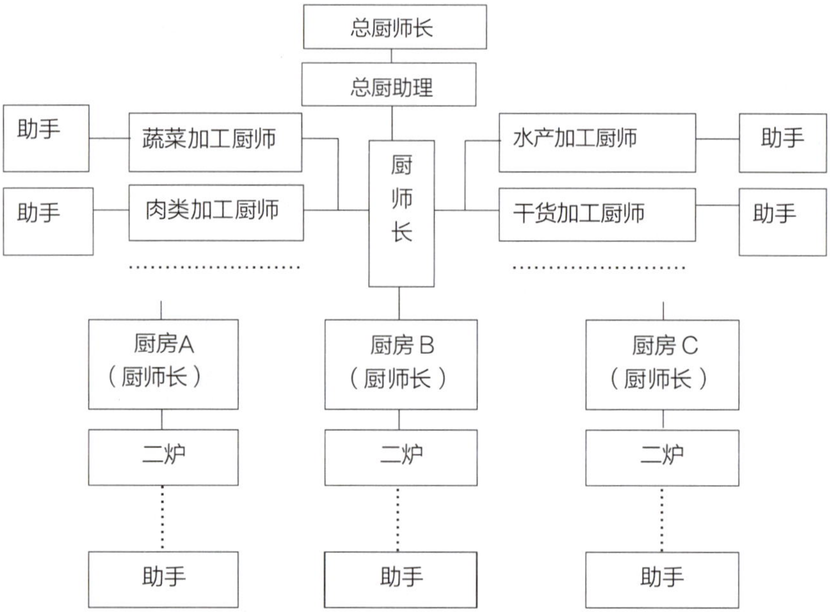

图 7–1　现代大型厨房组织机构图

（二）中型厨房组织机构（图7–2）

中型厨房一般适用于同时生产、提供300～500个餐位用餐的餐厅厨房。

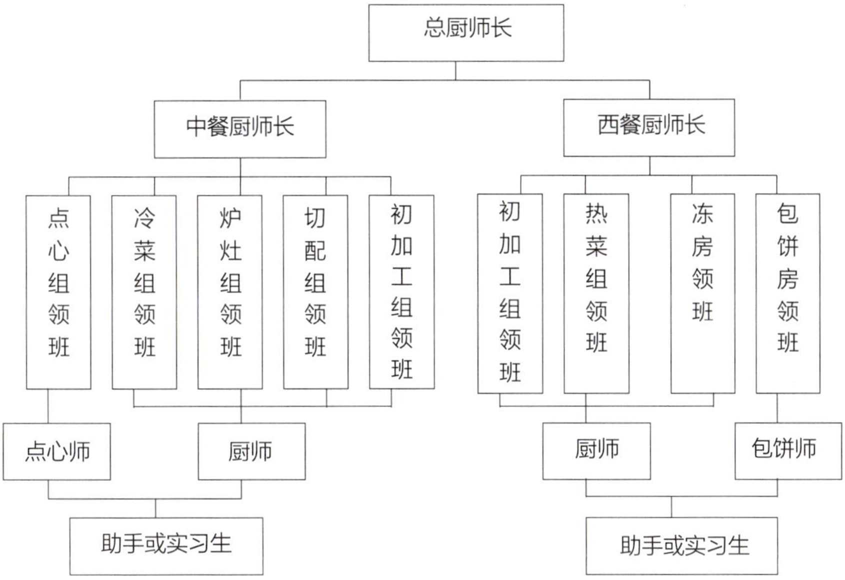

图 7-2　中型厨房组织机构

（三）小型厨房组织机构（图7-3）

小型厨房适用于同时生产、提供200～300个餐位甚至更少餐位用餐的餐厅厨房。

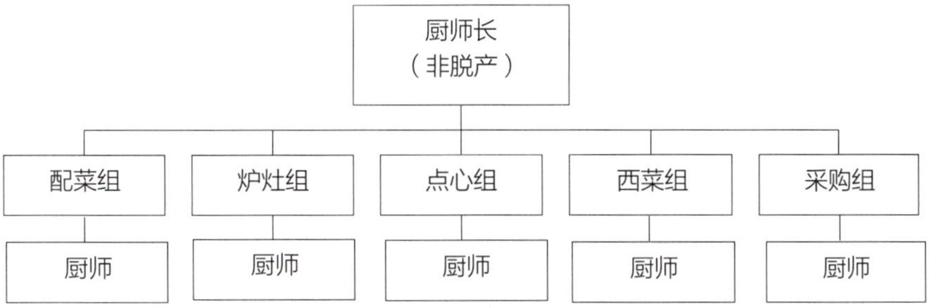

图 7-3　小型厨房组织机构

四、厨房各部门职能

由于餐厅的规模大小不同、设备不同，厨房的组织机构设置也不一样，合理的岗位设置及人员配备能使工作井井有条，最大限度地调动员工的工作积极性。厨房一般由以下五个部门组成。

（1）加工部门　是原料进入厨房的第一生产部门，主要负责将蔬菜、水产、禽畜、肉类等各种原料进行拣摘、洗涤、宰杀、整理，即所谓的初加工；干货原料的涨发、洗涤、处理也在初加工范畴。

（2）配菜部门　又称案板切配部门，负责将已初加工的原料按照菜肴制作要求进行主料、配料、料头（又叫小料，主要是配到菜肴里起增香作用的葱、姜、蒜等）的组合配伍。

（3）炉灶部门　负责将配制完成的组合原料，经过加热、杀菌、消毒和调味，使之成为符合风味、质地、营养、卫生要求的成品。

（4）冷菜部门　负责冷菜（也称凉菜）的刀工处理、腌制、烹调及改刀装盘工作。

（5）点心部门　主要负责点心的制作和供应。

任务实施

❶ 厨房组织机构设计　根据餐厅的规模档次、提供菜肴类别等信息确定厨房的组织机构框架。

❷ 画出厨房组织机构图。

❸ 各岗位人员配备　根据组织机构设置原则及管理跨度原则合理配备各岗位人员。

任务评价

厨房组织机构设置考核评分标准

<table>
<tr><th>序号</th><th colspan="2">考核内容</th><th>考核要点</th><th>应得分</th><th>自评分</th><th>互评分</th><th>教师评分</th></tr>
<tr><td>1</td><td colspan="2">组织机构设置的合理性</td><td>（1）整体组织机构设置合理
（2）各岗位设置符合餐厅实际需求</td><td>30</td><td></td><td></td><td></td></tr>
<tr><td>2</td><td colspan="2">组织机构图</td><td>（1）图示清晰，符合组织机构图示基本要求
（2）整体设计合理、页面整洁</td><td>30</td><td></td><td></td><td></td></tr>
<tr><td>3</td><td colspan="2">人员配备</td><td>（1）各岗位人员配备合理，符合管理跨度原则
（2）人员总数与餐厅整体组织机构设计协调</td><td>20</td><td></td><td></td><td></td></tr>
<tr><td>4</td><td colspan="2">汇报</td><td>（1）PPT 制作精美
（2）上台汇报语言流畅，逻辑清晰</td><td>10</td><td></td><td></td><td></td></tr>
<tr><td>5</td><td colspan="2">答辩</td><td>回答问题观点正确、恰当</td><td>10</td><td></td><td></td><td></td></tr>
<tr><td colspan="4">总分</td><td>100</td><td></td><td></td><td></td></tr>
<tr><td colspan="3">小组自评</td><td colspan="5"></td></tr>
<tr><td colspan="3">小组互评</td><td colspan="5"></td></tr>
<tr><td colspan="3">教师评价</td><td colspan="5"></td></tr>
<tr><td rowspan="2">小组成员个人得分</td><td>姓名</td><td></td><td></td><td></td><td></td><td></td><td></td></tr>
<tr><td>得分</td><td></td><td></td><td></td><td></td><td></td><td></td></tr>
<tr><td>说明</td><td colspan="7">小组任务得分 = 小组自评分 ×20% + 小组互评分 ×40% + 教师评分 ×40%。小组成员个人得分由小组长和教师根据个人在任务完成中的工作情况分配分数</td></tr>
</table>

任务 2　设计厨房格局及环境

任务情境

某个体户投资筹建一中高档次的中餐厅，你担任餐厅筹划总监，现阶段你的工作任务是对餐厅厨房布局及环境进行设计。接到任务后，你决定先带领你的团队参观身边几家规模档次相当的餐饮企业厨房，然后再设计本餐厅的厨房。

任务工单

任务名称	设计厨房格局及环境				
班级		小组		小组成员	
工作任务	你作为餐厅筹划总监，请带领你的筹划小组参观身边几家规模档次相当的餐饮企业厨房，然后再对本餐厅的厨房进行格局及环境设计，并绘制一份厨房设计平面图，阐述该厨房设计的优缺点				
任务目的	了解厨房设计与布局的原则，知道影响厨房设计布局的因素，掌握厨房设计布局的方法，熟悉厨房生产区域设计的要求，学会绘制厨房设计平面图				
任务实施要求	（1）餐厅档次设定为中高档，规模为中型，类型为普通中餐厅 （2）小组长带领本组成员参观1~2家中餐厅的厨房 （3）小组成员全体参与，共同完成任务 （4）手绘厨房设计平面布局示意图 （5）厨房设计说明包含：厨房的位置选择，厨房设备布局的基本要求及功能分区，厨房各功能区的布局及面积，该厨房设计的优缺点				
任务实施步骤	（1）小组成员分工 （2）查阅资料，拟订任务完成工作计划 （3）小组讨论，完成工作任务 （4）制作汇报 PPT （5）课堂汇报、小组互评 （6）教师点评、总结				
任务成果形式	厨房设计说明（含厨房设计平面图及优缺点分析）				
实施过程记录	从以下3个方面记录：搜集的资料、过程记录、实施中遇到的问题及解决办法				

知识准备

一、厨房设计与布局的原则

餐厅厨房在布局设计时应遵循以下原则。

（1）必须保证厨房生产流程的畅通　厨房在设计布局时应注意三线平行、四口分设。三线平行即冷菜、热菜、点心生产线三线要保持平行。四口分设是指原料入口、菜肴出口、餐后餐具入口、垃圾出口应该分开设置，不能共用。加工生产的功能区域分布依照厨房生产的流程和出菜顺序来设计。厨房生产流程应简短顺畅，避免迂回交叉，尽量缩短输送流程，使路径分明，便于高效率的餐饮服务。

（2）厨房要尽可能靠近餐厅　厨房位置的选择应该尽可能靠近餐厅，否则会影响出菜的速度、影响菜点成品的质量、造成人力资源的浪费。

（3）厨房各作业点应安排紧凑，以达到高效利用的原则。

（4）厨房设备的布局应该考虑方便清扫和维修，设备之间应该留有0.3m左右的空隙。厨房主要设备之间的通道不应少于1.6m，工作区的通道不可窄于1.2m，一般通道不可窄于0.7m。

（5）严格遵循生熟分开、洁污分流的原则，确保厨房饮食卫生。

（6）拥有合理的操作人员走动空间，便于厨师作业，视野开阔，方便管理。

（7）厨房设计与布局要考虑留有调整发展余地。

知识链接

厨房设计小窍门

厨房的用途及流程设计，在餐馆、饭店及宾馆的餐饮部门中极为重要。一个理想的设计方案，不但可以让厨师与相关部门人员密切配合，井然有序，而且可以为制作美味佳肴提供良好、舒心的环境；顾客也因此能得到更好的服务，从而能不断提高顾客回头率。反之，一个粗制滥造的设计，可能由于设备、器具安排的不合理，造成厨师使用时不顺手，无法发挥其烹饪技术而影响出品质量，长此以往必然会影响到餐馆或饭店的声誉。

因此，在进行厨房设计时，整个厨房设备的布局要根据现场情况和餐厅的功能、要求进行合理安排和设计，并结合煤气公司、卫生防疫、环保、消防等部门的要求进行厨房设备的方案调整，同时充分考虑到将来施工、安装和验收的实际情况。在设计厨房布局方案时，应严格遵守以下要求：了解厨房的既定菜式，设计均以此为中心；严格按照生熟食品分隔的原则，确保厨房饮食卫生，在此前提下，尽量缩短输送流程，使路线分明；厨房空间及工作位置安排合理，确保厨师能各司其职，分工合作，提高产量与质量；厨具、用具布局拥有合理空间，使视野开阔，方便管理；对不合理的原有装置，尽量加以改造或利用，以合乎经济原则；厨房内抽气系统，以保持空气流通及无闷热感为基本目标，务求使厨房成为一个舒适的工作环境；厨具符合消防、卫生、环保条例，以确保安全并避免损毁。

（资料来源：檀亚芳. 餐饮运行与管理[M]. 北京：北京大学出版社，2011：216）

二、厨房的整体规划

（一）厨房位置的确定

（1）厨房的设计要有利于厨房生产　主厨房最好设在底楼，分厨房应靠近主厨房，这样有利于生产管理，还可节省多种开支，有利于水、电、气等设施相对集中布局。

（2）厨房要尽量靠近所对应的餐厅，以缩短服务员行走路程和时间。

（3）主厨房要靠近食品贮藏区（冷库、干货杂品库），方便领料，方便货物运送。

（4）厨房的地势要相对高一些，这样便于通风和采光，便于污水的排放，便于货物的装卸。

（二）厨房面积的确定

确定厨房面积是厨房规划设计中较为困难的问题，因为影响厨房面积的因素很多，其中包括餐厅类型、厨房功能、用餐人数和厨房设备等。通常，菜单品种越丰富，菜肴加工越精细，厨房所需的设备越多，厨房需要的面积就越大；反之，菜单品种简单，菜肴制作简单，厨房需要的面积就小。同时，餐厅用餐人数越多，用餐时间越集中，厨房面积需求就越大。此外，厨房使用的设备对厨房面积也有直接影响，如果使用组合式或多功能设备，可节约厨房面积。厨房面积还受厨房形状和建筑设施的影响，形状不规则、不实用，必然会浪费厨房面积，例如，柱子和管道等都会影响厨房面积。通常的经验数字认为：厨房的面积与餐厅的面积比例是1∶2或1∶3。但这只能作为参考，在实际工作中并非是绝对的标准。厨房面积的估算方法有以下几种。

1. 按餐座数计算厨房面积（表7–1）

表7–1　每类餐厅餐位数所对应的厨房面积对照表

餐厅类型	厨房面积（m^2/餐位）	后台总面积（m^2/餐位）
正餐厅	0.5 ~ 0.8	1 ~ 1.2
咖啡厅	0.4 ~ 0.6	
自助餐厅	0.5 ~ 0.7	

2. 根据就餐人数计算厨房面积（表7–2）

表7–2　不同就餐人数时每人所需厨房面积对照表

就餐人数	平均每位用餐者所需厨房面积（m^2）
100	0.697
250	0.48
500	0.46
750	0.37
1500	0.309
2000	0.279

3. 根据餐饮企业各部分面积的分配比例（表7–3）

表7–3　餐饮企业各部分面积比例表（总面积为100%）

各部门名称	所占百分比
餐厅	50%
客用设施	7.5%
厨房	25%
清洗	5.5%
仓库	7%
员工设施	3.5%
办公室	1.5%

4. 根据厨房各作业区总面积所占比例（表7–4）

表7–4　厨房各作业区总面积所占比例

各作业区名称	所占百分比
炉灶区	32%
点心区	15%
加工区	23%
配菜区	10%
冷菜区	8%
烧烤区	10%
厨师长办公室	2%

（三）厨房区域划分

厨房的布局应当根据菜肴生产中的运动方向进行。菜肴从原料到制成成品的全过程通常要经过5个部门，即食品原料验收区、食品贮藏区、初加工厨房、烹调厨房和备餐间等。当然，不同的菜肴经过的部门不完全相同，例如，有些蔬菜可能无需进行贮藏而直接进入初加工厨房；有些冷菜可能不会经过烹调厨房而只需要在冷菜间完成。总之，厨房部门的多少和位置的确定必须根据其实际需要进行设计。一般厨房划分为以下几个区域。

1. 食品原料验收区

食品原料验收区通常都设计在餐厅的后部靠近食品原料贮藏区的地方，以确保食品原料验收合格后能及时入库保存，防止发生食品污染、变质和失窃事件。而在小餐饮企业，食品原料的验收工作通常由餐饮部或厨房负责，为了节省空间，验货区常常设在厨房入口处。

2. 食品贮藏区

根据食品原料的不同特性，餐饮企业的食品贮藏区一般可分为干藏库、冻藏库和冷藏库3个部分。干藏库用于存放那些不易变质的食品原料，如大米、面粉、淀粉、糖与香料等。冷藏库与冻藏库用于贮存易腐烂变质的食品原料，如各种禽肉、牛羊肉、各种海鲜、鸡蛋、奶制品及新鲜的蔬菜和水果等食品原料都属于易腐烂变质食品。冷藏库和冻藏库应靠近菜肴加工区域，以方便领取。

3. 加工间与烹调间

加工间和烹调间是厨房的菜肴和点心等的生产区域，也是厨房的工作中心。该区域是食品加工设备的主要布局区。根据菜肴的加工程序，加工间应靠近烹调间。厨房加工区域，包括对原料进行初步摘拣、宰杀、洗涤、整理的初加工和对原料进行刀工处理的深加工及其随之进行的腌浆等工作。烹调间是厨房的主要工作空间，集中了厨房主要的技术力量和生产设备，在整个厨房生产流程中占有相当重要的地位。该区域通常包括热菜的配份、打荷、烹调；冷菜的烧烤、卤制和装派；点心的成形和熟制等岗位。该区域按生产性质的不同，可以相对独立地分成四个部分，即热菜配菜区、热菜烹调区、冷菜制作与装配区、饭点制作与熟制区。

4. 备餐间与洗碗间

备餐间一般设在厨房与前厅比较方便的过渡地带，备餐人员起到一个收菜单、传递菜单、起菜、传菜、停菜等指挥作用。备餐间是前厅顾客与厨房特殊信息沟通的部门，是前厅服务员与后厨厨师及时联系的关键部门。在餐饮店中为了减少顾客点菜出现差错，上菜及时合理，加菜、退菜传达及时，备餐中的查菜工作十分重要，其中设计好备餐间就更显得特别必要。

在备餐间的布局中，常设有三明治冷柜、工作台、小型搅拌机等。备餐间又时常被人称为出菜间，一些厨房将已烹调好的而又暂时无法上桌的热菜也存放在这里。因此，在这类备餐间里需要配备存放热菜的保温设备。

许多大型的备餐间中还包括洗碗间，洗碗间常设有洗碗机、洗涤槽和餐具柜。餐厅服务员把客人用过的餐具送至洗碗间，洗碗工根据洗碗程序把餐具洗涤、消毒后，再摆放在餐具柜中备用。

5. 人行道与工作通道

科学的厨房布局应设有合理的厨房通道。厨房通道包括人行道与工作通道。为了避免互相干扰，提高工作效率，人行道应尽量避开工作通道，同时，人行道和工作通道的宽度既要方便工作，又要注意空间的利用率。人行道和工作通道的具体宽度标准如下：主通道的宽度不小于1.5m；次通道要满足两个人能相互通过，宽度不小于0.75m；工作台与加工设备之间的最小宽度是0.9m；烹调设备与工作台之间的宽度为1～1.2m。

（四）厨房内部环境设计

厨房通风、采光、温度、湿度、地面、墙壁等构成厨师工作和厨房生产环境方面的相关设计必须符合相关行业标准。厨房内部环境总体要求：明亮、通风、干燥、防潮、安全和卫生。

1. 厨房的高度

厨房的高度最好保持在3.6～4m之间，如果高度太低，不利于通风透气，给人以压抑感；如果过高，则不便于装饰、打扫和维修。

2. 厨房地面设计

由于厨房工作接触油水较多，为防止地面湿滑引发安全事故，厨房一般选用防滑型地砖。

3. 厨房灯光设计

厨房的灯光注重实用明亮，炉灶区要有足够的灯光以把握菜肴的色泽等质量要求；切配区要有明亮的灯光，有效防止切伤和确保精细的刀工；出菜打荷区要有充足的灯光，减少杂物混入菜肴，以确保菜肴卫生等。

4. 厨房通风设计

厨房操作间的工作环境普遍存在较恶劣的情况，特别是在夏季，操作间的温度最高可达40℃以上，厨房内部通风、降温应采用“局部送风”加“全面通风”方式，空气来源应该全部来自室外新鲜空气，确保有效改善厨房内工作人员的工作环境。

5. 厨房用水与污水排放设计

厨房用水设计要充分考虑初加工区和切配化冻、冲洗，厨师烹饪时用水、清洁用水的各种需要，尽可能在合适的位置使用单槽或双槽水池，保证食品生产环境的整洁卫生。厨房内部污水排放通道应考虑使用明沟，排水通道高低要有落差，保证污水排放通畅，易清理。

三、厨房各作业间设计布局

厨房作业间是在大厨房即整体厨房涵盖下小厨房的概念，是厨房不同工种相对集中、合一的作业场所。也就是一般餐饮企业为了生产、经营的需要，分别设立的加工厨房、烹调厨房、冷菜厨房、面点厨房等。

（一）集中加工厨房

加工厨房又叫主厨房或中心厨房，是相对于其他烹调厨房而言的。加工厨房将整个餐饮企业与各餐厅相对应的烹调即出品厨房所需原料的申领、宰杀、洗涤、加工集中于此，按统一的规格进行生产，再分别供给各点厨房加以烹调、装配出品。一般的大型饭店餐饮部通常会设立一个集中加工厨房。

1. 设计集中加工厨房的优点

（1）集中原料申领，有利于集中审核控制　简化每个厨房直接向采购和仓库部门申购或申领原料，节省了劳动力，方便厨房管理者对原料的申领进行集中审核，更利于对原料的补充和使用情况进行控制。

（2）有利于统一加工规格标准，保证出品质量。

（3）便于原料综合利用和进行细致的成本控制　加工集中后，通过集中向加工厨房订货，加工厨房便可以将所需原料进行归类整理，集中订购，既经济，又方便采购，切实做到了原料的综合利用。

（4）便于提高厨房的劳动效率　厨房人员相对固定的从事某项工作，技术专一，设备用具集中，熟练程度提高，厨房工作效率也相应提高。

（5）有利于厨房的垃圾清运和卫生管理。

2. 集中加工厨房的设计要求

（1）应设计在靠近原料入口并便于垃圾清运的地方。

（2）应有加工本餐饮企业所需的全部生产原料的足够空间与设备。

（3）加工厨房与各出品厨房要有方便的货物运输通道。加工厨房承担各烹调出品厨房所有加工任务，因此，加工厨房与各烹调厨房必须要有方便、畅通的通道和相应的运输手段。这样可以提高工作效率、保证出品速度，减轻劳动强度，方便大批量加工成品运送。

（4）不同性质原料的加工场所要合理分隔，以保证互不污染。

（5）加工厨房要有足够的冷藏设施和相应的加热设备。

（二）中餐烹调厨房

中餐烹调厨房的设计要求如下。

（1）中餐烹调厨房与相应餐厅要在同一楼层。为了保证中餐烹调厨房出品及时，并符合应有的色、香、味等质量要求，其厨房应紧靠相对应的餐厅，这样可以提高传菜的效率、保证传菜的安全。

（2）中餐烹调厨房必须有足够的冷藏和加热设备。中餐烹调厨房的整个室温正常在28～32℃之间，这个温度对原料的保质贮存带来很多困难，因此必须配齐足够的冷藏设备。同时需要配齐相应烹调方法的加热设备，保证烹调的顺利进行。

（3）抽排烟气效果要好，力求做到烹调厨房每小时换气50次左右。

（4）配份与烹调原料传递要便捷。配份与烹调应在统一开阔的工作间内，两者间的距离不可太远，以减少传递的劳累。

（5）要设置急杀活鲜、刺身制作的场地及专门设备。需要设置相对独立的作业间，创造低温、卫生和方便原料贮存的小环境。

（三）冷菜、烧烤厨房

冷菜、烧烤厨房设计布局要求如下。

（1）应具备两次更衣条件　冷菜出品厨房的设计，应采取两道门（并随时保持关闭）防护措施，员工进入第一道门后，经过洗手、消毒、穿着整洁的工作服，方可进入第二道门，从事冷菜的切配、装盘等工作。

（2）设计成低温、卫生可防鼠虫的环境　冷菜出品厨房设计要有单独可以控制的制冷设备，总体冷菜厨房工作温度不超过15℃，并安装紫外线消毒灯等设备。

（3）设计配备足够的冷藏设备。

（4）紧靠备餐间，并提供出菜便捷的条件。

（四）点心厨房

面点、点心厨房设计布局要求：①面食、点心厨房要求单独分隔或相对独立；②要配有足够的蒸、煮、烤、炸设备；③抽排油烟、蒸汽效果要好；④便于与出菜沟通，便于监控、督查。

案例阅读

都是厨房设备落后惹的祸

金士力饭店是一家有一定历史的饭店，厨房设计布局上的问题也日渐凸显。首先是厨房的空间过于狭小，一些需要新引进的设备，如大型烤箱等都无法找到合适的位置安装；此外，厨房的过道过于狭窄，在顾客就餐的高峰期，往往出现厨师相互碰撞的事故；厨房的照明设备也出现了老化现象，由于照明强度不够，发生了多起员工切配菜品的工伤事故；最严重的是原来在设计厨房时为了节约空间而没有设计专门的备餐间，以至于每天开餐时，厨房的油烟和噪声都不可避免地散发到餐厅中，严重影响了顾客的就餐环境。

（资料来源：檀亚芳．餐饮运行与管理[M]．北京：北京大学出版社，2011：233）

四、厨房设备管理

（一）厨房设备配置

1．厨房加工设备

厨房加工设备，主要是指对原料进行去皮、分割、切削、打碎等处理，以及面点制作的和面、包馅、成型等所需的设备。厨房加工设备主要有以下几个种类。

（1）蔬菜加工机　可以将蔬菜、瓜果等烹饪原料切成块、片、条、丝等各种形状，且厚薄均匀，整齐一致。

（2）蔬菜削皮机　用于除去土豆、胡萝卜、芋头、生姜等脆质根、茎类蔬菜的外皮，运用的是离心原理。

（3）切片机　常用来切割各式冷肉、土豆、萝卜、藕片，尤其是涮羊肉片，保证大小、厚薄均匀一致。

（4）食品切碎机　能快速进行沙拉、馅料、肉类等切碎、搅拌处理。常用于灌肠馅料、汉堡包料、各式点心馅料的加工搅拌。

（5）锯骨机　主要用于切割大块带骨肉类，例如：猪大排、肋排、T骨牛排、西冷牛排、牛仔肋排、牛膝骨、牛猪脚及冷冻的大块牛肉、猪肉等食品。

（6）绞肉机　使用时要把肉分割成小块并去皮去骨，再由入口投入绞肉机中，启动后在孔格栅挤出肉馅，还可以用于绞切各类蔬菜、水果、干面包碎等。

（7）和面机　和面机主要有两种类型，立式和面机和卧式和面机。

（8）多功能搅拌机　结构与普通搅拌机相似，多功能搅拌机可以更换多种搅拌头，使用搅拌原料范围更广，具有多种用途，如搅打蛋液、和面、拌馅、搅拌西点奶油等。

（9）擀面机　又叫压面机，是用于水面团、油酥面团等双向反复擀制达到一定薄度要求的专用机械设备，具有擀制面皮厚薄均匀、成型标准、操作简便、省工省力、功效明显的特点。

（10）面包分块搓圆机　具有分块均匀、搓成的面包圆而光滑、操作简便、工效高、劳动强度小等特点。

（11）馒头机　馒头机由机架、减速箱、螺旋送料器、切刀机构、成型辊等部件组成，使用时调节手柄可适当地控制馒头坯的重量。

2. 厨房冷冻、冷藏设备

厨房冷冻设备主要有冷冻冰箱和冷冻保藏库等，温度大多设定在–23℃ ~ –18℃，主要用于较长时间保存低温冻结原料或商品。厨房冷藏设备主要有冷藏冰箱和冷藏保鲜库等，温度大多设定在0 ~ 10℃，主要用于短时间保鲜保藏一些蔬菜、瓜果、豆、奶制品等原料、半成品及成品。厨房冷冻、冷藏设备主要如下。

（1）小型冷库　冷库是用来冷却、结冻或冷藏各类食品，保持食品原有的营养成分、味道及色泽，防止腐败变质的专用制冷设备。按其冷藏或冷冻的温度高低可以将冷库分为高温冷库和低温冷库。① 高温冷库就是冷藏间，温度一般为0 ~ 10℃，主要贮藏水果、蔬菜、蛋类、牛奶、熟食品、啤酒等。② 低温冷库就是结冻冷藏间，温度一般为–23℃ ~ –18℃，主要贮藏肉类、鱼虾、家禽、禽蛋等。

（2）冷藏柜　冷藏柜按冷藏温度不同可以分为：高温柜–5℃ ~ 5℃；低温柜–18℃ ~ –10℃；结冻柜–18℃以下。

（3）电冰箱　① 冷藏电冰箱：仅用于冷藏食品，冷藏室的温度在0 ~ 10℃之间，有的带有冷冻室，冷冻室的温度为–12℃ ~ –6℃，可短期冷冻少量食品，并可制作少量冰块。② 冷冻电冰箱：其温度可在–18℃以下，可用于食品较长时间的冷冻。

（4）冷藏食品陈列柜　冷藏食品陈列柜是冷藏电冰箱的一种，用特制玻璃作门，可以看见内部的陈列食品。一般在酒吧、快餐厅等公共区域使用。

（二）厨房设备布局方法

厨房设备的布局必须有利于提高菜肴制作的质量和效率，减少厨师在制作菜肴中的流动距离，除此之外，还要考虑各种设备的使用效率。厨房设备的布局方法很多，常用的有直线排列法、L形排列法、相背形排列法、带式排列法、U形排列法等，下面介绍几种常见的布局方法。

1. **直线排列法**

这种排列方法是将生产菜肴的各种设备按照菜肴的加工程序，从左至右，以直线排列。通常是依墙排列，置于一个长方形的通风排气罩下，集中布局加热设备，集中布局吸排油烟设备，每位厨师按分工相对固定地负责某些菜肴的烹调熟制，所需设备工具均分布在厨师的左右和附近。这种排列方法适用于高度分工合作、场地面积较大、相对集中的大型餐馆和酒店的厨房。

2. **L形排列法**

L形排列法是将厨房设备按英语字母“L”的形状排列。通常是把煤气灶、烤炉、扒炉、烤板、炸锅、炒锅等常用设备组合在一边，把另一些较大的设备组合在另一边，两边相连成一犄角，集中加热排烟。它的特点是将烹调灶具和各种蒸锅及煮锅分开，将烤炉、炸炉等排列在一条直线上，它的右方摆放煮锅和蒸锅，方便菜肴的加工和烹调。这种排列方法最适用于服务到桌的餐厅厨房。L形排列法还有利于提高厨师的工作效率。

3. **相背形排列法**

相背形排列法是把主要烹调设备如烹炒设备和蒸煮设备分别以两组的方式背靠背地组合在厨房内，中间以一矮墙相隔，置于同一排抽油烟罩下，厨师相对而站进行操作。

4. **U形排列法**

根据菜肴的加工需要，在厨房设立几个区域，每个区域就是一个专业生产部门，如初加工、冷菜、热菜和面点等，每个部门的生产设备按英语字母“U”排列。

5. **带式排列法**

这种方法根据菜肴的制作程序将厨房分成几个部门，每个部门负责一种或同类菜肴的加工和烹调，各部门间常用隔层分开以减少噪音和方便管理。每个部门的菜肴加工设备都用直线法排列，这样，厨房中的各种生产设备的布局像几条平行的带子。带式排列法最大的优点是容易保持空气清洁，减少厨师在工作中的流动距离。

任务实施

❶ 查阅资料、参观星级饭店及社会餐饮企业厨房。
❷ 小组讨论，确定本餐厅厨房的位置及厨房功能区的设置。
❸ 合理布局厨房内各功能区。
❹ 手绘厨房综合设施布局平面示意图。
❺ 撰写厨房设施综合布局方案。

任务评价

厨房环境及格局设计考核评分标准

序号	考核内容	考核要点	应得分	自评分	互评分	教师评分
1	厨房区域的划分	厨房各功能区域的设计符合餐厅实际要求，做到精简、够用	10			
2	厨房布局	（1）厨房位置安排合理 （2）各功能区布局合理，保证厨房生产流程的畅通 （3）厨房各作业点安排紧凑 （4）设施、设备的布局合理 （5）工作环境的设计与布局体现以人为本的思想	40			
3	平面布局示意图	（1）结构合理 （2）图示美观	10			
4	布局方案	（1）各要素说明详细、条理清晰，包含厨房的位置选择，厨房设备布局的基本要求及功能分区，厨房各功能区的布局及面积，该厨房设计的优缺点 （2）文档制作整洁、协调	20			
5	汇报	（1）PPT 制作精美 （2）上台汇报语言流畅，逻辑清晰，结构完整	10			
6	答辩	回答问题观点正确、恰当，语言流利	10			
总分			100			
小组自评						
小组互评						
教师评价						
小组成员个人得分	姓名					
	得分					
说明	小组任务得分 = 小组自评分 ×20% + 小组互评分 ×40% + 教师评分 ×40%。小组成员个人得分由小组长和教师根据个人在任务完成中的工作情况分配分数					

任务 3　控制厨房生产质量

任务情境

王先生的父亲6月11日八十大寿，王先生决定在某饭店宴会厅举行父亲八十大寿的寿宴，邀请亲朋好友一起为父亲祝寿，王先生特别强调一定要保证菜肴产品的质量。接到宴会任务后，宴会厅经理开始着手安排本次宴会的接待，他要求你（宴会主管）与厨师长一起制订一份厨房生产质量控制的方案。

任务工单

任务名称	控制厨房生产质量				
班级		小组		小组成员	
工作任务	请制订一份厨房生产质量控制的方案，并根据任务 2 所设计的宴会菜单，选择两道菜肴制定标准菜谱				
任务目的	掌握厨房生产质量控制的方法，学会制定标准菜谱				
任务实施要求	（1）查阅厨房生产质量控制的相关资料 （2）实地调查餐饮企业的厨房管理及标准菜谱设计情况 （3）结合任务要求制订本次宴会的厨房生产质量控制方案 （4）从宴会菜单中选择一道荤菜、一道素菜制定标准菜谱				
任务实施步骤	（1）小组成员分工 （2）查阅资料，拟订任务完成工作计划 （3）小组讨论制订厨房生产质量控制方案及标准菜谱 （4）制作汇报 PPT （5）课堂汇报、小组互评 （6）教师点评、总结				
任务成果形式	厨房生产质量控制方案（含两道菜肴的标准菜谱）				
实施过程记录	从以下 3 个方面记录：搜集的资料、过程记录、实施中遇到的问题及解决办法				

知识准备

厨房生产涉及专业技术人员较多，工艺复杂、技术性强，生产时间短，产品质量不仅受技术、设备影响，还受客人自身因素影响。作为餐饮企业管理人员应根据实际情况采取有效的管理措施，保证厨房有序、高效、优质地完成生产任务。

一、厨房生产人员管理

（一）岗位责任控制

按厨房的分工制定岗位责任，使各岗位员工明确需要承担的生产责任，并配套奖惩措施进行管理，各部门对本部门产品质量和工作质量负责。厨师长对所有出品质量负责，并对整个厨房工作质量负责。

（二）重点生产环节控制

在生产过程中对容易出问题或问题较多的环节应当重点控制，采取有针对性的措施加以控制，如安排技术水平过硬、责任心较强的人员负责，以保障菜点质量和工作效率。

（三）生产流程监控

厨房生产由多个加工制作环节组成，对厨房生产流程监控既是监督加工制作环节，又是检查环节，同时也有提升生产能力的作用。当发现某个环节出现问题时，应及时提出，认真分析问题，纠正不足，不断提高整个生产团队的技术水平，保证产品质量。

二、厨房阶段标准控制法

厨房生产运转流程，从原料购进到产品售出，可分为食品原料、食品生产和食品销售三大阶段。针对三大阶段不同工作特点，分别设计、制定相关作业标准，在此基础上再加以检查、督导和控制，以达到厨房生产及产品的质量稳定，这便是阶段标准控制法。

（一）食品原料阶段控制

原料阶段主要包括原料的采购、验收和贮存。在这一阶段应重点控制原料的采购规格、验收质量和贮存方法。严格按照采购规格书采购各类菜肴原料；全面仔细验收，保证进货质量；加强贮存原料管理，防止原料保管不当而降低质量标准。

（二）食品生产阶段控制

在申领原料的数量与质量得到有效控制的前提下，食品生产阶段主要应控制菜肴加工、配份和烹调的质量。

1. 原料加工过程的控制

原料加工是菜肴生产的第一个环节，同时又是原料申领和接受使用的重要环节，要根据烹调做菜的需要，事先明确规定加工规格标准，并进行培训，督导执行。主要对原料净料率、加工质量和数量进行严格的控制。

原料的净料率是影响成本的关键因素，应规定各种原料净料率指标，把它作为厨师工作职责的一部分，尤其要把贵重原料的加工作为检查和控制的重点。日常管理中要经常检查下脚料和垃圾桶，看是否还有可用部分未被利用，使员工对原料浪费引起高度重视。

加工质量是直接关系菜肴色、香、味、形及营养、卫生的关键，因此加工过程要严格控制原料的规格和卫生要求，凡不符合要求的不能进入下一道工序。原料加工数量应以销售预测为依据，以满足经营需求为前提，留有适量的贮存周转量，避免加工过量而造成浪费，并根据剩余量不断调整每次的加工量。

2. 配份过程的控制

配份是成本控制的核心，也是保证成品质量的重要环节。对大量使用的菜肴主、配料的控制，应要求配份人员严格按菜肴配份规格表，称量取用各类原料，以保证菜肴风味。因此，餐饮企业管理人员应加强对配份工序的检查，核实配份是否执行了规格标准，是否使用了称量、计数和计量等控制工具，杜绝失误，注意妥善保管剩余原料。

3. 烹调过程的控制

烹调过程是一个较为复杂的加工过程，主要从操作规范、制作数量、出菜速度、成菜温度、剩余食品五个方面加强监控。它是确定菜肴色、香、味、形的关键，必须督导炉灶厨师严格按操作规程工作，严格控制产品质量，阻止一切不合格的菜点出售。

总之，从加工、配菜到烹调的三个程序中，每个流程的生产者，都要对前一流程的材料质量实行严格检查，不合标准的要及时提出，帮助前道工序及时纠正，如配菜厨师对一道菜配置不合格，烹调厨师有责任提出更换，使整个产品在每个流程都受到监控。管理者要经常检查每一道工序的质量。

（三）食品销售阶段控制

菜肴由厨房烹制完成后即交餐厅出菜。这里有两个环节容易出差错，须加以控制，其一是备餐服务，备餐要为菜肴配齐相应的佐料、卫生器具及用品；其二是餐厅上菜服务，服务员上菜服务要及时、规范，主动报告菜名。

建立菜肴质量意见反馈机制，及时收集顾客对菜肴质量情况的意见和需求，发现问题，及时改进。如餐厅可设立菜肴质量意见反馈表，如表7-5所示。

表7-5 菜肴质量意见反馈表（样表）

菜肴质量	对菜品的味道感受。□非常满意□满意□一般□不满意□非常不满意
	对菜品的品种、数量。□非常满意□满意□一般□不满意□非常不满意
	对菜品味道的一致性。□非常满意□满意□一般□不满意□非常不满意
	对菜品的卫生、质量。□非常满意□满意□一般□不满意□非常不满意
最满意菜品	
满意的原因	
最不满意菜品	
不满意的原因	

三、制定标准菜谱

标准菜谱是以菜谱的形式列出每一种菜点的标准配料量、规定制作程序、明确装盘形式和盛器规格、规定菜点的质量标准、标准份额及每份菜点的标准成本等内容，帮助餐饮企业统一生产标准，保证菜肴质量的稳定性。它既是培训、生产的依据，也是检查、考核的标准。

（一）标准份额和标准配料量

标准份额指每份菜点的大小和数量，每份菜品每次出售给顾客的数量必须一致，比如一份小盘酱牛肉的分量是200g，那么每次给顾客销售时，其分量应该保持一致，必须达到规定的标准份额。标准配料量是指规定生产某种菜点时所需的各种主料、配料和调料，确定各种原料的用量，划定各种原料的成本范围。

（二）标准制作过程和方法

标准制作过程主要指菜点制作的顺序和步骤，是标准菜谱（表7-6）的重要内容。标准菜谱具体规定了食品烹调需要什么炊具、原料加工切配的方法、加料的数量及秩序、烹调的方法、烹调的温度和时间，同时还规定了菜点盛装的器皿及摆放装饰方法。

表7-6　标准菜谱样本

<table>
<tr><td>菜肴名称</td><td colspan="2">玉米虾仁</td><td>总成本</td><td>28.6元</td><td rowspan="4">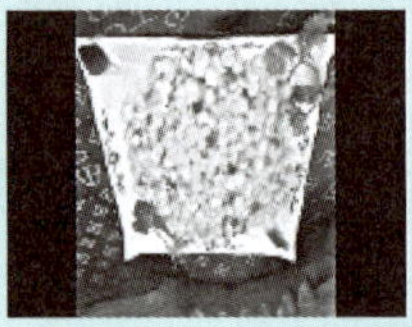</td></tr>
<tr><td>类别</td><td colspan="2">热菜</td><td>售价</td><td>48元</td></tr>
<tr><td>配额</td><td colspan="2">500g</td><td>毛利率</td><td>67.8%</td></tr>
<tr><td>盛装器皿</td><td colspan="4">10寸方形盘</td></tr>
<tr><td>主辅原料</td><td>单位</td><td>数量</td><td>单价</td><td>金额</td><td>制作程序</td></tr>
<tr><td>虾仁</td><td>kg</td><td>0.2</td><td>100元/kg</td><td>20元</td><td rowspan="8">（1）虾仁清洗上浆备用
（2）玉米剥粒冲洗干净过水备用
（3）青红椒切成边长为1.5cm的菱形备用
（4）锅上火加油，烧至3成热时加入虾仁、青红椒滑油至熟捞出，沥油备用
（5）锅洗净加底油，葱姜煸香后加调料调味后倒入虾仁、玉米、青红椒勾芡翻锅
（6）起锅，10寸方形盘装盘</td></tr>
<tr><td>玉米粒</td><td>kg</td><td>0.2</td><td>20元/kg</td><td>4元</td></tr>
<tr><td>青椒</td><td>kg</td><td>0.05</td><td>6元/kg</td><td>0.3元</td></tr>
<tr><td>红椒</td><td>kg</td><td>0.05</td><td>10元/kg</td><td>0.3元</td></tr>
<tr><td>装饰料</td><td></td><td></td><td></td><td>2元</td></tr>
<tr><td>调料</td><td></td><td></td><td></td><td>2元</td></tr>
<tr><td></td><td></td><td></td><td></td><td></td></tr>
<tr><td>合计</td><td colspan="4">28.6元</td></tr>
</table>

任务实施

❶ 实地调查星级饭店及社会餐饮企业厨房生产质量控制的方法及标准菜谱的制定情况。

❷ 根据客户的要求和本餐厅的实际情况，选择本餐厅厨房生产质量控制的方法，制订宴会接待厨房生产质量控制方案。

❸ 从客户订单的宴会菜单中选择一道荤菜、一道素菜制定标准食谱。

任务评价

控制厨房生产质量考核评分标准

<table>
<tr><td>序号</td><td colspan="2">考核内容</td><td colspan="3">考核要点</td><td>应得分</td><td>自评分</td><td>互评分</td><td>教师评分</td></tr>
<tr><td>1</td><td colspan="2">厨房生产质量控制方案</td><td colspan="3">（1）控制方法正确、合理
（2）方案具有可行性
（3）文字流畅、语句通顺</td><td>40</td><td></td><td></td><td></td></tr>
<tr><td>2</td><td colspan="2">标准菜谱</td><td colspan="3">（1）标准菜谱内容齐全
（2）各项内容表述准确
（3）菜肴制作程序详细、准确
（4）每道菜肴的标准菜谱各占20分</td><td>40</td><td></td><td></td><td></td></tr>
<tr><td>3</td><td colspan="2">汇报</td><td colspan="3">（1）PPT制作精美
（2）上台汇报语言流畅，逻辑清晰，结构完整</td><td>10</td><td></td><td></td><td></td></tr>
<tr><td>4</td><td colspan="2">答辩</td><td colspan="3">回答问题观点正确、恰当，语言流利</td><td>10</td><td></td><td></td><td></td></tr>
<tr><td colspan="6">总分</td><td>100</td><td></td><td></td><td></td></tr>
<tr><td colspan="2">小组自评</td><td colspan="8"></td></tr>
<tr><td colspan="2">小组互评</td><td colspan="8"></td></tr>
<tr><td colspan="2">教师评价</td><td colspan="8"></td></tr>
<tr><td rowspan="2">小组成员个人得分</td><td>姓名</td><td></td><td></td><td></td><td colspan="2"></td><td></td><td></td><td></td></tr>
<tr><td>得分</td><td></td><td></td><td></td><td colspan="2"></td><td></td><td></td><td></td></tr>
<tr><td>说明</td><td colspan="9">小组任务得分＝小组自评分×20%＋小组互评分×40%＋教师评分×40%。小组成员个人得分由小组长和教师根据个人在任务完成中的工作情况分配分数</td></tr>
</table>

项目小结

厨房组织机构的设置是确立厨房架构、岗位的重要环节，厨房组织机构的类型应根据餐厅规模的大小来设计，并根据实用、高效的原则来设立岗位。厨房规划是确定厨房的规模、形状、建筑风格及其部门之间的布局位置等方面的工作。合理的厨房规划和布局应充分利用厨房的空间和设施，减少生产菜肴的时间和操作设备的次数，减少厨师在工作中的流动距离，易于厨房生产管理，利于菜肴质量控制，利于厨房成本控制。厨房生产质量直接影响到顾客对餐厅质量的评价，控制厨房生产质量至关重要，可分阶段对厨房生产质量进行控制。标准菜谱是控制厨房出品质量的有效手段之一。

知识拓展

厨房安全管理

厨房是餐饮行业中最危险的地方。厨房里的人员较多，东西也杂乱，而且许多东西都是易燃易爆之物。所以，厨房的安全管理是整个餐饮业最重要的事情。做好厨房的安全管理必须要有好的管理规范。

一、厨房安全管理环节

厨房里的不安全因素环节众多，从菜品的加工到销售过程中都隐藏着不安全因素。厨房管理者应重视、警示、培养员工提高安全防范意识，重要在以下方面采取预防措施：烫伤、扭伤、跌伤、刀割伤、电器设备造成的事故以及火灾。

二、厨房安全管理规定

（1）所有在岗厨师在上岗前对厨房的所有机械设备性能熟练掌握后方可使用。对各种机械设备使用时严格按照操作规程进行操作，不得随意更改操作规程，严禁违章操作。设备一旦开始运转，操作人员不准随便离开现场，对电器设备高温作业的岗位，作业中随时注意机器运转和油温的变化情况，发现意外及时停止作业，及时上报厨师长或经理，遇到故障不准随意拆卸设备，应立即申请售后保修，由专业人员进行维修。

（2）厨师使用的各种刀具严格加强管理，严格按要求使用和放置刀具，不用时应将刀具放在固定位置，不准随意拿刀吓唬他人，或用刀具指对他人，收档后应将刀具放在固定位置存放，厨师不准随意把刀带出厨房。

（3）个人的专用刀具，不用时应放在固定位置保管好，不准随意借给他人使用，严禁随处乱放，否则由此造成的不良后果，由刀具持有人负责。

（4）各种设备均由专人负责管理，他人不得随意乱动，定期检查厨房的各种设施设备，及时消除安全隐患。

（5）每天收档后逐一检查油路、阀门、气路、燃气开关、电源插座与开关的安全情况，如果发现问题应及时报修，严禁私自进行处理。

（6）平时禁用湿抹布擦拭电源插头，严禁私自接电源，不准使用带故障设备，下班后要做好电源和门窗的关闭检查工作。

（7）厨房如发现被盗现象，值班人员或发现人员应保护好现场，及时报上级处理，并及时协助领导了解情况。

（8）掌握厨房和餐厅内消防设备和灭火器材的安放位置以及使用方法，每天对电源线路要仔细检查，发现超负荷用电及电线老化现象要及时报修，并向上级汇报。

（9）一旦发生火灾，应迅速拨打火警电话说明起火位置、部门，设法灭火，根据火情组织、引导客人安全疏散。

三、厨房防火管理细节

（1）使用酒精炉时不要往正在燃烧的酒精炉内添加酒精，备用的酒精存量不得超过两天的用量，放在备餐间由专人保管，总备用酒精由仓库管理部负责保管。

（2）使用液化气时，必须严格执行安全操作规程，使用前要检查输气胶管、气瓶，发现漏气立即停止使用。开炉时先点火后开启，点火后才能推入餐厅，使用的小气瓶要由专人管理。

（3）各厨房厨师开炉前先开风门，然后先点火种后开气，下班后要关牢气阀，熄灭火种。

（4）餐厅营业时间，各出口的门不得上锁，保持畅通。

（5）每季度或半年清洗一次厨房抽油烟机及管罩，厨工清洗厨房时，不要将水喷洒到电插座、电开关处，防止电器短路引起火灾。

（6）热油炸开时，注意控制油温，防止油锅着火。

四、厨房防火检查细则

（1）严格遵守操作规程。

（2）厨房晚班下班前应细致检查，熄灭火种，关严各油、气阀门，无漏油、漏气现象。

（3）保持工作环境的清洁，清除工作台上的各种油污，定期对抽油烟机进行清洁。

（4）严禁员工在工作时抽烟。

（资料来源：厨房安全管理，2012-10-08，职业餐饮网，http://www.canyin168.com/）

思考与练习

1. 厨房的组织机构有哪几种类型？分别是如何进行组织机构设置的？
2. 厨房的整体规划原则有哪些？
3. 厨房有哪几种布局方法？
4. 案例分析

客户特殊要求

老吴是上海一家老字号饭店的厨师长，每年都要接到很多预订酒宴的电话，这些电话中有老客户，也有很多由老顾客介绍的新顾客。有人就有疑惑了，饭店不是有营销团队吗？怎么都要联系厨师长来订酒席呢？厨师长不是只管厨房生产、厨房菜品质量吗？带着这些疑问，我们找到了老吴，老吴知道我们的来意后，从他的办公桌中拿出了一份预订宴席菜单，我们仔细一看，这份宴席菜单比常规的宴席菜单多了一个内容——客户特殊要求。

老吴说：随着社会的不断进步，餐饮市场的不断饱和，餐饮企业如果不与时俱进，开拓创新，必将被市场所淘汰。很多企业家都认为，当代餐饮企业经营主要靠服务，我认为服务与产品同样重要，就要看怎样将服务与产品生产结合同步走，提升企业竞争力。所以作为厨师长，对厨房生产管理内容的界定应从接收订单开始，结束也不能认为客人吃完走了我们就完事了，最终的结束应该在得到宾客的反馈后。有人可能说客人吃完就走了，没有说什么。如果真是那样我们就应该反思了，客人到你这消费了几个小时居然没说什么，这不符合人的心理。如果服务意识不强，那必然得不到第一手的信息，厨房得不到反馈就不会调整产品。再有就是预订过程中没有咨询客人的具体要求，或没有将宾客需求信息在订单上标明，使得生产操作机械，无活力，无新意。作为厨房管理者应主动去了解影响生产的各种可能的情况，收到订单时要咨询，结束也应做记录，如果不了解就不能够最大限度地做好产品，这对饭店的发展及营利是不利的。

（资料来源：许莲，高金芳．餐饮实务[M]．南京：南京大学出版社．2015：268-269）

问题讨论：（1）厨房管理者应着重从哪些方面入手来控制厨房生产质量？

（2）你如何看待厨师长接受顾客宴会预订这件事？

（3）厨房生产管理过程中是如何体现“宾客至上”的服务理念的？

项目八 餐饮原材料采购与贮存

知识目标

· 了解餐饮原材料的采购方法与采购控制的基本方法
· 熟悉餐饮原材料采购与验收控制的程序
· 了解餐饮原材料的贮存方法及库存原料的计价方法
· 掌握餐饮原材料的发放控制方法

能力目标

· 能够控制餐饮原材料采购的质量和数量、价格与成本等
· 能够根据餐饮原材料的不同特点，按照不同的方法贮存原材料
· 能对采购、验收、贮存、发放等环节进行有效管理

引导案例

小肥羊餐饮连锁企业的集中采购

小肥羊餐饮经营的食品原料种类繁多，季节性强，品质差异大。如何发挥集团采购优势，统一调度配送资源，降低运营成本，是小肥羊垂直一体化运营体系的关键因素。因此，小肥羊成立了物流配送公司，在内蒙古包头、锡林浩特设立了一级分拨中心，在北京、上海、深圳、山东、陕西、河南、河北、甘肃、新疆9个地区设立了二级分拨中心。业务范围覆盖全国32个省市自治区，拥有20大类、6000多个品种适合全国统配的物料资源，并承担分布在11个分拨中心的近3000个地方采购物料的配送，作为小肥羊餐饮经营的集中采购、配送、仓储的后勤保障。

小肥羊借助金蝶EAS系统实现了物流配送体系的有效运作，对食材进行集中采购和统一配送，各门店在系统中上报采购需求，集团进行汇总分析后制订统一的采购计划，通过统一的供应商管理和价格管理平台，进行集中采购和财务结算，有效降低了物料的采购成本，提高了小肥羊集团的整体竞争优势。

同时，集团总部将物流业务系统延伸到连锁店，根据系统中下属企业的要货申请，

在集团内进行库存物资的分配、平衡，下达统一的集团内部配送指令，使连锁店与物流公司的业务形成闭环，从而集中资源的有效优势来解决连锁店的原材料供应，降低连锁店运营成本。

（资料来源：檀亚芳，王敏．餐饮运行与管理[M]．北京：北京大学出版社，2011：188）

评析：连锁饭店集团的集中采购不仅降低了饭店的运营成本，还节约了很多人力成本，对饭店效益的提高具有重要作用。

任务 1　餐饮原材料采购与验收

任务情境

某餐厅在成立时招聘了一位采购人员，此采购人员负责联络一系列相关供应商，并且该采购人员从他原来工作的餐厅挖了一批厨房精英过来。在此期间，他通过高价采购的方式来收取供应商回扣（供应商也是他自己人），从中获利。一年之后，该采购员开了一家与此餐厅一样的餐厅，准备待时机成熟后将他挖过来的厨房精英连同现在他所在餐厅的一批优秀服务员一起带走。

任务工单

任务名称	餐厅原材料采购、验收整改方案				
班级		小组		小组成员	
工作任务	如果你是该餐厅的餐饮部经理，请根据任务情境中餐厅的实际情况，制订一份餐厅原材料采购整改方案				
任务目的	了解餐厅原材料采购方法及采购流程，掌握餐厅原材料采购质量、数量、价格控制的方法				
任务实施要求	（1）分析任务情境中餐厅的采购验收存在哪些漏洞，并提出整改措施 （2）整改方案中应对餐厅原料采购质量、数量、价格控制提出明确的方法，且方法具有可行性 （3）整改方案结构合理				
任务成果形式	XX 餐厅原料采购管理整改方案				
实施过程记录	从以下 3 个方面记录：搜集的资料、过程记录、实施中遇到的问题及解决办法				

知识准备

一、餐饮原材料的采购管理

餐饮原材料采购是指根据餐饮企业生产经营的需要，通过市场调查以合理的价格购进数量、质量均符合餐饮企业要求的原材料的过程。餐饮原材料的采购管理是指餐饮企业为了达到最佳经营效果和有效控制产品成本，对企业所需原材料采购过程进行的有效管理。

（一）餐饮原材料采购的组织形式

餐饮原材料的采购，包括订货和购物两个基本环节，根据酒店的管理体系、餐厅规模和人员等情况，餐饮原材料采购主要有以下三种组织形式。

1. 酒店采购部负责采购

这种采购组织形式是：由餐饮部门提供采购的申请和要求，由酒店采购部统一采购。这种组织形式的优点是利于专业化管理，便于资金和采购成本的控制。

2. 酒店餐饮部负责采购

这种采购组织形式是由餐饮部负责所有餐饮原材料的订货和购物业务。该形式的优点是能根据餐饮业的业务状况，灵活及时的采购，便于控制数量和质量。不足之处是缺乏制约，容易出现财务漏洞。

3. 酒店餐饮部和采购部分工采购

由餐饮部负责鲜活原材料的采购，采购部负责可贮存原料和物品的采购。餐饮部和采购部分工采购的优点是比较灵活，能及时满足餐饮业务活动的需要，也有利于采购成本的控制。不足之处是多头采购，会给管理与协调工作带来不少麻烦。

（二）餐饮原材料采购程序

餐饮原材料的采购程序一般可分为：制订采购计划、供货商选择与定价、实施采购、质量检验、采购结算（图8-1）。

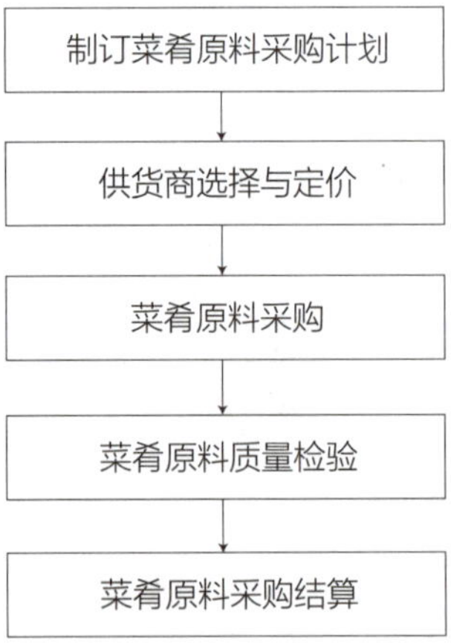

图 8-1　餐饮原材料采购程序流程图

1. 制订原材料采购计划

餐饮部根据菜肴预定与部门生产情况填写采购申请单（表8-1），并提出菜肴原料采购标准，送采购部。采购部根据餐饮部提交的采购申请单中的内容制订菜肴原料采购计划。为了节约成本，降低库存，大部分的食品都采取直拨的方式，由餐饮部门直接下单请购，到货后直接到餐饮部领出使用。

表8-1 原材料采购申请单（样例）

部门： 日期：

序号	原料名称	规格	单位	库存备量	实际库存结余	实际采购	备注

主管领导： 审核： 编制：

（备注：此申请表主要用于采购仓储原料，表单一式两份，一份留部门，一份交采购部。）

2. 供货商选择与定价

采购部会同餐饮部门，对采购产品进行分类。对菜肴制作影响大，又经常使用的原料、产品等，必须先对供应商进行比质比价评议，合格后再采购，对不经常使用的，不重要的原料、产品，可在采购时对样品质量即时评价。

采购部应参考市场价格，拟定各原料的采购价格和供货商，完成原料价格选择表所填报的内容，并由采购员对有关客户进行压价工作，由采购部经理核准后，呈报财务部经理审核，财务部经理审核同意后交财务部成本组将各品种的采购价格输入电脑并执行。对那些经常使用、变化不大的原材料品种每月或半月进行一次定价，月度定价品种包括酒水、调味副食品、干货海味、粮油糖等，半月定价的品种包括海鲜、水产品、冻品、蛋禽肉、蔬菜、水果等。

3. 菜肴原料采购

（1）采购部落实采购计划，并与选定的供货商签订合同，合同由财务部保管。

（2）鲜货、蔬菜、水发货的采购数量的确定。此类原料实行每日采购，一般要求供货商送货；用上述原材料的部门每日营业结束前，根据存货、生意情况、贮存条件及送货时间，提出次日的采购数量。

（3）根据采购申请单的品种、数量，在电脑订货单上输入价格，然后通知供应商按指定日期送货。对于特定的进口食品、数量或金额大的订货计划，根据使用部门的要求，上报总经理批准后方可订货。

（4）各部门的急需购买申请，使用部门需先以文字通知采购员，后将需订货的品种、数量输入电脑，采购员以电脑请购单为准，按定价输入电脑，并马上落实购买。

4. 菜肴原料质量检验

当供货商将货物送上门后，交于验收部门凭订购单进行验、收货，当验收完毕后，凡厨房订的鲜活原材料，直接交与厨房，由厨房开出领料单。仓库订的货则交与仓库进行贮藏。

5. 采购结算

当验收完毕，验收人员必须做到以下几点：一要开具验收单；二要在供货发票上签字；三要将供货发票、原料订购单、验收单一起交给采购部。采购员核对发票、收货单、原材料品种及单价后签名确认，交餐饮部相应负责经理核对签名，最后交财务部办理结算手续。

（三）餐饮原材料采购方法

1. 询价采购

询价采购是最常见、最原始的一种采购方法。采购员深入市场调查了解行情，逐个询价，再根据原料价格和质量优劣情况，购买性价比高的原料。这种采购方法需要自行解决运输工具、自行承担运输中出现的风险。

2. 比价采购

比价采购是采购人员将需要采购的某种食品原料通过询问几个供货商的报价，或提取样品，从中选取质优价廉的货源作为采购对象的一种采购方法。目前市场上货源充足，供货商较多，所以大多数食品原料的采购可以采用这种方法。这种方法适合于一次性采购量大的食品原料。

3. 招标采购

招标采购是现行采购中常见的一种方法。这是一种由使用方提出品种、规格等要求，再由卖方投报价格，并择期公开当众招标，公开比价，以符合规定的最低价者得标的一种买卖契约行为。此类型的采购具有自由公平竞争的优点，可以使餐饮企业以合理的价格购得理想的原材料，并可杜绝徇私，防止弊端。此种采购方法不适用紧急采购与特殊规格货品的采购。

4. 定点采购

定点采购是指餐饮企业相对固定在一个或几个价格低、信誉好、品种多、供货足的供货商中采购的方法。这种方法多适用于购买烟酒、调料等。但也应防止假货，杜绝“三无”产品。

5. 约定采购

约定采购是指采购人员根据厨房对某种原料的需要情况，按一定的时间间隔，要求供货商把原料送货上门。每次送的数量一般临时通知，每次送货不结算，一个月或一个季度结算一次。

6. 联合采购

联合采购是指几个类型相似的餐饮企业为了降低进货的成本，对某些共同需要的原料凑成一大批数量，向供货单位进货，因为联合采购数量大，可以享受批发价格或优惠价，从而可以降低成本。

7. 托运采购

托运采购是将需要采购的食品原料与供货商以书面合同或口头形式订货的采购方法，又称为期货订购。这种采购方法适用于采购的批量大、异地供货和规格复杂的食品原料，要求供货商一次或分批次供货。货到付款或先款后货两种结算方式都有。

8. 特殊性采购

采购员、管理员在市场调查、订货展览和采购过程中，发现在申货要求以外的时鲜货、奇缺货、紧俏货及新品种酌情采购的一种方法。这种方法能使厨师长及时了解市场信息，加速新菜肴的开发。

另外，随着连锁酒店、连锁餐饮集团的出现，许多大型酒店、大型餐饮集团都建立了自己的物流中心或原料配送中心，集团内所有原材料都由配送中心统一采购、配送，这种方法可降低采购成本，又能保证原料的统一质量、统一规格。

各种采购方法的利弊见表8-2。

表8-2　各种采购方法的利弊

采购方法	优点	缺点
询价采购	适用度最佳	费时，运输量大，途中有风险
比价采购	质量好	时间长
招标采购	价格低	繁琐，容易断货
定点采购	无假货，不适用可退货	价格稍高
约定采购	便利、新鲜、便宜	不适应急用
联合采购	价格便宜	灵活性欠佳
托运采购	能采购到外地原料	时间长，如先款后货，存在一定风险
特殊性采购	能给使用部门及时增加新品种	规范性不强

（四）采购质量的控制

要保证餐饮产品质量的始终如一，酒店使用的食品原料的质量也应该始终如一。食品原料的质量是指食品原料是否适用，越适于使用，质量就越高。

餐饮管理人员应在确定本企业的经营目标和编制有关计划时规定食品原料的质量标准。采购部经理或成本控制人员应当在其他经管人员的协助下，列出本企业常用的需采购的食品原料的目录，并用采购规格书的形式，明确规定对各种食品原料的质量要求。

1. 采购规格书

采购规格书（表8-3，表8-4）是以书面的形式对餐饮部要采购的食品原料规定详尽的质量、规格等要求的企业采购标准文档。

所有采购规格书都应包括以下内容：产品通用名称或常用商业名称；法律法规确定的等级、公认的商业等级或当地通用的等级；食品报价单位或容器；基本容器的名称和大小；容器中的单位数或单位大小；重量范围；最小或最大切除量；加工类型和包装；成熟程度；防止误解所需的其他信息。

表8-3　猪肉采购规格书

品名	规格	质量要求	备注
猪里脊肉	1.5-2kg/条	里脊肉不得超过规格范围，不得带有脂肪层，新鲜的或冻结良好的，无异味	冷藏配送
猪肋排	25kg/箱	带肋排骨，不带大排肥膘、奶脯。块形完整，不夹碎肉，净重与商标规定相符	冷冻配送
猪手	25kg/箱	肉质肥厚，清洁干净，无猪毛残留。净重与商标规定相符	冷冻配送

（资料来源：许莲，高金芳. 餐饮实务[M]. 南京：南京大学出版社. 2015：28.）

表8-4 蔬菜类采购规格书

品名	规格	质量要求	备注
菠菜	长度＜15cm	叶片呈深绿色、肥厚滑嫩，茎部粗大硬挺，基部肥满而呈红色者	本地产
胡萝卜	长度＜15cm 直径≤4cm	头尾粗细均匀，色红而坚脆，外皮完整光洁，并具有充足水分	冷藏配送
包心菜	1kg/棵	外层翠绿，里层纯白，叶片明亮滑嫩而硬挺，包里较宽松	冷藏配送

（资料来源：许莲，高金芳．餐饮实务[M]．南京：南京大学出版社．2015：28.）

2. 采购数量的控制

为了降低成本，减少资金的占用，提高经济效益，餐饮企业在采购时，应采取勤进快销的原则，控制好日常食品原料的采购数量。具体采购数量的确定方法如下。

（1）鲜活类食品原料　鲜活原料容易变质，不耐久存，采购回来后要保证在较短的时间内就能全部使用。鲜活类原料采购的第一步工作是掌握食品原料的现有库存量，并根据营业量预算，决定下一期营业所需的原料数量，然后算出采购量。

采购鲜活类原料通常有两种方法：日常即时采购法和长期订货法。

①日常即时采购法：日常即时采购法适用于采购消耗量变化较大、有效保存期短暂因而必须经常采购的鲜活类原料，如新鲜肉类、禽类、水产海鲜类原料。这种方法较为简单，但要求食品管理员每天巡视各贮藏室，对各种有关原料进行盘点，记录实际库存量，并根据营业量预算和具体情况决定所需原料数量和采购数量。餐厅通常都自行设计“市场订货单”，把餐厅日常需要的食品原料分类列出，表中除“原料名称”栏外，应有“现存量”“应备量”“已订量”“需购量”栏。

②长期订货法：长期订货法适用于某些鲜活类食品原料，如面包、奶制品、某些水果、蔬菜等，其消耗量一般变化不大的原料。长期订货法一般有两种形式。一种是餐厅与某一供货单位商定，由供货单位以固定的价格，每天或隔数天向餐厅供应规定数量的某种或某几种食品原料。例如，餐厅可与某食品公司签订采购合同，由食品公司每天供应5箱鸡蛋，餐厅不再每天进行采购联系。另一种是要求供货单位每天或每隔数天把餐厅的某种或某几种原料补充到一定的数量。这就要求餐厅对所有有关原料逐一确定最高储备量，而为了防止补充后会超过最高储备量，餐厅通常使用一种“采购定量卡”，借此对每次进货的数量加以控制，而这又需要专人负责每天进行盘点，记录各种原料的实际库存量，然后在供货单位前来送货时，通知其各种原料的需购量。

（2）干货类食品原料　干货类原料虽然不像鲜活类原料那样容易变质，可以较大批量地进货，但大量存货的话也会造成占用库房、仓储压力和占用资金。因此这类原料的采购量也必须进行控制，以尽量降低实际库存量，这样做对减少库房占用、防止偷盗、节省仓库劳动力都有好处。干货类原料的采购一般有两种方法：定期订货法和永续盘存订货法。

①定期订货法：定期订货法即订货周期固定不变，例如每周订货一次或每两周订货一次，甚至有些可以更长时间订货一次。定期订货的数量可以根据现有库存和在下一个周期内所需要的量来确定。每到订货日期时，仓库管理员都要对库房进行一次盘点，最后确定订货数量，以确保原料供给正常。具体确定方法可参照以下公式：

订货数量=下期需用量－现有数量+期末需存量

其中，期末需存量=（日均消耗量×订购期天数）×150%

例如：一家餐厅每月需订购罐装午餐肉一次，平均每天需消耗10罐，订购期为4d，即订完货后需要4d的时间货才能到店里。仓库管理员在订货日经盘点，发现库存午餐肉还有50罐。有了这些信息，我们就可以决定采购数量。因此，需要订的午餐肉数量就为：

$30\times10-50+10\times4\times150\%=310$(罐)

②永续盘存订货法：永续盘存法是对所有入库及发料保持连续记录的一种存货控制方法，通过永续盘存表来指导采购。从控制角度来看，这种方法要比定期订货法更优越。但要想得到精确的数字，就需要由专业人员来做记录，因此一般只有大的餐饮企业才使用这种方法。

例如：一家餐厅罐装午餐肉日平均消耗为10罐，订购期为4d，最高储备量为200罐，再订购点为40罐。当仓库保管员发现发出10罐后，最后还剩40罐时，向采购员通知要求订购。永续盘存法的订购数量仍按定期订货法的公式计算，但要注意的一点是，其中的最高储备量也就是下期需用量。所以餐厅需订购罐装午餐肉的数量应为：

$200-40+10\times4\times150\%=220$（罐）

（五）采购价格的控制

餐饮原料的价格受诸多因素影响，通常价格的波动较大。影响餐饮原料价格的主要因素有：市场货源的供求情况；采购数量；原料的上市季节；供货渠道；饮食市场的需求程度；供货商之间的竞争以及气候、交通、节假日等。面对诸多的影响因素，餐饮企业很有必要对餐饮原料的采购价格实行控制。餐饮企业控制原料采购价格的途径主要有以下几个方面。

1. 限价采购

限价采购就是对所需购买的原料规定或限定进货价格，这种方法一般适用于鲜活原料。当然，所限定的价格不能单凭管理者的想象，而是要派专人进行市场调查，获得市场的物价行情进行综合分析提出中间价。

2. 竞争报价

竞争报价是由采购部向多家供货商索取供货价格表，或者是将本餐厅所需的常用原料写明规格与质量要求请供货商在报价单上填上近期或长期供货的价格，采购部根据所提供的报价单进行分析，确定向谁定购。在确定供货商时，不仅要考虑到供货商供货的价格，还要考虑到供货商的供货信誉：如原料的质量、送货的距离以及供货商的设施、财务状况等因素。

3. 规定供货单位和供货渠道

为了有效地控制采购的价格，保证原料的质量，餐饮企业的管理层可指定采购人员在规定的供货商处采购，以稳定供货渠道。这种定向采购一般在价格合理和保证质量的前提下进行。在定向采购时，供需双方要预先签订合约，以保障供货价格的稳定。

4. 控制大宗和贵重餐饮原料的购货权

有些酒店对贵重食品的原料和大宗餐饮原料的采购由餐饮部门提供使用情况的报告，采购部门提供各供货商的价格报告，酒店管理层通过综合考虑来决定具体向谁购买。

5. 提高购货量和改变购货规格

根据需求情况，大批量采购可降低原料的价格，这也是控制采购价格的一种策略。另外，当某些餐饮原料的包装规格有大有小时，购买适用的大规格，也可降低单位价格。

6. 根据市场行情适时采购

当有些餐饮原料在市场上供过于求、价格十分低廉且厨房日常用量又较大时，只要质量符合要求，可趁机购买贮存，以备价格回升时使用。当应季原料刚上市时，预计价格可能会下跌，采购量应尽可能少一些，只要满足需要即可，等价格稳定时再添购。

二、餐饮原材料验收管理

采购验收工作虽不直接向客人提供服务，但其工作的好坏直接影响到整个餐厅向客人提供服务的质量。因此，做好餐厅的餐饮原料验收工作的管理是十分重要的，有利于提高餐厅的服务质量和经济效益。

（一）餐饮原材料验收的任务

（1）根据采购规格书，检验各种餐饮原料的质量、体积和数量。

（2）核对餐饮原料的价格与既定的价格或原定价格是否一致。

（3）给易变质原料加上标签，注明验收日期，并在验收日报表上正确记录已收到的各种食品原料。

（4）验收员应及时把各种餐饮原料送至贮藏室或厨房，以防变质和损失。

（二）餐饮原材料验收的程序

（1）根据订购单或订购记录检查进货　要根据订购单上的信息严格对货物进行检查和核对。

（2）根据供货发票检查货物的价格、质量和数量　凡是可数的物品，必须逐件清点，记录下正确的数量；以重量计数的物品，必须逐件过秤，记录正确的重量；抽样检查箱装、桶装原材料，检查是否足量、质量是否一致；发现原料重量不足或质量不符需要退货时，应填写原料退货单（表8–5），并取得送货人签字，将原料退货单随同发票副页退回供货单位。

（3）办理验收手续　当送货的发票、物品都经验收后，验收人员要在供货发票上签字，并填写验收单，以表示已收到这批货物。

（4）分流物品，妥善处理　原料验收完毕，需要入库进行保藏的原料，要使用双联标签，注明进货名称、日期、重量、单价等，并及时送仓库保藏。一部分鲜活原料由厨房开领料单，直接进入厨房。

（5）填写验收日报表　验收人员填写验收日报表不仅记录了所有验收物品的名称、单位、数量和价格，也可作进货的控制依据和计算每日经营成本的依据。

表8-5　餐饮原料退货单（样例）

单位名称：　　　　　　　　日期：　　　　　　编号：

供货单位：
发票号：
退货详情：
处理方案：
送货人：　　　　验收人：

（三）餐饮原材料验收的方法

1. 按供货发票验收

按供货发票验收，这是一种较普通的验收方法。验收人员根据供货发票和订购单核对原料的项目、数量和价格，这种方法比较方便快捷。但要注意的是验收人员往往直接拿着发票对照货物，而不去对照订购单，有时还可能图方便，不去逐一过秤原料重量。因此，采用这种验收方法，应加强监督管理职能。

2. 填单验收

填单验收是餐饮企业控制验收的一种方式。餐饮企业有自制验收空白凭单（表8-6），验收人员在验收时，按物品的名称、重量、数量、价格等逐一填入凭单中，然后再与供货发票相对照。这种方法可减少差错，但较费工夫。

表8-6　餐饮原料验收单（样例）

供货单位：　　　　　　　　日期：

原料名称	发票号	数量 / kg	单价 / 元	金额 / 元	验收质量情况		处理方式
					合格	不合格	
合计	元						

审核：　　　　　　　　　　验货员：

（备注：此表一式两份，财务、采购部各一份。）

3. 验收控制

验收工作虽然是由验收人员来完成，但作为负责餐饮产品质量控制的部门经理和厨师长，应不定期地对验收工作进行督导，以便于验收工作能符合管理的目标。为了避免验收工作出现问题，管理者应做到以下几点。

（1）指定专人负责验收工作。

（2）验收工作应与采购工作分开，不能由同一个人担任。

（3）对于兼做其他工作的验收人员，验收时间应与其他工作时间分开。验收要在指定的验收处进行。

（4）尽量减少验收处进出人员，以保证验收工作的顺利进行。

（5）货物一经验收，应立即入库或进入厨房，不可在验收处停留太久，以防失窃（表8-7，

表8-8）。

（6）发现进货的原料有质量问题，应督促验收人员退货。

表8-7　餐饮原料入库单（样例）

单位名称：　　　　　　　　日期：

序号	原料名称	供货商	数量 / kg	单价 / 元	金额 / 元	备注
合计	元					

库管员：　　　　　　　　验收员：

（备注：此表一式两份，库房、采购部各一份。）

表8-8　餐饮原料验收日报表（样例）

单位名称：　　　　　　　　日期：

序号	原料名称	供货商	发票号	数量 / kg	单价 / 元	金额 / 元	进货处理方式	
							直接采购原材料	库房采购原材料
合计	元							

审核：　　　　　　　　编制：

任务实施

1. 查找饭店原材料采购管理的漏洞。
2. 学习餐饮原材料采购控制的相关知识。
3. 提出该饭店原材料采购管理的整改方案。整改方案中对餐饮原材料采购的程序、采购方法、采购质量控制、采购数量控制、验收控制等要有详细的措施描述。

任务评价

餐厅原材料采购管理整改方案考核评分标准

序号	考核内容	考核要点	应得分	自评分	互评分	教师评分
1	采购程序	采购程序正确，有流程图	10			
2	采购方法	针对鲜活类原料和干货类原料分别有不同的采购方法	20			
3	采购数量控制	针对不同原材料有不同的采购数量控制方法	20			
4	采购质量控制	有可行的控制采购质量的方法和对策	20			
5	验收控制	验收方法合理、验收程序正确	10			

续表

序号	考核内容	考核要点	应得分	自评分	互评分	教师评分
6	汇报	（1）PPT 制作精美 （2）上台汇报语言流畅，逻辑清晰	10			
7	答辩	回答问题观点正确、恰当	10			
总分			100			

<table>
<tr><td colspan="2">小组自评</td><td colspan="6"></td></tr>
<tr><td colspan="2">小组互评</td><td colspan="6"></td></tr>
<tr><td colspan="2">教师评价</td><td colspan="6"></td></tr>
<tr><td rowspan="2">小组成员个人得分</td><td>姓名</td><td></td><td></td><td></td><td></td><td></td><td></td></tr>
<tr><td>得分</td><td></td><td></td><td></td><td></td><td></td><td></td></tr>
<tr><td>说明</td><td colspan="7">小组任务得分 = 小组自评分 ×20% + 小组互评分 ×40% + 教师评分 ×40%。小组成员个人得分由小组长和教师根据个人在任务完成中的工作情况分配分数</td></tr>
</table>

任务 2　餐饮原材料贮存与控制

任务情境

你刚被聘任为某大型餐饮企业的采购部经理，上岗后你决定带领部门员工去参观几家饭店、餐饮企业的仓库，了解餐饮原料贮存的相关知识。

任务工单

<table>
<tr><td>任务名称</td><td colspan="5">参观餐饮企业仓库</td></tr>
<tr><td>班级</td><td></td><td>小组</td><td></td><td>小组成员</td><td></td></tr>
<tr><td>工作任务</td><td colspan="5">参观一家三星级酒店的仓库及二家不同规模餐饮企业的仓库，注意观察仓库的位置、类型、不同食品的贮存方法</td></tr>
<tr><td>任务目的</td><td colspan="5">了解仓库的布局设计，掌握不同原材料的贮存方法及要求</td></tr>
<tr><td>任务实施要求</td><td colspan="5">（1）选择参观的企业要具有一定的规模，档次为中高档
（2）参观前要先熟悉餐饮原料贮存的相关知识
（3）参观过程中要与企业员工进行沟通交流
（4）参观后撰写参观报告</td></tr>
<tr><td>任务成果形式</td><td colspan="5">参观报告</td></tr>
<tr><td>实施过程记录</td><td colspan="5">从以下 3 个方面记录：搜集的资料、过程记录、实施中遇到的问题及解决办法</td></tr>
</table>

知识准备

一、餐饮原料贮存库房分类

餐饮原料因品种、质地的不同，对贮存条件的要求也不同。同时，因餐饮原料使用的频率、数量不同，对其存放地点、位置、时间要求也不同。因此，餐饮企业应将原料分门别类地进行贮存，常用的仓库主要可分为干货库、冷藏库、冷冻库。

（一）干货库房

干货库房的贮存对象主要为：米、面类、调料类、罐头、瓶装食品、干果、饼干类等。干货库房的温度应控制在10~20℃，原料的贮存离地面10~25cm，离墙壁5cm。

（二）冷藏库房

冷藏库房主要贮存鱼类、肉类、禽类、蔬菜、水果、蛋类、乳制品、饮料、啤酒等。另外一些冰鲜原料装盒后加冰块短时间可贮存于冷藏库。

（三）冷冻库房

冷冻库房一般用于贮存冻鱼、肉、禽类等动物性原料，及已加工的产品和半成品等。冷冻库应控制温度在-18℃以下，原材料需用纸箱、筐等盛器包装好后再贮存。

二、餐饮原料贮存管理要求

（一）分类存放，避免串味

原料、半成品、成品应分开贮存，有特殊气味的原料，如海产干货与容易吸收气味的面粉、糖、米要分开贮存，防止串味；长时间放置的原料与短时间贮存的原料要分开存放。

（二）分批存放，先进先出

餐饮原料入库时必须在原料包装上注明进货时间，按时间分批存放，发料时按照先进先出的原则发放，防止原料过期，保证原料质量。

（三）规范保存，保持清洁

冷冻解冻后，不得再次冷冻贮藏，否则，食物内复苏的微生物会引起原料腐烂变质，污染其他原料。原料贮藏室要远离污染源，按时打扫卫生。入库存取原料时，操作人员必须穿工作服、专用鞋，以免污染原料。禁止存放与食品原料无关的杂物，防止原料污染和发生差错。

三、餐饮原料的库存方法

（一）干货原料的贮藏管理

干货食品宜贮藏在阴凉、干燥、通风处，离开地面和墙壁，其管理要注意以下几点。

（1）合理分类、合理堆放　按各种干货原料的不同属性对原料进行分类并存放在固定位置，然后再将属于同一类的各种原料按名称的部首笔画或字母顺序进行排列。也可以根据各种原料的使用频繁程度存放，如使用频繁的物品存放在库房门口易取的地方，反之则放在距门口较远的地方。

（2）货架的使用　干货仓库一般多使用货架贮藏食品原料。货架最低层应距地面至少10cm，以便空气流通，避免箱装、袋装原料受地面湿气的影响，同时也便于清扫。

（3）温度的要求　干货仓库的最佳温度应控制在15~21℃之间。温度低一些，食品保存期可长一些，温度越高，保存期越短，所以干货库应远离发热设备。

（4）对虫害和鼠害的防范　所有干货食品都应包装严密，已启封的食品要贮藏在密封容器里，要定期清扫地面、货架，保持干净卫生，定期消毒，预防和杜绝虫害、鼠害。

（5）所有干货食品要注明日期，按先存先取原则盘存　食品都有保质期，注明日期、先存先取，可以避免因原料过期而造成浪费。

（6）桶装或罐装原料应带盖密封，玻璃器皿包装的原料应避免阳光直接照射。

（7）尽量控制有权进出仓库的人员数量。职工的私人物品一律不准存放在仓库内。

（二）鲜活原料的冷藏管理

鲜活原料包括新鲜食品原料和已加工过的食品原料。新鲜食品原料指蔬菜、水果、鸡蛋、奶制品及新鲜的肉、鱼、禽类等。加工过的食品原料指切配好的肉、鱼、禽类原料，冷荤菜品，蔬菜与水果沙拉，各种易发酵的调味汁，剩余食品。

新鲜原料一般需使用冷藏设备。冷藏的目的是以低温抑制细菌繁殖，维持原料质量，延长其保存期。对冷藏原料有以下要求。

（1）所有易腐败变质食品的冷藏温度要保持在4.5℃以下。

（2）冷藏室内的食物不能装得太挤，各种食物之间要留有空隙，以利于空气流通。

（3）尽量减少冷藏室门的开启次数。

（4）保持冷藏室内部的清洁，要定期做好冷藏室的卫生工作。

（5）将生、熟食品分开贮藏，最好每种食品都有单独的包装。

（6）如果只有一个冷藏室，要将熟食放在生食的上方，以防生食带菌的汁液滴到熟食上。

（7）需冷藏的食品应先使用干净卫生的容器包装好才能放进冰箱，避免互相串味。

（8）需要冷藏的热食品，要迅速降温变凉，然后再放入冷藏室。

（9）需要经常检查冷藏室的温度，避免由于疏忽或机器故障而使温度升高，导致食品在冷藏室内变质。

（10）保证食品原料在冷藏保质期内使用。

表8-9　不同原料的冷藏温度和湿度要求

食品原料	温度 / ℃	相对湿度 / %
新鲜肉类、禽类	0 ~ 2	75 ~ 85
新鲜鱼、水产类	-1 ~ 1	75 ~ 85
蔬菜、水果类	2 ~ 7	85 ~ 95
奶制品类	3 ~ 8	75 ~ 85
厨房一般冷藏	1 ~ 4	75 ~ 78

（三）食品原料的冷冻贮藏

对食品原料的冷冻贮藏有以下一些要求。

1. 冷冻温度

食品原料的冷冻分为冷藏—速冻—冷冻贮藏三个步骤。食品冷冻的速度越快越好。因为在速冻条件下，食品内部的冰结晶颗粒细小，不易损坏食品的结构组织。因此，餐饮企业最好拥有速冻机。食品原料的冷冻贮藏温度一般控制在–25℃ ~ –18℃之间为宜。

2. 冷冻贮藏

食品冷冻后可以贮藏较长时间，但并不等于可以无限期地贮存。一般食品的冷冻贮藏期在3 ~ 6个月。各类食品冷冻贮藏的最长时间如表8–10所示。

表8–10　冻藏原料的库存时间表

原料名称	库存时间
牛肉	9 个月
小牛肉	6 个月
羊肉	6 个月
猪肉	4 个月
家禽	6 个月
鱼	3 个月
虾仁鲜贝	6 个月
速冻水果和蔬菜	3 个月

3. 食品原料冷冻贮藏过程中应注意的问题

（1）把好验货关　需要冷冻的原料入库时必须处在冷冻状态，已经解冻或部分解冻的食品原料应立即放置在–18℃或–18℃以下。温度越低，温差越小，则食品原料的贮藏期及其质量就越能得到保证。

（2）冷冻贮藏的食品原料，特别是鱼、肉、禽类，应用抗挥发性材料紧密包装，以免原料丢失水分。

（3）坚持“先进先出”原则，所有原料必须标明入库日期及价格，并经常挪动贮藏的食品原料，防止贮藏过久造成损失。

（4）不允许将食品原料堆放在地面上或紧靠库房壁放置，以免妨碍库内空气循环，影响原料冷冻质量。

（5）使用正确的解冻方法　切忌在室温下解冻，以免引起细菌和微生物的急剧繁殖。正确的解冻方法：一是冷藏解冻，将冷冻食品放入冷藏室内逐渐解冻；二是自来水冲浸解冻，将冷冻肉块用塑料袋盛装，密封置于自来水池中冲刷解冻；三是微波炉或红外线烤箱解冻。

（6）有些冷冻食品原料(如家禽)可直接烹烧，不需要经过解冻，这样有利于保持其色泽和外形。

四、原料出库管理

出库管理主要指发货、发料，它是库存管理的最后一个环节。发货时应严格执行出库审核手续，科学、合理地做好相应的登记工作。出库管理对餐饮成本的核算有着重要影响，所以出库管理必须重点做好以下三项工作。

（一）定时发放

餐饮企业应根据验收货的时间规定每天固定的领料时间，便于仓库管理人员有充分的时间整理仓库，检查各种原料的库存情况，同时避免增加库房开门次数与频率，维持库房温度和湿度。结合营业时间，一般规定上午8:00—10:00和下午2:00—4:00为仓库发料时间，其他时间除紧急情况外一般不予领料。

（二）凭领料单发放

领料单是仓库发料的原始凭证（表8–11），它准确地记录了仓库向领料部门发放的原料数量和金额。领料单具体作用如下：及时了解仓库的库存量；核算各部门的原料成本；控制领料量。若无领料单，任何人都不得从仓库取走原料。仓库管理人员要严格按照领料单上的种类和数量发货。发料时要注意按照“先进先出”的原则，保证先购进的原料先发放、先使用，避免因贮存期过久出现原料过期的情况。

表8–11　原料领用单（样例）

部门名称：　　　　　　　　　　日期：

序号	品名	规格	单位	数量		金额（元）	
				请领数	实领数	单价	小计
合计		元					
备注							

部门负责人：　　　　领料人：　　　　库管员：

（备注：此表一式三份，领用部门、财务、库房各一份。）

（三）准确填写出库日报（月报）表

仓库管理人员应每天根据各部门的领料单进行统计，填写原料出库日报表（表8–12）。并对库存不足的原料及时进行补货，对长时间积压或“流动慢”的原料要联系相关使用部门寻求解决办法，加大促销力度，做到物尽其用。每月要统计汇总，填写原料出库月报表（表8–13）。

表8–12　原料出库日报表（样例）

序号	材料名称	规格	单位	昨日结存	本日进库	本日出库	本日结存	备注

统计人：　　　　　　　　日期：

表8-13　原料出库月报表（样例）

序号	材料名称	规格	单位	上月结存	本月进库	本月出库	本月结存	备注

统计人：　　　　日期：

任务实施

1. 联系一家三星级饭店、一家大型中餐厅、一家中型特色餐厅。
2. 组织学习餐饮原料贮存的相关知识。
3. 组织参观，与参观企业员工沟通和交流。
4. 参观后组织讨论，根据原料的贮存方法及领用要求制定仓库管理制度。

任务评价

餐饮原料贮存管理考核评分标准

序号	考核内容	考核要点	应得分	自评分	互评分	教师评分
1	参观过程	参观中认真观察、记录，与参观企业员工沟通和交流	20			
2	仓库管理制度	（1）包含干货库、冷藏库、冷冻库的管理制度 （2）每个库的管理制度要符合库存原料的贮存要求 （3）管理制度语言通顺、简洁 （4）管理制度具有可行性	60			
3	汇报	（1）PPT 制作精美 （2）上台汇报语言流畅，逻辑清晰，结构完整	10			
4	答辩	回答问题观点正确、恰当	10			
总分			100			
小组自评						
小组互评						
教师评价						
小组成员个人得分	姓名					
	得分					
说明	小组任务得分 = 小组自评分 ×20% + 小组互评分 ×40% + 教师评分 ×40%。小组成员个人得分由小组长和教师根据个人在任务完成中的工作情况分配分数					

项目小结

食品原料是满足就餐者对餐饮产品需求的重要物质基础，也是餐饮企业对餐饮经营成本控制的重要对象。通过本项目的学习，使学生能够充分掌握如何选择适时、适量、适地的原材料采购方式，学会利用正确的原材料采购、验收、贮存和发放的工作程序与管理控制方法。

知识拓展

品牌餐饮下乡自建原料基地

面对全球经济危机的大背景，尽管以巨大的人口基数为靠山的中国餐饮企业，也不敢掉以轻心，纷纷未雨绸缪。开始为应对原材料大幅上涨而纷纷加大直接采购力度；为了应对未知的市场变数，餐饮业将再度压缩成本，甚至直接将主要原料的生产基地建在农村，以确保在原料供应和价格上的自主权。

全聚德、便宜坊等中餐集团纷纷将旗下多品牌餐饮的采购集中，以大量进货为筹码压低进价，甚至还将鲍鱼、鱼翅、海参等高档原料的采购也纳入集中采购的范围。“成本被压低10%~20%，”便宜坊集团相关负责人表示，该集团将真空食品、餐厅菜品等原料全部集中采购，最高可以将原料进价压低为原来价格的80%。中国烹饪协会还集中了近10家具有规模的中式快餐企业进行多家企业联手全国集中采购。

为进一步压缩成本，中餐企业还陆续在农村直接建立自己的原料生产基地，将中餐企业主要应用的食材直接取自产地，减少中间转手销售环节，确保原料的价格波动在企业承受范围之内。陶然居就是直接在农村建立自己的原料生产基地的典型代表。

陶然居店面每年需要田螺达2800多吨，老腊肉300多吨，板鸭100多万只，黄瓜干200多吨，土鸡1500多吨，干海椒900多吨，花椒100多吨。据了解，陶然居在西部地区三省市建立了面积达8万多亩、拥有9大类生态种类的养殖加工基地和原材料配送中心。其全国店面菜品的原料绝大部分都是在陶然居自己的生态养殖基地种养的。

另外，武汉艳阳天与湖北鄂州武四湖渔场建立武昌鱼养殖基地，小蓝鲸在湖北蔡甸建立莲藕直供基地等，这都让餐饮企业仰仗原料产地得天独厚的优势，尽量避免经济不景气波及餐饮业。

（资料来源：品牌餐饮下乡自建原料基地，3158餐饮网，http://canyin.3158.cn/）

思考与练习

1. 餐饮原料的质量直接影响餐饮产品的质量，其价格的高低将直接影响餐饮企业的经济效益的好坏，你认为应该如何从采购、验收方面来控制原料的质量和价格？

2. 餐饮原料采购的方法有哪些？各有什么要求？

3. 餐饮原料的库存有哪些要求？

4. 案例分析

餐饮采购成本控制

案例一：拥有76家大中型餐馆的北京华天饮食集团公司为使下属各企业在激烈的市场竞

争中掌握市场主动权，决定从源头抓起：在保证货源质量的前提下，降低成本，把菜品价格降下来，服务大众，让利于民。基于此种想法，集团公司推出了进货招标的方案，这个方案得到了供应商的积极响应，前来报名竞标的经销商、厂家有100多家。经过筛选，有近50家供货商获准参加竞标。中标的原则是：同等质量下，选择价格最低的；同等价格下，选择质量最好的。通过质量和价格的认证，28家供货商以质优价廉取得了向华天企业供货的资格证书。

目前，这些厂商均已不同程度地和华天建立了合作关系。包括酒、饮、蛋禽、蔬菜等7大类30多种华天日常所用原料的供应商在内的多家供应商。为了与华天保持长期合作关系，都很注意自身的商誉。这次招标成功，华天不但货源质量有了保证，供货价格也降了下来。

思考：北京华天饮食集团公司在采购管理中采用了哪些策略？

餐饮采购验收管理

案例二：某四星级饭店在国庆节接到一对新人预订50桌婚宴的订单。餐饮部行政总厨根据客户要求提前一周安排好了婚宴菜单，并得到了客户的确认，同时认真按菜肴要求填写了采购申请单提交采购部。采购部根据餐饮部提供的采购申请单梳理制定了订货单提交给供货商，同时，也将订货单提供一份给验收处，以备收货时核对。

婚宴那天早晨，最后一批鲜活原料到货了，其中就有鲜活原料澳大利亚龙虾，要做“蒜香蒸澳龙”，根据订货单上的规格要求，其中有一项每只龙虾重量要求为0.7～0.75kg，订货量为50只。由于婚宴桌数较多，厨房工作忙就没有派专人陪同验收货，只有收货员一人进行验收货，经过一阵忙碌，这些鲜活原料逐一验收并送入厨房加工。验货员将供货发票、原料订单、验收单一起交于采购部，采购部经理复核转到了财务部。财务部在审核过程中根据原料订单、验收单发现，此次采购的龙虾规格与订购单上规格不一样，导致成本增加了20%，并将情况反馈给了采购部和餐饮部。

原来，此次供货商提供的龙虾规格没有按订货单上的规格提供，每只龙虾的重量大约在0.9kg，超重约0.15kg，验货员与供货商也较熟悉，一时疏忽没有仔细核对采购规格要求，直接收货了。经过财务部门核算，每只龙虾超重0.15kg，50只一共就超重了7.5kg，按每千克600元的价格核算，整个婚宴光一个菜的成本就增加了4500元。最后相关部门及个人都受到了经济处罚。

（资料来源：许莲，高金芳．餐饮实务[M]．南京：南京大学出版社，2015：243）

问题讨论：作为一名验货员应该如何验收这些餐饮原料呢？

05
管理篇

项目九　餐饮服务质量管理

知识目标

· 理解餐饮服务质量的概念
· 熟悉餐饮服务质量的内容
· 掌握餐饮服务质量控制的方法
· 熟悉餐饮服务质量监督的内容
· 掌握餐饮服务质量检查的主要项目及标准

能力目标

· 能够使用餐饮服务质量标准对餐饮服务质量进行分析
· 能够制定餐饮服务质量检查表并对餐饮服务质量进行监督检查
· 能够对餐饮服务各环节的质量进行分析并采取相应的控制方法

引导案例

一流的服务

来自瑞典的安德森夫妇下榻在广州某饭店。一天，他们到饭店餐厅用餐。点菜时，安德森夫妇根据服务员小李的推荐介绍，点了“拔丝香蕉”“煎牛排”“贵妃鸡翅”等菜肴。上菜时，小李用娴熟的英语为他们重新介绍了所点菜肴的菜名、制作方法和使用方法，引起了两位客人的极大兴趣，并对中国烹饪赞不绝口。菜上完后，小李发现客人对“煎牛排”的制作方法不是很满意，在征得客人同意后，小李及时撤下这道菜，并与西厨进行联系，根据客人的要求，对这道菜进行了重新加工。客人品尝后，连连竖起大拇指，夸赞道：“这里的服务是世界一流的。”

（资料来源：徐文苑，刘菊．餐饮服务与管理任务教程[M]．北京：中国铁道出版社，2012：113）

评析：美国饭店业先驱斯塔特勒说：“饭店所出售的东西只有一个，那就是服务。”服务质量是餐饮工作的生命线，任何餐饮企业要想在激烈的餐饮市场竞争中占有一席之地，都要不断提高餐饮服务质量。

任务1　控制餐饮服务质量

任务情境

某餐厅2014年12月开门营业，开业之初，生意红火，顾客络绎不绝。大约一年左右，该餐厅门前冷落，顾客稀少。该餐厅老板决定聘请本市知名餐饮管理大师，找出餐厅服务质量问题并在此基础上有针对性地改进和提高餐厅服务质量。

任务工单

任务名称	XX 餐厅对客服务质量控制方案				
班级		小组		小组成员	
工作任务	如果你是该餐厅的餐饮部经理，请根据任务情境中餐厅的实际情况，设计一份餐厅对客服务质量控制方案				
任务目的	熟悉餐厅服务质量的内容，掌握餐厅服务质量控制的方法				
任务实施要求	（1）分析任务情境中餐厅对客服务质量存在哪些问题，并提出控制对策 （2）控制方案中应对餐厅对客服务的环节、内容、标准进行明确界定，且质量控制方法具有可行性 （3）质量控制方案结构合理				
任务成果形式	XX 餐厅对客服务质量控制方案				
实施过程记录	从以下 3 个方面记录：搜集的资料、过程记录、实施中遇到的问题及解决办法				

知识准备

一、餐饮服务质量的内涵

餐饮服务质量是指餐饮企业在餐饮服务实践中向宾客提供的可以被感知、评估的餐饮服务及产品的优劣程度。餐饮服务质量主要包含两个方面：餐厅的设备设施条件和餐饮服务水平，这两者共同作用于宾客，最终形成了宾客对餐饮服务质量的总体评价。

二、餐饮服务质量的内容

（一）餐厅设备设施

餐厅的设备设施必须齐全、先进、方便、舒适，这样能够满足客人物质享受和精神享受的需要，也是提高餐饮服务质量的物质基础和硬件要求，也是基础条件。

1. 餐厅容量

为满足宾客的消费需求，餐厅总座位数最低不少于客房数×2×80%。若餐饮经营状况良好，流动客人较多，则可减少一定的餐位数。一般以餐厅面积的大小，按座位的需要做适当的配置，使有限的餐厅面积能极大限度地发挥其运用价值。不同类型餐厅所需的餐位面积见表9–1。

表9-1 不同类型的餐厅所需的餐位面积

餐厅类型	每餐位所需面积 /m^2
咖啡厅	1.4~1.6
自助餐厅	1.2~1.7
豪华餐厅	1.5~1.9
普通餐厅	0.9~1.4
风味餐厅	0.4~1.8
快餐厅	1.1~1.4
宴会厅	1.1~1.4（舞池、乐队位置除外）
酒吧	1.2~1.4

2. 餐厅环境布局

餐厅内各种设备的摆放地点和通道宽度要适当，运用对称和自由、分散和集中、高低错落、对比和映衬以及借景、延伸、渗透等装饰布置手法，形成美好的空间构图形象。同时，要做好环境美化，主要包括装饰布局的色彩选择和运用，如窗帘、天花板、墙壁的装饰，盆栽、盆景的选择和运用，还可以运用现代技术手段对餐厅环境进行美化，突出特定的文化主题和个性特点。

3. 餐厅照明

总体而言，餐厅光线应柔和，分布均匀。照明装置和控制器要符合国家质量标准，灯光亮度要能适应工作需要，适合客人阅读菜单。高档餐厅的灯光照明度应可以自由调节。而对于较大的中餐厅或者是宴会厅，在照明手法处理上可以采用多种照明回路结合。装饰性花灯、重点照明餐桌的卤素射灯、氛围光补充的灯槽、墙面装饰的壁灯都可以分开处理，通过不同回路的自由组合实现不同的灯光场景，以适应客流量、灯光的变化需要。灯光照明必须与经营定位相适应，不同的餐饮企业有不同的灯饰系统。麦当劳、肯德基等西式快餐，就餐的对象多为妇女、儿童，光源系统应以明亮为主。传统的咖啡厅、西餐厅是最讲究情调的地方，灯饰系统以沉着、柔和为美。中国传统的中餐厅应以灯火辉煌、兴高采烈为好。

4. 餐厅音响

餐厅内音量要适中，曲目要合适。餐厅内噪音不应超过50分贝，最好控制在45分贝以内。

5. 餐厅家具

餐厅家具选用应以舒适、方便服务和少占空间为宜。家具摆放要合理，便于客人进出餐厅和服务员操作服务。家具选择和室内装饰要协调，桌椅必须牢固、光滑，式样、高度和色彩、质地必须协调一致，桌椅配套，同时应配备儿童座椅和残疾人专用椅。

6. 餐用具

各种餐具要配套齐全，种类、规格、型号必须统一，质地优良，与餐厅营业性质、等级规格和接待对象相适应，新配餐具和原配餐具规格、型号一致，无拼凑现象。餐巾、香巾、牙签等各种服务用品配套齐全，酒精、固体燃料、鲜花、调味用品要能适应营业需要。筷子要清洁卫生，不能掉漆、变形，不能有明显磨损痕迹。

（二）餐厅服务

1. 礼节礼貌

讲究礼节礼貌是提高服务质量的重要方面，餐厅中的礼节礼貌是通过服务人员的语言、行动或仪式来表示对宾客的尊重、欢迎、感谢或表达谦逊、和气、尊敬的态度和意愿。一名优秀的餐厅服务员要注重仪容仪表、服装发型，使用敬语，讲究形体动作，举止合乎规范，要时时、事事、处处表现出彬彬有礼、和蔼可亲、友谊好客的态度，给宾客一种宾至如归的亲切感。餐厅服务员要将对客人的礼节礼貌服务贯穿在服务过程的始终。

餐厅员工应举止端庄文雅、行为得体、精神奕奕、充满活力，员工仪容仪表的总体要求如下：

容貌端正，举止大方；端庄稳重，不卑不亢；

态度和蔼，待人诚恳；服饰庄重，整洁挺括；

打扮得体，淡妆素抹；训练有素，言行恰当。

2. 服务态度

良好的服务态度是提高餐饮服务质量的基础。在餐饮服务中所有员工要特别注重处处体现出“服务意识”，使之形成一种思想，并融入职业习惯，作为工作指南。同时，还要遵循顾客的心理规律，采取相应的服务措施，从而保证服务质量的不断提高。

在餐厅服务工作中，要体现良好的服务态度应做到以下几点。

（1）微笑问好，最好能重复宾客的名字。

（2）主动接近宾客，但要保持适当距离。

（3）含蓄、冷静，在任何情况下都不急躁。

（4）遇到宾客投诉时，让他发泄。最好是请其填写宾客意见书。

（5）遇有宾客提出无理要求时，只需向宾客解释明白，不要求宾客认错，坚持体现“宾客总是对的”。

（6）了解各国、各阶层人士的不同心理特征，提供针对性服务。

（7）在时间上、方式上处处方便宾客，并在细节上下功夫，让宾客感到服务周到。

3. 服务技能

娴熟的服务技能、恰到好处的服务技巧，能使服务变得赏心悦目，提升服务劳动的价值和品位。每一位餐饮服务人员都要注重业务培训，掌握过硬的服务技能，不断提高服务质量。随着现代生活节奏的加快，餐饮消费者对服务速度的要求也越来越高。因而，餐饮企业有必要对菜肴烹制时间、翻台作业时间、顾客候餐时间等做出明确的要求和规定，并将其纳入服务规程之中。

（三）清洁卫生

清洁卫生是体现服务质量的重要内容。包括餐厅的环境卫生、餐具卫生、服务人员的个人卫生以及厨房的操作卫生等。做好清洁卫生工作首先要制定严格的清洁卫生标准，如餐厅及整个就餐环境的卫生标准、各工作岗位的卫生标准、餐饮工作人员个人卫生标准等。其次，要制定明确的清洁卫生规程和检查保证制度。清洁卫生规程要具体地规定设施、用品、服务人员、膳食原料等在整个生产、服务操作程序中各个环节上为达到清洁卫生标准而在方法、时间上的具体要求，做到清洁卫生工作制度化、标准化、经常化。

三、餐饮服务质量的控制任务

（一）建立餐厅服务质量控制的保证体系

餐厅服务质量控制的保证体系是餐厅系统的一个子系统，这一子系统是一个以提高餐厅服务质量为目标，具有明确的任务、职责、权限的有机整体。建立服务质量保证体系有三个层次。

第一层次：设立以餐厅总经理为首的服务质量管理领导机构，建立服务质量监督网，负责确立餐厅服务质量管理目标，研究制定服务质量管理计划，并负责组织、协调、督促、检查各部门服务质量管理动态。

第二层次：各部门根据业务范围设立服务质量管理小组，主要负责本部门服务质量管理计划的制定和落实。

第三层次：班组开展服务质量小组活动，重点是根据服务质量管理工作的要求，抓好标准化、程序化、制度化、原始记录等各项工作的具体落实，及时收集和解决服务质量管理工作中的问题。

（二）做好餐厅服务质量控制的基础工作

（1）做好服务质量信息工作，包括：接待业务过程中的服务质量信息资料、服务后的服务质量信息资料、国内外同行业的服务质量信息资料。

（2）制定服务程序。

（3）做好服务质量教育工作。

四、餐饮服务质量控制的条件

进行有效的餐饮服务质量控制，必须具备以下三个基本条件。

（一）必须建立餐饮服务的标准规程

制定服务规程时，首先确定服务的环节程序，再确定每个环节统一的动作、语言、时间、用具，包括对意外事件、临时要求的化解方式、方法等。管理人员的任务是执行和控制规程，特别要抓好各套规程之间的薄弱环节，用服务规程来统一各项服务工作，从而使之达到服务质量标准化、服务岗位规范化和服务工作程序化、系列化。

（二）必须收集服务质量反馈信息

餐厅管理人员应该知道服务的效果如何，从而采取改进服务、提高质量的措施。首先是管理人员应该依据餐饮服务质量标准，在走动管理的过程中发现问题，并通过与顾客交流、征求意见等方式来收集服务质量信息；其次，质量信息来源于一线服务人员，要求服务人员做好每一餐的工作总结，通过服务人员细心的观察，将当餐客人的消费情况、对产品及服务的评价如实反映到相关部门，餐饮管理人员搜集整理后从中获取有价值的服务质量信息。定期召开餐前、餐后沟通会也是获取服务质量信息的有效途径；再次，服务质量的好坏，最终评判者是顾客。因此通过调查问卷、反馈卡、电话调查、网上调查等多种方式了解餐饮消费者对服务质量的反馈信息显得尤为重要。

（三）抓好员工的培训工作

企业之间服务质量的竞争主要是员工素质的竞争，没有经过良好训练的员工很难有高质量的服务。这就要求每一位餐饮管理人员必须重视员工培训，通过培训强化员工服务技能，改变员工心智模式，激发员工自身潜能，充分调动员工的积极性和创造性，不断提高员工素质。实施培训的同时，还要通过建立有效的激励机制，使员工的个人发展和组织目标相结合。餐饮管理人员通过满足、引导或激发员工的内在需要，使工作成为满足员工需要的一种手段或途径，促使员工自觉学习和实践，不断提高服务质量。

五、餐饮服务质量控制的方法

根据餐饮服务的三个阶段（准备阶段、执行阶段和结果阶段），餐饮服务质量控制可相应地分为预先控制、现场控制和反馈控制三个环节。

（一）餐前预先控制

所谓预先控制是为使服务结果达到预定的目标，在开餐前所做的一切管理上的努力。其目的是防止开餐服务中各种资源在质和量上产生偏差。预先控制的主要内容如下。

1. 人力资源的预先控制

餐厅应根据预订信息、服务员技能技巧以及自身特点，灵活安排人员班次、数量与岗位，保证开餐时有足够的人力资源。那种“闲时无事干，忙时疲劳战”，开餐中顾客与服务员在人数比例上失调等都是人力资源使用不当的表现。

2. 物资资源的预先控制

开餐前，根据所掌握的宾客信息和菜单内容准备相应的布件、餐具、服务用具和调味料，并按规定整齐摆放在固定位置以备用。按照规格摆放好餐台，准备好餐车、托盘、菜单、点菜单、订单、开瓶工具以及工作台小物件等。另外，还必须备足相当数量的“翻台”用品，如桌布、口布、餐纸、刀叉、调料、牙签、烟缸等物品。

3. 卫生质量的预先控制

开餐前半小时，对餐厅卫生、设施设备卫生、餐具卫生等都要做一遍仔细检查。发现不符合要求的地方，要安排迅速返工。

4. 事故的预先控制

开餐前，餐厅主管必须与厨师长联系，核对前后台所接到的客情预报或宴会通知单是否一致，以免因信息传递失误而引起事故。另外，还要了解当日菜肴的供应情况，如个别菜肴缺货，应让全体服务人员知道。这样，一旦宾客点到该菜时，服务员就可以及时向宾客说明，避免事后引起宾客不满和投诉。

（二）餐中现场控制

所谓现场控制，是指监督现场正在进行的餐饮服务，使其规范化、程序化，并迅速妥善地处理意外事件。现场控制的主要内容如下。

1. 服务程序的控制

开餐期间，前厅经理和主管应始终站在第一线，通过亲自观察、判断、监督，指挥服务员按标准程序服务，发现偏差，及时纠正。

2. 上菜时机的控制

掌握首次斟酒、上菜的时机，要请示客人，尊重客人的意见；在开餐过程中，要把握宾客用餐的时间、速度、菜肴的烹制时间等，做到恰到好处，既不要让宾客等待太久，也不应将所有菜肴一下子全部上桌，餐厅主管应时常注意并提醒掌握好上菜时间，尤其是大型宴会，上菜的时机应由餐厅主管掌握。

3. 意外事件的控制

餐饮服务是面对面的直接服务，容易引起宾客的投诉。一旦引起投诉，主管一定要迅速采取弥补措施，以防事态扩大，影响其他宾客的用餐情绪。如果是由服务态度引起的投诉，主管除向宾客道歉外，还应替宾客换一道菜。发现有喝醉酒的宾客，应告诫服务员停止添加酒精性饮料。对已经醉酒的宾客，要设法帮助其早点离开，以保护餐厅的气氛。

4. 开餐期间的人力控制

开餐期间，服务员实行分区看台负责制，在固定区域服务。服务员人数的安排要根据餐厅的性质、档次来确定，一般中等服务标准的餐厅或者餐桌，可按照每个服务员每小时能接待20名散客的工作量来安排服务区域。一般来说档次越高的餐厅，服务水准要求越高，因此服务力量的配备就会越强。一些豪华包间，甚至需要2～3名服务员值台，顶级的餐厅服务，还可能是一名服务人员服务一个客人。在经营过程中，主管还应根据客情变化，进行再分工。例如，某一个区域的宾客突然来得太多，就应从另外区域抽调员工支援，等情况正常后再调回原服务区域。当用餐高峰期已经过去，则应让一部分员工走班休息，留下一部分人工作，到了一定的时间再交换，以提高工作效率。这种方法对于营业时间长的火锅店、茶厅和咖啡厅等特别必要。

（三）餐后反馈控制

所谓反馈控制，就是通过质量信息的反馈，找出服务工作在准备阶段和执行阶段的不足，从而有针对性地采取措施，保证餐厅服务质量目标的实现。

质量信息反馈系统由内部系统和外部系统构成。内部系统是指服务员、厨师和中高层管理人员等。因此，每餐结束后，应召开简短的总结会，以便及时改进服务质量。信息反馈的外部系统，是指宾客和朋友。为了及时得到宾客的意见，餐桌上可放置宾客意见表，在宾客用餐后，也可主动征求客人意见。宾客通过大堂、营销部、公关部、高层管理人员等反馈回来的投诉，属于强反馈信息，应予以高度重视，保证以后不再发生类似的质量偏差。

任务实施

1. 查找餐饮部服务质量方面存在的问题。
2. 学习餐饮服务质量控制的相关知识。
3. 提出该餐厅对客服务质量控制方案。方案中对预先控制方法，现场控制中对客服务的环节、内容、标准以及方法要有详细的描述。

任务评价

餐厅对客服务质量控制方案考核评分标准

<table>
<tr><th>序号</th><th colspan="2">考核内容</th><th>考核要点</th><th>应得分</th><th>自评分</th><th>互评分</th><th>教师评分</th></tr>
<tr><td>1</td><td colspan="2">餐厅对客服务质量存在的问题</td><td>（1）问题描述清楚
（2）问题原因分析准确</td><td>40</td><td></td><td></td><td></td></tr>
<tr><td>2</td><td colspan="2">预先控制方法</td><td>有可行的预先控制的方法和对策</td><td>20</td><td></td><td></td><td></td></tr>
<tr><td>3</td><td colspan="2">现场控制方法</td><td>有可行的现场控制的方法和对策</td><td>20</td><td></td><td></td><td></td></tr>
<tr><td>4</td><td colspan="2">汇报</td><td>（1）PPT 制作精美
（2）上台汇报语言流畅，逻辑清晰</td><td>10</td><td></td><td></td><td></td></tr>
<tr><td>5</td><td colspan="2">答辩</td><td>回答问题观点正确、恰当</td><td>10</td><td></td><td></td><td></td></tr>
<tr><td colspan="4">总分</td><td>100</td><td></td><td></td><td></td></tr>
<tr><td colspan="3">小组自评</td><td colspan="5"></td></tr>
<tr><td colspan="3">小组互评</td><td colspan="5"></td></tr>
<tr><td colspan="3">教师评价</td><td colspan="5"></td></tr>
<tr><td rowspan="2" colspan="2">小组成员个人得分</td><td>姓名</td><td></td><td></td><td></td><td></td><td></td></tr>
<tr><td>得分</td><td></td><td></td><td></td><td></td><td></td></tr>
<tr><td colspan="2">说明</td><td colspan="6">小组任务得分 = 小组自评分 ×20% + 小组互评分 ×40% + 教师评分 ×40%。小组成员个人得分由小组长和教师根据个人在任务完成中的工作情况分配分数</td></tr>
</table>

任务 2　监督餐饮服务质量

任务情境

你是本市知名餐饮管理大师的助理，一天，餐饮管理大师带领你来到一家餐饮企业，检查该企业的服务质量，了解餐饮服务质量检查的相关知识。

任务工单

任务名称	设计餐饮服务质量检查表				
班级		小组		小组成员	
工作任务	用你设计的餐饮服务质量检查表，到一家餐厅用具体配分的方式为其服务质量打分				
任务目的	掌握餐饮服务质量检查的方式及内容，设计餐饮服务质量检查表				
任务实施要求	（1）选择监督检查的餐饮企业要具有一定的规模，档次为中高档 （2）熟悉餐饮服务质量监督检查的相关知识 （3）设计餐饮服务质量检查表				
任务成果形式	餐饮服务质量检查表				
实施过程记录	从以下 3 个方面记录：搜集的资料、过程记录、实施中遇到的问题及解决办法				

知识准备

服务质量的监督、检查是餐饮管理工作的重要内容之一。在餐饮服务质量系统中，部门和班组是执行系统的支柱，以岗位责任制和各项操作程序为保证，以提供优质服务为主要工作内容。

一、餐饮服务质量监督的内容

（1）制定并负责执行各项管理制度和岗位规范。抓好礼貌待客，优质服务教育。实现服务质量标准化、规范化和程序化。

（2）通过反馈系统了解服务质量情况，及时总结工作中的正反典型事例并及时处理投诉。

（3）组织调查研究，提出改进和提高服务质量的方案、措施和建议，促进餐饮服务质量和经营管理水平的提高。

（4）分析管理工作中的薄弱环节，改革规章制度，整顿纪律，纠正不正之风。

（5）组织定期或不定期的现场检查，开展评比和优质服务竞赛活动。

二、餐饮服务质量检查的内容

根据餐饮服务质量内容，可将质量检查归纳为以下几项内容：仪表仪容、就餐环境、服务规范、服务技能、工作纪律、安全意识等，具体内容见表9-2。这个检查表既可作为常规管理的细则，又可将其数量化，作为餐厅与餐厅之间、员工与员工之间竞赛评比或员工考核的标准。

表9-2 餐厅服务质量检查表

岗位： 时间： 检查人：

检查项目	检查明细	等级标准				
		优	良	中	合格	差
仪容仪表	(1)服务员是否按规定着装并穿戴整齐					
	(2)制服是否合体、清洁、无破损、无油污					
	(3)名号牌是否端正地佩戴于左胸					
	(4)打扮是否得体大方					
	(5)服务员是否留有怪异发型					
	(6)男服务员是否蓄胡须、留大鬓角					
	(7)女服务员是否长发披肩					
	(8)服装是否烫平挺括、无污边无皱褶					
	(9)指甲是否修剪整齐、是否涂有指甲油					
	(10)牙齿是否清洁					
	(11)口中是否发出异味					
	(12)衣裤口袋中是否放有杂物					
	(13)女服务员发夹是否过于花哨					
	(14)手腕上除手表外是否还戴有其他饰物					
	(15)是否浓妆艳抹					
	(16)使用香水是否过分					
	(17)衬衫领口是否干净并扣好					
	(18)男服务员是否穿深色鞋袜					
	(19)女服务员穿裙时是否穿肉色长袜，丝袜是否有勾丝破损					
就餐环境	(1)玻璃门窗及镜面是否清洁，是否无灰尘、无裂痕					
	(2)窗框、工作台、桌椅是否无灰尘和污渍					
	(3)地板有无碎屑及污痕					
	(4)墙面有无污痕或破损处					
	(5)盆景花卉有无枯萎、灰尘现象					
	(6)墙面装饰品有无破损污迹					
	(7)天花板有无破损、漏水现象					
	(8)天花板是否清洁、有无污痕					
	(9)通风口是否清洁，通风是否正常					
	(10)灯泡、灯管、灯罩有无脱落、破损、污渍					
	(11)吊灯照明是否正常，吊灯是否完整					
	(12)餐厅内温度和通风是否正常					
	(13)餐厅通道有无障碍物					
	(14)餐桌椅是否无破损、无灰尘、无污损					
	(15)广告宣传品有无破损和灰尘污痕					
	(16)菜单是否清洁，是否有缺页和破损					
	(17)台料是否清洁卫生					
	(18)背景音乐是否适合就餐气氛					
	(19)背景音乐音量是否过大或过小					
	(20)总的环境是否能吸引宾客					

续表

检查项目	检查明细	等级标准				
		优	良	中	合格	差
服务规范	(1)客人进入餐厅是否主动问候、表示欢迎					
	(2)迎客是否使用敬语、微笑致意					
	(3)是否协助宾客入席					
	(4)服务是否及时					
	(5)接受点菜时是否仔细聆听并复述所点菜品					
	(6)能否向宾客提建议，并适时推销菜点					
	(7)能否根据点菜单准备好必要的工具					
	(8)斟酒操作是否规范					
	(9)为客服务时是否使用托盘操作					
	(10)上菜时是否报菜名					
	(11)宾客招呼时，能否迅速站到桌旁					
	(12)是否及时撤换餐具、更换烟缸					
	(13)发现疏忽或不妥时是否向宾客道歉					
	(14)结账是否迅速准确					
	(15)是否检查餐桌、餐椅、地面，有无宾客遗留物品					
服务技巧	(1)尽可能称呼客人的姓名					
	(2)避免与客人过于亲密					
	(3)是否能积极把握各种推销机会					
	(4)是否准确解释菜单					
	(5)与赶时间的客人密切配合					
	(6)对有病的客人、老人、儿童给以特别关照					
	(7)是否能灵活处理客人投诉					
	(8)能否为客人创造愉快的用餐环境					
	(9)能否及时处理醉酒等突发事件					
工作纪律	(1)工作时间是否相聚闲谈或窃窃私语					
	(2)工作时间是否大声喧哗					
	(3)是否有人上班时间打私人电话					
	(4)是否有人上班时间干私活					
	(5)有无在柜台内或值班区域内随意走动					
	(6)有无双手抱臂或手插衣袋					
	(7)有无在前台区域内吸烟、喝水、吃东西					
	(8)上班时间有无看书、干私事					
	(9)有无在宾客面前打哈欠、伸懒腰					
	(10)值班时有无倚、靠、趴在柜台					
	(11)有无随背景音乐哼唱现象					
	(12)有无对宾客指指点点或对客人评头品足					
	(13)有无在宾客投诉时做争辩					
	(14)有无不理会宾客询问的事					
	(15)有无在态度上、动作上向宾客撒气现象					
	(16)有无对宾客过分亲热、与客人拉家常现象					
	(17)有无对熟客过分随便现象					
	(18)是否对所有宾客一视同仁					
	(19)是否对老、幼、残宾客提供方便服务					
	(20)对待特殊情况能否提供针对性服务					

续表

检查项目	检查明细	等级标准				
		优	良	中	合格	差
安全意识	（1）是否熟悉火情、盗窃等紧急情况的处理程序					
	（2）是否熟悉紧急疏散程序					
	（3）是否熟悉消防安全通道					
	（4）是否注意操作安全					
	（5）是否了解基本安全预防措施					
	（6）是否具备使用基本防火设备的能力					
	（7）是否保持服务区域消防通道通畅					
	（8）是否明确急救箱摆放位置及箱内物品					
	（9）是否了解紧急照明系统的安置					
总计						
服务员签字:						
检查人签字:						

三、餐饮服务质量检查的方式

餐饮管理人员必须深入现场，监督、检查各项服务质量标准和规范的执行情况。一般来说，监督检查的方式主要有以下几种。

（一）员工的自我检查

餐饮企业是一个面对面为客提供服务的企业，一线服务员在面对面的服务过程中一旦出现失误，就会对顾客产生直接负面的影象，事后弥补往往需要花费很多精力，而且有时是无法弥补的。因此，餐饮企业一定要注意培养员工在服务工作中的主动意识，养成自我检查的习惯，防患于未然。

（二）各级管理者的日常检查

餐饮企业是一个公共场所，人员进出频繁，意外事件随时可能发生，所以各部门、各班组的管理人员在日常工作中也要随时检查餐饮运行情况，尽可能早地发现潜在事故或危机。

（三）顾客的最终检查

餐厅建立监督、检查机制的目的就是为了使顾客满意，而服务质量的好坏，最终还是由顾客来评判。一般情况，顾客是不会主动告诉餐饮企业对餐饮服务质量的看法的，因此，餐饮企业应该主动出击，通过顾客意见表、拜访、邀请、暗访等方法征求顾客意见，真实地了解顾客对餐饮企业服务质量的意见。

四、餐饮部服务质量检查制度

（1）餐饮部定期组织餐厅领班以上管理人员对各营业点进行服务质量检查。

（2）餐饮部经理应采取定期或随时抽查的方式对各营业点在开餐过程中的服务质量进行检查。

（3）聘请专家对餐饮服务质量进行不定期暗访检查。

（4）检查内容以餐厅卫生、设备保养、服务态度、仪表仪容、服务技能、服务程序、服务知识等为主。

（5）检查方法以电话询问、口头提问、用餐、宾客意见反馈等为主。

（6）对检查结果进行认真记录，对有关严重违纪等事项进行处理并公布处理结果。

（7）对检查出的质量问题，必须制定切实可行的改进措施并限期改正。

（8）检查者必须认真负责、实事求是、处事公正。

任务实施

1. 分组设计一份餐饮服务质量检查表，包含仪容仪表、就餐环境、服务规范、服务技能、工作纪律、安全意识六个方面。
2. 联系一家经营不太景气的餐厅、一家经营良好的餐厅。
3. 利用设计好的质量检查表现场为餐厅服务质量进行打分。
4. 打完分后组织讨论，找出两家餐厅在服务质量方面存在的问题，并提出合理的改进建议。

任务评价

餐饮服务质量检查考核评分标准

<table>
<tr><th>序号</th><th colspan="2">考核内容</th><th>考核要点</th><th>应得分</th><th>自评分</th><th>互评分</th><th>教师评分</th></tr>
<tr><td>1</td><td colspan="2">餐饮服务质量检查表的设计</td><td>（1）检查项目齐全
（2）检查明细设计符合餐饮企业实际
（3）分值设计合理</td><td>50</td><td></td><td></td><td></td></tr>
<tr><td>2</td><td colspan="2">现场打分</td><td>打分客观公平、公正</td><td>10</td><td></td><td></td><td></td></tr>
<tr><td>3</td><td colspan="2">组织讨论</td><td>（1）能准确找出餐厅存在的问题
（2）改进意见切实可行</td><td>20</td><td></td><td></td><td></td></tr>
<tr><td>4</td><td colspan="2">汇报</td><td>（1）PPT 制作精美
（2）上台汇报语言流畅，逻辑清晰，结构完整</td><td>10</td><td></td><td></td><td></td></tr>
<tr><td>5</td><td colspan="2">答辩</td><td>回答问题观点正确、恰当</td><td>10</td><td></td><td></td><td></td></tr>
<tr><td colspan="4">总分</td><td>100</td><td></td><td></td><td></td></tr>
<tr><td colspan="3">小组自评</td><td colspan="5"></td></tr>
<tr><td colspan="3">小组互评</td><td colspan="5"></td></tr>
<tr><td colspan="3">教师评价</td><td colspan="5"></td></tr>
<tr><td colspan="2" rowspan="2">小组成员个人得分</td><td>姓名</td><td></td><td></td><td></td><td></td><td></td></tr>
<tr><td>得分</td><td></td><td></td><td></td><td></td><td></td></tr>
<tr><td colspan="2">说明</td><td colspan="6">小组任务得分 = 小组自评分 ×20% + 小组互评分 ×40% + 教师评分 ×40%。小组成员个人得分由小组长和教师根据个人在任务完成中的工作情况分配分数</td></tr>
</table>

项目小结

餐饮服务是餐饮工作人员为就餐客人提供餐饮产品的一系列行为的总和。优质的餐饮服务是以一流的餐饮管理为基础的，而餐饮服务质量管理是搞好餐饮管理的重要内容，对其控制和监督的目的是为宾客提供优质满意的服务，为餐饮企业提供良好的社会效益和经济效益。通过本项目的学习，使学生熟悉餐饮服务质量标准，掌握餐饮服务质量控制的方法，学会设计餐饮服务质量检查表，利用质量检查表进行餐饮服务质量监督。

知识拓展

饭店优质服务的新思维

真正的优质服务必须站在客人的角度加以衡量。优质服务是能打动客人心的服务。为此，饭店的优质服务首先必须做到充满人性化。具体要求如下。

1. 给客人一份亲情。情感是中华民族服务之魂，古往今来，一杯大碗茶，一碗阳春面中，总能注入店家对客人在漫漫孤旅中的一份亲情与关爱。于细微处见精神，于善小处见人情，饭店必须做到用心服务，细心观察客人的举动，耐心倾听客人的要求，真心提供真诚的服务，注意服务过程中的感情交流，并创造轻松自然的氛围，使客人感到服务人员的每一个微笑、每一次问候、每一次服务都是发自肺腑的，真正体现一种独特的关注。

2. 给客人一份理解。由于客人的特殊心态和饭店的特定环境，客人往往会有一些自以为是、唯我独尊等行为和犯一些大惊小怪、无理指责等错误。对此，饭店应该给予充分理解与包容。

3. 给客人一份自豪。“给足面子，挣足票子。”这可谓是饭店的生财之道。只有让客人感到有面子，他才会听从你的“安排”；只有让客人感到愉悦，他才会常到饭店消费。所以，作为饭店的员工，必须懂得欣赏客人的“表演”，让客人找到自我的感觉和当“领导”的快乐。

（资料来源：饭店优质服务的新思维，2012-11-24，职业餐饮网：http://www.canyin168.com/）

思考与练习

1. 餐饮服务质量的内容有哪些？
2. 餐饮服务质量控制可以分为哪几个环节，每个环节的控制内容是什么？
3. 餐饮服务质量检查的方式及内容有哪些？

4．案例分析

一根头发引发的思考

某饭店接到了一个大型的团队自助餐预订。用餐过程中，一位戴金丝眼镜的老年客人和蔼的问服务员："请您看一下，这筷子里是否有一根头发？可能是我看错了。"同时，他用双手扶着镜框又仔细的看了一下。服务员仔细一瞧，确实有一根细长的头发裹在筷子里，于是她赶忙给那位客人换上了一双干净的筷子，并真诚地说："谢谢您对我们工作的提醒！"同时，给客人上了一份精美的时令果盘。客人十分感动地说："我是第一次从日本来中国，而且是第一次住你们饭店，你们的优质服务给我留下了深刻的印象。"凝视着这根在常人眼里很普通的细发，服务员陷入了深深的思考中……

（资料来源：徐文苑，刘菊.餐饮服务与管理任务教程[M]. 北京：中国铁道出版社，2012：135）

问题讨论：应如何避免餐饮服务质量问题的发生呢？

项目十 餐厅人力资源管理

知识目标

· 熟悉餐厅招聘工作的主要程序
· 了解餐厅招聘计划书的主要内容
· 了解餐厅员工培训的要素
· 熟悉餐厅员工培训的流程
· 掌握餐厅员工激励的主要方法
· 知道不同激励方法的使用

能力目标

· 能够撰写餐厅招聘计划书
· 能够根据餐厅实际情况制订合适的培训方案
· 能够根据餐厅员工实际情况选择激励方法

引导案例

肯德基与荣华鸡

曾经风光一时，为国人带来无限自豪的荣华鸡，在刚成立的两年内，公司最高日营业额为11.9万元，月平均营业额高达150万元，两年累计营业额达3000万元，职工两年内发展到了近300人，收到表扬信8.5万封，堪称“中国第一餐”。1994年，荣华鸡在北京开了第一家分店，并声称“肯德基开到哪，我就开到哪”。然而，随着时光的慢慢推移，荣华鸡在与肯德基的较量中逐渐落入下风。到了2000年，随着荣华鸡快餐店从北京安定门撤出，荣华鸡为期6年的北京闯荡生涯，画上了一个不太圆满的句号。荣华鸡的失败，既不是产品味道不好，也不是经营上的问题，主要是管理上的问题，特别是人力资源管理上的不足。其中之一就是没有科学的人力资源规划。荣华鸡当年创业时，荣华鸡的老总到肯德基餐厅实地考察，多大面积的餐厅需要多少服务员，肯德基炸鸡的工艺是怎样的，但工作的设计、人力资源的需求预估等严重受到传统餐饮行业思想的影响，没有做出科学的测算，导致了在人力资源需求上的无法确定。结果是运营时间高峰时，人手不够；到了低峰时，又造成很多人无事可做。

此外，对于员工培训，荣华鸡只注重基层员工的培训，不注重管理层培训，这导致餐厅的管理效率十分低下；也没有建立培训标准和规范，导致员工在工作中无规可循，服务质量参差不齐，让顾客感觉荣华鸡并不是一家正规餐饮企业，只是路边小摊而已。再反观肯德基，为了保证餐厅正常运作，员工能够服务到位，肯德基对餐厅服务员、餐厅经理、管理人员等按其工作性质的要求，都有相应标准培训体系、培训流程，并且在培训过程中严格执行标准。肯德基系统而科学的培训，带来的是一支具有良好专业素质的员工队伍和极高的顾客满意度，这也正是肯德基长盛不衰的秘诀之一。

评析：餐饮业作为服务业在人力资源上有自己的特点，比如人员流动性大、属于劳动密集型产业、分支繁多等，这就要求人力资源管理部门在进行人力资源规划时，充分理解企业的特点，只有这样才能使企业拥有良好的人力资源支持和保障。培训能够提高员工素质，使之适应工作岗位，胜任工作；培训还可以充分发掘员工人力资源潜能，帮助员工更大程度地实现其自身价值，提高工作满意度，增强对餐饮企业组织的归属感和责任感。

（资料来源：陆海天．肯德基连锁店人力资源管理分析[D]．南京：南京理工大学，2004）

任务1　招聘餐厅员工

任务情境

某公司准备投资经营一家中高档次的特色餐厅，聘请你担任人力资源主管，在得知餐厅的主题、规模和档次等信息后，你现准备为该餐厅招聘新员工。

任务工单

任务名称	为 XX 餐厅招募员工			
班级		小组		小组成员
工作任务	你作为餐厅人力资源主管，组建了餐厅招聘小组，请组织你的招聘小组分析餐厅人员配置，并制订餐厅的招聘计划			
任务目的	了解确定餐厅人员配置应考虑的因素，根据餐厅人员配置和招聘预算等选择合适的招聘渠道，了解如何撰写餐厅人员招聘计划			
任务实施要求	（1）餐厅档次设定为中高档 （2）小组成员全体参与，共同完成任务 （3）撰写餐厅人员招聘计划，招聘计划应包括招聘的岗位以及人员需求、招聘岗位的具体要求、招聘的渠道、招聘的规模、招聘的时间、选拔录取的程序、招聘的预算等			
实施步骤	（1）小组成员分工 （2）查阅资料，拟订任务完成工作计划 （3）确定餐厅人员配置，撰写招聘计划 （4）小组成员每人提供一个备选招聘计划 （5）对每一备选计划进行评价分析 （6）小组共同决策，选出最优招聘计划 （7）课堂汇报、小组互评 （8）教师点评、总结			
任务成果形式	餐厅招聘计划			
实施过程记录	从以下 3 个方面记录：搜集的资料、过程记录、实施中遇到的问题及解决办法			

知识准备

一般餐饮企业招聘工作的程序主要包括以下几个步骤：1.确定职位空缺；2.选择招聘的渠道；3.制订招聘计划；4.开展招聘工作；5.评估招聘效果。餐饮业经营相对其他行业有着自己的特点，这就要求我们在招聘时有所考虑。例如餐饮业存在明显的淡季、旺季和闲时、忙时，在确定职位空缺时应该对这些因素加以考虑，餐厅可以在旺季招聘兼职工，而不增加全职员工。

案例阅读

小肥羊的人力资源招聘和规划

拥有高质量的人力资源及高效的团队，是一个公司战略目标顺利实施的关键。在小肥羊快速扩张的过程中，不仅仅缺乏店长等管理经营人才，前台的服务员也很缺乏。为此，小肥羊采取多种措施，以充实人力资源。

招聘计划的制订：小肥羊每年都会召开预算会，在预算会上审批各区域、分子公司的人力资源计划。总部对各区域有工资涨幅的限额，各区域、分子公司汇总门店的人员需求后，在预算会上向总部汇报，总裁、人力资源部、财务部等都会参加，汇报通过后，相关负责人签字。在此过程中，总裁主持讨论，但具体方案往往是以人力资源部的意见为主。

人员来源：公司不同层次的人员来源不同，高管主要靠外聘；行政管理人员也有很大一部分是外聘来的有工作经验的人。店面的服务员主要是来自于外部招聘，然后经过一系列培训达到正式员工的标准，管理人员则主要是从内部员工中提拔起来的。公司注重给内部人员提供更多的机会，不管什么样的岗位出现空缺，都是首先在公司的办公自动化系统上发布，优先内部招聘，其次才是外部招聘；在同等条件下，即便是内部的候选人在能力上稍微差一点，也仍然会优先提拔。

为了保证公司管理者的来源，小肥羊先后和当地五所职业高中签订定向培养协议，公司给学生提供奖学金、助学金以及实习机会，同时给学校一些补贴，而学校则为其定期输送一定数量的酒店服务管理专业的学生作为“储备干部”，壮大小肥羊的人力资源。公司还着力从高校中招聘储备人才，如从在呼和浩特市的内蒙古大学、内蒙古工学院、内蒙古财经学院等招聘本科生，作为公司的储备店长。

人员录用：除了特许加盟商的人员，小肥羊总部的所有一线服务人员都是面向社会公开招聘，绝对不允许管理层的亲属进入。员工录用的主要依据是应聘者面试表现，同时辅以性格测验。如果人力资源部门对于应聘者仍有疑问，还将对应聘者做背景调查，例如通过猎头或熟人调查其工作经历和经验，以确定是否录用。在选人标准上，对服务员主要看其能否吃苦耐劳，对管理人员则强调其大中型企业的工作经历。

（资料来源：余吉安，杨斌，曲庆．小肥羊公司人力资源管理实践、特点及成功经验[J]．兰州学刊，2014（01）：124-129）

一、确定职位空缺

确定职位空缺是整个招聘活动的起点，主要确定职位空缺数量和质量两个方面的工作。数量是指餐厅在哪些岗位需要新员工，这些岗位又需要多少新员工；质量是指岗位对员工的具体要求，包括员工的学历、经验、能力等方面。

案例阅读

某个体户加盟了某中餐连锁企业，其门店位于某市闹市区，准备在中秋节期间开张。该餐厅有1个安置了20张桌子的大堂和10个各含1张桌子的包间（桌子规格均为10人/桌），其餐厅人员配置如下表：

岗位	主管	组长	传菜员	领位员	服务员	酒吧服务员
数量/个	1	2	6（2个临时）	6（2个临时）	15(5个临时）	2

一般来说一个传菜员可以负责4~6桌的传菜工作，一个服务员可以负责2桌客人的桌面

服务工作，一个领位员可以负责4~6桌的领位工作。通过简单计算可以知道该餐厅人员总体配置合理；考虑到节假日和门店新开张生意红火的缘故，客流量大，需要工作人员较多，但到餐厅客流平稳时，需要工作人员相应减少，该餐厅采用全职员工加临时工的形式，配置十分合理。

（资料来源：职业餐饮网，http://www.canyin168.com）

确定餐厅职位空缺，通常的做法是，先对餐厅总营业收入进行科学合理的预测，然后再估算要实现这个营业收入需要的人员规模，并与餐厅现有的人员规模进行对比计算，从而确定餐厅空缺职位。

确定职位空缺时，除了考虑餐厅预期人员需求外，还应考虑以下因素。

（1）餐厅员工人员流动率。

（2）餐厅员工的当前素质和技能（与部门需求变化有关）。

（3）餐厅提高产品和服务质量或进入新市场的决定。

（4）导致工作效率提高的技术或其他变化。比如一家中等规模、经营良好的餐厅一般需要5名洗碗工，但如果你购买了一台洗碗机，2名洗碗工就能够胜任洗碗工作；又比如1个传统收银台需要2名员工，如果你购进1台收银机，那么1名收银员就能胜任收银工作。随着现代化水平的提高，电子点菜单、移动POS机等现代化设备已经走进了很多餐饮企业，节约了酒店人力成本，企业在确定职位空缺时应该考虑这些因素。

二、选择招聘的渠道

一般来说，招聘的渠道有两个：外部招聘和内部招聘。内部招聘不但可以补齐餐厅职位空缺，还可以调动餐厅员工的积极性，增强餐厅凝聚力和竞争力。此外，这对于挖掘员工的工作潜力、激发工作兴趣和积极性、节约人力资源成本、促进餐厅发展也有重要的意义。外部招聘的对象主要包括大中专毕业生、旅游服务培训生、餐饮同行在职人员、城乡求职者等。

由于这两种渠道各有优劣，因此餐厅在选择到底是内部招聘还是外部招聘时，往往需要综合考虑各方面因素才能够做出决策。而且对于这一问题，餐饮企业也并没有什么标准答案，有的企业倾向于外部招聘，有的企业倾向于内部招聘。例如在麦当劳，有超过75％的餐厅经理和50％以上的中高级主管来自企业内部，而且他们都是由计时员工开始的，而我们国内的快餐连锁企业，由于经营管理经验比较匮乏，则大多从外部（比如肯德基、麦当劳、必胜客等外资餐饮连锁企业）招聘高管。一般来说，餐饮企业应将两种方法结合起来使用，对于基层的职位从外部进行招聘，比如服务生、领位员等；对于高层的或者关键的职位则从内部晋升或调配，比如餐厅经理、厨师长等。

（一）内部招聘

1. **内部招聘对象的来源**

内部招聘时，主要的招聘对象来自以下两方面的人员：一是下级职位上的人员，主要通过将其升职的方式来填补职位空缺；二是同等职位上的人员，主要通过工作调换和工作轮换来填补职位空缺。

2. **内部招聘的方法**

内部招聘的方法有两个：一是工作公告法，二是档案记录法。

（1）工作公告法　这是一种常用的内部招聘法，它是通过向餐厅员工通报现有岗位空缺，吸引相关人员来申请这些空缺岗位。工作公告中应包含空缺职位的详细信息（工作内容、资格要求、工作时间、薪资、上级岗位等）。公告应该发布在餐厅内部人员容易看到的地方，比如餐厅内部网站、餐厅公告处等；此外，公告应该保持一段时间以保证所有员工都能看到。

案例阅读

百成饭店内部竞聘公告

为促进员工个人职业生涯的发展，激发员工工作潜力和积极性，体现公司的人才发展战略，公司将以目前部分重要空缺岗位向全体员工发出内部竞聘的通知，作为优秀员工晋升竞聘上岗的职位，具体如下。

1．竞聘上岗职位：星级饭店管理运营总经理、湘川连锁直营总经理、人间三月（西/茶餐）执行总经理及领班以上各管理岗位。

2．竞聘范围

公司全体员工。

3．任职要求

（1）有能力完整、准确的完成任务；

（2）能够及时完成工作并能坚持到底；

（3）有同他人合作共事能力；

（4）能进行有效的沟通；

（5）有较强的组织能力和领导能力(如果该职位是管理岗位);

（6）掌握解决问题的方法；

（7）有积极的工作态度。

4．员工申请程序

（1）填写职位申请表（6月27日——7月3日）。

（2）对于所有的申请人，人力资源部和该空缺职位的上级将根据任职资格要求进行初步筛选（7月3日——7月10日）。

（3）面试小组将对初选合格的申请人进行面试及必要的考核评定，即复试（7月10日——

7月17日）。

（4）内部招聘结果将在复试后一周内公布。

百成饭店管理公司人力资源部

（资料来源：XX饭店管理公司内部招聘公告.百度文库，http://wenku.baidu.com/）

（2）档案记录法　一般来说餐饮企业都会建立员工个人档案，人力资源部可以通过这些档案确定出符合空缺岗位要求的人员。

（二）外部招聘

1. 外部招聘的来源

相对于内部招聘，外部招聘对象的来源相对比较多。外部招聘对象主要有以下来源。

（1）学校　学校是餐饮企业招聘的重要来源，在中学和职业学校可以招聘服务员、传菜员、厨师学徒等基层员工，在大学里可以招聘潜在的管理人员、专业人员等，比如会计、助理经理等。而且学生没有任何的工作经验，他们比较容易接受企业的理念和文化。

（2）竞争者和其他餐饮企业　对于有工作经验要求的职位，其他餐饮企业是主要的招聘来源。比如国内快餐连锁企业积极地在肯德基、麦当劳等国际快餐连锁企业挖高管，这样挖来的高管可以带来国外快餐的先进经营理念，加快企业发展。

（3）失业者　由于失业者经历失去工作的痛苦，会更加珍惜现有工作机会，工作努力程度会比较高，对企业归属感比较强。

2. 外部招聘的方法

由于外部招聘的来源在企业外部，因此招聘方法的选择显得非常重要，否则应聘者可能无法了解到企业的招聘信息。外部招聘主要有以下几种方式。

（1）广告

表10-1　不同广告形式招聘的优劣

媒体类型	优点	缺点	适用范围
报纸	成本低；广告大小可以灵活选择；发行广泛；分类广告便于查找	制作质量较差；对象没有针对性；容易出现招聘竞争；容易被忽视	潜在的应聘者集中在某一地区并且通常阅读报纸找工作
杂志	印刷质量好；保存时间长；针对性强；广告大小可以灵活选择	发行时间较长；发行地域太广，见效期较长	招聘的职位比较专业；没有时间限制；招聘范围大
广播电视	容易引起注意；灵活性强；传递信息更直接和主动	费用高；持续的信息简单；持续时间短；不能选择特定的应聘者	需要迅速引起人们的注意；无法使用印刷广告；某一地区有多种类型的潜在应聘者
互联网	费用低；速度快；传播范围广；信息容量大	信息过多，容易被忽视；有些人不具备上网条件；容易出现竞争	全球范围招聘

（资料来源：董克用．人力资源管理概论．第二版[M]．北京：中国人民大学出版社，2007）

从表10–1中，我们可以知道不同广告方式的优缺点和适用范围，我们可以根据餐厅的实际需求选取适当的广告形式来发布招聘信息。为了使广告达到预期的效果，在设计广告时需要遵循以下原则：吸引人们的注意力；能够激起相关人员对空缺职位的兴趣；能够唤起相关人员应聘的想法；能促使相关人员参加招聘。

（2）外出招聘　外出招聘就是指由餐饮企业的招聘人员外出到学校或参加各种形式的招聘会来进行招聘。这种招聘方法能够使招聘人员和应聘人员面对面交流，有助于人力资源部门对应聘者进行初步筛选。

（3）借助职业中介机构招聘　中介机构是专门从事人员招聘工作的，掌握着大量的信息，因此借助中介机构进行招聘，可以使招聘更具有针对性，能够为餐饮企业更快找到合适的员工。

（4）推荐招聘　推荐招聘就是指通过餐饮企业内部员工、客户或者合作伙伴的推荐来进行招聘。这种招聘方法的好处是节省成本，推荐人对应聘人员了解较深，离职率相对较低；它的缺点是容易导致餐饮企业内部拉帮结派，可能出现任人唯亲的现象等。

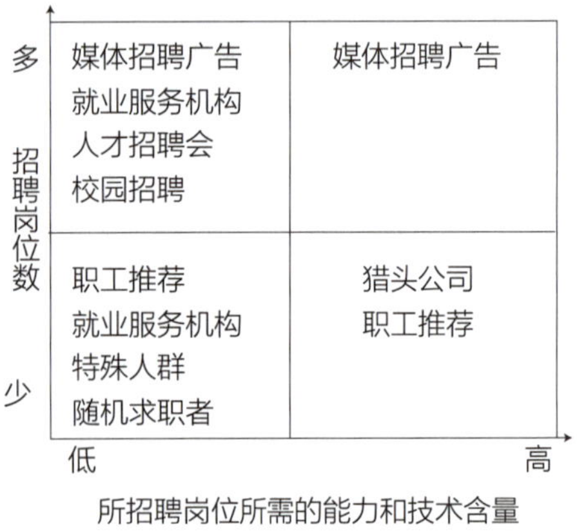

图 10–1　人力资源招聘四分仪图

总之招聘的方法很多，不同类型的岗位可以采用不同的招聘方法。图10–1的四分仪是人力资源招聘工作的一个经验总结，我们可以借助它对外聘的渠道做一个初步选择。

通过这个四分仪图可以看出，媒体招聘广告这个渠道适用于餐饮企业进行大规模招聘，无论所招聘的岗位是基层的服务生还是高层经理人，招聘的效果都令人满意。猎头公司适合高级人才的小规模招聘。在高等院校，餐饮企业可以少量招聘到人才苗子，但是这些人才对于工作不能马上上手，还需要餐饮企业进一步培养。在技校，可以招聘到实习生，而且由于技校通常要求整班学生参加实习，所以在餐饮企业大批量招聘时非常适合使用。下岗工人体会生活的艰辛，会珍惜每一个工作机会，所以工作非常勤奋、吃苦耐劳，特别适合做一些管事部和厨房的工作。妥善使用特殊人群，会为餐饮企业带来意想不到的好处。

案例阅读

海底捞的员工招聘

四川海底捞餐饮股份有限公司成立于1994年，是一家以经营川味火锅为主，融汇各地火锅特色于一体的大型跨省直营餐饮民营企业。在进行人员招聘时，海底捞并不使用一些餐饮企业的先进人才测评技术，如上海波特曼丽嘉饭店的“质量选拔程序”就是一个吸纳、配置、选拔、开发和培养人才的综合人力资源管理工具。在海底捞，普通员工的招聘采用推荐制、中高层员工实行内部选拔制。“海底捞选员工标准很多，但原则很简单，就是不怕吃苦的好人。比如，海底捞的员工要诚实肯干，要能快速准确和礼貌地服务客人；要能发现顾客的潜在需求，不仅会用手，还要会用脑去服务；不能赌博；还要孝顺。”海底捞的“同乡推荐”也非常有效，由于语言认同、文化认同、情感认同、习俗认同、地域认同，老乡圈能够在老乡之间“及时照顾、交流情感”。

（资料来源：余吉安，杨斌，曲庆．餐饮企业人力资源管理成功之道——以小肥羊和海底捞为例[J]．华东经济管理，2014（11）：115-122）

三、招聘计划的制订

在确定了餐厅岗位空缺和招聘渠道后，下一步就是制订招聘计划。由于内部聘用是在企业内部进行的，相对来说比较简单，因此招聘计划大多是针对外部聘用制订的。招聘计划主要包含以下内容：招聘的岗位及其需求、招聘的渠道、招聘的规模、招聘的时间、选拔人才的程序以及招聘的预算。

（一）招聘的岗位及其需求

招聘的岗位及其需求可以参见空缺岗位的确定。

（二）招聘的渠道选择

可以参考表10–1不同广告形式招聘的优劣和图10–1人力资源招聘四分仪图。

（三）招聘的规模

招聘的规模是指餐饮企业准备通过招聘活动吸引的应聘者数量。招聘活动吸引的人数应当控制在一个适当的规模。一般来说，餐饮企业是通过招聘应用的金字塔模型来确定招聘规模，也就是说将整个招聘录取过程分为不同的阶段，以各阶段通过筛选的人数和参加应聘的人数的比例来确定招聘的规模。

（四）招聘的范围

招聘的范围就是指餐饮企业要在多大的范围内进行招聘。招聘范围的确定一般应当考虑两个因素：一是空缺职位的类型。一般来说职位级别越高，职位越特殊，招聘的范围就越大。例如服务员的招聘就可以只在本地招聘，而高级经理人就要在全省甚至全国范围进行招聘。二是当地劳动力市场状况。如果当地的劳动力市场比较紧张，相应职位人员供给就较少，那么招聘范围就要相应地扩大。

（五）招聘的时间

由于招聘工作本身是需要时间的，选拔录取和岗前培训也需要一定时间，因此一个岗位空缺从出现到被填补往往需要相当长的时间，为了避免餐饮企业因缺少员工而影响正常的运营，餐饮企业应当合理地安排自己的招聘时间。在确定招聘时间时应该考虑两个要素：招聘录用的各阶段所需时间和各阶段的时间间隔。

（六）选拔人才的程序

选拔录取工作是阶段性开展的，各阶段选拔人才的方法也各有不同，参与的部门也有所不同，为了确保选拔工作有条不紊地开展，我们必须提前计划好选拔人才的程序。一般来说选拔程序应当包括：应聘者求职申请书和简历的评价筛选，选拔测试和面试，应聘者材料真实性验证，体检，录用。其中，选拔测试和面试在整个选拔流程中是比较关键的步骤。选拔测试方法很多，一般包括知识测试、能力测试、兴趣性格测试等。面试按组织方式不同可以分为单人面试和集体面试。

（七）招聘的预算

招聘的预算一般来说，包含以下几项费用：人力费用，就是公司招聘人员的工资、福利、差旅费、生活补助等；业务费用，包括通讯费、专业咨询和服务费、广告费、资料费等；其他费用，包括水电费、物业管理费等。

四、招聘工作的开展

招聘工作的开展应严格按照招聘计划来进行。为了把招聘工作做好，真正选到餐饮企业所需的人才，在招聘工作中还必须遵循以下五个原则：因事择人的原则；能级对应的原则（要求在选择应聘者时不求最优而求最合适）；德才兼备的原则；用人所长的原则；宁缺毋滥的原则。

案例阅读

肯德基招聘工作的开展

第一步，发布招聘广告。肯德基连锁店张贴在店内店外的招聘广告一般是用由肯德基总部统一制作的、格式统一的招聘海报。招聘海报上的内容一般包括招聘者(连锁店)的名称、招聘对象的要求、应聘者所需提供的材料以及寄送材料或面试的时间和地点等，使应聘者能够很清楚地得到招聘的相关信息，为成功招聘打下基础。

第二步，接受应聘资料。招聘广告发布了以后，接下来就是准备接受求职者邮寄或送来的应聘资料。为了尽可能多的吸引求职者前来应聘，肯德基总部把这一段时间规定得相对较长，有7~8天的时间，给广大求职者以充分的时间获取信息并能有时间进行充分的考虑。

收到了应聘者的资料以后，就要对这些资料进行初步筛选。对那些符合条件的应聘者发送面试通知；而那些不符合条件者，肯德基都尽可能地给他们回复。回复中将说明原因，并对他们关注企业表示感谢。

第三步，准备面试。通过前一阶段的应聘材料收集，把其中明显不合格的去除，剩下的就通知面试。同时，还要准备好面试的题目及面试组的成员。

第四步，面试。普通员工的面试一般安排在招聘餐厅里进行。这样可以给应聘者留下比较深刻的印象，也是让他们能够先熟悉一下环境。管理人员的招聘面试则往往安排在人才服务中心或其他公开的集中招聘的地方。面试主要是考察应聘者的基本素质。例如理解能力，语言表达能力，以及针对柜台员工的感染力等。另外，应聘者的团队意识也是面试考查的重点。

第五步，录用通知。经过面试后，将前来面试的成绩进行汇总，挑选出足够数量的符合要求的候选人，并在面试结束后的第二天，通知这些被录用者。同时，将那些未被录用的应聘者的资料放入人力资源信息库，作为以后招募时的候选人员。对于这些人员的询问，首先感谢其积极的参与，并如实告知情况，体现了公司以人为本、尊重他人的经营作风。

（资料来源：陆海天．肯德基连锁店人力资源管理分析[D]．南京：南京理工大学，2004）

在面试和筛选以后，所有的简历一般分为三类。第一类为可以录用的，存档保存。第二类为完全不可以录用的，直接丢掉。第三类为可以被录用但是这次没有被录用的，归入人才库中。万一在近期出现人员流失，可以就地取材。这样每次招聘的效益将做到最大化。

五、评估招聘效果

招聘过程的最后一步就是评估招聘效果，对于这一点，很多餐饮企业不重视甚至根本不知道。对招聘效果进行评估可以帮助餐饮企业发现招聘中存在的问题，对招聘计划和招聘方法等进行优化，提高以后的招聘效果。一般来说，招聘效果的评估包含以下几个方面：招聘的时间、招聘的成本、录用比率等。

任务实施

❶ 确定空缺职位 根据餐厅总营业收入与餐厅目前人员规模预测，确定空缺岗位。

❷ 确定招聘渠道 根据确定的空缺职位、招聘时间、招聘成本选择招聘渠道。

❸ 制订招聘计划书 在确定空缺职位和招聘渠道后，制订招聘计划书。

任务评价

招聘餐厅员工考核评分标准

<table>
<tr><th>序号</th><th colspan="2">考核内容</th><th colspan="3">考核要点</th><th>应得分</th><th>自评分</th><th>互评分</th><th>教师评分</th></tr>
<tr><td>1</td><td colspan="2">空缺职位确定</td><td colspan="3">（1）空缺职位的任职要求和岗位职责
（2）空缺职位确定合理性</td><td>15</td><td></td><td></td><td></td></tr>
<tr><td>2</td><td colspan="2">招聘渠道确定</td><td colspan="3">（1）渠道选择考虑的因素
（2）渠道选择的合理性</td><td>15</td><td></td><td></td><td></td></tr>
<tr><td>3</td><td colspan="2">招聘计划</td><td colspan="3">（1）招聘计划内容的全面性
（2）内容有条理、有逻辑
（3）计划的可行性</td><td>30</td><td></td><td></td><td></td></tr>
<tr><td>4</td><td colspan="2">招聘计划书</td><td colspan="3">内容全面，文字流畅，结构完整</td><td>20</td><td></td><td></td><td></td></tr>
<tr><td>5</td><td colspan="2">汇报</td><td colspan="3">（1）PPT 制作精美
（2）上台汇报语言流畅，逻辑清晰，结构完整</td><td>10</td><td></td><td></td><td></td></tr>
<tr><td>6</td><td colspan="2">答辩</td><td colspan="3">回答问题观点正确、恰当</td><td>10</td><td></td><td></td><td></td></tr>
<tr><td colspan="6">总分</td><td>100</td><td></td><td></td><td></td></tr>
<tr><td colspan="3">小组自评</td><td colspan="7"></td></tr>
<tr><td colspan="3">小组互评</td><td colspan="7"></td></tr>
<tr><td colspan="3">教师评价</td><td colspan="7"></td></tr>
<tr><td rowspan="2">小组成员个人得分</td><td colspan="2">姓名</td><td></td><td></td><td></td><td></td><td></td><td colspan="2"></td></tr>
<tr><td colspan="2">得分</td><td></td><td></td><td></td><td></td><td></td><td colspan="2"></td></tr>
<tr><td>说明</td><td colspan="9">小组任务得分 = 小组自评分 ×20% + 小组互评分 ×40% + 教师评分 ×40%。小组成员个人得分由小组长和教师根据个人在任务完成中的工作情况分配分数</td></tr>
</table>

任务 2　培训餐厅员工

任务情境

某个体户投资经营一家中高档次的特色餐厅，现已完成员工招聘，欲对餐厅员工进行培训，你是人力资源主管，请你根据餐厅实际情况制订餐厅的培训方案并对员工进行分组培训。

任务工单

<table>
<tr><th>任务名称</th><th colspan="4">培训餐厅员工</th></tr>
<tr><td>班级</td><td></td><td>小组</td><td></td><td>小组成员</td></tr>
<tr><td>工作任务</td><td colspan="4">你作为餐厅人力资源主管，组建了餐厅培训小组，请组织你的培训小组讨论确定餐厅员工培训需求，并组织实施有效的培训</td></tr>
<tr><td>任务目的</td><td colspan="4">了解餐厅培训的内容、培训方法，掌握培训的技巧</td></tr>
<tr><td>任务实施要求</td><td colspan="4">（1）分析餐厅员工的培训需求
（2）根据员工的培训需求，选取其中一项内容进行培训
（3）撰写培训大纲
（4）培训实施，分组模拟培训</td></tr>
<tr><td>任务成果形式</td><td colspan="4">培训大纲及现场培训</td></tr>
<tr><td>实施过程记录</td><td colspan="4">从以下 3 个方面记录：搜集的资料、过程记录、实施中遇到的问题及解决办法</td></tr>
</table>

知识准备

培训是餐厅成功的法宝。从员工个体来看，合理的培训可以帮助员工充分发掘和施展其岗位潜能，更大程度地实现其自身价值，提高工作满意度，增强对餐饮企业组织的归属感和责任感。从餐饮企业来看，对员工进行培训是餐饮企业发展的需要，有效的培训可以减少餐厅事故、降低餐厅成本、提高工作效率和经济效益，从而增强餐厅的市场竞争力。无论是新员工还是老员工，其素质能力和工作要求的适应性总是相对的，要使员工能胜任工作，餐厅必须对员工进行各方面的培训。

一、培训的作用

（1）培训可增进员工对企业的了解　入职培训可使员工更快步入工作正轨，更快胜任工作，减少因环境陌生而与餐厅要求产生差距的可能。

（2）培训可改变员工的精神面貌　培训可使员工知道仪容仪表、言行举止、职业道德的要求，从而养成良好的职业习惯。

（3）培训可减少事故的发生　研究表明，未受过培训的员工所造成的事故数量是受过培训员工的三倍。例如，从未受过培训的员工使用及维护冰箱和吸尘器时，就很容易造成事故。一个未受过培训的员工，不但容易做错事，而且不善于处理突发事件。

（4）培训可增强员工纪律性　通过培训，员工能了解自身工作与其他工作环节的联系，从而增强遵守纪律的自觉性，如按时上下班、主动配合工作等。

（5）培训可提高团体协作能力　培训可使员工有统一和服从意识，增进员工之间的沟通和了解，增强员工协作意识，这一切将使团体更加优化，团队合作精神更强。

（6）培训可提高劳动效率　培训可使员工在同等劳动条件和劳动时间内完成更多的工作，提高工作效率。

二、培训的形式

（一）入职培训

入职培训是指新招聘员工在上岗前必须进行的培训，这是员工受聘后的第一课，也是非常重要的一课。通常由人力资源部负责培训，根据具体情况，时间可长可短，一天到一周不等。主要对员工进行以下内容的培训。

（1）餐厅基本情况介绍。

（2）员工手册学习　主要学习餐厅上下班时间、就餐时间、假期安排、考勤制度、薪酬制度以及保险制度等。

（3）生活设施介绍　让新员工熟悉餐厅的宿舍、食堂、休息室、更衣室等生活设施。

（4）规章制度　如上下班打卡、走员工通道、有关饮酒吸烟的禁令、仪容仪表的要求、安全卫生事项、违反规章制度的处罚等内容。

（5）工作和同事　管理人员与同事的姓名和人员安排情况，部门之间的联系、工作内容和岗位职责。

（6）思想方面　职业道德、礼貌礼节等。

新员工通过有效的入职培训，会很快适应新的工作环境，也能很快被老员工所接受，从而成为集体中的一分子，并在短时间内胜任工作。因此，新员工入职教育必须引起餐饮管理者的足够重视。

（二）在岗培训

在岗培训是指餐饮企业员工在其工作场所，在完成生产任务之后所接受的培训。餐饮员工经过岗位培训并经考核合格上岗后，虽已具备了单独工作的能力，但还应不断地进行培训，使企业相关人员能够采用各种新技术、新设备、新思维和新理念来为客人提供服务。

在岗培训的对象是已具有一定理论知识和岗位实践经验的在职员工，参加培训一般不离岗。在岗培训的培训内容以解决岗位工作所需的知识、技能为主，有针对性，培训内容比岗前培训更深一个层次，是岗前培训的继续和发展。

（三）转岗培训

转岗培训是指因工作需要或其他原因将餐饮员工从一个岗位转向另一个岗位，为使转岗人员尽快适应新的工作环境，取得新岗位资格所进行的培训活动。转岗培训的对象都有一定的工作经历，他们或因知识老化、工作能力下降、服务方法无法满足客人需要，或因年龄偏大、身体素质下降，或因人际关系难处，或因人员调动升迁以及其他各种原因需要转岗。对转岗人员的培训，要根据转岗人员的具体情况而定，有的要进行全方位的系统培训，有的则只需在某一方面培训。

（四）晋级培训

晋级培训是指在将餐饮员工提拔到更高职位前，为使其能力达到晋升职位的规范要求而进行的培训活动。一般来说，新晋升的职位与原岗位应有内在联系，因而对其培训是在原有水平上的提高。如果所晋升的职位和原岗位不属于同一系列，那么应该对其进行转岗的晋升培训。

（五）脱岗培训

餐饮企业由于自身发展需要或工作工种变更、职位提升等均需接受专门的培训，这种培训需要受训员工暂时脱离现有工作岗位而接受一定时期的专门学习和进修。可将员工派送到国内外高等院校进行专业进修学习，或送到国内外著名的餐厅或酒店实习研修。

三、培训的内容

餐饮企业对员工的培训应包括以下内容。

（1）职业道德、仪容仪表、礼节礼貌、从业素质、团体精神。

（2）餐厅的基本概念、专业知识、本餐厅须知。

（3）服务技能、行业规范的训练。

（4）员工守则、岗位职责、操作规则。

（5）餐饮工作所需的各种知识，包括卫生知识、安全知识、推销知识、酒品知识、政策法规知识、菜肴知识以及有关的经济、地理、历史和民族风俗习惯等知识。

（6）宾客投诉的处理、各种工作情况的应对、人际沟通、案例分析。

（7）设备、器具、工具的使用与保养。

（8）对管理人员还应着重培训运行知识、领导艺术、协调与督导知识等。

知识链接

培训内容分类

意志培训：意志培训的形式主要是军训，其目的是培养新人吃苦耐劳的精神、朴素勤俭的作风和团队协作的意识。军训的时间长短需要根据餐厅的实际情况来确定，但最少一周，最多一个月。时间太少，新员工还没进入状态就结束了，时间太长会造成员工的厌烦心理，餐厅的成本也会大幅增加。

认知培训：认知培训主要包括餐厅概况、餐厅主要管理者、餐厅制度、员工守则、餐厅文化宣讲等内容，实行集中培训，并由餐厅的管理者和人力资源部门主讲。认知培训主要是帮助新员工全面而准确地认识餐厅、了解餐厅。

职业培训：职业培训是为了使新员工完成角色转换，成为一名职业化的餐厅工作人员。其内容主要包括社交礼仪、人际关系、与顾客沟通与谈判、职业生涯规划、压力管理与情绪控制、团队合作技能等，培训的方式是集中培训，讲师根据餐厅实际情况，进行内部或外部培训。

技能培训：技能培训主要是结合新员工即将上任的工作岗位而进行的专业技能培训，现在很多企业的“师徒制”就是技能培训的表现形式之一。技能培训有两种培训模式：一是集中培训，即将岗位技能要求相同或相似的新员工集中起来进行培训，这样可以扩大技能的传播范围，节约培训成本，但沟通难以深入，并且要达到一定的人数才适合集中培训；二是分散式培训，即由技能熟练的老员工对相应岗位的新人进行指导，并确定指导责任制，一名老员工可以指导一名或多名新员工。

（资料来源：吴士友．培训新员工四步法[J]．人力资源管理，2008（11）：85）

四、培训工作计划

（一）确认培训预算

制订培训计划工作的最佳起点是确认餐厅将有多少预算要分配于培训和人力发展。通常培训预算都是由餐厅决策层决定的，但是人力资源管理部门应该向决策层呈现出培训投资的“建议书”，说明为什么餐厅应该花钱培训，餐厅将得到什么回报。在不同类型的餐厅，培训预算的差异可能很大，人力资源管理部门需要有效使用培训预算，并给餐厅带来效益。

（二）分析培训需求

餐厅的评价体系应该要求经理们和员工讨论个人的培训需求。这是关于“谁还需要培训什么”的主要信息来源。当然，也可能有时为了实施新的质量或生产系统，餐厅管理层会指定对餐厅全员进行培训。人力资源管理部门的职责是负责收集所有的培训需求，有时可能会要求餐厅经理给些建议，指出目前有什么类型的培训最适合员工。

（三）制定课程需求单

根据培训需求，列出一个单子，上面列明匹配培训需求的所有种类的培训课程。这可能是一个很长的清单，包含了针对少数员工的个性化的培训需求，当然也包含了许多人都想参加的共性化的培训需求。

（四）确定培训师资

当我们有了最终版的课程清单，接下来我们需要决定如何去寻找这些培训的供应方。首先是决定使用内部培训员还是聘请外部讲师。内部培训员的好处是成本较低，而且比外部讲师更了解组织现状和流程，能更好地对员工进行针对性的培训。然而，有时无法找到讲授某个课程的内部培训员，这时就必须寻找外部讲师。另外，对于餐厅的管理培训（尤其是高管培训）外部讲师比内部培训员往往有更高的可信度。

（五）制定培训时间和内容

人力资源部应该制订一份包含所有计划运营培训的开课时间表，列明开课的时间和地点。一种通常的做法是制作一本包含相关信息的小册子，例如课程描述。这本小册子将被分发给所有的员工作为一份参考文件。

（六）确定培训对象

即使这看起来像一个简单的任务，安排课程对应的参训人员有时可能会有困难。很常见的情况是，一些参训者在最后一刻取消报名（通常是由于工作的压力），所以要有备选学员可以候补空余的培训名额。

（七）评估培训效果

最明了的方式是让参训者上完每门课程后都填写课程评估表格。参训人员在课后反馈他们将如何将所学知识运用到他们的工作中去。

五、培训工作的实施

（一）指导性培训

指导性培训是员工培训的主要形式，其实施的程序与步骤如下。

1. 确定培训目标

培训目标是培训工作的“导航灯”，它决定了培训工作的实施步骤，并贯彻于培训的全过程。培训主管人员在实施培训前应明确培训目的。

2. 分解培训项目

根据培训工作目标，将培训项目分解为若干环节，区分重点、难点和一般内容，并按培训的连贯性、系统性及节奏性安排各个环节，合理分解培训项目是确保培训顺利进行的关键。

3. 培训具体工作的落实

完成上述各项工作后，还要对每项培训内容进行落实，其中包括时间分配、培训考核要点、培训方法、培训地点和培训用具等。

4. 四步培训法

指导性培训所采用的方法是四步培训法，即将培训过程划分为四个步骤，每项内容都依据此程序进行训练。

（1）讲解　讲解培训工作情况，说明培训工作的目的及重要性，使学员增强兴趣，安心学习，达到良好的学习效果。

（2）示范　表演、示范该项工作的各环节动作，强调要点，动作力求缓慢，对重点难点要反复示范，注意示范的动作不要超过学员一次性接受能力。

（3）尝试　让学员操作练习，教师在旁观察和指正，让学员反复操作，理解重点，直到正确掌握该项工作为止。

（4）跟踪辅导　让学员独立上岗操作，教师应经常检查督导，并及时解答疑难问题，直至学员熟练掌握该项工作。

5. 培训考核

考核不仅有利于激励员工积极参与培训，努力掌握新知识，而且有利于主管人员考察员工对培训知识与技能的掌握程度，以完善培训方法。对于考核结果良好的员工，可以安排上岗工作；对于考核不合格者，则应安排重新培训或改换工作甚至终止工作。

（二）知识性培训

知识性培训在培训内容中占很大比例，主要包括思想品德培训和业务知识讲授，由于知识性培训主要以讲座形式进行，因此具有独特的规律、方法和要求。

讲授主题内容是培训的主要部分。培训教师的任务是将关键内容完整、简明地介绍给学员，让学员对所学知识有一个全面的认识。为此，培训教师在授课时要注意层次清楚、逻辑严密、重复总结已学过的内容，并提供合适的参考资料等。

（三）专题性培训

1. 角色扮演法

这是一种趣味性很强的培训方法。培训老师将员工服务中存在的有代表性的问题总结提炼，编排成剧目，让一些服务人员分别扮演顾客和当值服务员，演示正确与错误的服务方式，在情景再现中让学员牢固掌握正确的工作方法。

2. 情景培训法

情景培训法是指出一些工作中有代表性的问题，并假设几种解决问题的方法，这些方法的正误有一定的代表性，让学员讨论和选择正确答案，并申述理由，最后培训教师做出综合分析。

3. 对话培训法

这是把员工在工作中与顾客的对话录下来，在培训课上放映或模拟训练，进行讨论分析，以增强员工的语言能力和处理典型事例的能力。对话的内容主要包括员工缺乏礼貌、态度粗暴、不懂业务、不懂推销常识等表现，这些对话来自顾客与服务员、管理人员与服务人员的实际接触，是实际生活中发生的问题。

六、培训大纲的编写

培训大纲是培训专业知识与技能的大纲，要以实际工作需要为指导，运用严密的逻辑思维，结合餐饮业发展的规律，寓思想性于知识性之中。下面以培训“如何接受电话订餐”为例来编写培训大纲。

如何接受电话订餐

一、培训主题

接受电话订餐

二、培训日期

2015年11月20日

三、培训地点

××餐厅

四、培训内容

1. 记载客人要求时，列出若干条从客人那里得到的所需信息（客人姓名、用餐时间、用餐人数、联系方式、用餐标准、用餐方式等）。

2. 写出接听电话使用的标准服务用语。

3. 准确记录客人的用餐信息。

4. 能描述出落实预订内容的相关程序。

五、质量标准

1. 要在铃响3声内满腔热情地为客人提供接听电话服务，使用标准“接听用语”。
2. 在接听过程中准确记录客人提供的相关信息，并对需要掌握的信息礼貌地提出问询。
3. 保证所需信息没有遗漏。
4. 接听服务方式要坚持使用，不允许带有随意性。

六、培训过程

培训方法	培训步骤	培训时间
介绍	（1）作为餐厅服务员，你要会接受电话订餐，并为客人提供优质服务 （2）讲明本次培训的目的 （3）口述标准一遍 （4）提问：为什么这一标准对餐厅来讲是重要的？ ——保持服务的规范化和一致性 ——确保信息足够、准确 ——在接受电话预订服务中，令客人满意 （5）提问：为什么这一标准对你来说是重要的？ ——餐厅服务员会给客人留下业务熟练的印象 ——技巧熟练有助于提高工作效率 ——餐厅服务员会有成就感	5min
接受电话预订	向餐厅服务员展示已在培训活页架上准备好的步骤，讲清每一步骤设计的道理，让学员谈谈对每一步骤的看法	5min
示范	首先安排餐厅服务员扮演客人角色，领班示范每一步骤，再重新回到活页架上的步骤，复习讨论每一要点	10min
实践（角色扮演）	餐厅服务员先做客人，然后再做餐厅服务员，将角色扮演过程录制下来。逐一让每一位参加培训的餐厅服务员做角色扮演	30min
评议	领班将录制下来的角色扮演在课堂上放映，通过对餐厅服务员自评、互评及领班评议三个步骤强化标准与程序	30min
总结	（1）让餐厅服务员提些与接受电话预订有关的问题 （2）让餐厅服务员解释此课的标准及重要性 （3）全组评议 （4）强化并讨论重点：如果客人的电话订餐被遗忘或信息不准确，就会发生令客人不悦的事情，这是餐厅服务质量标准所不能接受的	10min

任务实施

1. 餐厅员工培训需求的收集。
2. 编写培训大纲。
3. 分组模拟对员工进行培训。
4. 培训效果考核及评价。

任务评价

培训餐厅员工考核评分标准

序号	考核内容	考核要点	应得分	自评分	互评分	教师评分
1	餐厅员工培训需求	（1）了解员工的技能水平，职业素养和职业规划 （2）餐厅各工作岗位空缺的统计 （3）岗位分配的合理程度	20			
2	培训大纲	（1）大纲要点齐全 （2）培训方法恰当 （3）培训步骤合理 （4）培训内容与培训主题相符	40			
3	现场培训	（1）培训组织有序 （2）培训重点突出 （3）语言流畅，对培训内容熟悉 （4）培训效果好，员工参与积极	40			
总分			100			

小组自评						
小组互评						
教师评价						
小组成员个人得分	姓名					
	得分					
说明	小组任务得分 = 小组自评分 ×20% + 小组互评分 ×40% + 教师评分 ×40%。小组成员个人得分由小组长和教师根据个人在任务完成中的工作情况分配分数					

任务 3　激励餐厅员工

任务情境

某中高档次的特色餐厅，业已完成招聘和上岗培训，现在你是人力资源部主管，请你设计一套较完整的员工激励方案。

任务工单

任务名称	XX 餐厅员工激励方案				
班级		小组		小组成员	
工作任务	你作为餐厅人力资源主管，组建了激励小组，请组织你的小组讨论分析餐厅员工的心理特点，并据此为餐厅设计合理的调动员工积极性的方案				
任务目的	抽样了解餐厅员工的心理状况，了解餐厅的主题及文化，确定激励方案				
任务实施要求	（1）小组成员全体参与，共同完成任务 （2）调查餐厅员工心理需求，并撰写报告，报告内容包含员工对餐厅的满意现状及对薪酬、晋升等方面的期望 （3）根据调查结果制定该餐厅的员工激励机制				
任务成果形式	员工激励报告				
实施过程记录	从以下 3 个方面记录：搜集的资料、过程记录、实施中遇到的问题及解决办法				

知识准备

随着餐饮业的快速发展，餐饮企业对高素质人才需求越来越大，但是由于我国餐饮业管理仍旧不完善，存在一系列问题，因此造成了严重的人才流失。为了能够吸引并且留住人才，餐饮业要加强人力资源管理，良好的激励机制是餐厅管理的重要方面。对员工进行有效的激励，是餐饮企业留住员工的重要管理方法，同时，企业的激励也关系到员工的切身利益。因此，激励制度的完善与否是衡量餐饮企业能否吸引人才、能否留住员工、企业运营成败的关键。

一、激励理论

（一）双因激励理论

双因激励理论又叫激励因素——保健因素理论，是美国的行为科学家弗雷德里克·赫茨伯格提出来的。赫茨伯格把影响员工工作的因素分成两类。一类是在不能得到满足时会影响其工作或劳动积极性的因素，称为保健因素，另一类是激励员工工作热情和活力的因素，称为激励因素。激励因素指的是工作本身或工作内容方面的，包括成就、赏识、工作的挑战性、增加的工作责任以及成长和发展的机会等。而保健因素则指的是工作环境或工作关系方面的，包括企业政策、管理措施、监督、人际关系、物质工作条件、工资、福利等。双因激励理论中，有两点值得管理者们注意。第一，何种奖励才能真正做到激励呢？在企业中，是否给予工资便可以算是激励呢?例如，在餐厅中，员工每月起薪为3000元，但这个工作要求每天工作12h，不定期加班，并且没有加班费。当员工认为餐厅所付工资与自己的付出不成比例的时候，这样的奖励显然是不能起到激励员工的效果。所以在保健因素这一个方面，我们需要注意到管理者给被激励者所提供的外界或者硬件激励措施是否能起到应有的作用。第二，管理者更多时候需要考虑到员工作为能思考的生命个体，应该重视员工对于工作所产生的成就感。一味地给员工提供硬件条件，而忽视员工在心理上所需要的激励是不够的。

（二）内容激励理论

内容激励理论是针对激励的原因与起激励作用的因素的具体内容进行研究的理论。这种理论着眼于满足人们需要的内容，即企业应尽量满足员工所需，从而激起员工的动机。内容性激励理论的重点是研究激发动机的诱发因素。亚伯拉罕·哈罗德·马斯洛“需要层次”理论，把人类纷繁复杂的需要分为生理需要、安全需要、友爱与归属需要、尊重需要、自我实现需要。内容激励理论具有很强的实用性，着眼于满足这五种需求。它层次分明，并且具有内部的递进关系，所以在对员工进行激励时应全面有效的推进。例如，生理需求是最基础的需求，如果管理者仅满足员工自我实现的需求而未满足生理需求，这样的激励是行不通的，这一点管理者们要引起足够的重视。

（三）过程激励理论

过程激励理论是指着重研究人从动机产生到采取行动的心理过程。它的主要任务是找出对行为起决定作用的某些关键因素，梳理它们之间的相互关系，以预测和控制人的行为。这类理论表明，要使员工出现企业期望的行为（如积极主动的工作），须在员工的行为与员工需要的满足程度二者之间建立起必要的联系。在过程激励理论体系中，期望理论值得管理者们注意，并要正确认识目标价值。在激励中目标实际起作用的价值并非管理者的主观价值，也不是激励目标的客观价值，而是行为主体的主观价值，因此管理者们不能只从自身的角度认定或根据客观指标来确定目标价值，更要站在激励对象的角度来考虑问题。这一点不仅体现在企业管理上，而且对于任何一种形式的管理都至关重要。例如，员工常常认为，公司是老板的，自己只是打工而已。如果餐饮企业让员工有这样的体会，那企业是不会有前途的。解决这个问题有两个办法，一是培养员工的主人翁意识，二是让老板和员工的认识得到统一。所以在这一方面制定激励因素的时候，管理者要更多地站在被激励者的角度来看待问题，这会使激励理论取得更好的效果。

综上所述，激励理论的作用不容忽视，并且激励理论的使用是复杂的。因此管理者需要重视并且要正确地使用激励理论。

二、激励员工的要素

第一，有效沟通和完善培训是调动主观能动性、提升职业素养的有效途径。餐厅的生命活力体现在员工工作积极性与创造性的发挥、员工日常行为与职业技能的塑造。“以人为本”已成为现代餐饮企业经营管理的核心，餐厅管理创新、制度创新及技术创新等都是建立在高素质、高技能员工卓越工作基础上的。

第二，餐厅文化和目标管理是保证工作热情、塑造团队精神的有效手段。餐厅将“重视人才”“认同鼓励”及“伙伴关系”等人本文化思想与“敬业进取”“追求卓越”及“永不言败”的团队精神相结合，形成员工身体力行且代代相传的共同价值观念、道德规范和工作模式，将个人目标统一于餐厅整体目标，将个人力量团结汇聚成餐厅发展的原动力。

第三，优厚待遇和员工持股是吸引人力资本、防止员工流失的有效措施。减少核心员工流失是打造稳定的人力资源环境的关键，是餐饮企业实现可持续发展的保障，因此，既要事业留人，也要感情留人，更要待遇留人。

三、餐厅激励机制

（一）奖励激励机制

奖励激励机制指以物质和精神两方面奖励作为诱因，使员工采取积极行动、创造出良好业绩的激励机制。

（二）目标激励机制

目标激励机制是将企业目标与员工个人利益结合起来，体现出个人在企业中的地位和作用，从而对员工产生巨大的激励作用。

（三）关心激励机制

企业领导者时刻关心员工疾苦，了解员工的具体困难，在工作、生活等方面经常关心员工，就会对员工产生激励。

（四）参与激励机制

参与激励是让员工参与企业管理，使员工产生主人翁意识和对企业的责任感，从而激励员工发挥自己的主观能动性。

（五）认同激励机制

一般情况下，员工在取得一定成绩后，很想得到大家的认同尤其是领导的认可。因此，当某个员工取得一定成绩后，领导要及时向该员工表示已知道并对其进行祝贺和鼓励，从而形成对员工的激励。

（六）公平激励机制

它是指企业对每位员工公平对待而产生的激励。企业要对员工等量劳动成果给予等量待遇，形成一个公平竞争环境，从而使员工乐于为企业工作。

案例阅读

海底捞的激励机制

海底捞虽然是一家火锅店，它的核心业务却不是餐饮，而是服务。在将员工的主观能动性发挥到极致的情况下，“海底捞特色”日益丰富。海底捞的员工激励措施如下。

1. 良好的晋升通道。海底捞为员工设计好在本企业的职业发展路径，并清晰地向他们表明该发展途径及待遇。

2. 独特的考核制度。海底捞对干部的考核非常严格，考核分了多个项目，除了业务方面的内容之外，还有创新、员工激情、顾客满意度、后备干部的培养，每项内容都必须达到规定的标准。这几项不易评价的考核内容，海底捞都有自己衡量的标准。

3. 尊重与关爱，创造和谐大家庭。海底捞的管理层都是从最基层提拔上来的，他们都有切身的体会，都了解下属的心理需求，这样，他们才能发自内心地关爱下属，并且给予员工工作与生活上的支持和帮助，同时也得到员工的认可。

启示与借鉴：由海底捞的例子我们可以看出，餐饮企业应当充分意识到在激励机制的各个阶段都应该根据一线员工的特点采取适当有效的激励措施，保证员工的积极性和个人能力较好的发挥，消除他们在工作中的各种消极情绪，增强他们在企业中的成就感和归属感。

（资料来源：案例分析——关于海底捞的员工激励，百度文库，http://wenku.baidu.com/）

四、激励员工的方式

餐厅激励员工的关键在于餐厅管理者要与下属保持良好的人际关系。管理者在表现出对员工信任、尊重他们的劳动、关心他们的生活的同时应不断地给员工鼓励，提供他们所需要的信息或工具，并及时给予指导。以下是几种激励员工的具体方式。

（一）鼓舞员工的士气

可采取的方式有以下几种。

（1）亲近员工　和员工交流时要使他们畅所欲言，让他们知道自己的建议是有分量的；保持和员工沟通，使他们能及时掌握餐厅的情况；沟通的结果要起到使员工积极承担责任，而不是被动地服从命令的效果；想员工之所想，急员工之所急。

（2）向取得成就的员工颁发荣誉证书。

（3）为新员工上岗准备好一切。

（4）当公司取得好的业绩时，给员工一定的物质奖励，有条件的餐厅可开展如聚会之类的庆祝活动。

（二）下放权力

所谓下放权力，指的是让员工承担责任，拥有自主权，按自己的方式完成任务。这样做可以让员工放开手脚，释放出更大的工作热情，获得更高的成就感。权力的下放可参考下面的原则。

（1）如果员工成功地完成了分配给他们的任务，那么就允许他们自由挑选下一项任务。

（2）只要有可能，尽量加大工作的灵活度，看重员工工作的结果，而非过程。

（3）允许绩效突出的员工在家工作，自己安排工作日程。

（三）一对一的沟通交流

一对一的交流能使员工直接感到被尊重，使员工感到自己在餐厅里有价值，是激励员工的有效措施之一。沟通交流应注意的事项如下。

（1）餐厅经理们要意识到既要与工作联系紧密的员工打交道，又要与联系少的员工进行广泛的接触。

（2）言谈中要注意细节和艺术性。如用身体语言表示在认真倾听对方的讲话；用面部表情显示出对谈话内容感兴趣等，这样能够使员工获得尊重感。

（3）要注意语言的感染力和说服力，以获得员工的信任和敬重。

（四）积极征询员工的建议

（1）由于员工工作在生产和营销的第一线，他们掌握的具体信息要比经理人员多。因此，要鼓励员工提建议。

（2）要保证员工的建议受到重视，正确的建议要尽快地实施。

（3）公开表扬提出建议的个人，肯定建议采纳后带来的改进。

（五）激发员工的创造力

为了激发员工的创造力，经理人员要记住以下几点。

（1）鼓励所有的点子，不要随意挑剔和批评。

（2）集思广益。

（3）鼓励员工不断改进原来的想法，并融入新的创意，对冒险的创新行动予以支持和奖励。

（4）让员工有时间思考。

（六）培训和发展

给员工学习的机会，进行专门化的技能培训对企业和员工来说是“双赢”策略。员工可以获得更高的人力资本，而企业能够获得更高的劳动生产率。培训和发展可参照以下办法：

（1）让员工选择其自身愿意的训练课程。

（2）在员工培训前、培训过程中以及培训后要与之保持积极的联系，一方面可以体现出对员工的关心；另一方面可以督促员工的学习，提高学习的效果。

（3）请员工指出个人职业发展的需求，然后在尽可能的情况下向他们提供机会。

（4）为每一位员工制订职业发展计划。量体裁衣，因才培养，使员工看到发展的前景。

当然，在具体的管理工作中，由于各个企业的具体情况不同，没有“万金油”式的激励员工的标准。在实际的管理工作中，餐厅管理人员要合理的把握激励的弹性和柔性，恰当地运用激励方法。

案例阅读

星巴克激励员工的几种方式

股票期权制度：在星巴克公司，员工不叫“员工”，而是被称作“合伙人”。每一个员工都有机会成为星巴克的股东，因此被称为“合伙人”。

股票投资计划：在每个申购季开始之前，凡是被星巴克连续雇佣90天以上，且每周的工作时间不少于20小时的员工，都有机会以抵扣部分薪水或折扣价格的方式购买公司股票。

咖啡豆期权计划：在股票期权计划的基础上，星巴克公司又进一步推出了咖啡豆期权计划。该计划与之前的股票投资计划相比，赋予了员工更多购买并拥有星巴克股票的权利，目的是使员工充分分享公司的经营成果。

股票期权奖励：在综合考虑公司年度业绩的基础上，公司董事会每年会考虑给予符合条件的人员一定的股票期权作为奖励。员工个人应获得的股票期权数量由以下三个主要因素决定：当年（财政年度）的经营状况及收益率；个人在该财政年度的基础薪酬；股票的预购价格或公司允诺的价格。

工资福利制度：星巴克开创了自己的品牌管理方法，将本来用于广告的支出用于员工的福利和培训。

（资料来源：赵洋．论星巴克的企业激励制度[J]．环球市场经济导报，2013，1.）

任务实施

1. 预测餐厅激励机制需求。
2. 做好激励工作分析。
3. 制定合理的员工激励方案。
4. 对员工实行激励。
5. 评估激励结果。

任务评价

激励餐厅员工考核评分标准

序号	考核内容	考核要点	应得分	自评分	互评分	教师评分
1	前期调查	（1）调查员工对餐厅的期望，员工生理及心理状况 （2）分析激励机制需求	30			
2	激励方案内容	（1）对餐厅激励措施预算的把握 （2）激励的具体方法、内容	30			
3	激励方案	方案内容全面，文字流畅通俗易懂，结构完整	20			
4	汇报	（1）PPT 制作精美 （2）上台汇报语言流畅，逻辑清晰，结构完整	10			
5	答辩	回答问题观点正确、恰当	10			
总分			100			
小组自评						
小组互评						
教师评价						
小组成员个人得分	姓名					
	得分					
说明	小组任务得分 = 小组自评分 ×20% + 小组互评分 ×40% + 教师评分 ×40%。小组成员个人得分由小组长和教师根据个人在任务完成中的工作情况分配分数					

项目小结

著名管理学家彼得·德鲁克认为，企业只有一项真正的资源，那就是人。人力是企业的第一资源，合理配置企业的人力资源有利于企业健康持续的发展。对于餐饮企业，只有高素质的员工队伍，才能为客人提供稳定的高质量的服务，才能够在竞争日益激烈的市场环境下生存并发展起来。为了得到高素质的员工队伍，餐饮企业就必须对餐厅人力资源进行科学合理的配置、培训和激励。

知识拓展

餐饮部的人力资源管理

一、合理定员，科学安排

（一）根据餐厅的规模、等级、按比例定员

一般来说，管理人员应掌握在1：10，餐厅人员和厨房人员的比例应该是1：1。

（二）根据劳动效率定员

把定员和定额结合起来，很多餐厅以餐厅类型和桌椅、可接待宾客数量为依据来进行定员，比如：宴会厅、高级宴会，1桌10位客人，需配服务员2~3名；一般宴会，1桌10位客人，一名服务员即可。

（三）按岗位职责与设备定员

餐饮部办公人员和一些需人看管的岗位，可根据职责范围定员或根据设备多少定员，还要考虑员工的业务能力、熟练程度。

（四）科学安排班次

餐饮部因工种多，岗位差异大，班次安排要适应营业需要。不管是一班制、二班制或三班制，必须保证满足餐厅经营和服务的需要，合理科学安排，既要发挥员工的积极性，保证满负荷运作，还要考虑员工的承受能力和困难，关心员工的身体健康，避免员工长期超负荷工作产生厌倦情绪。

二、采取措施，减少员工流失

（一）建立好内部人才管理制度

根据本餐厅的实际能力，建立好自己的人力资源管理制度。这需要人力资源管理者制作一套具有实际操作意义的管理制度来做好餐厅的员工管理。

（二）拓展员工的招聘渠道，拓宽员工的招聘条件

由于餐饮业员工的流失率高，这要求餐饮业的人力资源管理者在招聘员工时必须拓宽视野，通过不同的渠道去获得自己想要的人才。比如通过猎头公司寻找本企业想获得的高级人才。针对基层服务人员，可以采取浮动式管理。在旺季，可以通过招聘兼职来做一些基础性的工作；在节假日，拓宽招聘条件，对员工的一些硬性条件降低一点，增加员工的奖金等。通过企业内部的培训使其具备相应的工作能力。

（三）培养员工的专业技能，关心员工的职业生涯发展

由于餐饮业对操作能力的高要求，餐饮企业在对员工进行业务技能培训的同时，应重视

对员工专业技能的培训，比如电脑、会计、厨师专业技能等方面的培训，使员工能具备某些方面的专业技能。关心员工的未来，要明确员工在本企业发展是具有前途的，或者是能在本企业学到员工想要的东西。

（四）提高员工的福利待遇，完善分配制度与激励制度

企业在赚钱赢利的同时，更应该关心员工的福利待遇，利益分配。比如员工的食宿问题、保险问题、奖金问题等。这些都是员工关注的现实问题。

（五）建立好企业文化

不管企业规模的大小，企业文化的建立都是很有必要的。这方面主要是感情上的投资，让员工能感受到归属感。比如给员工过生日、给员工的亲人送去祝福、组织企业内部娱乐活动等。

思考与练习

1．你认为中餐厅和西餐厅在人力资源规划上有什么差异?

2．现有一家火锅店招进了20名大学生小时工，如果你是该火锅店人力资源总监，请制订相应的培训方案。

3．走访本地三家不同类型餐厅，了解它们是如何进行员工激励的。

4．上网查询肯德基的员工激励方法，并对其进行分析。

5．案例分析

我国餐饮业员工流失的影响因素

我国餐饮业人员流失的影响因素是多方面的，主要有以下几个方面的因素。

一、社会环境因素

餐饮行业竞争激烈，由于餐饮业的迅猛发展，餐饮企业如雨后春笋般大量涌现，行业内换岗的机会大大增加；同时，由于餐饮从业人员的待遇普遍较低，社会其他就业渠道不断拓宽等因素，导致了员工流动迅速增加。国内餐饮业市场竞争不断升级，竞争对手进一步增多，人力是企业的第一资源已成共识，而餐饮业又是一个劳动力密集型产业，竞争对手间相互挖墙脚成为员工流失的一个重要因素。

二、员工自身的原因

一是人们受到传统思想观念的影响。餐饮业归属于传统的服务行业，而现代许多人都对服务行业抱有很大的偏见。二是家庭等原因造成的人口流动。餐饮企业属于第三产业，伴随经济的发展而发展，员工大多来自外地，背井离乡在城市里工作，当面临父母的抚养需求与配偶的工作地不一致等情况时，就会不可避免的造成员工流失的局面。三是员工年龄结构的

影响。一般来说，年龄和流动性成反比关系，从业人员的年龄越小，流动性越高。现在餐饮行业的主力军是八零后、九零后，他们自我意识比较强，不够吃苦，对服务业的耐心不够，对企业的忠诚度也不高。

三、企业方面的原因

①薪酬水平缺乏竞争性，餐饮企业提供的薪酬水平直接影响着从业人员的需求满足度。餐饮行业的薪酬水平相对较低，涨幅缓慢。②企业管理理念和文化建设的不健全，很多餐饮企业容易出现企业的文化环境与员工心理需求不相融合的现象。③缺乏必要的激励机制，企业的激励机制需要达成两个目的：一是要使员工感觉到自己的付出得到了领导的认可，起到调动积极性的作用；二是要使员工感到公平，增强员工队伍的稳定性。④劳动合同的签订与管理不够规范，许多餐饮企业的招聘目标主要针对一线员工，为了节省开销，用人方不愿意与应聘人员签订正式的劳动合同，缺位的福利保障也降低了餐饮企业职位对员工的吸引力，这使得员工在短期内离开企业的可能性大大增加。另外，由于没有签订正式的劳动合同，组织对员工的离职行为也就没有足够的约束力。⑤工作时间长，劳动强度大，内容机械化。据调查，一线员工平均的工作时间从早上九点持续到下午两点，继而再从下午四点到晚上十点，工作时间长，劳动强度大，内容枯燥乏味，工作环境也较差。同时餐饮企业员工很多是每个月一天或两天假期，长期劳动，休息得不到保障。

（资料来源：张秀芳.浅析我国餐饮业人员流失的影响因素及保持对策[J].科学致富向导，2013，23:66）

问题讨论：基于以上造成餐饮企业人员流失的原因分析，请结合所学知识，从人力资源招聘、培训、激励三个方面探讨如何保持住餐饮行业的员工稳定性。

项目十一 | 餐饮销售管理

知识目标

· 了解餐饮定价目标及相应的定价策略
· 掌握餐饮产品销售计划的制订方法
· 掌握餐饮营业场所的销售决策方法
· 掌握餐饮销售控制的主要内容与方法

能力目标

· 能通过规范的价格制定步骤及方法确定餐饮产品的价格
· 能进行餐饮产品的销售统计分析
· 能为餐厅进行美食节等促销方案的设计

引导案例

法国矿泉水

气派豪华的中餐厅里，顾客熙熙攘攘。一群客人走进餐厅，正好10位，坐满一桌。服务员小方上完茶后，便站在翻阅菜谱的先生旁边，等候他点菜。那位先生先点了几个冷盘，接着问小方："你们这儿有些什么好的海鲜菜肴?"小方一时答不上来："这就难说了，本餐厅海鲜菜肴品种倒不少，但很难说哪个海鲜特别好。反正菜单上都有，您还是看菜单自己挑吧。"那位先生听了不免有点失望，只得随便点了几个菜。客人点完菜，小方又问道"请问先生要些什么酒和饮料?"客人答道："一人来一罐青岛啤酒吧。"又问："有什么饮料?"小方说："本餐厅最近进了一批法国高档矿泉水，有不冒气泡的和冒气泡的两种，你们可以品尝一下。""矿泉水?"客人感到有点意外，看来矿泉水不在他的考虑范围内。"先生，这可是全世界最著名的矿泉水呢。"客人觉得不能在朋友面前丢了面子，便问："那么哪种更好呢?""那当然是冒气泡的那种好啦!""那就再来10瓶冒气泡的法国矿泉水吧。"客人无可选择地接受了小方的推销。

餐后结账时，客人大吃一惊：10瓶矿泉水竟要350元。他不由嘟哝了一句："刚才服务员并没有告诉我价格呀。”客人付完账后快快离去。

（资料来源：一瓶法国矿泉水，2010-12-16，北京酒店网，http://www.17u.net/）

评析：服务员小方在给客人介绍和推销菜肴、饮料过程中，有两个过失。第一，推销不力。当客人主动询问有哪些好的海鲜菜肴时，小方不应该消极推辞，放弃推销产品的职责和机会，到手的买卖拱手相让，还惹来了客人的不悦；第二，推销过头。餐饮推销必须掌握分寸，超过了一定限度，过头了，就会适得其反。像法国名牌矿泉水，是为某些高消费客人的特殊需求而准备的，不在服务员的一般推销之列。像小方那样过分推销，使客人处于尴尬境地，虽能勉强达到推销目的，但到头来反而会使客人误解酒店有故意宰客之嫌，这是很不值得的。

任务 1　制定餐饮产品价格

任务情境

小王大学毕业后在学校门口开了一家特色餐厅，主要经营韩国小食，面对主要客源是学生。菜单制定好后，在给菜肴定价时，小王感到很困惑：菜肴定价时要考虑哪些因素呢？定价策略有很多，应该采取哪种策略来定价？如何才能使本餐厅菜肴的价格在市场上具有竞争力呢？

任务工单

任务名称	制定菜肴价格				
班级		小组		小组成员	
工作任务	假如你是小王，你会如何制定菜肴的价格？在定价时你会考虑哪些因素？请带领你的项目团队给餐厅的菜肴合理定价				
任务目的	了解影响餐饮产品价格的因素，明确餐饮产品定价目标和定价策略，掌握餐饮产品的定价方法				
任务实施要求	（1）查阅资料，收集有关菜肴定价的相关资料 （2）小组成员全体参与，共同完成任务 （3）撰写菜肴定价方案，方案内容包含：①影响餐饮产品定价的因素有哪些，你在定价时考虑了哪些因素；②你的定价目标是什么，你准备用哪种定价方法进行定价；③定价策略				
任务成果形式	菜肴定价方案				
实施过程记录	从以下 3 个方面记录：搜集的资料、过程记录、实施中遇到的问题及解决办法				

知识准备

一、影响餐饮产品价格的因素

影响餐饮产品定价的因素有很多，一般来说可分为内部因素和外部因素两大类。

（一）内部因素

影响餐饮产品定价的内部因素是指餐饮企业在定价时自己有能力控制的因素，如成本费用、定价目标、餐厅档次、原料、制作工艺、人力资源等。

1. 成本费用

餐饮企业经营的最基本要求是餐饮产品的价格必须高于其成本和费用，只有这样，餐饮企业才有利可图，因此，成本和费用是影响餐饮产品定价的最基本因素。从餐饮企业的实际经营活动看，餐饮企业总的成本和费用中占较大比例的是固定成本和变动成本，成本结构对企业的营业收入和利润的影响较大。

2. 定价目标

采用什么样的定价方法应从选择定价目标开始，常见的定价目标主要如下。

（1）利润最大化的目标　追求最高利润并不等于制定最高价格，而是追求长期的最高总利润。为实现这一目标，有的餐饮企业为了争取顾客，在短期内宁可采取低价薄利，甚至承受暂时的亏损，待企业占领了市场以后再逐步回升价格，去争取整个企业的最高利润。

（2）销售最大化的目标　该目标是为了占有市场份额，一般定低价，这也是许多餐饮店所追求的。这一目标是企业设法保持或增加市场份额，以达到最大限度地控制市场的目标。

（3）生存的目标　这是在不利的市场条件下的定价目标，是放弃了期望的利润水平而确保生存，这种价格策略往往以价位在同行业同档次的餐饮店中最低而取胜。

（4）竞争的价格目标　餐饮店在分析定价策略时，应针对竞争对手的定价来决定自己的成本、价格和利润的基准。不少餐饮业以打折、赠送、免费品尝等手段来进行促销。

（5）稳定价格的目标　对餐饮店来说，采取稳定价格的定价目标是一种比较稳妥的保护政策。当企业拥有一个稳定发展的市场，采取稳定的价格可以保证企业在长期的经营中获得稳定的利润。

3. 餐饮产品

产品是企业定价的基础，只有优质的产品才能吸引消费者前来购买，当某些产品成为一种品牌时，定价就变得很容易。餐饮产品丰富多彩，星级酒店的餐厅及众多的社会餐馆和酒楼具有设施新、服务好、环境优美、文化氛围吸引人的特点，因而知名度和美誉度较高，这些餐饮企业的价格高且赢利大。餐厅所处的地理位置、餐厅的设施设备、餐厅的服务质量、餐饮产品的原材料、餐厅在消费者心目中的形象等都是餐饮产品的组成部分，也是影响餐饮产品定价的主要因素。

4. 餐厅档次

餐饮企业档次的高低直接影响餐饮产品的定价水平。如“香菇菜心”在一家普通的社会餐馆的定价为6.00元，而在一家四星级酒店的餐厅，其定价可高达20.00元。餐厅档次越高，菜肴定价就越高；反之，餐厅档次越低，菜肴定价就越低。

（二）外部因素

1. 市场需求

餐饮企业应清楚价格和需求的关系及需求如何随不同定价水平而产生变化。需求价格弹性是指产品价格变动对市场需求量的影响，即价格变动后需求变动反应的大小。对餐饮企业来说，如果价格一旦降低到某个限度以下，客人也许会怀疑企业经营上出了问题，或对产品质量产生怀疑，认为价格下降，质量必定要打折扣。所以，餐饮店在测定了需求价格弹性的基础上，还要考虑其他因素才能制定出合理的价格。如消费者对于餐饮产品的选择常常会受到消费时尚的影响。在20世纪90年代初，由于消费者攀比的心理，很多餐饮企业都推出了高价的极品宴；而从20世纪90年代末开始，由于倡导绿色健康消费，国内许多餐饮企业竞相推出价格不菲的野菜宴。

2. 竞争因素

由于顾客在选择餐厅时总要与同类产品的质量和价格进行对比。因此餐厅在制定餐饮产品价格时应充分考虑竞争对手的价格水平。

3. 政府的宏观管理

政府的干预主要表现在，相关法律法规和货币、财政、税收政策等方面。在现代经济生活中，我国政府对价格的干预程度在不同行业有着很大的区别。餐饮食品的特性使餐饮企业不仅要关注本行业的政府行为，还要注意相关行业的政府行为。如1999年国家民航总局对于机票价格的政府干预，致使国内长途机票价格猛涨，由于交通成本大幅增加，导致前往海南的国内旅游团急剧减少，从而使得海南餐饮业的价格一路下滑。

4. 本地区居民的生活水平

一般来说，当地人民的生活水平高，餐饮企业的定价水平就会高一些；而如果当地人民生活水平较低，则餐饮企业的定价水平也就会低一些。

二、餐饮产品的定价方法

餐饮企业在实际经营中形成了三类主要的定价方法。

（一）以成本为中心的定价方法

1. 销售毛利率法

销售毛利率法是根据餐饮产品的标准成本和销售毛利率来计算餐饮产品销售价格的一种定价方法。其计算公式可作如下推导：

设P为销售价格；C为原材料成本；M为毛利；r为销售毛利率。

因销售毛利率=毛利÷销售价格×100%，则毛利为销售价格与销售毛利率的乘积：

$M=Pr$（1）

而餐饮产品价格=原材料成本+毛利，即：$P=C+M$（2）

将（1）式代入（2）式，得：

$P=C+Pr$，移项后得：

$C=P(1-r)$，再移项后得：

$P=C\div(1-r)$，即：销售价格=原材料成本÷（1–销售毛利率）

【例题1】

某餐厅的辣子鸡丁耗用的主料成本为8.5元，辅料成本为4.96元，配料和装饰物成本为0.14元。餐厅对该菜肴规定的销售毛利率为60%，计算辣子鸡丁这道菜的销售价格。

辣子鸡丁价格＝（8.5+4.96+0.14）÷（1－60%）＝34元

2. 成本毛利率法

成本毛利率法是根据餐饮产品的标准成本和成本毛利率来计算餐饮产品销售价格的一种定价方法。其计算公式可作如下推导：

设P为销售价格；C为原材料成本；M为毛利；r为成本毛利率。

因成本毛利率=毛利÷原材料成本×100%，则毛利为原材料成本与成本毛利率之乘积：

$M=Cr$（1）

而餐饮产品价格=原材料成本+毛利，即：$P=C+M$（2）

将（1）式代入（2）式，得：

$P=C+Cr$，移项后得：

$P=C(1+r)$，即：销售价格=原材料成本×（1+成本毛利率）

【例题2】

某酒店零点餐厅销售叉烧仔鸡。这道菜主料用公鸡1.5kg，进价8.4元/kg，经加工处理后，下脚料折价0.8元，配料成本2.8元，调料成本2.4元，成本毛利率85.6%，请确定叉烧仔鸡的价格。

叉烧仔鸡价格＝（8.4×1.5－0.8+2.8+2.4）×（1+85.6%）＝32元

（二）以需求为中心的定价方法

即根据顾客对餐饮产品价值的认知程度和需求程度来确定价格的方法。

1. 理解价值定价法

又称觉察价值定价法，它是根据顾客所理解的餐饮产品的价值，或是根据顾客的价值观念来制定产品价格的一种方法。餐饮企业在利用这一方法定价时，主要是利用市场营销组合中的非价格因素向顾客进行示范，使他们对产品形成一种较高的坐标观念，然后再根据这种价值观念制定价格。餐饮企业的非价格因素包括餐馆所提供的食品、饮料以及服务、广告推销等。这种价值模式的形成对提高产品的价格水平和加快产品市场接纳速度非常重要。

2. 区分需求定价法

即餐饮企业根据顾客需求强度的不同，对同一产品采取不同的价格，以适应不同顾客的不同需求的一种灵活的定价方式。在这里，价格差异的基础是：顾客需求、顾客的购买心理、产品种类、地区差别、时间差别等。餐饮企业一般都采取统一的价格，除非是跨国经营的连锁店，由于存在地域差别、消费水平差别，需要根据实际情况适当调整价格。

（三）以竞争为中心的定价方法

即餐饮企业以竞争对手的价格为定价依据的定价方法。它的两种主要做法为：竞争参照定价法和随行就市法。

1. 竞争参照定价法

竞争参照定价法即餐饮企业在制定价格时，对照竞争对手的价格，并以此为基础确定本企业价格的方法。这一价格可以与竞争对手的价格相同，也可以低于或高于竞争对手的价格。餐馆经营者采取此类方法时，必须深入研究市场，充分分析竞争对手，否则很可能制定出不合理的价格。

2. 随行就市法

随行就市法又称为流行水准定价。这是以竞争为中心的定价法中被企业广泛接受的最简单的一种方法。餐饮企业的产品价格保持与同行业平均价格水平一致。这种定价方法容易与同行业和平相处，保持友好的关系，避免激烈的竞争。

三、菜单定价策略

（一）心理价格策略

餐饮产品心理定价策略主要有三种表现：一是对追求餐饮享受的客人应从高定价。一些客人认为，价格反映产品质量和服务质量，不计较花钱多少，价格越高，越能反映产品质量高，提高自己的声望，因而，餐饮价格应尽量从高。二是多数客人对产品价格比较敏感，可采用尾数定价，以适应客人的消费心理。三是有一定声望的企业和一些高质量的产品，可采用偶数定价法。

（二）折扣价格策略

折扣价格策略是利用消费者乐于享受各种优惠待遇的心理需求而采用的一种价格策略。折扣价格策略主要有数量折扣、时段折扣、实物折扣和功能折扣四种。

1. 数量折扣

数量折扣是指给予消费数量达到一定金额的消费者以某种折扣优惠，分为累计数量折扣和非累计数量折扣。累计数量折扣应用于多次消费，对于餐饮消费者来说，累计折扣更有吸引力。对于餐饮企业来说，累计折扣可使消费者重复、多次购买本企业的产品，可起到促销的作用。非累计数量折扣是当消费者一次性消费的金额达到餐饮企业规定的要求时，就可得到某种折扣优惠。购买的数量越多，折扣也就越大，以鼓励并刺激消费者一次性大量消费本企业的餐饮产品。

2. 时段折扣

餐饮经营的特点之一是餐饮消费受就餐时间的限制。因此，餐饮企业为扩大餐饮销售，通常会在营业的非高峰期间给予消费者以消费折扣优惠，这在星级酒店的咖啡厅、酒吧等处特别常见。

3. 实物折扣

餐饮企业为鼓励客人大量消费本企业的餐饮产品，可给予消费者以实物的刺激，也会收到较好的效果，如为就餐客人赠送茶点、酒水、水果或纪念品等。实物折扣对于老顾客和有消费潜力的新顾客具有较大的吸引力。如餐饮企业为来就餐的外国客人赠送筷子、中式点心、当地的小纪念品；又如餐饮企业为国内的餐饮消费者赠送菜肴、茶点、水果及纪念品等；再如高星级酒店的西餐厅为就餐的客人赠送自制的巧克力等。

4. 功能折扣

功能折扣又叫推销津贴，为鼓励客户为餐饮企业招徕客源，有些餐饮企业会给予这些对企业有贡献的客户以推销津贴。推销津贴可以是现金，也可以是本企业的餐饮消费券。有些餐饮企业为鼓励本企业的员工多向食客推销餐饮产品，也制定一些奖励措施，如给予那些在日常工作中销售出色的员工一定的推销津贴。

（三）招徕价格策略

这是餐饮企业为促进销售而制定的价格策略，其中包括亏损招徕、特价招徕等策略。

1. 亏损招徕策略

亏损招徕是指餐饮企业将某种或某几种餐饮产品的价格制定得特别低，甚至低于成本，从而以低廉的价格招徕消费者，并给他们留下一个廉价的印象。采用这种定价策略的企业在吸引消费者购买廉价餐饮产品的同时，刺激消费者购买或消费其他正常定价的餐饮产品。餐饮企业销售这些廉价餐饮产品，从表面上看无利可图，但从整体考虑，消费者也必然会消费其他餐饮产品，餐饮企业不仅能收回这些亏损产品所失去的利润，而且还可提高总的营业收入和利润额。

2. 特价招徕策略

餐饮企业在某些节日或营业淡季时，特别降低某种餐饮产品的价格，以更多地招徕消费者。如某餐饮企业在营业淡季时，推出鲈鱼一元一条或基围虾一元250g等，以吸引客人前来消费。餐饮企业在采用这种策略时，应与相应的广告宣传活动相配合，通过提高总的餐饮产品的销售量来降低食品成本，从而增加利润额。

任务实施

❶ 市场分析 根据餐厅特色及主要客源市场、周边竞争状况等对本餐厅的市场情况进行分析。

❷ 确定菜肴定价应考虑哪些因素。

❸ 菜肴定价 根据分析，选择恰当的定价方法给菜单进行定价。

任务评价

菜肴定价考核评分标准

序号	考核内容	考核要点	应得分	自评分	互评分	教师评分
1	市场分析	（1）市场定位准确 （2）竞争对手分析准确	20			
2	定价方法	（1）定价影响因素分析准确 （2）定价方法选择恰当	30			
3	菜肴定价	各菜肴定价准确，符合市场行情及餐厅档次	30			
4	汇报	（1）PPT 制作精美 （2）上台汇报语言流畅，逻辑清晰	10			
5	答辩	回答问题观点正确、恰当	10			
总分			100			
小组自评						
小组互评						
教师评价						
小组成员个人得分	姓名					
	得分					
说明	小组任务得分 = 小组自评分 ×20% + 小组互评分 ×40% + 教师评分 ×40%。小组成员个人得分由小组长和教师根据个人在任务完成中的工作情况分配分数					

任务 2　策划餐厅促销活动

任务情境

中秋节即将来临，餐厅准备开展一次促销活动来拉动消费、扩大餐厅的知名度，请根据餐厅（本组建立的餐厅）的实际情况，策划一次中秋节促销活动。

任务工单

任务名称	中秋节促销活动策划				
班级		小组		小组成员	
工作任务	你作为餐厅营销经理，请带领你的工作团队结合目前餐饮业的现状，为本组设计的餐厅策划一次中秋节促销活动				
任务目的	通过学生动手策划促销活动，使学生掌握餐厅促销活动策划的方法与步骤，达到能独立策划促销活动的训练要求				
任务实施要求	（1）要求促销活动主题新颖、构思巧妙 （2）小组成员共同讨论，活动策划方案内容包含活动主题、活动时间、地点、活动流程、活动内容及活动宣传策划等 （3）每组选派一名代表简要汇报本组的促销活动方案。小组汇报后，小组间相互点评				
任务成果形式	XX 餐厅中秋节促销活动策划方案				
实施过程记录	从以下 3 个方面记录：搜集的资料、过程记录、实施中遇到的问题及解决办法				

知识准备

一、餐厅促销方法

餐厅永远都离不开促销，淡季要促销，旺季也要促销，节假日更是要做促销。促销能带给餐厅高额的利润，能提高餐厅的知名度，扩大影响力。餐厅应明确每次促销活动的主题，策划一系列主题活动贯穿到整个促销活动当中去，最大限度的和目标消费者互动起来，达到理想的促销效果。

（一）热情服务促销

服务员的主动招呼对招徕顾客具有很大促进作用。比如有的顾客走进餐厅，正在考虑是否选此餐厅就餐，这时如果有一个面带笑容的服务员主动上前招呼“欢迎光临”，同时引客入座，一般情况下，顾客即使对餐厅环境不十分满意也不会退出。当然，主动招呼不等于硬拉。强拉硬扯反而会引起顾客反感，避而远之。

服务人员应对餐厅所经营的菜点和服务内容了如指掌，如食物用料、烹饪方法、口味特点、营养成分、菜肴历史典故、餐厅所能提供的服务项目等，以便向客人做及时介绍，或当客人询问时能够做出满意的答复。如果能事先了解市场和顾客的心理需求以及风俗习惯、生活忌讳、口味喜好等，便可有针对性地推荐一些适合他们心理需求的产品和服务。

在客人就餐时，服务员要注意观察客人有什么需要，要主动上前服务。比如有的客人用完一杯葡萄酒后想再来一杯，而四周却没有服务员主动上前，客人因怕麻烦可能不再要了。所以，在宴会、团体用餐、会议用餐的服务过程中，服务员要随时注意，看到客人杯子一空即马上斟酒，从而大大增加酒水的销售量。

（二）环境气氛促销

服务的一大特性是无形性。餐厅给顾客提供的全部消费利益中有很大一部分是无形的服务，顾客无法直接看到，只有通过对餐厅环境气氛的观察、体会，才能形成对餐厅服务的初步了解。因此，环境气氛成了餐厅里无声的销售员。餐饮消费者走进餐厅，首先会用各种感觉器官去感知周围的一切，用眼去审视，用耳去倾听，用鼻子去嗅，在获得诸多感性认识后，上升为理性认识，通过思维对所感知的事物做出体验、评价。因此，餐饮企业应努力为餐饮消费者创造一个优美舒适的消费环境。

（三）实物陈列促销

实物陈列促销法是借助餐厅产品实物或图片、模型来刺激客人购买的一种促销方法。餐厅经营者通过有意识地设计各种刺激物或刺激方法来影响客人的情绪，激起客人的购买欲望，吸引并留住客人就餐，并且刺激客人追加点菜、酒水等消费。实物促销主要有以下几种表现形式。

1. 实物模型宣传促销

在餐厅门口或客人经过的地方，陈列餐厅经营产品和服务实物模型，张贴产品和服务的图片、招贴画等，从视觉、听觉、嗅觉等方面对客人进行感官刺激，以激发消费者的消费欲望。

2. 原材料陈列促销

比如在餐厅进门处设置海鲜池，既具有很强的观赏性，又可使客人相信本餐厅所使用的原材料都是新鲜、卫生的，容易对菜肴质量产生满意感。

3. 半成品展示促销

餐厅可以将一些菜肴原料切配好，经初加工装盘陈列。自助餐厅就是运用成品陈列促销的典型代表，客人往往在看过烹调好的、陈列有序的菜点后才做出是否在餐厅用餐的决定。

4. 推车陈列促销

推车上的菜不一定是客人非买不可的。但当客人看见这些菜品，便有可能冲动性地产生购买动机和行为。如某餐厅使用推车陈列一些高档酒水推到客人面前按杯零售。

5. 现场烹调制作促销

可将菜肴的烹制过程放在餐厅进行，或将菜肴的最后一个烹制环节放在餐厅进行，如厨师现场操作煎蛋、铁板烧、锅巴虾仁等，由此让客人看到形、观到色、闻到香，从而使他们因消费冲动引发消费决策，使餐厅获得更多的销售机会。

6. 试吃实物促销

对于一些需特别促销的菜肴如各种名点、名菜，可以采用客人试吃的方法促销。服务员用餐车将菜点推到客人的桌边，让客人先品尝，如喜欢就现买，这既是一种良好的服务，又是一种很好的促销手段。

二、餐厅促销时机

（一）餐厅淡季促销

（1）围绕主营产品进行延伸开发，推出一系列适合当季消费的产品，比如，主营产品是以活鱼火锅为主的，就可以引进一些以鱼为主要材料的特色菜品，作为餐厅的补充。

（2）开发适合当季消费的品种，制造卖点。比如夏季火锅中的冰淇淋火锅、清淡型火锅等，让顾客有更多的选择，同时新品种也可以为餐厅制造新的卖点与宣传点，吸引更为广泛的消费群体参与消费。

（3）推出适合当季消费的系列小吃凉碟，在保证利润甚至成本的前提下进行低价销售，以点带面，让顾客觉得实惠，从而带动人气的上升。

（4）抓住当季的瓜果，推出系列鲜榨果汁、果盘，甚至可以考虑瓜果入菜，进而增加菜品的独特性。

（二）餐厅节日促销

各种节日是难得的促销时机，餐厅一般每年都要做自己的促销计划，尤其是节日促销计划，使节日的促销活动生动活泼，有创意，取得较好的促销效果。中国的传统节日很多，如春节、清明节、中秋节、七夕情人节、端午节、重阳节等，只要精心设计，认真加以挖掘，就能搞出有创意的促销活动。

1. 春节

这是中国的民族传统节日，也是让在中国过年的外宾领略中国民族文化的节日。利用这个节日可促销中国传统的饺子宴、汤圆宴，特别推广年糕、饺子等。同时举办守岁、喝春酒、谢神、戏曲表演等活动，丰富春节的生活。

2. 元宵节

农历正月十五，可在店内外组织客人看花灯、猜灯谜、舞狮子、踩高跷、划旱船、扭秧歌等，参加民族传统庆祝活动，可特别促销各式元宵。

另外，西方的节日也还有很多，如：情人节、复活节、感恩节、万圣节、开斋节、古尔邦节、啤酒节等，他们不但在外国客人中有市场，对国内客人同样也有一定的吸引力。例如：圣诞节。这个节日是餐饮部门进行促销的大好时机，一般都以圣诞自助餐、套餐的形式招徕客人，推出圣诞特选菜肴：火鸡、圣诞蛋糕、李子布丁、碎肉饼等，组织各种庆祝活动，唱圣诞歌、举办化装舞会、抽奖活动等。圣诞活动可持续几天，餐饮部门还可用外卖的形式推销圣诞餐，扩大销量。

三、餐厅美食节促销

（一）美食节的种类

餐厅在策划美食节促销活动时，活动主题的选择至关重要，一般餐厅美食节的主题可从以下几个方面考虑。

1. 以某一种或某一类原料为主题

以某一种或某一类原料为主题举办的美食节，主要突出原料的风味特色，在选择原料时，一方面抓住时令特点，推出新上市的时令佳肴，如春季推出“江鲜美食节”“海鲜美食节”等；夏季推出“果蔬美食节”“鳝鱼美食节”；秋季推出“螃蟹美食节”“全鸭席美食节”；冬季推出“全羊席美食节”“水产美食节”等，另一方面抓住“物以稀为贵”的原则推出当地很少见的原料制成菜肴，如“袋鼠肉美食节”“挪威三文鱼美食节”等。

2. 以节日为主题

餐厅要抓住国内外重大节日，推出各种创意新颖的美食节，如：中国传统的端午节推出品种繁多、风味各异的“粽子美食节”，八月十五中秋节推出“花好月圆美食节”，新春期间推出“新春佳节美食节”“元宵赏灯美食节”等。如外国的圣诞节推出“圣诞狂欢美食节”，情人节推出“情人套餐美食节”等。

3. 以地方菜系或风味为主题

中国地大物博，各民族生活及饮食习惯有很大的差异，形成众多的菜系及民族风味，餐饮界以某一地方菜系、民族风味为主题而举办的美食节相当普遍，如“鲁菜美食节”“苗族风味美食节”“蒙古族美食节”等。

4. 以仿古菜为主题

主要根据古代一些名著对有关饮食方面的描写及官府家中平常食用或宴请客人的菜肴，以古代某一时期或某一特色的仿古菜为主题举办美食节，如“红楼梦菜美食节”“孔府美食节”“满汉全席美食节”等。

5. 以某种烹饪方法为主题

“巴西烧烤美食节”“北京烤鸭美食节”“韩国烧烤美食节”等，他们都以独特的烹调方法现场烹制，场面热烈，别具一格，菜品以香、鲜、脆、嫩为特点。

6. 以食品功能特色为主题

随着人们的养生保健意识增强，许多餐饮企业推出以食品功能为特色的美食节，如“药膳美食节”“美容健身美食节”“延年益寿美食节”等，这些美食节利用食品及药材的功能，按比例有机地配合，合理地烹调，并针对不同人群及对象进行烹制，从而达到美容健身、延年益寿等作用。

（二）美食节活动策划过程

1. 深入调研，明确主题

在举办美食节之前，应深入了解市场行情，知道本地区及竞争对手近期内有没有举办相类似的美食节活动，客源市场需要举办什么样的美食节，还要了解本地区有没有一些重大事件等，然后根据本企业各方面的客观条件及市场情况，初步拟定一些主题，确定举办美食节的时段，再进行深入市场调查研究，进行反复比较分析，最后确定美食节的主题及举办美食节的确切时间。

2. 确定活动时间、地点

根据活动主题及活动需要的场地，选择合适的活动举办地点。活动时间一般安排为1~2周。

3. 确定活动流程及活动内容

围绕主题安排美食节活动，并确定其大概活动流程，可用表格形式列出活动内容及时间、地点。再根据美食节主题确定具体活动内容，主要包括开幕式、各种比赛活动等。

4. 活动宣传策划

美食节对外界影响的大小，除菜品是否有特色外，在很大程度上取决于促销的方法和宣传的力度，一般在美食节活动之前，就要有计划、有步骤地进行全面促销，如根据美食节的特点和主题，在有关报刊、广播、电视台做宣传广告，在餐厅、客房预先公告，发放宣传册、菜单等，对一些老客户进行电话联系等。各种宣传册、菜单、宣传词及口号，设计要有创意，既要突出美食节的主题，又要与餐饮企业的规模、档次、风格相一致，通过宣传、促销给客人加深印象，激励客人有消费的欲望。

案例阅读

2011年金秋美食节策划方案

一、活动主题：食金秋美蟹，品淮扬新菜

二、活动时间：2011年10月25日起

三、活动内容

（一）美味荟萃

研制开发几款新的淮扬美味菜品，并在各餐厅的菜品展区进行推介，增加消费者的选择机会。(如清炖蟹粉狮子头、软兜长鱼、枪尾虎、水晶肴蹄、拆烩大鱼头、清蒸鲥鱼、野鸭菜饭、银芽鸡丝、鸡汤煮千丝、双皮刀鱼等菜品)，螃蟹方面研究一些美味螃蟹菜肴——清蒸螃蟹、姜汁螃蟹、香辣蟹、蛋黄焗蟹、酱香焗蟹、葱姜炒蟹等，具体菜品由餐饮部及厨房负责。

（二）菜品文化展示

选择相关的宣传手段如易拉宝或宣传单页，介绍淮扬菜的悠久历史及淮扬菜的营养价值。螃蟹方面则介绍菜品的制作及营养知识，并教消费者如何使用“蟹八件”吃螃蟹，吃螃蟹的注意事项及螃蟹营养，让消费者“吃”有所获。

按照确定的节日主题，对酒店餐饮区域进行装饰装点，营造节日氛围。可安排“螃蟹公主”若干名给客人点菜，点菜员佩戴螃蟹元素饰物，渲染节日氛围。

（三）互动促销活动

1．幸运转盘等您来拿奖

在餐饮区域设置幸运大转盘，当晚凡是消费 2000 元以上的客人即可获得幸运转盘的转奖券一张，获得转奖机会，通过转幸运转盘，拿到对应的奖品。

注：转盘要以螃蟹为主要的设计元素，转奖券设计成各种螃蟹的形状，上面有对应的这种螃蟹的介绍。

2．节日期间提供一款特价螃蟹，促进销售。

在店消费还有机会获得30元代金券和199元/间客房体验券。

四、活动宣传

（一）印刷品宣传

1．制作统一的宣传单页，突出活动亮点、活动项目。

2．制作几款统一海报在店内宣传。

3．条幅宣传。

印刷品宣传内容为节日主题“食金秋美蟹，品淮扬新菜”。

（二）销售人员日常拜访客户时向客人介绍螃蟹美食节。

附件：

一、备用宣传语

a. 蟹肥美谷丰登庆国庆食美蟹——xx饭店第一届“金秋螃蟹美食节”隆重开幕

b. 西风响蟹脚痒，金秋正好吃蟹黄

c. 丹桂飘香螃蟹肥，吃蟹当然在xx

d. 秋风起，蟹脚痒，菊黄蟹肥，正是品蟹好时光！

二、食蟹文化

红楼梦中关于食蟹的描写

桂霭桐阴坐举觞，长安涎口盼重阳。

眼前道路无经纬，皮里春秋空黑黄。

酒未敌腥还用菊，性防积冷定顺姜。

于今落釜成何益，月浦空余禾黍香。

三、食蟹注意事项

a. 首先要检查蟹是否活泼健壮，如蟹已死，则千万不可食用。

b. 蟹的鳃、胃、肠、心性寒，请勿食用。

c. 蟹应趁热吃，不宜等冷后再吃。

d. 食时应以生姜丝，镇江香醋为调料。

e. 食时要用蟹钳，先食蟹脚，后食蟹肚，佐以上述调料，细细品尝蟹之鲜美。

f. 如在食蟹时伴以绍兴黄酒，则更添情趣。

g. 食蟹后应饮少量的姜茶，可以去蟹之寒性。

h. 每次食蟹应以1～2只为宜，不可多吃贪吃。

i. 食蟹后可用菊花水洗手，可去除蟹之腥味。

（资料来源：美食节方案，豆丁网，http://www.docin.com/）

四、餐厅促销活动的策划与组织

餐厅促销活动的策划与组织一般遵照以下步骤进行。

（一）确定活动主题，选定活动方式

促销活动主题是确定整个活动的依据。活动的主题必须具有独特性，要有一定的创新。既不能人云亦云、步人后尘，更不可哗众取宠，故弄玄虚。确定活动的主题必须兼顾时令性和技术实力，以确保促销活动能如期举办并取得较好效果。

确定活动主题的同时，应选择好举办活动的方式。比如，在促销活动中举行吃冰淇淋比赛，不仅能吸引众多顾客参加，还可以增加其新闻价值，从而扩大对餐厅的宣传报道。

（二）编排活动计划，指定促销菜单

促销活动计划应包括活动起止日期、每天生产和营业时间、场地、用具、人员、原料的组织和人员费用等。提前制定一份富有新意和吸引力的促销活动菜单是十分重要的。菜单风味品种要突出促销活动的特点，考虑厨房的技术力量，结合整个活动计划，合理安排原料的筹措和菜品的制作。

（三）落实人员、场地，计划安排时间

落实好促销活动相关负责人员，指定专人分别负责活动期间各项活动。

（四）开展广告宣传，印刷有关材料

促销活动的影响大小和成功与否，很大程度上取决于广告的宣传作用大小。餐饮企业要在活动举办之前详细计划和分步实施广告宣传活动，要针对促销活动主题，选择一定的广告宣传媒体，进行相应的广告宣传工作。

案例阅读

"六一"儿童节促销活动方案

为庆祝一年一度的"六一"国际儿童节，让小朋友们度过一个快乐而有意义的节日，给家长们创造关心孩子的机会，餐厅为孩子们精心准备了美味可口的儿童套餐、精彩纷呈的文艺晚会、五颜六色的蛋糕，餐厅大门饰以缤纷多彩的气球，"六一"期间童真荡漾，让孩子们在欢乐的天地、缤纷的美食世界中度过一个快乐难忘的"六一"儿童节。

一、活动时间

5月28日——6月1日

二、活动主题

欢乐童年　精彩无限——江南艺术儿童节

三、活动内容

（一）大饭店"欢乐童年　精彩无限"艺术儿童节晚会节目设计：

凡是预订大饭店儿童套餐的小朋友，在晚会开始前均可到主持人处报名参加以下活动比赛（书画比赛要提前报名参加），获奖小朋友均有礼品赠送。

1．儿歌演唱比赛：曲目为背景音乐里的二十首儿歌，各部门根据情况确定小朋友报名数量。

2．儿童舞蹈演出：由XX演出公司提供，只在大饭店晚会中间穿插进行，由XX负责落实。

3．儿童书画比赛：凡是提前来店预订儿童套餐的小朋友均可报名参加书画比赛，晚会现场所有来宾是裁判，取前六名在大饭店合影留念，并颁发奖品。

4．趣味谜语竞猜：共设谜语100条，大饭店晚会随机进行安排，由主持人负责。

5．江南“六一”儿歌朗诵比赛：

《六一宝宝好福气，江南餐饮表情意》

迎六一，笑嘻嘻，妈妈疼爱小宝贝

来江南，齐相聚，合家欢乐过六一

吃大餐，玩游戏，宝贝都要爱妈咪

猜谜语，得奖品，江南给你表情意

唱儿歌，跳跳舞，照张合影甜蜜蜜

东走走，西逛逛，玩的开心都欢喜

斟满茶，端来菜，服务都是俏阿姨

只要宝贝能高兴，阿姨累点没问题

“六一”江南来聚会，吃的玩的数第一

（二）联动促销

活动一：5月28日—6月1日期间，凡在大饭店预订儿童乐套餐者，均可获赠大饭店“欢乐童年　精彩无限”主题儿童文艺晚会免费门票一张。

活动二：5月28日—6月1日活动期间，凡在六一期间来店用餐者，均可免费获赠气球一个。

（三）大饭店晚会现场装饰

1．舞台设计：“欢乐童年　精彩无限”主题背景布，周边用粉纱和印有“六一”祝福语的气球装饰，突出童真、竞技的氛围。

2．宴会厅内布置：用气球装饰与彩色纸花布置。

3．其他点缀：在宴会厅内各个音响和玻璃上张贴征集到的儿童图画，作为展览。

四、活动宣传

1．背景音乐：在饭店大堂和包房里播放儿童喜欢的歌曲，如《小燕子》《读书郎》《歌声与微笑》《好爸爸，坏爸爸》《世上只有妈妈好》等儿歌，共计20首。既可在殿堂内和包房里播放，又可以让小朋友们学着演唱。

2．门厅装饰：用气球做彩门装饰，营造六一热闹氛围。

3．媒体宣传：XX电台、XX报。

4．视觉宣传：5月28日（提前三天）开始宣传，主要以条幅、易拉宝、彩页菜单、口碑传播、向新老客户介绍等多种形式推广，以达到最佳效果。

五、套餐设计

本次活动套餐设计以营养为主，主要在大饭店宴会厅以销售套餐的形式进行，套餐分设六款，共计46套。

"欢乐童年"营养套餐288元（A三人用），15套计4320元；

"金色年华"营养套餐388元（B四人用），16套计6208元；

"望子成龙"营养套餐488元（C四人用），15套计7320元；

本次活动预计收益为：17848元。

六、销售计划

为配合大饭店六一节晚会的成功举办，各部可以向店内顾客宣传介绍晚会内容。

七、费用预算

序号	项目明细	数量	单价	费用	负责人	需求支持
1	装饰气球	6000个	0.15	900元	徐鼎明	企划部
2	背景音乐	12张	10	120元	徐鼎明	外 援
3	横 幅	4条	50元	200元	徐鼎明	企划部
4	恭祝水牌	5块	15元	75元	徐鼎明	企划部
5	背景展板	1块	200元	200元	徐鼎明	企划部
6	儿童玩具	100件	20元	2000元	郭 玮	采购部
7	宴会桌卡	50个	1元	50元	李 皓	
8	装饰拉花	60条	1元	60元	郭 玮	采购部
9	套餐菜单	100张	2元	200元	李 皓	
10	晚会门票	50张	3元	150元	李 皓	
11	投票箱	3个	15元	45元	张彩菊	
12	奖 品	50个	8元	400元	徐鼎明	采购部
13	合 计	4400元				

（资料来源：徐文苑，刘菊.餐饮服务与管理任务教程[M]. 北京：中国铁道出版社，2012：200-202）

任务实施

1. 确定促销主题。
2. 策划促销活动内容。活动内容是促销活动成功与否的关键，活动策划者应根据消费者的心理，采取必要的手段和措施，激发消费者消费的欲望。
3. 讨论促销活动宣传及经费预算。活动宣传要根据目标受众的媒体习惯来选择合适的宣传策略，同时要考虑成本。
4. 撰写促销活动方案。

任务评价

餐厅促销活动方案考核评分标准

序号	考核内容	考核要点	应得分	自评分	互评分	教师评分
1	活动主题新颖	促销主题新颖，具有吸引力	10			
2	活动策划内容	（1）活动时间设置合理 （2）促销活动内容清楚且详细 （3）活动宣传方法正确，效果明显 （4）促销活动实惠，能真正吸引顾客 （5）有经费预算、效果评估内容	50			
3	活动策划方案文本	（1）方案内容全面，文字流畅，结构完整 （2）文案排版美观、协调	20			
4	汇报	（1）PPT 制作精美 （2）上台汇报语言流畅，逻辑清晰，结构完整	10			
5	答辩	回答问题观点正确、恰当	10			
总分			100			
小组自评						
小组互评						
教师评价						
小组成员个人得分	姓名					
	得分					
说明	小组任务得分 = 小组自评分 ×20% + 小组互评分 ×40% + 教师评分 ×40%。小组成员个人得分由小组长和教师根据个人在任务完成中的工作情况分配分数					

项目小结

餐厅菜肴的定价是餐厅销售管理的第一步，合理而有竞争力的价格是吸引顾客消费的前提，而餐厅在经营过程中所选用的价格策略又是餐厅持续经营的关键，餐厅应根据各自的特点选择恰当的价格策略。现代餐厅竞争日益激烈，要想在市场上站稳脚跟，扩大餐厅的知名度，提高餐厅的营业额，餐厅应抓住恰当的时机推出促销活动，如利用传统节日促销、策划各种美食节、营业淡季促销等。

知识拓展

餐饮业常用的营销手段

一、广告营销

通过购买某种宣传媒介的空间或时间，来向餐饮公众或特定的餐饮市场中的潜在宾客进行推销或者宣传的营销工具，它是餐饮业常用的营销手段。

（一）电视广告

电视广告的特点是传播速度快，覆盖面广，表现手段丰富多彩，可声像、文字、色彩、动感并用，是感染力很强的一种广告形式。但此种方法成本昂贵，制作起来费工费时，同时还受时间、播放频道、储存等因素的限制和影响，信息只能被动地单向沟通。

（二）电台广告

电台广告是适于对本地或者周边地区的消费群体的一种餐饮广告形式。其特点是：成本较低、效率较高、大众性强。一般可以通过热线点播、邀请佳宾对话、点歌台等形式，来刺激听众参与，从而增强广告效果。

（三）互联网广告

互联网广告成本低、信息量大、不受时空局限。80%以上的中小投资者习惯选择互联网推广其品牌。

（四）报纸、杂志刊物广告

报纸、杂志刊物广告适于做食品节、特别活动、小包价等餐饮广告，也可以登载一些优惠券，让读者剪下来凭券享受餐饮优惠服务。此种方法具有资料性的优点，成本也较低，但是形象性差、传播速度慢、广告范围也较小。

（五）餐厅内部宣传品

餐厅可以印制一些精美的定期餐饮活动目录单，介绍本周或本月的各种餐饮娱乐活动；制作印有餐厅的种类、位置、电话号码、餐厅餐位数、餐厅服务方式、开餐时间、各式特色菜点介绍等内容的精美宣传册；特制一些可让宾客带走以作留念的“迷你菜单”；各种图文并茂、小巧玲珑的“周末香槟午餐”“儿童套餐”等介绍等，将它们放置于餐厅的电梯旁、餐厅的门口或前厅服务台等处，供宾客取阅。

（六）邮寄广告

邮寄广告是通过将饭店餐厅商业性的信件、宣传小册子、餐厅新闻稿件、明信片等直接邮寄给消费者的一种广告形式。它比较适合于一些特殊餐饮活动、新产品的推出、新餐厅的开张及吸引本地的一些大公司、企事业单位、常驻饭店机构以及老客户等活动。

（七）户外广告

户外广告是通过户外的道路指示牌、建筑物、交通工具、灯箱等所作的一种餐饮广告。如在商业中心区、主要交通路线两旁、车站、码头、机场、广场等行人聚集较多的地带所做的各种霓虹灯牌、灯箱广告、屋顶标牌、墙体广告、布告栏等；高速公路等道路两旁的广告标牌；汽车、火车等交通工具内外车身上的广告；设置在餐饮设施现场的广告等；甚至包括广告衫、打火机等都可以成为广告的载体。其特点是：费用低、广告持续时间长。

（八）其他广告

如借约广告，即以餐饮产品和服务来抵偿债务的一种广告，一般是在广告费用缺乏时所采用的方式；由信用卡公司为客户提供的免费广告；饭店或餐厅门口的告示牌；店内电梯也可成为三面的广告墙；店内餐厅的各种有关食品节、甜品、酒水、最新菜点等信息的帐篷式台卡等。

二、人员推销

（一）电话推销

餐饮营销人员与宾客通过电话进行双向沟通。这种推销方式只是通过声音进行沟通，所以就需要特别注意运用自己的听觉，要在很短的时间内对宾客的要求、意图、情绪等方面做出大致了解和判断，推销自己的餐饮产品和服务时力求精确、突出重点，同时准确做好电话记录。对话时语音语调应委婉、悦耳、礼貌，同时不要忘记商定面谈，以及进一步确认的时间、地点等细节，最后向宾客致谢。这种方式局限性较大，一般细节性的内容不易敲定。

（二）专人推销

一般餐饮业可设专门的推销人员来进行餐饮产品的营销工作，但要求他们必须精通餐饮业务，了解市场行情，熟悉饭店各餐饮设施设备的运转情况，宾客可以从他们那里得到肯定的预订和许诺。

（三）全员推销

全员推销即饭店所有员工均为现实的或潜在的推销人员。第一层次是由专职人员如营销总监、餐饮销售代理、销售部经理、销售人员等组成的；第二层次由兼职的推销人员构成，如餐饮总监（或餐饮部经理）、宴会部经理、餐厅经理、预订员、迎宾员以及各服务人员等。经理们可在每餐前至餐厅门口迎候宾客；餐中巡视，现场解决各种投诉疑难问题；餐毕向宾客们诚恳道谢，并征询宾客对菜点、酒水以及服务的看法和意见；服务人员则通过他们热情礼貌的态度、娴熟高超的服务技巧、恰当得体的语言艺术，向宾客进行有声或无声的推销；第三层次则由各厨师长以及其他人员组成。

三、宣传营销

宣传营销是以付费或非付费新闻报道、消息等形式出现的，一般通过电台广播、电视、报刊文章、口碑、标志牌或其他媒介，为人们提供的有关饮食产品以及服务的信息。与广告相比，它更容易赢得消费者的信任。

四、菜单营销

通过各种形式各异、风格独特的固定式菜单、循环式菜单、特选菜单、今日特选、厨师特选、每周特选、本月新菜、儿童菜单、中老年人菜单、情侣菜单、双休日菜单、美食节菜单等向前来餐厅就餐消费的宾客进行餐饮推销。

五、餐厅形象营销

通过在店徽的设计、餐厅主题的选择、餐厅的装饰格调、家具、布局、色彩灯饰等方面对餐厅的形象进行设计策划，使之起到促销的功用。如可营造出三十年代旧上海情调的上海餐厅；越南风情的芭蕉别墅；傣族风格的竹楼餐厅；富有浪漫、高雅艺术气息的西餐扒房；以红木（或仿红木）家具出现的太师椅、清宫服饰等面貌出现的高档中餐厅；以蒙古包、小方桌、花地毯作为主题形象，散发着粗犷、野味气息的蒙古餐厅，都属于餐厅形象营销成功的例子。

（资料来源：餐饮业营销手段15条，2010-02-07，餐饮职业网，http://www.canyin168.com/）

思考与练习

1．在向客人推荐菜肴或酒水时，餐厅服务员应如何把握推销力度？

2．餐饮企业宣传促销的手段有哪些？这些宣传手段分别适用于哪种促销活动？

3．调查近几年各大酒店举行的美食节活动。

4．案例分析

安迪阿莫餐馆

安迪阿莫餐馆是一家小型的、价格适中的、具有意大利北部风味的餐馆。它坐落在纽约伊萨卡镇大学城的一条小巷中，其布置“简约、高科技并具有纽约风格”。

奎恩和斯格尔是餐馆的所有者。他们认识到不同的就餐时间会吸引不同的顾客。因此，他们打算将广告瞄准合适的市场人群。经过头脑风暴后，他们一致得出了下面的意见：

就餐时间	目标市场
午餐	城镇内和区内的生意人
晚餐	较远地区的人
下午茶	学生、店主、当地人
早午茶	较远地区的人
夜宵	学生、当地人
外卖	当地人

安迪阿莫餐馆午餐和晚餐的菜单差不多，只是午餐的分量少一点且价格相应低一些。除了开胃菜和丰盛的正餐菜单之外，这里还有单独的意大利面食菜单。餐馆不仅出售烈性酒，还提供啤酒和葡萄酒。可供选择的意大利葡萄酒甚多，价格从每瓶14美元到39美元不等，还有每瓶9.50美元的家酿葡萄酒。

安迪阿莫餐馆可以容纳76位客人在22张餐桌上同时就餐。餐馆在效益好的星期里周日到周四晚间的翻台率不足1次，周五为2次而周六为3次。晚餐的平均收入是每人22美元，啤酒和红酒收入大约占总收入的20%。

安迪阿莫餐馆大约90%的客人是回头客，10%的客人是经朋友推荐过来的。

伊萨卡镇拥有从麦当劳到不同的美食城共45家餐馆，斯格尔相信安迪阿莫餐馆的直接竞争者就是那些有特色并且价格适中的餐馆。

安迪阿莫餐馆在开业第一年的大部分时间都打出了广告，直到11月份所有的广告才被彻底取消。在全部的广告中，大约有75%只是简单地提及了安迪阿莫餐馆以及它的食物、地址和营业时间。余下25%则传递了更多的信息，它们特别详细地介绍了餐馆的食物并且经常使用一些有特色的促销方法来吸引客人到安迪阿莫餐馆来就餐。其中一个例子便是将一则优惠券广告刊登在镇上一家发行量为29000份的免费报纸上，但却只收回了10张优惠券。

在安迪阿莫餐馆经营第二年的2月份，餐馆对伊萨卡镇方圆16km的25个居民进行了一次非正式、非科学性的调研，结果显示，受访者中没有人知道“安迪阿莫”是一家餐馆的名字，他们也不知道安迪阿莫是什么以及它在哪里。餐馆决定聘请一位经理，努力改善目前餐馆的经营状况。

马克刚刚在美国康奈尔大学取得了酒店及餐馆管理的学位，曾经在纽约做了6年的厨师。7周前，他被聘为安迪阿莫餐馆的出纳兼经理助理。7周后，他被提升为餐馆的经理。

（资料来源：谢列，马芳．旅游市场营销[M]．湖南大学出版社，2010：156-157）

问题讨论：马克升职后决定采取一些措施来改善餐馆的经营状况，请你帮助他做一份营销策划。

附录1

餐饮服务常用语中英文对照

一、餐厅常用英语词汇

1．餐饮部Food&Beverage Department

2．中餐厅Chinese restaurant

3．西餐厅western restaurant

4．咖啡厅Coffee Shop

5．大堂酒吧Lobby Bar

6．贵宾厅VIP Function Room

7．大宴会厅Banquet Hall

8．风味餐厅Theme Restaurant

9．自助餐厅Buffet Restaurant

10．旋转餐厅Revolving Restaurant

11．有表演餐厅Theatre Restaurant

12．食街Food Center；Food Street

13．领位员Hostess

14．男服务员Waiter

15．女服务员Waitress

16．订餐员Reservation Clerk

17．餐厅经理Restaurant Manager

18．餐厅主管Supervisor

19．餐厅领班Captain

20．24小时送餐服务24 Hour Room Service

二、餐厅常用服务用语

1．欢迎Welcome

2．您好How do you do?/ How are you?

3．早上（上午/下午）好。Good morning(afternoon).

4．晚安！Good night!

5．祝您节日快乐！Have a good holiday!

6. 生日快乐！Happy birthday!

7. 对不起！Sorry!

8. 没关系！Don't mention it! / It doesn't matter.

9. 别客气！You are welcome!

10. 请稍等。Wait a moment, please./Just a moment, please.

11. 不用担心。Don't worry!

12. 请/这边请。This way, please.

13. 请慢用。Help yourself!

14. 请问您共几位? How many, please?

15. 请问先生/女士需要用餐吗?

Would you like something to eat, sir/Ms.?

16. 您好，这是我们的菜单，请您过目。

How do you do, this is our menu, please have a look.

17. 再给我来一杯。

Make it two, please.

18. 请问我能帮到您什么吗?

What can I do for you?/May I help you?

19. 好走，欢迎下次光临。

Bye-bye! Welcome to our hotel next time.

20. 先生/女士，请问您需要喝什么酒/饮料?

Excuse me, sir/madam/miss, What would you like to drink?

21. 对不起，打扰一下，这是您的账单，请过目。

Excuse me. This is your bill, please check it.

22. 这是找回的零钱，请清点。

Here is your cashes, please check it.

23. 先生/女士，您的菜已经上齐了。请问还需要加点什么吗?

Sir/ Madam, here are all your ordered, would like something else.

24. 先生/女士，请问需要试一下本餐厅的招牌菜吗?

Sir/ madam, would you like try today's specialty?

25. 先生/女士，请允许我介绍一下本餐厅的土家风味餐吗?

Sir/madam, may I suggest our specialty in Tujia food for you?

26. 先生/女士，这是您点的例汤。

Sir/madam, here is your daily soup.

27. 您好，您需要什么酒水?

How do you do, what kind of wine would you like?

28. 我们这里有啤酒、白酒和红酒，还有饮料。

We have beer, white wine, red wine and beverages.

29. 有我们当地产的白酒，口感很好的，您要不要买瓶尝尝？

We have the white wine made in Zhangjiajie, It tastes very good, how about trying some?

30. 韩国酒水只有真露。

We have only one kind of Korea wine, Chamjinisulro Soju.

31. 我们这里还有二锅头、竹叶青，口感和韩国的烧酒差不多，而且价格也便宜。

We still have Er guo tou and Zhu ye qing, Which are the same taste with wine from Korea, and they are very cheap.

32. 您可以试试我们中国最有名的酒五粮液、剑南春和酒鬼酒。

You can taste our Wu liang ye, Jian lan chun, and Jiu gui jiu. That are the most popular white wine in China.

33. 请您买单。

May you settle your bill now, please?

34. 中式菜历史悠久，是中国文化中的瑰宝。

The Chinese cuisine has a long history, and is one of the Chinese cultural treasures.

35. 淮扬菜以其精湛的刀工见长，四川菜则以辣著称。

Huaiyang food is famous for its cutting technique. Sichuan dishes are hot and spicy.

36. 做这些菜需要多少个步骤？

How many steps are taken to cook these dishes?

37. 餐厅最特别的菜式是什么？

What is the specialty of the house?

38. 有多少位客人用餐？

How many people is it for?

39. 您的晚宴将是中餐宴会，最低消费每位120元。

At the dinner banquet Chinese food will be served and the minimum charge of RMB120 Yuan per head is required.

40. 宴会需要什么酒水？

What drinks are you going to have for the banquet?

41. 目前靠窗的位子都已经订出去了。

We don't have any vacant tables by the windows at the moment.

42. 我想确认一下，贵公司在我们餐厅预订了两个宴会。

I'd like to confirm that your company has booked two banquets in our restaurant.

43. 我可以知道有多少人来参加宴会吗？

May I know how many people will be at the banquet?

44. 您需要多少张餐台？

How many tables would you like?

45. 您想尝尝我们的招牌菜吗？

Would you like to try our house specialty?

46. 请问是在谁的名下做的预订？

In whose name was the reservation made?

47. 我们晚餐开餐时间是下午5点到晚上10点。

The time for dinner / the dinner is from 5 p.m. until 10 p.m.

48. 对不起，我们餐厅14日的餐位已经订满了。

I am sorry, sir. Our restaurant is fully booked on 14th.

49. 有人均100元、150元和180元的标准，您想要订哪一种？

There are charges of 100 yuan, 150 yuan and 180 yuan per head for set menus. Which would you prefer?

50. 三百人用餐的最低收费是15，000元，不含酒水饮料。

The minimum charge for a 300-people-dinner party is 15, 000 yuan, excluding drinks.

51. 欢迎光临我们餐馆。您是参加约翰先生婚宴的嘉宾吗？

Welcome to our restaurant. Are you here for the wedding banquet of Mr. John?

52. 现在可以上菜了吗？

May I serve the dishes now?

53. 希望您用餐愉快。

Please enjoy your meal.

54. 今天的特价菜是麻婆豆腐，6折优惠。

Today's specialty is Mapo Tofu with a 40% discount.

55. 您的这瓶葡萄酒已经添完了。请问是否需要再加一瓶？

Your bottle of wine is finished. Would you like one more bottle?

56. 您需要把菜分一下吗？

Excuse me, sir / madam. May I separate the dish for you?

57. 您要不要来点烈性酒呢？要是喜欢酒精度低的话，我们这还有米酒。

Do you care for something a little stronger? If you prefer something milder, there is some rice liquor available here.

58. 先生，您对我们的餐品还满意吗？

Are you satisfied with the meal, sir?

59. 打扰了，女士。我给您换一个骨碟好吗？

Excuse me, madam. Can I change a new plate for you?

60. 菜已经上齐了，接下来还有甜点。

This is the complete course. There is dessert to follow.

61. 我给你们的桌子再加一把椅子好吗？

May I add one more chair to your table, please?

62. 我在客人就坐前会把凉的开胃菜摆放在餐桌上。

I will place the cold appetizers on the table before the guests are seated.

63. 您需要把宴会厅装饰一下吗？

Would you like to have the banquet hall decorated?

64. 请问您需要一杯冰水吗？

Excuse me, would you like a glass of cold water?

65. 您需要含糖还是不含糖的食物？

Would you like your food with sugar or not?

66. 这道菜色、香、味俱全。

The dish looks good, smells good and tastes good.

67. 这是我们赠送给您的果盘。

This is complimentary fruit for you.

68. 我们已经在总费用里加收了10%的服务费。

A 10% service charge has been added to the total.

69. 您想要炒茄子的调味品里放些辣椒吗？

Would you like some pepper as seasoning in the stir-fried eggplant?

70. 这是我们最新的价目表。

This is our latest price list.

71. 您使用维萨信用卡结账可以享受9折优惠。

You have got a 10% discount for your Visa Card.

72. 许多宾客对这款葡萄酒赞赏备至。

Many guests speak highly of the wine.

73. 这是我们厨师长的推荐菜。

This is our chef's recommendation.

74. 您对我们的服务有什么意见吗？

What do you think of our service?

75. 请不要遗忘你的东西。

Please don't leave anything behind.

76. 您能告诉我事情的详细经过吗?

Can you tell me/describe what happened in detail?

77. 抱歉，我上错汤了。

I do apologize for giving you the wrong soup.

78. 我们给您带来了这么多麻烦，为了表达歉意，特为您提供赠送甜点。

To express our regret for all the trouble, we offer you a complimentary dessert.

79. 您的预定是用信用卡担保的。

Your reservation is guaranteed by your credit card.

80. 您的预订我们只能为您保留到晚上7点30分，因为那段时间是高峰期。

We can only hold your private room till 7:30 p.m. because after that time it is the peak season.

附录2

餐厅服务员国家职业技能标准

（2009年修订）

1. 职业概况

1.1 职业名称

餐厅服务员。

1.2 职业定义

为宾客安排座位、点配菜点、酒水，进行宴会设计、装饰、布置，提供就餐服务的人员。

1.3 职业等级

本职业共设五个等级，分别为：初级(国家职业资格五级)、中级(国家职业资格四级)、高级(国家职业资格三级)、技师(国家职业资格二级)、高级技师(国家职业资格一级)。

1.4 职业环境

室内、常温。

1.5 职业能力特征

具有一定的学习和计算能力；具有一定的空间感和形体知觉，手指、手臂灵活，动作协调。

1.6 基本文化程度

初中毕业。

1.7 培训要求

1.7.1 培训期限

全日制职业学校教育，根据其培养目标和教学计划确定。晋级培训期限：初级不少于250标准学时；中级不少于200标准学时；高级不少于180标准学时；技师不少于150标准学时；高级技师不少于100标准学时。

1.7.2 培训教师

培训初级、中级、高级餐厅服务员的教师应具有本职业技师及以上职业资格证书或相关专业中级及以上专业技术职务任职资格；培训餐厅服务员技师的教师应具有本职业高级技师职业资格证书或相关专业高级专业技术职务任职资格；培训餐厅服务员高级技师的教师应具有本职业高级技师职业资格证书2年以上或相关专业高级专业技术职务任职资格。

1.7.3 培训场地设备

理论培训场地应具有满足教学需要的标准教室。实际操作培训场所应具备餐桌、餐椅、餐具、工作台、布件等必备设施设备，符合国家有关安全和卫生标准。

1.8　鉴定要求

1.8.1　适用对象

从事或准备从事本职业的人员。

1.8.2　申报条件

——初级（具备以下条件之一者）

（1）经本职业初级正规培训达规定标准学时数，并取得结业证书。

（2）在本职业连续见习工作1年以上。

（3）本职业学徒期满。

——中级（具备以下条件之一者）

（1）取得本职业初级职业资格证书后，连续从事本职业工作2年以上，经本职业中级正规培训达规定标准学时数，并取得结业证书。

（2）取得本职业初级职业资格证书后，连续从事本职业工作3年以上。

（3）连续从事本职业工作5年以上。

（4）取得经人力资源和社会保障行政部门审核认定的，以中级技能为培养目标的中等以上职业学校本职业（专业）毕业证书。

——高级（具备以下条件之一者）

（1）取得本职业中级职业资格证书后，连续从事本职业工作3年以上，经本职业高级正规培训达规定标准学时数，并取得结业证书。

（2）取得本职业中级职业资格证书后，连续从事本职业工作5年以上。

（3）取得高级技工学校或经人力资源和社会保障行政部门审核认定的，以高级技能为培养目标的高等职业学校本职业（专业）毕业证书。

（4）取得本职业中级职业资格证书的大专以上本专业或相关专业毕业生，连续从事本职业工作2年以上。

——技师（具备以下条件之一者）

（1）取得本职业高级职业资格证书后，连续从事本职业工作3年以上，经本职业技师正规培训达规定标准学时数，并取得毕（结）业证书。

（2）取得本职业高级职业资格证书后，连续从事本职业工作7年以上。

（3）取得本职业高级职业资格证书的高级技工学校本职业（专业）和大专以上本专业或相关专业的毕业生，连续从事本职业工作1年以上。

——高级技师（具备以下条件之一者）

（1）取得本职业技师职业资格证书后，连续从事本职业工作3年以上，经本职业高级技师正规培训达规定标准学时数，并取得毕（结）业证书。

（2）取得本职业技师职业资格证书后，连续从事本职业工作5年以上。

1.8.3　鉴定方式

分为理论知识考试和技能操作考核。理论知识考试采用闭卷笔试等方式，技能操作考核采用现场实际操作、模拟和口试等方式。理论知识考试和技能操作考核均实行百分制，成绩皆达60分及以上者为合格。技师、高级技师还须进行综合评审。

1.8.4　考评人员和考生的配比

理论知识考试考评员与考生配比为1：20；每个标准教室不少于2名考评人员；技能操作考核考评员与考生配比为1：5，且不少于3名考评员；综合评审委员不少于5人。

1.8.5　鉴定时间

理论知识考试为90min；技能操作考核时间：初级、中级不少于40min，高级不少于60min，技师、高级技师不少于120min；综合评审时间不少于20min。

1.8.6　鉴定场所设备

理论知识考试在标准教室里进行。技能操作考核在具备餐桌、餐椅、餐具、工作台、布件等必备设施设备，符合国家有关安全和卫生标准的场所中进行。

2. 基本要求

2.1　职业道德

2.1.1　职业道德基本知识

2.1.2　职业守则

（1）热情友好，宾客至上。

（2）真诚公道，信誉第一。

（3）文明礼貌，优质服务。

（4）安全卫生，出品优良。

（5）团结协作，顾全大局。

（6）遵纪守法，廉洁奉公。

（7）培智精技，学而不厌。

（8）平等待客，一视同仁。

2.2　基础知识

2.2.1　餐厅服务礼仪

（1）餐厅服务礼仪的概念与功能。

（2）餐厅礼貌服务。

（3）餐厅服务礼节。

（4）餐厅接待礼仪。

（5）餐厅人员语言艺术。

（6）用餐礼仪。

（7）饮食习俗和礼节。

2.2.2　餐厅服务心理与人际沟通

（1）餐厅服务心理的概念与内容。

（2）餐饮宾客消费心理。

（3）人际沟通的作用和技巧。

2.2.3　饮食营养

（1）能量与宏量营养素的概念。

（2）宏量营养素的生理功能和食物来源。

（3）矿物质的概念、生理功能和食物来源。

（4）维生素的概念、生理功能和食物来源。

（5）水和纤维素的概念、生理功能和食物来源。

（6）平衡膳食知识。

2.2.4　饮食卫生

（1）食品污染概念，种类及其预防。

（2）食品中毒概念、种类及其预防。

（3）餐饮企业卫生管理要求。

2.2.5　餐厅安全知识

（1）公共场所安全常识。

（2）餐厅安全管理要求。

2.2.6　相关法律、法规知识

（1）《中华人民共和国劳动法》相关知识。

（2）《中华人民共和国食品卫生法》相关知识。

（3）《中华人民共和国合同法》相关知识。

（4）《中华人民共和国消防法》相关知识。

（5）《中华人民共和国消费者权益保护法》相关知识。

3. 工作要求

本标准对初级、中级、高级、技师和高级技师的技能要求依次递进，高级别包涵低级别的要求。

3.1 初级

职业功能	工作内容	技能要求	相关知识
一、餐前准备	（一）托盘	1. 能选用托盘 2. 能清理托盘 3. 能有序装盘 4. 能起托、托盘行走、落托	1. 托盘的种类和作用 2. 托盘的方法
	（二）摆台	1. 能铺中餐便餐台台布 2. 能摆放中餐便餐台餐具	1. 推拉式、撒网式、抖铺式操作方法及要领 2. 中餐餐具、用具种类及使用方法 3. 餐具摆放的操作程序及要领 4. 中餐便餐台餐具摆放要求
	（三）餐巾折花	能折叠 10 种杯花	1. 餐巾的种类和作用 2. 餐巾折花的基本技法 3. 餐巾花摆放原则
二、接待服务	（一）礼仪接待	能用普通话为宾客引位入座	1. 礼仪与形体训练知识 2. 领位要领 3. 餐厅规范用语
	（二）出品介绍	1. 能介绍菜点的名称和特点 2. 能介绍酒水的名称和特点	1. 菜点原材料名称、种类、特点 2. 菜点加工和烹调基本方法 3. 菜点命名方法 4. 酒水的种类和特点
	（三）点菜、酒水	1. 能根据宾客需求点菜肴和酒水 2. 能填写菜肴、酒水点单	1. 点菜程序和技巧 2. 点酒水程序和技巧
三、餐间服务	（一）上菜	1. 能定位上菜 2. 能按顺序、品种上菜与摆放 3. 能报菜名	1. 中餐上菜方法 2. 台面菜肴摆放技巧
	（二）酒水服务	1. 能根据酒水选用酒杯 2. 能开启白酒、啤酒及各类饮料 3. 能徒手斟酒水	1. 斟酒水方法和要领 2. 白酒、啤酒侍酒要求
	（三）撤换餐具	1. 能撤筷套 2. 能撤换餐具、烟缸、小毛巾	餐间撤换餐用具要领
四、餐后服务	（一）送客服务	能礼貌送客	送客程序
	（二）清理餐桌	1. 能按顺序收台 2. 能清洁台面	餐后台面清理注意事项

3.2 中级

职业功能	工作内容	技能要求	相关知识
一、餐前准备	（一）摆台	1. 能铺西餐便餐台台布 2. 能摆放西餐便餐台餐具 3. 能摆放中餐宴会台餐具	1. 西餐餐具、用具种类及使用方法 2. 西餐便餐台摆放要求和技巧 3. 中餐宴会台摆放要求和技巧
	（二）餐巾折花	1. 能折叠 20 种杯花、5 种盘花 2. 能根据宴会台面选择和摆放餐巾花	1. 餐巾花选择搭配原则 2. 餐巾花摆放要求
二、接待服务	（一）礼仪接待	能判断不同宾客类型并针对需求安排席位	1. 餐位安排知识 2. 迎宾工作规范
	（二）出品介绍	能介绍菜点的营养特点和典故	1. 营养素概念和分类 2. 菜点营养成分

续表

职业功能	工作内容	技能要求	相关知识
三、餐间服务	（一）分菜	能分炒菜、汤菜	1. 分菜的基本原则 2. 分菜的基本方法
	（二）酒水服务	1. 能服务黄酒 2. 能托盘斟酒水	1. 黄酒侍酒要求 2. 托盘斟酒水要求
	（三）撤换餐具	能根据菜单内容调整餐具	菜点与餐具搭配要求
四、餐后服务	（一）结账收银	能为宾客结账	结账程序及注意事项
	（二）酒具保洁	1. 能清洁酒具 2. 能对酒具消毒	1. 消毒剂种类 2. 消毒液体配比方法

3.3 高级

职业功能	工作内容	技能要求	相关知识
一、餐前准备	（一）插花	1. 能为中餐台面插球形花 2. 能为西餐台面插椭圆形花	1. 插花工具种类及使用方法 2. 花材选用原则及方法 3. 插花基本程序
	（二）摆台	1. 能摆中餐主题宴会台 2. 能摆西餐宴会台	1. 中餐主题餐台摆放要求和技巧 2. 西餐宴会餐台摆放要求和技巧
	（三）餐巾折花	1. 能折叠 30 种杯花、10 种盘花 2. 能根据宴会主题选择和摆放餐巾花	
二、接待服务	（一）茶艺服务	1. 能识别红茶、绿茶、花茶 2. 能冲泡红茶、绿茶、花茶	1. 茶叶的种类和特点 2. 红茶、绿茶、花茶服务要求
	（二）出品介绍	能介绍宴会菜点组合特点	宴会菜点组合的原则和方法
三、餐间服务	（一）分菜	能分整形菜、拔丝菜	1. 整形菜、拔丝菜的特点 2. 整形菜、拔丝菜分菜要求
	（二）酒水服务	1. 能服务香槟酒 2. 能服务葡萄酒	1. 香槟酒侍酒要求 2. 葡萄酒侍酒要求
四、餐厅管理	（一）酒水管理	1. 能感官鉴别酒水质量 2. 能贮藏酒水	1. 酒水感官鉴别方法 2. 酒水贮藏要求
	（二）器皿管理	1. 能保养水晶、金银器等高档餐具、酒具 2. 能保养水晶、玉雕等高档装饰器皿	1. 餐具、酒具保养要求 2. 装饰器皿保养要求
	（三）服务质量管理	1. 能判别餐台布局与摆设的缺陷 2. 能纠正服务过程中不符合服务程序、服务规范等质量问题	1. 餐台布局与摆设常见缺陷 2. 服务过程常见质量问题

3.4 技师

职业功能	工作内容	技能要求	相关知识
一、餐前服务	（一）就餐环境设计与布置	1. 能设计与布置中餐主题宴会就餐环境 2. 能设计与布置西餐主题宴会就餐环境	1. 中西餐主题宴会就餐环境设计原则 2. 中西餐主题宴会就餐环境布置方法
	（二）餐台设计与布置	1. 能设计与布置中餐主题宴会餐台 2. 能设计与布置西餐主题宴会餐台	1. 中西餐主题宴会餐台设计原则 2. 中西餐主题宴会餐台布置要求
	（三）服务规程设计	1. 能编制宴会服务程序 2. 能安排培训宴会服务人员 3. 能制订宴会服务控制预案	1. 宴会服务程序编制要求 2. 宴会服务人员安排培训要求 3. 宴会服务控制预案制订方法
二、接待服务	（一）茶艺服务	1. 能冲泡乌龙茶、普洱茶 2. 能煮紧压茶	1. 乌龙茶、普洱茶的服务要求 2. 品茶基本知识
	（二）鸡尾酒调制	能用搅和法、摇和法、漂浮法调制鸡尾酒	1. 鸡尾酒的概念 2. 调制鸡尾酒常用原材料和器具 3. 鸡尾酒调制方法
三、餐厅管理	（一）成本管理	能根据成本核算出品价格	1. 餐饮成本核算方法 2. 餐饮出品定价方法
	（二）服务质量管理	1. 能处理餐饮服务中菜肴质量、服务态度等特殊问题 2. 能制定服务项目考核标准	1. 餐饮特殊问题处理原则和方法 2. 服务项目考核标准制订要求
	（三）营销管理	能制订餐厅主题活动营销方案	1. 餐厅营销基本知识 2. 餐厅推销技巧 3. 餐饮营销活动策划方法
四、培训指导	（一）培训	1. 能编写培训教案 2. 能对初、中、高级餐厅服务员进行培训	1. 教学基本方法 2. 培训教案编制方法
	（二）指导	能对初、中、高级餐厅服务员进行技能指导	1. 技能指导方法 2. 案例教学法

3.5 高级技师

职业功能	工作内容	技能要求	相关知识
一、餐前服务	（一）菜单设计	能设计中、西餐宴会菜单	中西餐宴会菜单设计原则和程序
	（二）就餐环境设计布置	1. 能设计和布置大型鸡尾酒会就餐环境 2. 能设计和布置大型冷餐会就餐环境 3. 能设计和布置大型茶话会就餐环境	大型宴会主题就餐环境设计布置方法
	（三）餐台设计布置	1. 能设计和布置大型鸡尾酒会餐台 2. 能设计和布置大型冷餐会餐台 3. 能设计和布置大型茶话会餐台	大型宴会餐台设计与布置方法
二、餐厅管理	（一）成本管理	能核算餐厅经营成本	1. 餐厅经营成本的构成 2. 餐厅经营成本核算方法
	（二）服务质量管理	1. 能处理餐厅断电等特殊事件 2. 能分析、测量和改进服务产品	1. 特殊事件处理技巧 2. 服务质量体系基本知识
三、培训指导	（一）培训	能编制新员工培训计划	培训计划编制要求
	（二）指导	能对技师进行作业指导	作业指导方法

4. 比重表

4.1 理论知识

项目		初级（%）	中级（%）	高级（%）	技师（%）	高级技师（%）
基本要求	职业道德	5	5	5	5	5
	基础知识	40	35	30	25	15
相关知识	餐前服务	15	15	15	–	–
	接待服务	15	15	20	20	–
	餐间服务	20	25	20	–	–
	餐后服务	5	5	–	–	–
	餐厅管理	–	–	10	40	55
	培训指导	–	–	–	10	25
合计		100	100	100	100	100

4.2 技能操作

项目		初级（%）	中级（%）	高级（%）	技师（%）	高级技师（%）
技能要求	餐前服务	35	35	40	40	45
	接待服务	20	20	15	15	
	餐间服务	35	35	20	–	–
	餐后服务	10	10	–	–	–
	餐厅管理	–	–	25	30	30
	培训指导	–	–	–	15	25
合计		100	100	100	100	100

参考文献

1. 徐文苑，刘菊．餐饮服务与管理任务教程[M]．北京：中国铁道出版社，2012.

2. 檀亚芳，王敏．餐饮运行与管理[M]．北京：北京大学出版社，2011.

3. 姜红．餐饮服务与管理[M]．大连：大连理工大学出版社，2009.

4. 刘根华，谭春霞．宴会设计[M]．重庆：重庆大学出版社，2011.

5. 汪焰．餐饮服务与管理[M]．上海：华东师范大学出版社，2010.

6. 苏北春．餐饮服务与管理[M]．北京：人民邮电出版社，2007.

7. 周妙林．宴会设计与运作管理[M]．南京：东南大学出版社，2009.

8. 于英丽，李丽．餐厅服务技能实训教程[M]．大连：东北财经大学出版社，2006.

9. 陈企盛．餐厅服务员综合技能实训[M]．北京：中国纺织工业出版社，2007.

10. 董克用．人力资源管理概论．第二版[M]．北京：中国人民大学出版社，2007.

11. 杨东．员工激励[M]．北京：中国轻工业出版社，2009.

12. 杨强．餐饮服务与管理[M]．北京：北京大学出版社，中国农业大学出版社，2010.

13. 马丽涛，邓英．餐饮服务管理[M]．北京：电子工业出版社，2009.

14. 林红梅，周可华．餐饮服务与管理[M]．广州：广东高等教育出版社，2013.

15. 许莲，高金芳．餐饮实务[M]．南京：南京大学出版社，2015.

16. 桂佳，吴升旸．餐饮服务与管理[M]．北京：对外经济贸易大学出版社，2013.

17. 劳动和社会保障部，中国就业培训技术指导中心．国家职业资格培训教程–餐饮服务员[M]．中国劳动社会保障出版社，2013.

18. 周静波，田勇，夏杰等．高等职业院校学生专业技能抽查标准与题库丛书–酒店管理[M]．湖南：湖南大学出版社，2013.

19. 李明宇．现代饭店人力资源管理实务[M]．北京：清华大学出版社，2013.

20. 张秀芳．浅析我国餐饮业人员流失的影响因素及保持对策[J]．科学致富向导，2013，23：66.

21. 赵海红，怀丽华．员工餐厅人力资源管理[J]．现代企业文化，2011（35）：93–94.

22. 李刚，梁红．酒店餐饮业的人力资源招聘[J]．人力资源开发，2005（10）：26–27.

23. 吕凤珍．餐厅服务人员技能培训方法及管理探讨[J]．商业研究，2014（06）：105.

24. 加里·德斯勒．人力资源管理．第九版[M]．吴雯芳，刘昕译．北京：中国人民大学出版社，2005.

25. 汪洋．一切从微笑开始[M]．西安：陕西师范大学出版社，2009.

26. 职业餐饮网：http://www.canyin168.com/.

27. 中华美食网，http://www.ccnt.com.cn/.

28. 新华网：http://news.xinhuanet.com/.
29. 豆丁网：http://www.docin.com/.
30. 百度文库：http://wenku.baidu.com/.